JN418122

한국선교학자
인명사전

강아람 강창섭 고광석 공기인 구병옥
구성모 권오성 권한준 김광건 김광성 김남식
김대용 김덕원 김덕화 김미선 김병삼 김성무
김성민 김성옥 김성운 김성익 김성준 김성환
김승곤 김승호 김신애 김에녹 김영동 김영선
김영심 김윤규 김윤태 김은수 김은주 김은하
김의혁 김점옥 김정훈 김정희 김종구 김종성
김종일 김진철 김창운 김칠성 김필균 김한성
김향균 김해영 김현진 김회진 남성혁 남성현
남정우 노규석 노윤식 노홍호 목만수 민경운
박미진 박병애 박성수 박성화 박소현 박영환
박정세 박창현 박형진 박희규 배아론 백명식
백미순 백종구 서정운 소동옥 소윤정 손윤탁
송영섭 송요섭 송은섭 신경규 신동호
신성임 신현란 심대섭 안승오 안희열 오희준
옥필훈 왕은희 유경하 유용옥 유은혜 유종필
윤광희 윤승범 이광순 이광주 이길용 이동주
이명석 이미정 이병문 이병성 이병수 이삼열
이상대 이선영 이선이 이성곤 이수환 이순희
이승병 이원중 이유경 이은주 이재범 이재한
이정순 이종만 이충웅 이대희 이현모 이혜옥
이홍정 이회훈 임한중 임희모 장성배 장은혜
장훈태 전경옥 전석재 전재옥 전호진 정경호
정교진 정기묵 정무성 정세진 정승현 정재우
정혜원 조귀삼 조정자 조주옥 조혜경 주상락
진기영 진희근 채법관 채수용 채수일 채현식
최성일 최원진 최재권 최종임 최하영 최희원
하광민 한강희 한경성 한동훈 함태경 허성식
허준 현한나 홍강 홍기영 홍석희 홍성욱
홍승만 홍용표 홍진 황병배 황종하

한국선교학자 인명사전

한국선교학자인명사전 편찬위원회 엮음

대한기독교서회

한국선교학자 인명사전

2025년 7월 30일 초판 1쇄

엮은이 한국선교학자인명사전 편찬위원회
펴낸이 서진한
펴낸곳 대한기독교서회

등록 1967년 8월 26일 제1967-000002호
주소 서울시 강남구 테헤란로103길 14(삼성동)
전화 편집부 (02) 553-0873~4 영업부 (02) 553-3343
팩스 편집부 (02) 3453-1639 영업부 (02) 555-7721
e-mail editor@clsk.org
http://www.clsk.org
facebook.com/clskbooks
instagram.com/clsk1890

ISBN 978-89-511-2148-7 03230

The Christian Literature Society of Korea, Seoul
Printed in Korea

* 이 책은 위탁을 받아 출판하였습니다.
* 책값은 뒤표지에 있습니다.

과거와 미래를 이어야 할 우리의 책임

어제가 없는 오늘은 없습니다. 물론 오늘이 없는 내일도 없습니다. 과거를 통하여 오늘을 읽는 것도 중요하지만 내일을 위하여 오늘의 일도 게을리해서는 안 될 것입니다.

우리 선교학자들의 고백이 있습니다. 모든 학문의 중심은 신학이라는 사실과 함께 선교적 의도가 없는 신학은 무의미하다는 것입니다. 선교는 모든 신학의 내용이자 목적입니다. 물론 신학은 철저하게 성경에 근거한 학문이어야 합니다. 그러나 우리는 지난 2,000년의 역사를 소중하게 생각합니다. 교회의 역사는 선교의 역사이자 순교의 역사였습니다. 한국 교회의 역사도 마찬가지입니다.

140여 년의 짧은 역사를 통해 3만 명 이상 선교사를 파송하였고, 지금까지 국내외적으로 많은 선교학자를 배출하였습니다. 한국선교신학회와 한국복음주의선교신학회는 현재 300명 이상의 회원을 확보하고 있습니다. 양 학회는 해마다 정기적인 논문 발표와 공동학술대회를 가지며 학술지 발간은 물론 선교 실천을 위한 행사를 전개하고 있습니다. 교회와 선교 현장의 발전을 위한 대화와 토론을 통하여 미래를 향한 예언자적 사명을 감당해 나가는 노력을 계속하고 있습니다.

사회적으로 안타까워하는 문제는 다음 세대와의 대화입니다. 미래 세대는 단순한 다음 세대(Next Generation)가 아니라, 이전 세대와는 구별된 다른 세대(Different Generation)라는 것입니다. 그러나 교회는 이 문제를 그냥 덮어두거나 포기할 수 없습니다. 그리하여 시간의 연계성과 영속성을 인정하는 선교학자들이 뜻을 모았습니다. 과거와 미래를 이어야 할 우리의 책임을 회피할 수 없기 때문입니다.

활동하기 불편했던 코로나 팬데믹 기간 내내 홍보하며 자료 수집을 위해 노력하였으나 학회 회원, 목회자, 선교사 모두의 참여를 이루지는 못했습니다. 시작이 중요하고, 앞으로 수정하고 보강하는 작업을 계속하기로 하고 한국 교회가 배출한 선교학자들의 인명사전 출판을 서둘렀습니다. 200여 명의 학자가 참여하였고, 지면상 소개할 내용도 제한하였지만 그 양이 방대한 것은 그만큼 자료가 풍부함을 입증합니다. 참여해주신 여러분에게 깊은 감사를 드립니다.

이 일을 위하여 특별히 수고해주신 분들이 계십니다. 처음 제안해주시고 함께 참여하며 힘을 모아주신 분은 박영환 교수님과 전석재 교수님, 김한성 교수님, 황순환 목사님입니다. 그리고 원고의 마무리까지 정기묵 교수님이 많이 도와주셨습니다. 무엇보다 후원과 격려를 아끼지 않으신 대전겨자씨교회 김영심 목사님께 감사드립니다. 위원으로 참여해주신 많은 분과 출판을 맡아주신 대한기독교서회 서진한 사장님과 편집부에도 깊은 감사를 드립니다.

오늘이 있기까지 학회의 기초를 놓으시고, 모든 것을 헌신하신 서정운 총장님과 이광순, 채수일 총장님께 머리 숙여 감사를 드리며, 이 책이 두고두고 선교신학의 발전과 내일을 위한 귀중한 흔적이 되기를 바랍니다.

2025년 6월

작은 종, 편찬위원장

손윤탁

선교신학의 새로운 미래를 열어가는 디딤돌

『한국선교학자 인명사전』이 출간된 것을 마음으로부터 깊이 축하합니다. 1992년 한국선교신학회가 출범한 이후 한 세대가 지나는 동안 수많은 변화가 있었습니다. 20여 명의 선교신학자가 모여 출발한 학회가 지금은 국내외 40여 개 신학대학교와 기독교 대학에 소속된 70여 명의 대학교수와 240여 명의 현지 선교사, 국내외 목회자 등 310명이 넘는 회원을 가지게 되었습니다. 그동안 모든 회원이 하나가 되어 힘과 정성을 모아 헌신한 결실입니다.

학회 정기간행물인 「선교신학」은 한국연구재단에 등재된 학술지가 되었고, 2017년부터 미국신학도서관협의회를 통해 전 세계에 색인 서비스가 제공되고 있습니다. 국제선교학회(IAMS)와 한국얍스펠로십에서도 우리 회원들이 임원으로 선출되고(대표 박보경 교수, 사무총장 이명석 교수) 많은 한국선교신학자가 세계적으로 활발한 논문 발표와 학술 활동을 하게 된 것은 실로 놀라운 발전이 아닐 수 없습니다.

오늘의 한국선교신학회가 있기까지 학회와 선교학, 한국 교회의 성숙한 발전을 위해 헌신해온 모든 학회원을 기억하고, 그들의 학술 활동과 선교 사역을 공유하기 위해 『한국선교학자 인명사전』을 출간하게 되었습니다. 헌신적인 노력과 함께 오랫동안 인명사전 출판을 위해 노고를 아끼지 않은 편집인들에게 깊은 감사와 함께 진심으로 축하를 드립니다. 이 인명사전이 한국 선교신학자들의 개별적인 학술 활동과 선교 사역에 대한 소개를 넘어 한국 선교신학의 발전 역사를 반추하고 선교신학의 새로운 미래를 열어가는 디딤돌이 되기를 바랍니다.

채수일

전 한신대학교 총장, 한국선교신학회 제4대 회장

다음 세대를 준비하는 자들에게 남기는 유산

역사의 흔적은 따라오는 사람들에게 이정표가 됩니다. 한국선교신학회의 지나온 30년을 돌아보며 다른 한편으로 다가오는 한국선교신학회를 바라봅니다. 학위를 받고 사역을 위해 함께 어울렸던 동기들이 하나둘 자리를 떠나는 것을 보면서, 우리의 흔적을 남기는 것이 중요하다고 생각했습니다.

많은 사람이 은퇴 후에 역사자료집을 발간하는 깊은 사고를 다시 한번 인식합니다. 『한국선교학자 인명사전』을 출간한 것은 자신의 흔적을 드러내고자 함이 아니라 가야 할 길의 방향을 설정하는 데 도움이 되고자 함입니다.

이 땅에 선교가 시작된 지 140년이 지나갑니다. 한국의 해외선교도 수많은 교회의 목회자와 선교사 그리고 학문적 성취를 위한 선교신학자들의 가르침과 영적 교훈으로 대략 100년을 바라봅니다. 이 역사를 정리하고, 만들고, 그리고 한국 선교의 학문적 틀을 꾸린 세대가 다음 역사를 준비하는 자들과 함께 손을 잡습니다. 선교신학자들의 업적과 사역을 묻어둘 수가 없어서, 귀한 재산을 한곳에 모아 다음 세대를 준비하는 자들에게 유산으로 남겨주려고 한 작업(résumé)입니다.

여기에 선교신학자들의 땀과 눈물과 피 그리고 삶이 있습니다. 믿음의 유형에 따라 서로의 표현이 다를 수 있지만 서로 연합하여 하나님의 나라를 이 땅에 세워 나가는 자들임을 깊이 돌아보며 예수 그리스도의 군사로 영원히 남겨지기를 소망합니다.

박영환

서울신학대학교 명예교수

세계 선교학을 선도하는 한국의 선교신학회

하나님의 선교를 이루어가는 한국선교신학회 소속 선교학자의 인명사전을 발간하게 되어 매우 기쁘게 생각하며 축하를 드립니다. 30여 년 전 뜻을 같이하는 몇몇 분이 설립한 선교신학회가 나날이 성장하고 발전하여 현재는 박사학위를 받은 500여 명의 선교학 교수, 선교학자, 선교사들이 국내외 대학, 연구소, 선교기관, 목회현장, 선교지에서 사역하고 있습니다.

몇 년 전에 학회 증경회장 여러 분이 모여 『한국선교학자 인명사전』을 집필하기로 의견을 모았습니다. 한국 교회의 선교 역사적 측면에서, 그리고 선교 기록을 후대에 남기고 알리며, 선교학자들의 활동과 영향력을 감안할 때 인명사전 집필은 의미가 있다고 공감한 것입니다. 이에 학자들의 업적과 활동 자료를 수집하기 시작하였습니다. 몇몇 분의 수고로 200명 가까운 학자가 참여하였고, 마침내 인명사전이 결실을 맺게 되었습니다.

한국의 선교신학회는 성장하고 발전하여 이제 세계 교회와 선교에 크게 영향력을 미치고 있습니다. 이 인명사전 발간을 계기로 하나님의 선교를 위한 한국선교신학회와 한국복음주의선교신학회의 영역과 활동, 그리고 학문의 진보가 더욱 확장되고 성숙되기를 기대합니다.

『한국선교학자 인명사전』 발간을 위해 수고해주신 분들에게 고마운 마음을 전합니다. 이 일을 시작하며 준비위원장으로 수고하신 손윤탁 박사님과 박영환 교수님께 진심으로 감사드립니다. 두 분이 이 큰일의 초석을 놓으셨습니다. 모임마다 마다하지 않고 멀리에서 참여하신 채수일 총장님과 10여 명의 준비위원들께 감사드립니다. 그리고 초기 편집장으로 수고하신 아신대학교 김한성 교수님과 어려운 가운데 편집장을 이어 맡아서 마무리까지 수고해주신 장로회신학대학교 정기묵 교수님께 진심으로 고마운 마음을 전합니다. 무엇보다 인명사전 작업이 더디게 진행되던 때 대전겨자씨교회 김영심 박사님의 후원 덕분에 다시 힘을 내어 집필할 수 있었기에 다시 한 번 감사드립니다. 끝으로 어려운 상황에서도 이 책의 출간을 결정해주신 대한기독교서회 서진한 사장님과 편집부 여러분께 진심으로 감사드립니다.

앞서 30년의 선교 역사를 만들어가신 선배 선교학자들의 수고와 헌신에 감사드리며, 후배 학자들이 선배들의 선교적 정신과 업적을 잘 이어받아서 한국 선교학의 깊이와 넓이가 세계 선교학을 선도하며, 선교적 열정으로 하나님 나라를 세워가며, 한국 교회의 선교가 전 세계 57억 명의 비그리스도인을 복음으로 변혁하고 구원하는 놀라운 기적과 역사를 만들어가길 소망합니다.

『한국선교학자 인명사전』이 하나님께 영광이 되고 선교학계에 큰 기쁨과 감사가 되기를 소망하며, 다시 한번 발간을 진심으로 축하드립니다.

전석재

한국선교신학회 증경회장, 한국선교학자인명사전 편찬위원회 사무총장

한국선교학자 인명사전

차례

강아람

姜아람, Ahram Kang, 1967년 5월 18일 -

학력

1990. 성균관대학교(영어영문학, B.Th.)
2000. 장로회신학대학교 신학대학원(교육학, M.Div.)
2003. 장로회신학대학교 대학원(선교학, Th.M.)
2011. 장로회신학대학교 대학원(선교학, Th.D.)

경력

2011. 03. - 2015. 12. 장로회신학대학교, 한일장신대학교, 숭실대학교 강사
2016. 03. - 2017. 02. 장로회신학대학교 조교수
2017. 03. - 2021. 12. 숭실대학교 조교수/교목부실장
2022. 03. - 2023. 12. 숭실대학교 부교수/교목실장

저서

『주제별로 보는 선교적 해석학』(케노시스, 2018)
『현대인과 성서』(SSU Press, 2018, 공저)
『선교와 해석학』(케노시스, 2016)
『선교적 교회론과 한국 교회』(대한기독교서회, 2015, 공저)
『여동문회 50년사』(장로회신학대학교 여동문회 출판위원회, 2009, 공저)

전공 분야

에큐메니컬 선교신학, Cross-cultural Communication, 상황화/토착화

박사학위 논문

"복음과 문화의 상관관계에 대한 선교학적 해석학 유형 연구."(지도교수: 한국일)

텍스트와 상황이 서로를 조명해주는 해석학적 기능을 갖는다는 '상호문화해석학'(Intercultural Hermeneutics)은 진리의 문제와 인간학적 문제에 진실히 대면하게 한다. 복음만이 문화에 대한 해석권이 있다는 종전의 견해와 달리, 문화도 복음에 대한 해석권이 있음을 주장하는 상호문화해석학에서 복음과 문화의 해석은 양방향으로 일어난다. 사람은 누구든지 자신의 문화적 조건 안에서만 그에게 유효한 진리를 들을 수 있기 때문에 문화 간 이해는 공동의 듣기를 전제한다. 우리는 함께여야만 치우치지 않고 성서의 진리를 보다 더 온전하게 이해할 수 있다. 성서의 텍스트를 문화교차적으로 함께 듣고 이해하는 곳에서는 어떤 전지배나 우월성이 있을 수 없으며 모두가 모두에게 서로 의존해 있다. 이 논문은 "에큐메니컬 해석학을 통해 교회가 상호 배움과 진리를 찾는 데서 서로 의존되어 있음을 깨달을 때 교회는 도움과 축제 그리고 해석학적 공동체로서 새로운 코이노니아 형태(Konvivenz)의 일치를 구현할 수 있다."라는 논지를 갖는다.

연구방법은 문서를 통한 유형별 비교연구인데, 역사 속의 선교학 이론들을 모델로 각 유형에서 나타나는 복음과 문화의 상호해석학적 상관관계를 분석한다. 곧 선교학적 해석학의 모델 유형을 교회 성장학, 문화인류학적 커뮤니케이션, 번역이론, 변혁적 실천 모델 그리고 상호문화적 해석학 모델로 나누어 각 유형마다 복음과 문화 사이의 (해석학적) 관계규정에 따라 재고찰한다. 본론을 요약하면 에큐메니컬 해석학의 필요성(기술적-경험적 연구 과제), 에큐메니컬 해석학의 타당성(해석 작업), 에큐메니컬 해석학의 당위성(규범적 연구)을 피력하고 있다. 또한 논문의 공헌점은 각 지역교회들이 선교활동을 통해 그리스도 안에서 코이노니아적 일치를 실현할 수 있는 근거가 되는 '에큐메니컬 해석학'을 이론적 대안으로 제시함으로써 한국 교회와 그 선교에 코이노니아적 일치를 적용하는 데 있다.

사역 및 연구활동

선교학 석사학위 논문("다원화된 사회에서 증거의 한 형태로서의 대화: 트레이시의 유비적 상상력을 중심으로")으로 타종교와 기독교를 비교 분석하는 '종교신학'을 연구하였고, 박사학위 논문("복음과 문화의 상관관계에 대한 선교학적 해석학 유형 연구")으로는 복음과 문화의 관계를 선교 해석학적으로 분석하는 '문화신학'을 연구하였다. 특히 박사학위 논문은 독일 선교학자인 준더마이어(Theo Sundermeier)의 콘비벤츠(Konvivenz) 선교 개념을 '상호문화해석학'으로 소개하였고, 그에서 발전하여 '에큐메니컬 해석학' 이라는 대안을 제안하였다.

석사와 박사학위 논문 모두 선교학을 해석학적으로 접근하는 '선교학적 해석학' 또는 '해석학적 선교학'을 조직신학적으로 연구하는 방법론이 주를 이루었다면, 그 이후의 연구논문들은 선교학을 성서신학과 아우르며 연구하는 방법론으로 전향하였다고 볼 수 있다. 즉 신·구약 성서 전체를 일관되게 선교적으로 해석하는 '선교적 해석학'(missional hermeneutics) 분야의 글들을 십수 편 계속 써오고 있다. 선교적 해석학은 선교적 교회론(missional ecclesiology)을 뒷받침해주는 성경해석 방법론이다.

장로회신학대학교 부설기관인 세계선교연구원(Center for World Mission)에서 10여년간 「선교와 신학」(한국연구재단 등재학술지)이라는 선교학 전문학술지를 편집·발행하는 일로써 문서선교 사역을 감당하였다. 또 동 대학의 「장신논단」(한국연구재단 등재학술지)을 편집·발행하기도 하였다. 2017년부터 숭실대학교에서는 교목(Chaplain) 사역과 기독교 교양과목의 교수를 병행하며 재복음화 시대의 학원선교를 위해 매진해오고 있다.

강창섭

학력

1982. 명지대학교(행정학, B.A.)
1989. 총신대학교 신학대학원(M.Div.)
1995. 영국 University of Nottingham(영어교육학, M.A.)
2016. 횃불트리니티신학대학원대학교(Ph.D. in Intercultural Studies)

경력

1987. – 1990. 원동교회 전도사
1991. – 2023. 현재. GMS 선교사
2009. – 2023. 현재. 인천중화교회 담임목사
2018. – 2023. 현재. 횃불트리니티신학대학원대학교 겸임교수
2018. – 2023. 현재. 명지대학교 객원교수
2022. – 2023. 현재. ATA-AGST-Pacific (Asia Theological Association-Asia Graduate School of Theology) 부총장
2023. – 2023. 현재. Grace Mission University 선교학과 교수

저서

Conversion of Chinese students in Korea to Evangelical Christianity: Factors, Process, and Types(Pickwick, 2022). This book is a monograph series of Evangelical Missiological Society of North America.
『국내 유학생 선교방법론』(CLC, 2020)
『선교학 연구방법론: 근거이론 활용 지침』(CLC, 2018)

전공 분야

선교현장 연구, 선교인류학, 복음주의 선교신학

박사학위 논문

"Conversion of Chinese Students in Korea to Evangelical Christianity: Factors, Process, and Types."(지도교수: Eiko Takamizawa)

현재 한국에는 약 150개의 교회가 5만 4,000명 정도의 중국 유학생을 대상으로 사역하고 있다. 본 연구는 국내 중국 유학생들의 회심에 영향을 미치는 요인과, 회심의 과정 및 유형을 연구하여 회심 이론을 생성하였다.

연구방법은 질적 연구방법의 하나인 근거이론을 사용하였다. 근거이론은 개방 코딩, 축 코딩, 이론 코딩의 코딩 방법을 사용하여 이론을 생성하도록 개발된 방법론이다. 국내에서 회심한 중국 유학생 신자 30명을 중국어로 인터뷰한 후 전사한 자료를 분석하기 위하여 질적 연구방법을 위하여 개발된 컴퓨터 소프트웨어인 QSR-NVivo 11을 활용하였다.

본 연구는 다음과 같은 이론을 제시한다. (1) 중국에서 무신론 교육을 받고 한국에서 유학하는 중국 학생들은 하나님을 체험할 때 기독교로 회심하는 경향이 있다. (2) 하나님의 도우심을 통하여 문제를 해결하는 일은 회심 과정에서 공통적인 현상이며, 기독교로의 회심에 장애가 되는 요인들은 하나님을 체험할 때 해결되며, 특별히 하나님의 은혜를 체험할 때 초기 회심에 장애가 되었던 무신론은 더 이상 장애가 되지 않는다.

이상의 제시된 이론을 바탕으로 본 연구는 회심의 '문제-해결' 모델을 제시한다. 중국 유학생 회심의 핵심 요인은 '문제-해결'이다. 즉 중국 유학생 대부분은 어떠한 동기와 이유에서 교회에 출석하게 되든지, 하나님의 도우심으로 문제가 해결되는 경험을 통해서 하나님을 믿기로 결신하게 된다.

본 연구는 기독교 회심의 연구를 사회과학 연구방법론으로 행하여 회심의 패러다임과 이론을 생성함으로써 사역자들이 보다 효과적으로 사역하는 데 기여할 수 있을 뿐 아니라, 근거이론 연구방법론으로 선교현장의 다양한 주제를 이론화할 수 있음을 잘 보여준다.

고광석

高光錫, Kwang Seog Go, 1962년 11월 22일 -

학력

1993. 미국 Fuller Theological Seminary(교회성장학, Th.M.)

1999. 미국 Fuller Theological Seminary(선교신학, Ph.D.)

경력

1991. 03. - 2002. 04. 총회선교회 필리핀 선교사

2004. 03. - 2016. 02. 광신대학교 선교학과 교수

2016. 03. - 2022. 02. 총신대학교 선교학과 교수

저서

『개혁주의 선교신학과 문화론』(도서출판 엔크, 2018)

『이슬람, 기독교와 뿌리가 같은가?』(도서출판 엔크, 2016)

논문

"An Understanding of 'Universality' in Pauline Theology and Its Missiological Application."(*Journal of Youngsan Theology*)

"개혁주의의 '하나님 나라'와 이슬람의 '알라의 나라' 비교연구와 무슬림을 위한 하나님 나라 선교." 「개혁논총」 51(2020)

"그리스도의 지상명령에 나타난 '세례'의 선교적 함의." 「복음과 선교」 50/2(2020)

"그리스도의 증인으로서의 삼위 하나님과 교회의 증인된 사명." 「복음과 선교」 46/2(2019)

"'난민'에 대한 기독교적 이해와 한국 교회의 대응 방안." 「복음과 선교」 43(2018)

"다문화 선교를 위한 '이주민'의 성경적 이해와 선교적 적용." 「개혁논총」 47(2018)

전공 분야

복음주의 선교신학, 이슬람, 선교인류학, 이주민/다문화 선교, 타문화권 교회 개척

박사학위 논문

"The Church's Kingdom Mission through Power Ministries Among the Urban Poor."(지도교수: Charles E. Van Engen)

오늘날 선교의 가장 큰 타깃인 도시 빈민들 중에 하나님 나라가 임하도록 하는 것이 교회의 선교적 사역임을 성경적, 사회문화적, 신학적으로 연구하였다.

공기인

孔基寅, Kiin Ghong, 1971년 2월 14일 –

학력

2001. 한동대학교(정치학사, 문학사, B.Th.)
2012. 장로회신학대학교 신학대학원(교역학, M.Div.)
2016. 장로회신학대학교 대학원(선교신학, Th.M.)
2020. 숭실대학교 대학원(기독교통일지도자학, Ph.D.)

경력

2002. 02. – 2007. 02. 연변과학기술대학 교직원
2007. 05. – 2008. 07. 중국 연길시 사랑의집(고아원) 직원
2012. 02. – 2017. 12. 가좌제일교회 전도사/부목사
2018. 01. – 2020. 03. 검단목천교회 부목사
2020. 03. – 2021. 12. 운천제일교회 부목사
2022. 01. – 2023. 12. 숭실대학교 초빙교수
2022. 08. – 2024. 현재. 영월 축복교회 담임목사

논문

"기독교교육 분야에서 통일교육연구의 동향분석." 「기독교교육정보」 55(2017, 공동연구)
"러시아 탈북민의 복음수용에 관한 생애사 연구." 「복음과 선교」 52(2020, 공동연구)

전공 분야

통일 선교, 통일 목회, 직업 정체성, 북한 도시 연구, 북한 교회 세우기

박사학위 논문

"북한이탈주민의 생애사 연구를 통한 평양시 노동자들의 직업정체성 변화 연구."(지도교수: 하충엽)

평양 출신 북한이탈주민들과의 심층 인터뷰를 통해 평양시 노동자의 직업 정체성 변화에 대해 연구하였다. 연구방법은 생애사 연구 중 만델바움(Mandelbaum) 분석법을 사용하였는데, 그 이유는 다층적인 삶의 영역과 분명하고 급격한 전환점이 관찰되며 그에 따른 적응 방법이 뚜렷한 북한 주민들의 삶을 이해하고 분석하는 데 가장 적절한 방법 중 하나이기 때문이다. 본 연구는 국내에서는 처음으로 생애사 연구를 통한 평양시 노동자들의 직업 정체성 연구라는 데 그 의의가 있다. 이는 통일의 과정에서 평양시 노동자들에게 사회 통합을 달성할 수 있는 지원 체계 마련에 궁극적으로 기여할 수 있을 뿐만 아니라 기독교 관점에서 평양시 노동자들의 직업 정체성과 접촉점을 이루는 복음의 상황화에 대해 연구할 수 있는 토대를 제공할 것으로 예상된다.

연구 참여자 5명의 생애사 연구를 종합해보면 2002년 7·1경제관리개선 조치를 포함한 시장경제의 영향은 평양시 노동자에게 자율적·적극적·실용적 직업 정체성을 형성시키는 긍정적 차원에서의 영향을 언급할 수 있다. 동시에 7·1조치와 시장경제의 영향은 평양시 노동자들에게 물질주의적 가치관 형성과 직업 선택의 왜곡 현상을 경험하게 했다는 부정적 차원에 대해서도 언급할 수 있다. 결국 7·1조치를 포함한 시장경제는 평양시 노동자의 직업 정체성 변화에 긍정적 차원과 동시에 부정적인 차원의 양가적(兩價的) 차원으로 영향을 미쳤다고 평가할 수 있다. 이와 같은 논의를 근거로 한국 교회가 교회 내에서 북한이탈주민의 신앙교육과 함께 직업윤리를 강화할 수 있는 구체적 프로그램을 제언하였다.

사역 및 연구활동

연구 주제는 통일 선교이며, 연구 영역은 직업 정체성, 북한 도시 연구, 통일 교육, 복음 수용, 회심, 북한 교회 설립 등이다. 이러한 연구들을 가능하게 하는 연구방법론은 주로 문헌연구와 질적 방법론으로 생애사 연구를 사용하고 있다. 향후 관심 있는 사역은 통일 교육 사역, 북한 내 교회 세우기, 통일 목회 등이다.

구병옥

丘炳玉, Byoung Ok Koo, 1969년 8월 22일 –

학력

1992. 건국대학교(경제학, B.A.)
2004. 개혁신학연구원(M.Div. Eq.)
2006. 미국 Calvin Theological Seminary(선교학, Th.M.)
2013. 미국 Asbury Theological Seminary(전도학, Ph.D.)

경력

2008. 10. – 2011. 02. 신시내티한인장로교회 교육목사(네팔 난민 사역)
2013. 09. – 2015. 02. 개신대학원대학교 실천신학 외래교수
2017. 02. – 2020. 02. 한국실천신학회 이사, 분과회장
2017. 10. – 2018. 10. 한국선교신학회 서기
2020. 02. – 2022. 02. 한국실천신학회 총무
2022. 02. – 2024. 02. 한국실천신학회 부회장
2015. 03. – 2025. 현재. 개신대학원대학교 실천신학 교수
2023. 06. – 2025. 현재. 한국교회법학회 학술이사
2024. 02. – 2025. 현재. 한국실천신학회 회장

저서

"선교학." 『실천신학개론』(코디엠, 2023, 공저)
"초기 한국 교회의 전도." 『한국 교회 전도의 새로운 방향』(대한기독교서회, 2023, 공저)
"Diasporic Hybridity and Its Potential for Mission: Koreans, Chinese, and Japanese in the United States." in *Interconnections of Asian Diaspora: Mapping the Linkages and Discontinuities*(Minneapolis: Fortress, 2022, 공저)
Transitioning from an Ethnic to a Multicultural Church: A Transformational Model(Eugene, Oregon: Wipf & Stock, 2019)

번역서

『(선교적 교회를 위한) 복음 전도 원리』(빛의숲, 2016, 공역)
『개인 전도의 기술』(CLC, 2020)
『다문화 교회의 원리: 성공적인 다문화, 다인종 교회 세우기』(CLC, 2018)

논문

“2030세대의 문화와 복음전도.” 「신학과 실천」 86(2023)

“교회 건강 자가진단법 연구: 주일예배를 중심으로.” 「개신논집」 23(2023)

“건강한 교회 개척을 위한 분립 개척 연구: 선한목자교회, 함께하는교회, 제자들교회를 중심으로.” 「신학과 실천」 83(2023)

“가정과 교회의 단절을 잇는 가정예배: 청교도를 중심으로.” 「개신논집」 22(2022)

“가정의 회복을 위한 교회의 역할.” 「교회와 법」 8/1(2021)

“다문화 사회를 향한 한국 교회의 대응 방안 연구: 이정용의 주변성 신학을 중심으로.” 「신학과 실천」 76(2021)

“쇠퇴하는 교회의 재출산/재개척 모델 연구: 브릿지웨이교회의 사례를 중심으로.” 「개신논집」21(2021)

“교회 개척을 위한 설립 예배 준비와 실시.” 「개신논집」 20(2020)

“교회 개척자의 자질과 검증 과정.” 「개신논집」 19(2019)

“교회 개척의 필요성과 신학적 근거.” 「개신논집」 18(2018)

“인성 회복을 이끄는 목회.” 「신학과 실천」 58(2018)

“교회 성장학의 아버지 도날드 맥가브란.” 「개신논집」 17(2017)

“환대(hospitality) 이해와 외국인 유학생 전도: ISF를 중심으로.” 「개신논집」 16(2016)

“공동체를 통한 전도: 역사적·현대적 사례 연구.” 「신학과 실천」 43(2015)

“초기 한국 교회의 전도.” 「개신논집」 15(2015)

“한인교회를 위한 모델로서의 다문화교회: 미국 내 타민족 전도를 위한 전환 방안.” 「선교와 신학」 34(2014)

전공 분야

복음주의 선교신학, 선교문화인류학, 이주민/다문화 선교

박사학위 논문

“Multicultural Congregations as Models for Mono-Cultural Korean Churches: Reaching Out to Non-Koreans in the United States.”(지도교수: Steven Ybarrola)

전도와 선교를 위해 미국 내 한인교회가 어떻게 다문화교회로 전환할 것인지를 연구하였다. 연구방법은 질적 연구 중 사례연구방법을 활용하여 세 개의 ‘한인 주도’(Korean-initiated) 다문화교회와 한 개의 ‘화란인 주도’(Dutch-initiated) 다문화교회를 비교 연구하였다. 다문화교회로의 전환에서 첫째, 1세대 담임목사의 차세대를 위한 비전과 지원이 중요하고, 둘째, 주일 설교를 타문화 목사와 공유하거나 담임목사 자신이 다문화 가족 배경을 가지고 있는 것이 유리하며, 셋째, 다문화교회의 성도들이 정서적, 연령적으로 젊어서 변화를 수용하고 다양성을 받아들이는 데 열려 있어야 한

다는 것이다. 타문화 사람들의 다문화 교회 방문 및 정착 이유는 다문화적 요인보다는 설교와 소그룹이 중요하게 작용했으나, 혼합결혼(mixed-marriage)의 경우는 다문화교회를 선호하였다.

다문화교회로의 전환 방법으로는 '풍차 전환 모델'(Windmill T-process)을 제안한다. 풍차 전환 모델은 크게 기초적 전환 과정과 지속적 전환 과정으로 구분된다. 기초적 전환 과정은 (1) 전환 가능성 확인, (2) 비전 수립, (3) (1세 교회로부터) 독립, (4) 중립적 교회 이름 갖기, (5) 교회 장소 이전까지 전환 초기에 단회적으로 끝나는 과정이 포함된다. 이는 풍차의 몸체에 비유할 수 있다. 지속적 전환 과정은 (1) 이웃 섬기기, (2) 비전 상기시키기, (3) 리더 구성의 다문화화, (4) 문화지수 훈련, (5) 다문화 찬양팀 갖추기를 포함한다. 이들은 다문화를 심화, 유지하기 위해 지속되어야 하는 과정들로써 풍차의 중심축과 날개에 비유할 수 있다. 풍차 전환 모델은 미국의 한인교회뿐 아니라 다문화사회로 급속히 이행하는 한국의 교회들에도 도움이 될 것이다.

사역 및 연구활동

칼빈신학교 석사과정 중 다인종/다문화 교회인 미시간주 메디슨스퀘어교회에 출석하여 봉사하며 복음 안에서 다양성을 추구하는 다인종/다문화 교회를 경험하였다. 이후 애즈베리신학교 박사과정 중 오하이오주 신시내티한인장로교회에서 미국으로 유입된 네팔 난민 사역을 시작하여 교회를 떠날 때까지 약 3년 동안 이주민 선교와 다문화 목회의 실제를 경험하였다. 이러한 사역 경험과 켄터키주 애즈베리신학교에서 문화인류학자인 스티븐 이브롤라(Steven Ybarrola) 교수에게 사사한 선교문화인류학이 연구에 지대한 영향을 미치게 되었다. 박사논문은 이브롤라 교수의 지도 아래 문화인류학적 접근을 활용하여 한인 중심 다문화교회를 연구하였다. 이를 바탕으로 한국의 이주민, 국제결혼을 통한 다문화 가정, 유학생 사역 등 한국 상황에 적합한 다문화 목회의 유형에 대한 연구를 지속하고 있다. 서구의 다문화교회와 한국의 다문화교회의 차이도 관심 있는 연구 주제 중 하나이다.

개신대학원대학교에서 실천신학 교수로서 선교학과 전도학을 가르치며 교회 개척의 신학적 근거에서 교회 개척자의 자질과 검증 과정, 설립 등 교회 개척 전반을 꾸준히 연구하고 있다. 교회 개척의 중요성이 강조되면서 쉽게 간과하는 교회 개척자의 자질도 연구 주제에 포함된다. 현재까지의 연구를 통해 교회 개척자의 여섯 가지 자질을 제시하는데, 교회 개척에 대한 소명, 견고한 결혼생활과 가족의 협력, 영성을 유지하는 능력, 말씀을 가르치고 소통하는 능력, 전도의 삶, 지도력이다.

또한 선교적교회론의 관점에서 분립개척에 대해 집중적으로 연구하고 있다. 분립개척은 세 가지 기준이 충족되어야 하는데, 첫째, 재정지원뿐 아니라 성도들을 떼어 보내야 하고, 둘째, 분립개척 후에는 모교회로부터 완전히 독립된 교회로서 자율성을 가져야 하고, 셋째, 모교회가 개척할 목회자를 선발하여 파송하는 것이다. 분립개척이 중요한 만큼 올바른 분립개척을 위한 방법도 연구 중이며, 지금까지의 연구를 바탕으로 성공적인 분립개척을 위해 일곱 가지 통찰을 제시하고 있다. 첫째, 분립개척은 모교회 담임 목사의 목회철학과 목회 시스템의 공유가 중요하다. 둘째, 분립개척을 위해서는 하나님 나라와 선교적 교회의 정체성이 공유되어야 한다. 셋째, 큰 재정과 인력의 지원, 좋은 입지가 좋은 결과를 보장하는 것은 아니다. 넷째, 분립개척 교회는 예배당의 크기나 사역 면에서 처음부터 대규모로 시작하는 것보다 점진적으로 체계를 세워가는 것이 바람직하다. 다섯째, 분립개척 방법으로 성도들을 일정 기간만 파송하는 방법도 가능하다. 여섯째, 분립개척은 수동적인 성도가 능동적인 제자로 성장할 기회를 제공한다. 일곱째, 분립개척이 불신자 전도와 동일한 것은 아니며, 장기적인 관점에서 연구가 필요하다. 분립개척은 모교회의 인적, 재정적 규모에 따라 또 모교회가 위치하고 있는 곳이 어디냐에 따라 고려해야 할 사항이 다르므로 이에 대한 연구를 계속하고 있다.

많은 교회가 개척교회 형태에 머물거나 문을 닫는 상황을 고려하여 죽어가는 교회를 살리는 교회 재개척 연구도 주요 연구 주제이다. 마틴 사리넨(Martin F. Saarinen)은 교회 생애주기 이론을 통해 쇠퇴하는 교회를 진단하고, 어떻게 쇠퇴의 흐름을 막고 생동감 넘치는 교회로 재개척할 수 있는지 네 가지 주요 요소—에너지(Energy), 프로그램(Program), 관리행정(Administration), 포함 및 포용(Inclusion)—를 통해 진단하고 대처하기를 제안한다. 소형 미자립 교회가 대부분인 한국의 교회들이 생기를 잃고 죽어가는 상황에서 교회 재개척에 대한 연구는 매우 중요하다. 그는 사례연구를 통해 재개척의 핵심 요인/원리를 제시하는데, 첫째, 단절과 새 출발, 둘째, 재출산/재개척을 위한 지도력, 셋째, 평신도 양육, 넷째, 지역사회를 위한 교회: 관심을 안에서 밖으로, 다섯째, 기도, 여섯째, 소그룹 모임이다.

또한 한국 교회의 전통적 소그룹(구역, 속회)과 가정교회의 목장 소그룹, 우리들교회의 목장 소그룹 등 다 양한 형태의 건강한 소그룹이 가지는 특징, 핵심요소, 공통점과 차이점을 비교 연구하고 있다. 소그룹을 토대로 한 교회의 공동체성과 역동성의 핵심 내용, 특징 등에 대한 연구와 함께 소그룹과 전도의 연관성, 교회 갱신에서 소그룹의 역할에 대해서도 관심이 많다. 개인주의가 발달한 현대사회에서는 과거 한국교회 성장에 이바지한 노방전도나 가가호호 방문전도 등 관계에 기초하지 않은 공격적인 전도보다 관계에 기초한 관계 전도가 효과적이며, 특히 소그룹은 안전하고 편안한 관계전도의 장을 제공해준다. 많은 경우 "믿음보다 소속이 먼저 온다."(Belonging comes before believing)는 사실은 소그룹의 중요성을 잘 말해주고 있다.

더 나아가 맥가브란의 교회성장학과 라일 쉘러, 톰 레이너의 이론을 발전시켜 교회들을 탐방하고 자료를 축적하고 있으며, 이를 토대로 교회의 건강을 진단하고 발전적 방향성을 제시하는 교회 컨설팅 및 코칭 분야로 연구를 확대하고 있다. 교회 컨설팅은 이미 20세기 말부터 암암리에 시행되고 있으나, 막대한 재정이 필요하기에 일부 재정적 여유가 있는 중대형 교회에서나 가능하다는 단점이 있다. 크고 작은 교회 모두가 재정 상태와 관계없이 스스로 진단과 처방이 가능한 쉽고 용이한 자가진단법을 개발하는 것 또한 주요한 연구 주제 중 하나이다. 이를 통해 미자립 소형 교회들도 건강한 교회로 발돋움할 수 있도록 돕는 일에 기여하고자 한다.

학회 활동으로는 한국실천신학회에서 분과회장, 서기, 총무, 이사, 부회장을 두루 거쳐 2024년 현재 제29대 한국실천신학회 회장으로 섬기고 있으며, 한국선교신학회에서 서기를 역임하였고, 한국교회법학회에서 학술이사로 섬기고 있다.

구성모

具聖模, Danny Ku, 1959년 6월 16일 -

학력

1982. 한양대학교(건축공학, B.S.)
2007. 뉴욕신학교(D.Min. in Diaspora Ministry)
2014. 서울기독대학교 대학원(Ph.D. in Missiology)

경력

1985. 03. - 1992. 08. 환일중고등학교 성경교사, 교목
1995. 01. - 2003. 04. 뉴저지 동산교회 담임목사
2003. 02. - 2012. 03. 뉴저지 아름다운주님교회 담임목사
2008. 09. - 2011. 08. Canada Christian College 신학대학원 특임교수
2012. 03. - 2016. 02. 성결대학교 선교학 초빙교수
2016. 03. - 2017. 02. 서울기독대학교 선교학 교수
2016. 06. - 2018. 05. 한국개혁신학회 선교학회 회장
2020. 12. - 2022. 12. 한국복음주의선교신학회 회장
2017. 03. - 2024. 현재. 성결대학교 다문화/선교학 교수
2017. 04. - 2024. 현재. 한국세계선교협의회 총무
2017. 12. - 2024. 현재. AWMJ선교회 사무총장
2018. 08. - 2024. 현재. 한국기독교사료목록화 사업추진위원회 위원장
2019. 12. - 2024. 현재. 이주민방송 대표
2022. 12. - 2024. 현재. 한국로잔교수회 회장
2023. 04. - 2024. 현재. 세계한국인기독교총연합회 정책연구원장
2023. 07. - 2024. 현재. 한국기독교기록문화연구원 원장
2024. 03. - 2024. 현재. 한국기독교문화유산보존협회 학술원장

저서

『선교사와 선교적 영성』(CLC, 2014)
『선교적 셀교회와 영성 형성』(CLC, 2014)
『다문화선교』(CLC, 2015, 공저)
『선교의 이론과 실제』(CLC, 2019)
『선교와 문화인류학』(CLC, 2021, 공저)
『베트남 선교와 비라카미 지역 선교전략』(예영

커뮤니케이션, 2020, 공저)
『한국기독교 선교사료 목록화 현황조사 1』(문화체육관광부, 2021)
『한국기독교 선교사료 목록화 현황조사 2』(문화체육관광부, 2022)
『한국기독교 선교사료 목록화 현황조사 3』(문화체육관광부, 2023)

책임편집

『4차 산업혁명 시대의 주 예수 그리스도 1, 2』(한국세계선교협의회, 2018)

논문

"선교사의 훈련과 파송 실태와 제언: 영성을 중심으로." 「복음과 선교」 53/1(2021)
"한국 교회 목회자의 해외선교 기초 역량 고찰." 「복음과 선교」 55/3(2021)
"베트남의 문화적 배경과 선교전략 고찰: 장요나 선교사를 중심으로." 「복음과 선교」 49(2020)
"이주민선교 사역자 육성의 실태와 훈련 방법." 「복음과 선교」 51/3(2020)
"한국 기독교 선교 사료 목록화와 디지털 아카이브 구축." 「ACTS 신학저널」 43(2020)
"공유적 실천을 활용한 중도입국 청소년의 통합교실 모형 연구." 「다문화와 평화」 13/2(2019)
"교회사에 나타난 선교 유형과 교훈." 「ACTS 신학저널」 40(2019)
"한국 교회 평신도의 해외선교 역량에 관한 조사 연구." 「복음과 선교」 46/2(2019)
"교회사에 나타난 선교적 영성: 경건주의자들, 웨슬리, 심프슨을 중심으로." 「선교신학」 47(2017)
"탈북 청소년의 선교적 목회." 「다문화와 평화」 11/2(2017)
"선교적 영성의 신학적 토대에 관한 고찰." 「선교신학」 44(2016)
"터키에서 상황화된 무슬림 기독교." 「한국개혁신학」 52(2016)
"다문화사회로 진전에 따른 한국 교회의 선교적 방향 모색." 「다문화와 평화」 9/1(2015)
"선교사의 성격 유형에 따른 영성훈련 고찰." 「한국개혁신학」 47(2015)
"이주민 집중 지역의 이주민 센타를 통한 목회 전략: 경기도 포천 지역을 중심으로." 「다문화와 평화」 9/2(2015)
"재미 한인사회 세대 간의 문화적 갈등과 선교적 케어." 「한국개혁신학」 45(2015)
"한국 선교사의 선교적 영성훈련 실태와 대안." 「한국개혁신학」 56(2015)
"사이버 스페이스 안에서 N세대를 위한 선교방법." 「선교신학」 37(2014)
"초기 한국 교회의 선교사 파송에 관한 연구." 「신학과 선교」 45(2014)
"코리언 아메리칸 2세들의 소외와 선교적 접근." 「다문화와 평화」 8/2(2014)

전공 분야

한국 선교 역사, 이주민선교, 이민교회, 선교사와 영성

박사학위 논문

"한국 선교사의 영성훈련에 관한 연구."(지도교수: 민대훈)

비기독교 국가에서 선교사 파송 세계 2위까지 성장한 한국 선교에도 불구하고 질적인 성장은 비례하여 성장하였는지 의문을 제기한다. 특히 많은 선교사가 영적 탈진을 경험하고 있다는 점에 주목한다. 이러한 이유로 선교사를 위한 영성훈련의 제 이론과 한국 선교사의 영성훈련의 실태를 파악하고 대안을 찾는 연구의 필요성에 대답을 찾으려는 논문이다.

이를 위하여 선교사들에게 설문조사와 인터뷰 질문을 통하여 응답된 자료의 분석을 토대로 종합적인 분석을 하였다. 또한 6개 교단과 초교파 훈련기관 1개와 산하 선교대학원을 중심으로 살폈다. 여기서 발견된 것은 선교사와 선교사 관련 기관들은 영성의 중요성을 인식하고 있음에도 불구하고 효율적인 훈련과 관리가 되지 못하고 있었다. 그러므로 한국 교회는 선교사들을 파송하는 데 집중할 것이 아니라 선교사 사역의 전체적인 시각에서 점검하고 보완할 필요가 있다.

그 방법은 선교대학원은 교과과정을 비롯한 다양한 변화를 시도, 선교사를 선발하는 과정에서 영성의 점검을 위하여 주관적인 방법과 객관적인 방법을 개발하고, 선교영성을 강화할 수 있는 방안의 개발, 선교사들의 영성훈련 방법은 자신의 기질과 성격에 따른 선호도가 높은 영성훈련과 선호도가 낮은 다른 영성훈련도 균형 있게 진행할 것을 제안하였다.

이 논문을 통하여 한국 선교사의 영성 실태와 선교사의 영성훈련 과정, 선교사 파송 과정에서 영성의 객관적 파악을 위한 기초적인 자료를 확보함으로써 한국 선교사의 발전적 영성훈련 방법의 개발을 전반적인 방향성과 구체적인 방법을 찾을 수 있게 되었다.

사역 및 연구활동

한국 기독교 선교사료 목록화와 아카이브 구축: 한국 교회 초기부터 2000년까지 내한 선교사와 파송 선교사의 사료를 목록화하였다.

200개국 기독교 지도자 네트워크 구축: 교회의 순기능 회복과 순환을 통한 건강한 교회를 위하여 200개국에서 영향력 있는 기독교 지도자들과 네트워크를 구성하여 공동으로 대안을 찾아 실천하려는 운동을 펼치고 있다.

한국 기독교 기록문화 유산발굴 보존 사업을 수행하고 있으며, 750만 한인 디아스포라가 세운 교회들의 사료를 발굴하고 디지털화를 진행하고 있다. 또한 *The Korean Repository*(전5권), *The Korea Review*(전6권), *The Korea Mission Field*(전40권, 주요 부분) 등 한국 선교 관련 주요 영인본의 공동 번역을 진행하고 있다.

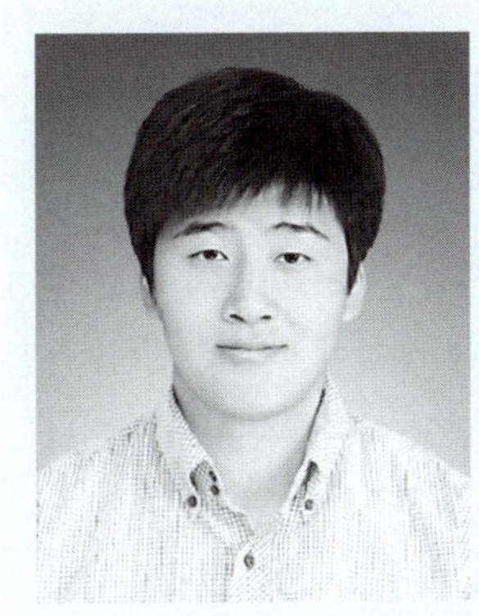

권오성

權五晟, KWON O SUNG

학력

2006. 영남신학대학교 대학원(B.Th.)
2011. 영남신학대학교 대학원(M.Div.)
2019. 숭실대학교 대학원(M.A.)
2022. 숭실대학교 대학원(Ph.D.)

경력

2003. 02. - 2005. 12. 진해경화교회 전도사
2005. 12. - 2007. 10. 포항오천교회 전도사
2007. 11. - 2010. 11. 울산대흥교회 전도사
2012. 06. - 2014. 12. 부산항서교회 부목사
2015. 03. - 2016. 07. YWAM 캐나다, 중국, 이스라엘, 튀르키예, 러시아
2018. 04. - 2020. 02. 서울로교회 부목사
2020. 03. - 2023. 현재. 경주구정교회 전도목사

논문

"복음의 상황화 신학 관점으로 본 북한이탈주민의 회심에 관한 연구." 「복음과 선교」 53 (2021, 공동연구)

전공 분야

복음주의 선교신학, 선교훈련, 선교전략

박사학위 논문

"북한이탈주민의 회심 과정에 관한 사례 연구: 초월적 존재의 도우심과 깨달음을 중심으로."(지도 교수: 하충엽)

북한이탈주민(이하 탈북민)의 탈북 경험과 탈북 및 정착 과정에서 만나게 되는 주변 사람과의 만남이 탈북민의 회심에 어떤 영향을 주는지에 초점이 맞춰져 있다. 특히 탈북민의 회심을 통하여 이들의 삶의 경험과 사고의 중심에 어떠한 변화가 나타나는지가 본 연구의 주된 관심사이다. 탈북민의 회심의 과정과 회심에 영향을 미치는 결정적인 요인을 사례 연구를 통하여 분석하였다. 기독교 신앙을 가진 20명의 탈북민 연구 참여자 면접 조사를 통하여 탈북민의 회심이 단회적인 사건이 아닌 여러 복합적으로 결합하여 나타나는 과정임을 확인할 수 있었다.

먼저 탈북 과정에서 대다수 탈북민이 경험하는 생사의 위기는 회심을 위한 중요한 출발점이 된다. 특별히 탈북민이 탈북하는 도중에 북송과 같이 결정적인 위기를 모면하는 초월적 경험을 하거나 초월적 존재를 경험한 경우에 이들은 회심을 할 수 있는 매우 핵심적인 토대를 확보한다는 점을 확인하였다. 면접 조사 결과 이들의 초월적 경험은 기독교 신앙을 가진 신앙인, 즉 목회자 혹은 선교사 등의 존재를 통하여 해석되는 과정을 거치면서 진정한 회심으로 이어지는 것을 발견할 수 있었다. 이들은 신앙인과 만나고 성경에 대해 배우는 과정에서 자신이 경험했던 초월적 경험을 하나님의 개입과 인도하심으로 이해하게 된다. 또한 본 연구는 탈북민을 만나는 목회자와 선교사가 자신을 위해 권위를 내세우지 않고 온유한 마음과 겸손과 사랑으로 그들에게 다가갔을 때 비로소 대다수 탈북민이 가지는 스칸달론(skandalon, 걸림돌)이 제거된다는 점을 확인하였다.

이러한 사례 분석을 통하여 탈북한 이후 남한 정착 과정에 있는 사람들의 회심을 도울 수 있는 교회의 정책을 제언하였다.

사역 및 연구활동

통일에 관심이 있는 부산, 울산, 경주 지역의 청년들, 탈북민 청년들과 교제하며 함께 식사를 나누고 그들의 삶의 이야기를 들어주며 이들과 친밀한 관계를 형성하고 있다. 관계 형성 이후에 함께 성경공부를 하며 말씀으로 양육한다. 남과 북이 그리스도의 사랑 안에서 통일되기를 꿈꾸며 기도 모임도 진행하고 있다. 남과 북의 청년들이 함께 주님을 찬양하며 주님을 높이는 찬양팀을 구성하여 활동하고, 소외되고 약한 영혼들을 찾아가서 그들을 구제하는 사역을 하고 있다. 노방찬양 사역을 통하여 주님의 복음을 전하는 훈련을 하고 있다.

남북이 통일되었을 때 북녘 땅에 들어가서 교회와 학교와 병원과 식당을 세우고 그리스도의 사랑을 실천하고자 한다. 통일을 넘어 열방 가운데 주님의 복음을 전할 수 있도록 베트남, 미얀마, 태국, 몽골, 중국, 이스라엘, 튀르키예, 이집트, 시리아, 독일, 영국, 폴란드 등으로 비전트립을 다녀오기도 하였다.

권한준

權漢俊, Hanjun Kwon, 1977년 11월 11일 –

학력

2001. 서울대학교(영어영문학, B.A.)
2008. 장로회신학대학교(M.Div.)
2011. 장로회신학대학교(구약학, Th.M.)
2013. 미국 Fuller Theological Seminary(M.A. in Intercultural Studies)
2023. 미국 Fuller Theological Seminary(Ph.D. in Intercultural Studies)

경력

2005. 03. – 2005. 12. 강동구 초대교회 전도사
2006. 01. – 2011. 03. 마포구 도원동교회 전도사/교육목사
2008. 01. – 2011. 05. 장로회신학대학교 세계선교연구원 연구조교
2023. 09. – 현재. 미국 Grace Mission University 학생처 부학장

논문

"존재적, 관계적 용어로서 Mission의 본질: 근대 이후에 파생된 현상학적 용법에 대한 재고." 「복음과 선교」 50(2020)

전공 분야

선교신학, 성서선교학, 선교적 해석학, 구약학

박사학위 논문

"Mission and Revelation: God's Collaboration and Communication for the Earth Community in Genesis 1-12."(선교와 계시: 창세기 1-12장에 나타난 땅 공동체를 위한 하나님의 협력과 소통) (지도교수: Kirsteen Kim)

논문의 주제는 현재 선교학에서 사용하는 mission 개념의 문제점을 분석한 뒤, 창세기에 근거해 새로운 개념을 제안하는 것이다. 1950년대 이후 선교학자들은 *missio Dei*를 선교학의 중심 개념으로 발전시켰지만, 이는 colonial mission과 trinitarian mission이라는 두 개의 양립 불가능한 개념을 문자적 동일성에 기초해 통합하려는 단순한 시도로서 많은 혼란을 초래하였다. 전자는 근대 식민주의 시대에 유럽인들이 발전시킨 '신의 섭리에 따른 우리 문화의 전 지구적 확장'으로 요약할 수 있고, 후자는 고대에 어거스틴이 발전시킨 '삼위일체의 본질을 상징하는 발출(procession)의 역사적 표출'로 요약할 수 있다. 따라서 선교학은 전자와는 철저하게 구분되고 후자와 양립 가능한 성경적인 mission 개념을 발전시킬 필요가 있다.

창세기 1-12장을 이야기의 일관성에 초점을 두고 읽으면 하나님이 인간을 땅 공동체의 일원이자 지배자로 창조하셨고, 하늘과 땅 사이에 엄격한 관할권 분리를 설정하셨다는 기본 전제를 도출할 수 있다. 그런데 인간이 선악의 지식을 사용하는 데 있어서 하나님과 정반대의 성향을 드러내자, 하나님은 땅 공동체의 완전한 파괴를 막는 데 필요한 최소한의 개입을 시작하셨다. 하나님은 협력과 소통이라는 두 가지 방법으로 땅 공동체에 개입하시는데, 이를 이 논문은 각각 mission과 revelation으로 정의한다. 이 새로운 개념의 유효성을 검증하기 위한 가설로서 창세기 1-12장을 후속 본문에 적용해 보면 성경 전체에는 크게 다섯 개의 mission이 전개되는데 순서대로 human, Abrahamic, Israelite, divine, ecclesial mission이다. 이 중에서 특히 divine mission은 이전까지 중요했던 하늘-땅 구분을 하나님이 결국 폐지하시고 두 영역을 하나로 합치기 시작하셨음을 드러낸다. 이는 인간의 본성인 자기 성취를 향한 파괴적 집착이 종말의 완성 이후에는 더 이상 용납될 수 없을 것이라는 창조주의 선언이며, 동시에 그 전에 모든 인간이 타고난 본성을 버리고 자기를 부인하는 그리스도의 공동체적 본성에 참여하라는 초대이다. 이런 관점에서 ecclesial mission이란 자기희생적 삶과 죽음을 통해 예수님의 생명에 참여하며, 하늘-땅 연합이 시작되었다는 복음을 이웃과 소통하는 인간 공동체와 하나님의 상호 협력으로 새롭게 정의할 수 있다.

사역 및 연구활동

박사학위 논문의 창세기 연구를 이후 본문으로 확장하며, 성서학 연구 결과를 교회의 실천 및 선교학 이론과 연결하는 연구를 할 계획이다. 논문 마지막 장의 가설에 따르면 하나님의 자기 부인은 땅 공동체를 사랑과 생명의 공동체로 만드는 유일한 방법이고, 반대로 인간의 자기 성취에 대한 집착은 불의와 죽음을 초래하고 결국 땅 공동체를 파괴하게 된다. 서구 식민주의의 핵심 개념이라 할 수 있는 colonial mission이 유럽인의 자기 성취 욕망을 집약한 개념이고 실제로 식민주의를 통해 땅 공동체가 심각하게 파괴되었음을 고려한다면, 교회의 실천은 그것과는 본질적으로 달라야 한다는 잠정적 결론을 내릴 수 있다. 따라서 이런 관점에서 창세기 이후 본문을 연구하면서 땅 공동체의 평화 및 그리스도인의 삶과 직접적으로 연결된 mission 개념과 선교학 이론을 발전시키고자 한다.

그리고 부차적인 연구 주제로서 개신교, 로마가톨릭, 동방정교회 등 전통적인 기독교 교파들의 서로 다른 신학 및 실천이 어떻게 땅 공동체의 지속을 위해 역사적으로 필요했는지, 그리고 미래의 번영을 위해 각각 어떤 독특한 중요성을 내포하고 있는지를 연구하고 싶은 계획도 있다.

현재 미국 캘리포니아주 풀러튼(Fullerton)에 위치한 그레이스미션대학교에서 구약학과 선교학을 가르치고 있으며, 박사학위 논문을 일반 서적으로 바꾸어 출판하기 위해 집필 중이다.

김광건

金光建, Kwang Kun Kim, 1959년 9월 20일 -

학력

1983. 서울대학교(공학, B.S.)

2002. Trinity Evangelical Divinity School(M. Div. & Ph.D. in Intercultural Studies)

경력

2004. 03. - 2008. 02. 웨스트민스터 신학대학원대학교 선교학과 조교수

2008. 03. - 2023. 현재. 서울장신대학교 교양학부 교수

저서

『기독교적 리더십의 계면적 특성』(서울장신대학교, 2014)

『기독교 리더십 특강』(두란노아카데미, 2010)

『영적 리더십의 새로운 패러다임』(웨스트민스터 출판부, 2005)

논문

"미래 기독교 리더십의 공간성의 문제." 「복음과 실천신학」 66(2023)

"탈장소화 시대의 선교적 장소." 「선교신학」 64(2021)

"기독교적 메타 리더십의 필요성에 대한 제언: Paul G. Hiebert의 메타문화론에 근거하여." 「선교신학」 58(2020)

"선교적 교회를 위한 선교적 리더십 모델에 대한 학제간적 고찰." 「한국기독교신학논총」 115(2020)

"선교적 교회를 위한 선교적 리더십의 탈세속화에 대한 고찰." 「복음과 실천신학」 54(2020)

전공 분야

선교신학, 기독교 리더십, 문화인류학, 상황화

박사학위 논문

"Perceptions on Leadership Foundation and Style: An Examination of Three Generations of Presbyterian Laymen in Seoul Area."(지도교수: Paul Hiebert, Harold Netland)

리더십은 교회를 포함한 모든 사회 공동체의 목표를 달성하고 운영하는 기본 메커니즘이다. 본 연구는 당시 한국 교회의 기독교 리더십의 유형을 연구한 것으로서 그 리더십이 근거한 권위의 기반과 그 실행 유형들에 대한 것이다. 기독교 리더십의 권위 기반과 유형에 대한 인식 연구로서 기독교 문화 분야, 혹은 기독교 선교신학의 분야에서 본 리더십의 인식을 연구하여 리더십의 실행의 상황화를 목표로 하였다. 기독교 리더십이 목회현장에서 어떻게 인식되고 그 적절한 상황화적 리더십의 유형과 행사 방법은 무엇인지를 고찰하고자 함이다. 한국 주요 장로교회 등록 교인들의 세대별 구분에 따라 가장 선호되고 적절하다고 인식되는 기독교적 리더십의 유형을 파악하기 위함이다. 사회변동론에 근거하여 이러한 리더십 인식은 세대별로 차이를 보일 것으로 추정한 후에 이루어졌다.

한국 지역교회에 등록되어 있는 표본을 세대적으로 3등분하여 수행하였다. 이 연구의 질문은 다음과 같다. (1) 서울 지역의 목회지도자들의 리더십 권위 기반과 유형에 대한 장로교인들의 인식은 세대별로 어떻게 다른가? (2) 이에 대한 한국 교회의 선교적 대책은 무엇인가?

연구방법은 민속학적 연구(Ethnographic Research)로서 집중 인터뷰(In-depth Interview)에 의한 질적 데이터(Qualitative Data)의 수집과 분석이다. 데이터는 연구자가 개발한 리더십 유형 분류법(Taxonomy)에 의거 분석되었다.

연구 결과는 다음과 같이 요약되었다. (1) 리더십 권위 기반에 대하여: 전 세대에 걸쳐 카리스마적 리더십 권위 기반에 대한 선호, (2) 리더십 유형에 대하여: 권위주의적 유형에서 자유방임형 유형으로의 세대적 전이, (3) 표본들의 리더십 인식의 상황적 변화의 가능성, (4) 표본들의 리더십 인식의 비정형성.

본 연구의 의미로서는, 기독교 목회를 위한 영적 리더십의 행사에 있어서 세대 간의 차이 혹은 문화적 변이를 우선적으로 고려할 필요가 절실하다는 것과 리더 중심적인 리더십 인식 내지는 하향적 리더십 문화보다는 콘텍스트 중심의 리더십 유형과 행사 구조가 매우 중요함을 암시하였다. 기독교 리더십도 사회 상황과 문화 현상에 매우 민감한 것이며 이를 위한 리더십의 상황화 작업이 절실함을 암시하고 있다.

사역 및 연구활동

기독교 리더십, 리더십 상황화, 선교적 교회론에 관심을 갖고 연구하고 있다. 리더십은 각 공동체에서 매우 중요한 역할을 하는 핵심 요소이다. 리더십은 계속해서 미래의 여전히 중요한 선교적이고 실천적인 도구이며 학제간적 연구 대상이어야만 한다. 특히 미래 시대에는 기독교 리더십의 패러다임의 설정과 실행에 큰 변화가 발생할 것이다. 이러한 급격한 시대적 변화 속에서 기독교 리더십의 고유한 역할을 수행하기 위한 새로운 패러다임의 개발을 위하여 다음과 같은 연구에 관심을 갖는다. (1) 기독교적 리더십에 대한 학문적이고 학제간적 연구, (2) 새로운 기독교 리더십 패러다임의 학제간적 개발에 대한 연구, (3) 한국적 기독교 리더십에 대한 연구.

또한 새로운 기독교 교회의 모델로 제시되고 있는 선교적 교회와 이를 위한 선교적 리더십(missional leadership)의 상황화적 개발에 대한 연구가 중요하다. 시대적 환경의 변화들은 선교적 교회와 이를 위한 선교적 리더십 모델을 요구하고 있다. 선교적 교회를 형성하고 발전시키는 여러 도구 중에서 리더십이라는 요소는 중요한 역할을 차지한다. 이것은 선교적 교회를 위한 리더십이라는 차원에서 리더십의 상황의 이해(leadership context), 리더십 패러다임의 창안(leadership paradigm), 리더십의 실천적 개발(leadership development)이라는 연구 영역에 관심을 갖고 있다.

김광성

金光晟, KIM KWANGSEONG, 1962년 3월 13일 -

학력

1986. 국민대학교(중어중문학, B.A.)
1989. 국민대학교 대학원(한문학, M.A.)
1993. 장로회신학대학교 신학대학원(교역학, M. Div.)
2000. 중국인민대학교(중국철학, Ph.D.)
2007. 장로회신학대학교 세계선교연구원(선교학, Th.M.)

경력

1993. 08. – 2013. 02. 대한예수교장로회(통합, PCKWM) 선교사
1994. 03. – 2011. 02. 북경한인교회 목사
2015. 02. – 2015. 03. 주안대학원대학교 총장대행
2018. 10. – 2019. 10. 한국복음주의선교신학회 회장
2011. 03. – 2024. 현재. 주안대학원대학교 선교학과 교수
2015. 02. – 2024. 현재. Korean Diaspora Network(KDN) 사무총장/공동대표

저서

『중국 종교정책 변화와 사회 변동』(미션아카데미, 2009)
『중국의 종교정책과 현장 사역』(장로회신학대학교출판부, 2007)
『대륙의 십자가 행전』(도서출판모리슨, 2023)
『방지일 선교신학 연구』(방지일기념사업회, 2024)

번역서

『당대 중국 기독교 발전사』(한동국제지역연구소, 2020)
『중국의 종교 문제와 종교정책』(한중국제교류재단, 2013)
『기독교와 중국의 현대화』(장로회신학대학교출판부, 1995, 공역)

논문

"시진핑 시기 중국의 종교정책 변화를 통해 본 중국 교회의 2024년 제4차 로잔대회 참여 가능성 고찰." 「선교와신학」 59(2023)
"산동선교 시기 방지일 선교사의 선교사역에 영향을 미친 시대적 상황과 종교정책 고찰." 「복음과선교」 60(2022)
"로잔운동 선언문에 나타난 전문인 서교 개념

고찰." 「복음과선교」 54(2021)
"전문인 선교전략과 신학의 관계성 고찰." 「장신논단」 53/1(2021)
"명목상 기독교인에 대한 로잔운동의 선교실천적 자세 고찰: 교회 미출석 가족 전도 방안을 중심으로." 「선교와신학」 49(2019)
"19세기 말-20세기 초 한중 양국에서 발생한 민중운동에 미친 개신교 선교신학의 영향 고찰: 대한민국의 3·1운동과 중국의 5·4운동 및 의화단운동을 중심으로." 「복음과선교」 46(2019)
"복음주의 선교신학 관점에서 선교로서의 비즈니스선교 개념에 대한 선교신학적 근거 고찰 – 로잔운동 공식문서를 중심으로." 「장신논단」 51/3(2019)
"중국의 종교정책이 한국 교회의 중국선교에 미친 영향: 기독교 중국화에 대한 선교실천적 대응." 「선교와 신학」 48(2019)
"선교학 분야 한인디아스포 연구 동향과 과제 – 선교학 영역 한인디아스포라를 대상으로 연구한 학술지 논문(2001-2019년) 데이터 분석을 중심으로." 「복음과선교」 47(2019)
"중앙아시아 디아스포라 선교를 위한 로잔 선교신학의 실천적 적용." 「선교신학」 56(2019)
"한국 교회의 동방기독교 연구 동향 고찰." 「미션네트워크」 7(2019)
"복음주의 진영의 타종교에 대한 선교신학적 인식 변화 연구: 〈케이프타운선언〉을 중심으로." 「선교와 신학」 46(2018)
"아세안(ASEAN) 지역 거주 한인디아스포라 연구의 필요성에 대한 고찰: 선교학 영역 한인디아스포라를 대상으로 연구한 학위논문(1982-2018) 데이터 분석을 중심으로." 「복음과선교」 43(2018)
"PCK(Presbyterian Church of Korea, 예장통합) 미래선교를 위한 선교구조 개혁과제 연구: 본부 중심 구 조에서 현장 중심 구조로의 전환 모색." 「복음과선교」 40(2017)
"《종교사무조례》 수정초안에 나타난 중국 종교정책 변화와 로잔운동의 관계성 고찰." 「복음과선교」 38 (2016)
"로잔운동이 제시한 총체적 선교 관점에서 바라본 대한민국 교회의 난민사역 고찰." 「복음과선교」 35(2016)
"로잔운동과 동반자 협력 – 로잔운동과 중국 교회의 만남." 「복음과선교」 32(2015)
"로잔운동과 세계 디아스포라 네트워크 형성." 「미션네트워크」 5(2014)
"1920년대 중국의 반기독교 정서와 중국 교회의 신학적 반응 연구." 「미션네트워크」 4(2014)
"중국교회의 신학과 선교: 중국 종교자유정책에 대한 역사적 고찰." 「복음과선교」 24(2013)
"아시아의 정치변동과 한국선교; 중국 특색의 사회주의 신학을 통한 현장최적화(Contextualization) 신학의 모색." 「복음과선교」 21(2013)
"중국의 정치제도와 권력구조를 통해 본 중국의 종교정책." 「선교신학」 29(2012)
"중국 종교정책의 변화와 재중 한인디아스포라 신앙공동체의 상관성 연구." 「미션네트워크」 2(2012)
"중국어성경 번역이 한국선교에 미친 영향." 「미션네트워크」 1(2012)
"2008년 베이징 올림픽 이후 중국 종교정책의 변화 가능성에 대한 예측." 「선교와신학」 25(2010)
"중국의 종교정책과 현장사역." 「선교와현장」 12(2007)
"제한된 사역 현장에서 행해지는 장애인 사역의 선교학적 의미." 「선교와신학」 15(2005)

전공 분야

중국 선교, BAM, 디아스포라선교, NGO와 선교, 사회복지와 선교

박사학위 논문

"韩中基督教新教的传入和发展及其比较研究 – 以十九世紀中后期至二十世紀中期爲中心."(지도교수: 方立天)

김남식

金南植, Namsik Kim, 1973년 5월 9일 –

학력

1999. 전북대학교(독어독문학, B.A.)
2004. 서울신학대학교 신학대학원(M.Div.)
2005. 네덜란드 Conerstone Bible College(선교학 수료)
2007. 미국 Asbury Theological Seminary(크리스천리더십, M.A.)
2014. 미국 Asbury Theological Seminary(전도학, Ph.D.)

경력

2014. 09. – 2016. 08. 한세대학교 시간강사
2014. 09. – 2017. 08. 서울신학대학교 시간강사
2016. 05. – 2017. 08. 호서대학교 시간강사
2016. 07. – 2018. 06. 한국연구재단 시간강사 연구사업 선정
2018. 07. – 2019. 12. 기독교대한성결교회 교회진흥원 전문위원
2019. 05. – 2022. 05. 한국연구재단 신진학자 연구사업 선정
2013. – 2024. 현재. CESI 한국전도학연구소 소장
2018. 05. – 2024. 현재. 미국 Fuller Theological Seminary 논문 지도교수
2020. 05. – 2024. 현재. 세종제자교회 담임목사

저서

『동행전도학』(CESI 한국전도학연구소, 2015)
『전도 이론과 실제 I』(CESI 한국전도학연구소, 2015)

번역서

『하나님의 동행과 그리스도인의 삶』(CESI 한국전도학연구소, 2024)
Train & Multiply 4th Edition 한국어판 교재 64권(One Mission Society, 2021)
『전도의 논리』(CESI 한국전도학연구소, 2019)
『복음 전도의 원리』(광림목회연구원, 2014)

논문

"21세기 한국 교회 갱신을 위한 초기 중세(5세기–10세기) 켈트식 기독교와 문화에 대한 전도학적 연구." 「신학과 실천」 68(2020)

"21세기 한국 교회 성장을 위한 전도 패러다임에 대한 성서적, 역사적, 실천적 연구." 「신학과 실천」 59(2018)
"누구를 위한 기독교인가?: 미군정기(1945-1948) 한경직 목사의 전도 패러다임에 대한 연구." 「신학과 선교」 52(2018)
"윌리암 아브라함의 북미 교회 성장주의 비판에 대한 전도학적 해석." 「선교신학」 45(2017)
"Free Grace for Evangelism: Conflict or Combine?." 「신학과 실천」(2016)
"기독교대한성결교회 교회 개척의 현황과 진단(2000-2015)에 관한 연구." 「선교신학」 41(2016)
"로마식과 켈트식 전도 패러다임 연구." 「신학과 실천」 49(2016)
"미로슬라브 볼프의 하강의 역기능에 대한 전도학적 연구." 「선교신학」 42(2016)

전공 분야

선교 역사, 복음주의 선교신학, 선교훈련, 선교전략, 타종교, 전도학

박사학위 논문

"The Theology of μετα(with)-Evangelism: The Theological, Historical, Practical Cases for Robert Coleman's Principle of Association in Discipleship Strategies Today."(지도교수: Arthur McPhee)

1955년 로버트 콜만은 미국연합감리교회 최초로 애즈베리신학교 전도학 교수로 임명된다. 그간의 전도 사역에 다양한 방법을 시도하던 중 예수님의 전도 원리에 대해서 관심을 가지고 출판한 *The Master Plan of Evangelism*은 다양한 언어로 전 세계에 350만 부가 보급된다. 그런데 콜만의 책에서 두 번째 원리인 association에서 몇 가지 고민을 가지게 된다. 첫째, 예수님의 함께하심은 어떤 신학적 의미가 있는가(막 3:14), 둘째, 역사적으로 예수님의 전도를 실천한 사례가 있는가, 셋째, 예수님의 함께하심의 실천적 의미는 무엇인가이다. 특별히 association을 해석할 때 사전적 의미로 관계, 혹은 교제의 의미를 가지고 있으나 성서에서 나타나는 예수님의 함께하심은 그 이상의 의미가 있다는 것을 발견하게 된다. 이에 윌리엄 바클레이는 헬라어 메타(μετα)를 설명할 때 영어로 위드(with)로 해석하지만 그 이상의 의미, 즉 '동행하다'라는 의미가 있다고 말한다(윌리엄 바클레이의 『회심론』, CESI 한국전도학연구소, 2015). 이에 예수님의 전도를 동행 전도라고 명명하게 된다. 19세기에 이미 association에 대한 연구가 있었지만 콜만이 8가지 원리 중에 두 번째 원리로 정리한 것이다. 하지만

1963년 이후 논문이나 저술에서 동행 전도를 연구한 사례가 없다. 이에 이 논문은 동행 전도학을 신학적, 역사적, 실천적 세 가지 파트로 나누어 연구하였다.

예수님의 동행의 신학적 의미를 발견하고 역사적 증례를 켈트 기독교와 웨슬리의 클래스 미팅으로 제시했으며, 실천적 측면에서 예수님의 동행이 헌신을 위한 알렌 티펫의 의사결정단계론, 로드니 스탁의 사회학 이론, 하인츠 코훗의 자기심리학 이론으로 해석하였다.

사역 및 연구활동

2021년 세종제자교회를 개척하여 사역하고 있으며, 교회 및 신대원을 대상으로 교회 증식운동을 주제로 전도학 세미나를 개최하고 있다.

연구활동의 결과물을 책으로 출간하기 위해 '켈트 전도학', '웨슬리 전도학', '전도 역사론', '누구를 위한 기독교인가?', 'The Study of Wesley's Evangelistic Small Group as Heterogenous Sect'를 집필 중이다.

김대용

金大龍, Kim Daeyoong

학력

1989. 전북대학교(영어영문학, B.A.)
1993. 장로회신학대학교 대학원(신학, M.Div.)
2000. 남아프리카공화국 University of South Africa(선교신학, Th.D.)

경력

1993. 03. – 1995. 03. 전주시온교회 전도사, 부목사
1995. 05. – 2001. 05. 총회 세계선교부 남아프리카공화국 선교사 겸 CWM 파송 선교사
2009. 03. – 2023. 현재. 예수대학교 교목실장 겸 교양학부 교수

저서

「그리스도교를 말하다」(예문, 2021)
「선교를 위한 아프리카 사회 이해」(예문, 2020)
「현대사회 선교와 치유」(정민사, 2019, 공저)
「지금 여기 생명으로 채우다」(예문, 2018)
「치유를 말하다」(정민사, 2018, 공저)
「아프리카 정신문화와 독립교회의 종교: 문화적 성격 연구」(소헌브랜딩, 2016)

번역서

Art of War(신아출판사, 2019, 공역)

논문

"아프리카 종교들 속에 담긴 윤리의식을 통한 아프리카 사회 이해." 「복음과 선교」 47(2019)
"종교개혁의 의의와 이의 기독교대학 선교 적용을 위한 순환적, Mission Praxis 모델 구축." 「영산신학」 42(2017)
"Communication and Liberation of African Independent Churches in Globalization Era."(21세기 기독교사회문화아카데미, 2013)
"성례전을 통한 생태의식 고양 가능성에 관한 연구: 아프리카 독립교회를 중심으로." 「복음과 선교」 13/2(2010)
"새로운 민주주의 국가 건설의 과제 속에 직면한 AIDS와 이에 대한 교회의 반응과 과제: 남아프리카공화국을 중심으로." 「한국아프리카학회지」 29(2009)
"남아공 '화해와진실위원회' 이후의 화해에 대한 신학적 심리학적 성찰." 「선교신학」 13(2006)
"남아공 민주화 여정 속의 아프리카 정신문화와 기독교의 역할과 조우." 「선교신학」 11(2005)

"아프리카 독립교회(AICs)와 환경 보전의 윤리: Shona AICs 사례를 중심으로." 「한국아프리카학회지」 22(2005)
"아프리카 문화적 관점으로 본 성숙한 인간 됨의 의미." 「선교신학」 8(2004)
"남부아프리카 독립교회의 종교: 문화적 성격 연구를 통한 아프리카 사회 정체성 연구." 「한국아프리카학회지」 18(2003)
"새로운 세계 질서 속에서 아프리카의 '토착화'와 '해방'." 「선교신학」 6(2002)
"지구화 시대의 도전들에 대한 한국 교회와 남아공 교회의 나눔과 협력을 위한 모색." 「한국아프리카학회지」 14(2001)

전공 분야

선교 역사, 에큐메니컬 선교신학, 선교인류학, 상황화/토착화, 선교현장(아프리카 지역학) 연구

박사학위 논문

"vision for mission: Korean and South African churches together facing the challenges of globalisation."(지도교수: Williem Saayman)

새로운 세기의 전환점에 선 인류의 삶은 모든 영역에서 급속한 변화와 도전에 직면해 있다. 그리고 그 도전들은 세속세계 속에 있는 교회에 큰 영향과 파장을 불러일으키고 있다. 이러한 도전과 변화는 인간의 일상적인 영역에까지 확대되어 가고 있는데, 특히 힘없는 약자–자본의 확장을 위해 사용되는 자연자원의 한 부분에 불과한 존재로 파악되는 인간–에 대해서 더욱 냉정하고 잔인함의 모습을 서슴지 않고 드러내는 포괄적인 자본주의(generic capitalism)에 의해 더욱 심화되어 가고 있다.

세계의 악몽으로 쉽게 바뀔 수 있는 세계화에 대한 환상은 교회에 지구적 현실들을 고려해서 그의 선교적 사명에 대한 새로운 이해와 실천을 요구하고 있다. 이 연구는 한국 교회와 남아공 교회의 역사적 투쟁–예를 들어 인종차별, 군부독재–속에서 기독교의 가치를 성공적으로 선포한 경험을 근간으로, 진정한 연대와 협력을 통해 지구화 시대 속에서 어떻게 영속적이고 구조적인 강자들의 횡포와 억압에 맞설 것인지에 대해 실천적인 고민을 담고자 하였다. 문헌연구와 참여 관찰을 병행하였다.

사역 및 연구활동

아프리카 지역학 및 선교 문화인류학, 실천목회, 기독교 대학 선교

김덕원

金德原, KIM DUCKWON, 1976년 9월 13일 -

학력

2023. 백석대학교대학원(선교학, Ph.D.)

경력

2001. CTS 보도국 방송기자 입사
2002. 한일 월드컵 현장 취재
2006. - 2008. 크리스천기자협회 총무/부회장
2008. 중국 베이징 올림픽 현지 취재
2008. - 2011. 대북전문기자(평양, 신의주, 개성 공단 등 현지 취재)
2010. - 2017. 청와대 출입기자
2011. - 2020. CTS 보도팀장
2020. - 2024. 현재. CTS 기독교텔레비전 보도국장

전공 분야

선교전략, 미디어선교, 기독교선교콘텐츠 개발

박사학위 논문

"1인 방송 기독교선교콘텐츠 수용자의 시청동기 및 삶의 질과 수용행동에 관한 연구."(지도교수: 손동신)

선교를 위한 미디어의 효과적인 활용을 위해 1인 인터넷 방송 기독교선교콘텐츠를 시청하는 수용자에게 초점을 맞춰 진행한 미디어 수용자 연구이다. 디지털 미디어 환경 속 선교의 대상인 수용자들이 어떻게 미디어를 활용하고, 어떻게 영향을 받으며, 무엇을 기대하고 있는지 알아보기 위해 집중하였다.

실증적 연구로서 자료수집 및 통계학 분석 기법을 통한 양적 연구로 진행한 본 연구에서는 유의미한 결과가 도출되었다. 1인 인터넷 방송 기독교선교콘텐츠 수용자들은 시청동기로 신앙적인 의무감과 타인의 삶에 대한 간접경험을 기대하는 호기심, 현실도피를 위한 오락적 욕구와 삶의 도움을 위한 유익함, 그리고 신앙적인 문제해결을 위해 인터넷 공간에서 종교적인 콘텐츠를 선택하고, 사회적 교류와 타인과의 관계 형성을 위해 기독교선교콘텐츠를 시청하였다.

이러한 시청동기는 가족·직장·환경·여가·대인관계 등 개인의 삶의 각 영역에 영향을 주고 디지털 미디어를 매개로 한 인지적·행위적·정서적 상호작용을 통해 삶의 질의 만족도가 달라질 수 있음도 확인하였다. 더 나아가 메시지 만족도는 수용자가 기독교 메시지를 재생산하고 전파하는 원인임을 알 수 있었다. 특별히 인터넷 활용을 위한 자신감, 즉 인터넷 효능감에 따라 수용자는 미디어 수용행동에 영향을 받고, 인지적 상호작용과 정서적 상호작용을 통해 미디어 효과를 조절할 수 있다는 점도 밝혀냈다.

이러한 분석 결과는 성별, 연령, 결혼 유무, 학력에 따라 차이를 보였으며, 디지털 미디어 공간 속에서 1인 방송 기독교선교콘텐츠를 수용하는 수용자들은 신앙 유무에 따른 차이보다는 디지털 수용자로서의 특징을 더욱 강하게 보이는 것으로 분석되었다. 연구 결과는 오늘날 방송 미디어 환경 속에서 능동적인 수용자의 관심을 끌 수 있는 기독교 선교 영상 콘텐츠 제작과 전략 마련을 위한 단서가 될 수 있다.

김덕화

Kim Duk Hwa

학력

2011. 백석대학교(Ph.D. in Mission)

경력

1990. 03. - 2010. 09. 개척교회 전도사

2010. 10. - 2015. 02. 성산교회 강도사

2017. 12. - 2019. 11. 한국복음주의선교신학회 재무이사

2015. 03. - 2023. 현재. 세계를꿈꾸는선교회(World Dream Missions) 선교사

2015. 04. - 2023. 현재. 서광교회 목사

논문

"미가서에 나타난 선교사상." 「선교와 개혁」(2010)

"WCC 운동과 성경적 에큐메니즘." 「선교와 개혁」(2009)

"고린도전·후서와 갈라디아서에 나타난 선교 사상." 「선교와 개혁」(2008)

"팀 사역의 리더 실라의 선교 사역 연구." 「선교와 개혁」(2007)

전공 분야

복음주의 선교신학, 선교전략, 타종교, 다문화선교, 상황화

박사학위 논문

"역동적인 커뮤니케이션 선교 실행을 위한 예수 그리스도의 소통 원리 연구: 요 4:1-26절을 중심으로."(지도교수: 장훈태)

오늘날 커뮤니케이션 부재로 인하여 교회와 선교지에서 발생하는 갈등 상황이 교회 부흥을 가로막는 심각한 문제점임을 깨닫고, 불통으로 인한 다툼의 문제점을 해결하기 위한 방편으로 감동적 소통의 모범을 보여준 예수 그리스도와 사마리아 여인(요 4:1-26)을 모델로 삼았다. 예수 그리스도께서 사마리아 여인을 향해 사용했던 다양한 커뮤니케이션의 원리와 방법, 그리고 이방인 문화에 맞는 상황화 적용을 통한 교회의 역동적인 커뮤니케이션에 목적을 두고 연구하였다.

성서와 관련된 참고자료, 선교학을 주제로 다룬 문헌, 커뮤니케이션에 관한 자료, 리더십 분야의 문헌, 각종 종교 관련 서적, 미래학 등 다양한 문헌과 선행연구와 참고자료를 근거로 연구하였다. 또한 논문의 예수 그리스도의 커뮤니케이션 원리를 포스트모던과 정보화 사회의 새로운 환경에 요한복음 4:1-26과의 상관성을 비롯하여 구조 분석과 함께 1세기 문화와 종교적 상황을 연구하였다.

김미선

金美宣, Mi-Sun Kim, 1965년 2월 20일 -

학력

1987. 서울대학교(음악학, B.A.)
2003. 영국 Bristol University(선교학, Th.M.)
2017. 전주대학교 일반대학원(선교신학, Ph.D. Candidate)

경력

1992. 03. - 2008. 02. 올네이션스 경배와찬양(ANM) 국제사역 전담 선교사
1997. 09. - 2001. 07. ANM 대만 지역 책임자
1999. 02. - 2001. 07. 대만 타이페이순복음교회 한국어부 담당 교역자
2002. 01. - 2003. 09. 영국 Bristol Chinese Christian Church Worship Team Director
2010. 6. 23. - 24. 1910년 에든버러 세계선교사대회 100주년 기념 2010 한국대회 제1분과 "에든버러 세계선교사대회의 회고와 전망" 논문 발표
2008. 03. - 2024. 현재. 전주비전대학교 국제협력기술과 교수
2009. 03. - 2024. 현재. 한국기독교학회 회원
2017. 06. - 2024. 현재. 국제디아스포라선교센터(ICDM) 학술연구위원

저서

『다문화 사회의 선교』(대한기독교서회, 2023, 공저)
『1910년 에든버러 세계선교사대회 100주년 기념 2010 한국대회 논문집 1』(미션아카데미, 2011, 공저)

논문

"What is the Meaning of the book of Hebrews' Call to 'Suffer Outside the Camp' both then and now?." 「한국기독교신학논총」 97(2015)
"디아스포라 선교 이해와 전략: 글로벌 디아스포라 네트워크(Global Diaspora Network, GDN)를 중심으로." 「선교신학」 39(2015)
"1860년과 1938년 사이에 일어난 국제 선교대회의 복음주의적 고찰." 「선교신학」 23(2010)

전공 분야

이주민/다문화 선교, 선교현장 연구, 선교훈련, 복음주의 선교신학

박사학위 논문

"전문인 선교사 양성에 대한 실태와 개선 방안 연구."(지도교수: 김은수)

현대 세계는 전통적인 선교 접근 방식이 불가능한 나라가 점점 더 늘어가고, 직접적으로 복음을 선포할 수 없는 폐쇄적인 지역이 확대되고 있는 시점에서 전문인 선교는 21세기에 가장 중요한 선교전략이 되고 있다. 그러나 한국 교회의 전문인 선교에 대한 준비와 선교사의 양성 및 훈련은 매우 열악하다. 따라서 한국의 전문인 선교에 대한 정확한 진단과 실태를 파악하고 이를 개선하기 위한 신학적 성찰과 전문인 선교사의 선발과 양성, 훈련과 파견 등의 구체적이고 체계적인 선교전략을 제시하고자 한다.

전문인 선교의 필요성과 연구 동기, 전문인 선교에 대한 선행연구를 조사하고 전문인 선교의 성경적, 역사적, 신학적 정당성과 근거를 문헌연구를 통해 정립한다. 현재 전문인 선교사의 훈련 및 양성에 관한 실태를 관련 자료와 현장 방문을 통해 정리하고, 오늘날 요구되는 가장 바람직한 전문인 선교의 개선 방향과 전략을 제시하고자 한다.

사역 및 연구활동

사역 지역은 전라북도 전주시에 있는 전주비전대학교로, 국제협력기술과에서 전문인 선교 사역에 필요한 선교신학, 성경 교육 등 선교사 훈련과정과 함께 선교지에서 유용하게 쓰일 기술 교육을 병행하는 전문인 선교사를 양성하는 교육 사역을 하고 있다. 다양한 선교단체와 교회, 그리고 선교사의 추천을 받은 국내 학생과 세계 각국에서 온 학생들이 입학하고 있다. 아침 예배와 기도회를 통한 영성 훈련과 1인 1기술 전공제도, 기숙사 공동체 생활 훈련을 포함한 교육과정은 선교개척자로서 성숙한 인격과 영성을 함양하고 선교현장과 사회 발전에 적합한 전문기술을 습득하는 영성·인성·기술을 통합하는 전인교육을 목표로 하고 있다. 소정의 교육과정을 마친 학생들은 고국에 역(逆) 파송 선교사로, 또한 각 대륙에 선교사로 파송받고 있다. 이는 유학생으로 국내에 유입되는 이주민을 선교사로 훈련하여 선교지로 재배치하는 효과적인 이주민 선교전략이라 할 수 있겠다.

현시대를 '이주의 시대'라고 할 만큼 20세기와 21세기에 부인할 수 없는 현상 중 하나는 디아스포라들(움직이는 사람들)의 세계적 현상으로 선교학적 현실의 모습을 바꾸어놓았다. 지난 세기에 선교 전문가들은 다양한 창의적 수단을 통해 접근이 제한된 국가에 들어가는 것과 미전도 종족에게 복음을 전하는 것에 대해 논의하였다. 그러나 오늘날에는 접근하기 어려운 나라에 살고 있던 사람들이, 미전도 종족들이 이주하여 종종 우리의 이웃으로 거주하게 되었다. 디아스포라(이주민) 현상은 오늘날 교회가 직면한 중요한 문제 중 하나이기에 우리는 이동 중인 이 새로운 이웃들과 복음을 나눌 효과적인 방법을 찾아야 한다.

디아스포라(이주민) 선교의 동향을 통해 디아스포라(이주민) 선교의 현황과 필요성을 살펴보고, 디아스포라(이주민) 선교를 문헌적 방법으로 성경적, 역사적, 신학적 연구를 하여 디아스포라(이주민) 선교에 대한 바른 이해를 정립하고, 디아스포라(이주민) 선교의 전략과 디아스포라(이주민) 선교 리더십 훈련 등에 관하여 연구함으로써 우리의 당면한 현시대의 선교의 나아가야 할 바를 제시하는 데 힘쓰고 있다.

김병삼

金炳三, KIM BYOUNG SAM, 1964년 3월 8일 -

학력

1987. 감리교신학대학교(B.A.)

1993. 감리교신학대학교 대학원(M.A.)

1995. 미국 Garrett-Evangelical Theological Seminary(M.Div.)

1998. 미국 United Theological Seminary(D. Miss.)

경력

1988. – 1989. 이목교회 담임전도사

1989. – 1992. 육군 군목

1992. – 1993. 만나교회 부목사

1993. – 1995. 살렘한인연합감리교회 부목사

1995. – 1997. 콜롬버스한인연합감리교회 부목사

1998. – 2003. 만나교회 부목사

2010. – 2022. 미국 오하이오연합신학교 이사

2015. – 2021. 감리교신학대학교 겸임교수(실천신학)

2021. – 2022. 강남대학교 융복합대학원 대우교수(목회영성리더십학과)

2004. – 현재. 만나교회 담임목사

2006. – 현재. 하늘다리호스피스 이사장

2008. – 현재. CTS기독교텔레비전 이사

2009. – 현재. 사단법인 월드휴먼브리지 대표

2011. – 현재. 미국 시카고 게렛신학교 이사

2014. – 현재. 국민일보문화재단 이사

2020. – 현재. 학교법인 감리교신학원 이사

2022. – 현재. 미국 오하이오연합신학교 평생이사

저서

『하나님의 마음 알기』(규장, 2024)

『다시, 교회』(두란노, 2023)

『하나님의 음성』(두란노, 2023, 공저)

『나눔에 생명이 있다』(두란노, 2022, 공저)

『일상의 결정들』(두란노, 2022)

『하나님의 숨결』(두란노, 2022)

『올라인 교회』(두란노, 2021, 공저)

『주님은 나의 최고봉 묵상집』(토기장이, 2021)

『PRAY ON 기도의 불을 켜라』(두란노, 2020)

『텅 빈 경건』(두란노, 2020)

『살아내는 약속』(두란노, 2019)

『치열한 도전』(두란노, 2018)

『치열한 순종』(두란노, 2017)

『성품, 성도의 품격』(교회성장연구소, 2016)

『웰컴 투 광야』(교회성장연구소, 2016)

『잃어버린 교회를 찾아서』(교회성장연구소, 2016)

『치열한 복음』(두란노, 2016)
『누가 왕인가?』(두란노, 2015)
『액션 플랜』(두란노, 2015)
『그래야 행복합니다』(샘솟는기쁨, 2014)
『사랑이 먼저다』(규장, 2014)
『기대와 달라도 행복합니다』(성서원, 2013)
『행복한 여행』(넥서스CROSS, 2012)
『명품 설교 순례』(교회성장연구소, 2011)
『교회가 이 땅의 소망입니다』(넥서스CROSS, 2010)
『내 맘대로 안 되는 내 인생』(넥서스CROSS, 2010)
『명품 리더십』(프리셉트, 2009)
『하나님을 가슴 뛰게 하는 이야기』(프리셉트, 2009)
『하나님을 눈물나게 하는 이야기』(프리셉트, 2008)
『예수님의 리더십 학교』(교회성장연구소, 2007)
『하나님, 부자 되고 싶어요!』(KMC, 2007)
『OLD & NEW』(프리셉트, 2006, 공저)
『하나님, 솔직히 돈이 좋아요!』(프리셉트, 2005)
『하나님을 미소짓게 하는 이야기』(프리셉트, 2007)
『구약 개관』(프리셉트, 2006)
『남자들을 위한 성경공부』(프리셉트, 2004)
『성공의 7가지 장애』(프리셉트, 2003)
『신약 개관』(프리셉트, 2002)
『우리가 꿈꾸는 교회』(진흥출판사, 2002)
『하나님 마음에 합한 시리즈』(프리셉트, 2002, 공저)
『예수 믿지 않는 사람들의 눈에 비친 교회』(프리셉트, 2000)
『열린 예배? 현대 예배!』(프리셉트, 1999)

박사학위 논문

"Toward 21st Century Mission in Korea: Making Strategy from a Non-christian Perspective."
(지도교수: Laurence L. Welborn)

"한국에서의 21세기를 향한 선교: 비기독교인의 관점에서 전략을 만들기." 이 논문은 4세기 로마와 현재 한국 사회에서의 기독교인들과 비기독교인들의 관점을 비교, 연구함으로써 한국의 교회들이 과연 선교에 어떠한 자세를 취해야 하는지 알아보기 위해 계획되었다.

배교자 줄리안과 그 당시의 자료 조사를 통하여 로마 시대의 교회 성장에는 자비심, 높은 도덕적 규범, 그리고 신앙적으로는 배타적일지라도 문화적으로는 열려 있는 태도가 중요하다는 것을 밝혀냈다.

또한 현재 한국 사회의 모델로 분당에 사는 성인들에 대한 조사를 통해, 하나님의 구원 계획에 동참하는 방법으로는 도덕적이고 윤리적인 목회자, 다른 종교와의 열린 대화, 그리고 사회적인 봉사 등이 필요하다는 사실을 확인할 수 있었다.

김성무

金聖茂, Kim, Sungmoo, 1972년 4월 10일 -

학력

2000. 건국대학교(히브리학, B.A.)
2006. 한국침례신학대학교 신학대학원(신학, M.div)
2023. 주안대학원대학교(Intercultural Study, Ph.D)

경력

2008. 11. - 2012. 12. 신촌중앙교회 부목사
2013. 12. - 2023. 현재. 침례교 해외선교부 필리핀 민다나오 선교사

논문

"하나님의 형상(Imago Dei)을 통해 보는 하나님의 선교(Missio Dei)." 「선교신학」 73 (2024)

전공 분야

구약선교, 선교훈련, 이슬람, 이주민/다문화, 선교현장 연구, 타문화권 교회 개척, 디아스포라

박사학위 논문

"하나님의 선교에 나타난 하나님의 형상 연구: 창세기 1장 26-28절과 인간의 선교를 중심으로." (지도교수: 구자용)

성서, 특히 구약성서 안에서 하나님의 선교를 논할 때 선교해석학적으로 창조신학과 원역사에서 논함이 미진함의 문제의식에서 출발하였다. 그리고 하나님의 선교가 하나님이 행하시는 모든 일이라고 한다면 창조신학에서도 하나님의 선교를 볼 수 있어야 한다는 명제 아래 그에 대한 답을 찾는 것에 목적을 두고 있다.

하나님의 선교는 하나님의 형상을 통해 사명을 위임받고 보내심을 받은 선교적 인간이 그분을 계시하고 세상에 구속과 샬롬을 이루는 것이라고 연구는 주장한다. 그러면서 하나님이 선교는 인간의 선교를 통해 이루어지며 이때 인간은 하나님의 형상을 통해 그분의 권한을 위임받아 세상에서 하나님을 대신에 보호하고 보존하며 발전시켜 구속과 샬롬을 이루게 하는 존재로 역할을 한다.

하나님의 선교의 관점에서 보는 하나님의 형상은 창조 때에 선교적 인간으로 지음받은 인간이 그분을 계시하고 세상에 구속과 샬롬을 이루도록 고안된 특별한 기능을 가지고 있으며, 이 기능을 통해 선교적 인간은 공동체가 선교적 교회의 본질을 회복하는 데 중요한 역할을 담당할 수 있다.

이러한 개념을 가지고 본 연구는 하나님의 선교가 인간을 통한 그분의 행하심과 드러내심임을 연구한다. 그리고 하나님의 선교의 목적은 구속과 샬롬이고, 하나님의 형상은 하나님의 선교 사명이 인간에게 부여되는 대표적인 사건임을 주장한다.

사역 및 연구활동

2013년부터 필리핀 민다나오에서 선교사로 활동하며 타문화권 교회 개척 및 선교훈련과 선교현장을 연구하고 있다. 특히 민다나오 무슬림과 가톨릭 문화권에서의 선교 연구를 하고 있으며, 한인 디아스포라를 통한 선교 연구를 병행하고 있다.

김성민

金聖民, Kim Sung-Min, 1979년 7월 27일 -

학력

2006. 한동대학교(국제지역학, B.P.)
2008. 한국외국어대학교 일반대학원(중국학과 중국정치, Master's in Chinese Studies)
2011. 중국사회과학원 研究生院(정치학과 정치학이론, Ph.D. in Politics)

경력

2011. 09. - 2014. 02. 한동대학교 국제어문학부 외래교수
2011. 09. - 2017. 08. 한국외국어대학교 동북아 연계 전공 외래교수
2013. 03. - 2014. 02. 안양대학교 국제관계학과 외래교수
2015. 03. - 2017. 02. 아세아연합신학대학교 선교중국어과 외래교수
2015. 03. - 2020. 02. 동서대학교 국제학부 초빙교수
2016. 03. - 2020. 02. 동아대학교 중일학부 외래교수
2016. 03. - 2020. 02. 부산외국어대학교 중국학부 외래교수
2018. 09. - 2021. 02. 창원대학교 중국학과 외래교수
2020. 03. - 2023. 02. 고신대학교 글로벌비즈니스학부 외래교수
2022. 03. - 2023. 08. 호남대학교 연구교수
2024. 03. - 현재. 부경대학교 연구교수

논문

"중국의 사회적경제에 관한 시론적 연구." 「한중사회과학연구」 19/4(2021)
"중국 제13기 전인대 사회·민생분야 정책 고찰과 평가." 「국제지역연구」 25/4(2021)
"중국 정부의 서비스 구매 발달 과정 고찰: 시기별 특징과 내용을 중심으로." 「아태연구」 26/4(2019)
"시진핑 시기 중국 사회조직관리 정책의 분석과 평가." 「한중사회과학연구」 16/3(2018)
"시진핑 시기 중국의 사회조직관리 방침: 〈關于改革社會組織管理制度促進社會組織健康有序發展的意見〉을 중심으로." 「중국학논총」 60(2018)
"중국 '해외비정부조직관리법'의 분석과 전망." 「현대중국연구」 19/1(2017)

전공 분야

선교전략, 선교현장 연구, 선교사회학, 중국의 정치사회, NGO선교, 국제개발협력과 선교 사역

박사학위 논문

"當代中國基督教研究."(지도교수: 史衛民)

이 논문의 연구 및 분석 대상을 범주와 층위에 따라 순차적으로 구분하자면 첫째, 중국 종교문화와 정책의 역사적 전개, 그 흐름에서의 중국 사회주의 종교문화-종교관-종교정책 등에 대해 고찰하고 있다.

둘째, 중국 당/원대 이후 민국 시기까지 중국 기독교의 중국적 적응과 발전, 중화인민공화국 초기 사회주의 개조 시기 기독교삼자교회의 형성, 대약진 시기 및 문혁 시기 종교/기독교에 대한 억압과 그로 인한 종교발전의 정체, 개혁개방 이후 종교/기독교의 성장과 발전에 대해 고찰하고 있다.

셋째, 중국 사회주의 국가/체제의 성격, 1950년대 초중반 사회주의 개조 시기 당/정부의 사회집단 통제 정책, 통일전선전술전략에 근거한 사회집단의 체제 내 편입 방침, 기독교삼자애국운동 등을 거치며 형성된 기독교삼자교회의 구조적 특성과 (당/정부로부터 부여받은) 사회적 및 신학적 역할에 대해 분석하고 있다.

넷째, 개혁개방 이후 중국 체제 및 사회의 이완과 변화, 당/정부의 종교정책의 기조 변화 및 종교집단에 대한 인식의 유연화, 변화된 상황 속에서 중국 기독교의 사회적-경제적 순기능과 긍정적 역할에 대한 당/정부의 활용 전략에 대해 분석하고 있다.

다섯째, 종교사회학 혹은 정치사회학 일반 이론에서 접근하는 종교-정치, 종교-사회, 종교-경제, 종교-문화, 종교-민족 간 관계가 무엇인지 살펴본 후, 그것이 개혁개방 이후 시기를 지나는 중국에서 기독교 집단의 위치 재정립과 좌표 설정에 있어 제공해주는 함의가 무엇인지 고찰하고 있다. 그와 동시에 중국 기독교가 중국의 정치, 경제, 사회, 문화, 윤리 각 방면에서 발휘하고 있는/발휘할 수 있는 역할 중요성과 효용성에 대해 탐구하고 있다.

이 논문이 지니는 이론적 및 실천적 가치와 의의는 첫째, 주로 중국 선교전략 등을 언급하는 선교학 논문과 달리, 종교사회학-정치사회학(사회변동론, 사회변동과 종교성

장의 상호관계 등)의 엄밀한 사회과학 이론에 토대를 두면서, 그와 동시에 전통시기부터 사회주의 중국 성립 및 개혁 개방 전후의 변화와 발전 등 중국 자체의 역사성을 인정하는 기초 위에 중국 종교와 기독교 집단을 연구하고 있다는 점에서 기존 선교학 분야 논문들과 차별화된 연구방법론을 활용하고 있다.

둘째, 중국의 종교정책을 비롯한 사회통제 정책의 유연화 필요성을 제기하고 촉구하는 데 있어 일정한 실천적 가치를 지니고 있다. 현대사회에서 종교집단 등 사회조직의 복원 필요성을 주장하는 매개구조론 등 이 논문과 유사한 관점의 정치–사회학 관련 연구들이 지속적으로 이루어진다면, 중국 당국의 종교정책의 다변화와 유연화를 이끌어내는 데 일정한 도움이 될 것이다.

사역 및 연구활동

중국 연구: 중국의 사회관리 및 사회치리, 중국의 공민사회와 사회조직, 중국의 사회적경제와 사회혁신 등으로 영역을 확장하여 연구하고 있다.

동아시아 시민학: 동아시아공동체 혹은 ‘동아시아 평화의 집’을 만들어 나가기 위한 사상–이론적 및 실천적 기초 토대로서 동아시아 시민성·공공성을 중심으로 하는 ‘동아시아 시민학’의 패러다임과 이론을 구축하는 것을 목표로 연구를 진행하고 있다.

국제개발/지역개발 연구: 귀국 이후 모교에서 기아대책 동아리 지도교수의 경험을 계기로 NGO, 시민사회, 빈곤과 저발전, 국제개발/지역개발 등의 분야에 이론적 및 실천적 관심을 가지게 되었다. 향후 중국을 비롯한 동아시아 각 지역의 빈곤 문제에 대한 지속적인 연구를 수행할 계획이다.

김성욱

金成旭, Seong Uck Kim, 1960년 1월 14일 -

학력

1984. 총신대학교(신학, B.A.)
1997. 총신대학교 신학대학원(구약신학, M.Div.)
1991. 미국 Reformed Theological Seminary (구약신학, Th.M.)
1995. 미국 Reformed Theological Seminary (선교학, D.Miss.)
2007. 미국 Reformed Theological Seminary (선교학, Ph.D. in ICS)

경력

1991. 05. – 1995. 05. 해리스버그선교교회 담임목사
1995. 09. – 1999. 02. 총신대학교 선교연구원 강사
1996. 03. – 1999. 02. 백석대학교 조교수
1999. 03. – 2004. 02. 총신대학교 조교수
1999. 03. – 2004. 02. 총신대학교 선교대학원 교학처장
2004. 03. – 2018. 08. 총신대학교 부교수
2007. 03. – 2009. 02. 총신대학교 선교대학원 주임교수
2009. 03. – 2010. 02. 총신대학교 선교대학원장
2011. 03. – 2013. 02. 총신대학교 선교대학원 주임교수
2012. 03. – 2013. 02. 한국복음주의선교신학회 회장
2018. 03. – 2023. 02. 총신대학교 교회선교연구소 소장
2020. 08. – 2023. 02. 총신대학교 통합대학원장
2019. 03. – 2025. 현재. 총신대학교 교수

저서

『21세기 기독교전문인 선교신학』(이머징북스, 2019)
『개혁주의 선교신학』(이머징북스, 2013)
『현대 평신도 전문인선교』(프라미스키퍼스, 2010)
『선교를 위한 문화인류학』(이레서원, 2002; CLC, 2023, 공저)
『하나님의 백성과 선교』(CLC, 1998)

번역서

『21세기 현대 선교학 총론』(크리스챤출판사, 2009)

『선교성경신학』(크리스챤출판사, 2004)
『성경의 선교신학』(이레서원, 2002, 공역)

논문

"세계 복음전도 환경 변화와 대응." 「목회와 신학」(2024)

"선교신학적 관점에서 본 제4차 로잔대회." 「신학지남」(2024, 여름호)

"A Study of Lay Tentmaker in Lausanne Movement." Fourth Lausanne Congress and Future of the Lausanne Movement (2024)

"팀 켈러(Tim Keller)의 도시선교사역 연구." 「선교신학」(2024)

"단기선교의 성경적 이해." 「교회성장」(2024)

"효율적 선교전략과 멤버케어 연구." 「총신대논총」(2023)

"전환기 시대의 신학교의 선교교육 연구." 「총신대논총」(2022)

"개혁주의 입장에서 본 이슬람에 대한 교회의 선교적 과제." 「ACTS 신학저널」(2021)

"Market Place Ministry에 대한 선교학적 연구." 「총신대논총」(2020)

"로잔운동과 구약에 나타난 성경적 선교론 연구." 「선교신학」(2019)

"로잔운동에서 본 포스트모더니즘의 종교다원주의." 「ACTS 신학저널」(2018)

"한국 교회 리더십 문제에 대한 선교신학적 고찰." 「총신대논총」(2017)

"선교학적 관점에서 본 회심과 변혁." 선교와 신학」(2016)

"로잔운동에 나타난 비즈니스선교(BAM) 연구." 「성경과 신학」(2015)

"A Study of Nestorian Missionary Efforts to Tang Dynasty of China." Chongshin Review (2015)

"현대 선교적교회론에 대한 개혁주의 선교학적 연구." 「총신대논총」(2014)

"BAM 선교의 이론과 실제." 「선교와 신학」(2013)

"The Biblical Authority in an age of Relativism and True Contextualization." Chongshin Review (2012)

"A Study of Catholic Laity from a Reformed Perspective." Chongshin Review(2011)

"선교학적 관점에서 본 사도행전의 성령과 선교 연구." 「성경과 신학」(2009)

"A Study of First Great Awakening and Jonathan Edwards." Chongshin Review(2008)

"종교개혁기에 나타난 평신도선교 연구." 「총신대논총」(2007)

"선교학적 관점에서 본 교회와 하나님나라 관계 연구." 「총신대논총」(2006)

"초대교회 평신도를 통한 관계전도 연구." 「신학지남」(2005)

"21세기 한국교회 선교와 전문인선교." 「총신대논총」(2003)

"선교와 제자도의 관계." 「신학지남」(2003)

"John Calvin과 선교론." 「신학지남」(2002)

전공 분야

선교 역사, 복음주의 선교신학, 전문인 선교전략, 이슬람, 이주민/다문화 선교, 상황화/토착화

박사학위 논문

"A Study of Lay Participation in Local Church Ministries and Missionary Activities in the Korean Protestant Church."(지도교수: Samuel Larson)

1950년대 이후 현대선교신학에 나타난 평신도신학에 대한 선교학적 연구로서 성경에 나타난 평신도의 정체성과 선교적인 사명, 현대교회 선교사역에서 필요한 평신도 사역, 평신도선교, 전문인선교(Tentmaker 선교), 비즈니스선교 등을 다루고 있다.

구약성서에 나타난 아브라함과 모세 언약에 나타난 언약 백성들의 선교적 사명을 찾으면서, 신약성경에 나타난 그리스도인의 은사와 사역에 대한 에베소서 4:11-12, 베드로전서 2:5-9에 대한 평신도의 왕 같은 제사장들로서 선교적 정체성을 연구하였다.

또한 현대선교신학에 나타난 평신도선교에 대해 로잔 제1차 대회, 제2차 대회, 제3차 대회 문서에 나타난 평신도전문인선교와 텐트메이커 선교, BAM 선교 등에 대해 선교신학적으로 연구하고 적용하였다.

사역 및 연구활동

한국 교회 선교사역을 위한 신학교육사역에 힘을 쏟으며, 한국선교의 확장과 부흥을 위한 목회자양육사역을 통해 선교사역의 의미와 실천을 강조하며 선교동원사역에 헌신하고 있다. 연구활동의 주제는 평신도의 역할 연구, 전문인선교의 중요성, 텐트메이커 선교, BAM 선교, 로잔운동과 전문인선교 등에 집중되어 있다.

김성운

金成雲, KIM SUNGWOON

학력

1989. 고신대학교(B.Th.)
1992. 고려신학대학원(M.Div.)
1999. 튀르키예 국립 EGE University(M.A.)
2005. 튀르키예 국립 EGE University(Ph.D.)

경력

1992. 04. – 2011. 02. OM 국제선교회 선교사
2010. 09. – 2022. 03. 고려신학대학원 선교학과 교수
2015. 03. – 2022. 03. 고려신학대학원 부설 선교교육원 원장
2018. 09. – 2020. 09. 한국복음주의신학회 감사/서기
2020. 12. – 2022. 03. 한국복음주의선교신학회 감사/부회장

저서

『With 바울』(생명의 양식, 2021)
『개혁교회의 선교』(생명의 양식, 2020)
『교회 건설 매뉴얼』(생명의 양식, 2020, 공저)
『종교개혁과 선교』(SFC, 2017)
『터키 이슬람 들여다보기』(글마당, 2013)
『가슴에 품은 초승달』(글마당, 2012, 공저)

논문

"구술을 통한 무슬림 전도와 제자훈련: 키르기스스탄 '복의근원교회' 사례를 중심으로." *Muslim-Chriatian Encounter* 14/12(2021)

"사도 요한이 제시하는 선교." 「개혁신학과 교회」 35a(2021)

"무슬림 이주노동자들을 위한 선교 방향." 「복음과 선교」 52(2020)

"포스트 코로나 시대 선교." 「개혁신학과 교회」 34(2020)

"고신총회세계선교회(KPM) 선교사들이 사역하는 선교지 신학교들의 교리문답교육 현황 연구." 「성경과 신학」 91(2019)

"미전도 종족 선교의 당위성에 대하여." 「개혁주의 선교신학」 9/1(2019)

"이슬람의 신학적 도전과 교회의 대응 방안: 이슬람 포교지들을 중심으로." 「성경과 신학」 88(2018)

"터키-쿠르드 문제에 대한 이해와 전망." *Muslim-Chriatian Encounter* 11(2018)

"개혁주의 선교목적과 원리." 「개혁신학과 교회」 31(2017)
"무슬림들에게 어떻게 그리스도의 십자가를 전할 것인가?." 「개혁논총」 44(2017)
"최근 터키의 정치적 변화와 그것이 선교에 미칠 영향." *Muslim-Chriatian Encounter* 10 (2017)
"현대 이슬람의 흐름." 「개혁주의 선교신학」 7/1 (2017)

전공 분야

복음주의 선교신학, 선교훈련, 이슬람, 타문화권 교회 개척

박사학위 논문

"The Social Effects of Globalization on the Workforce in Turkey and South Korea."(지도교수: Onal Sayin)

세계화 이론과 세계화가 정치, 경제, 문화, 자본에 미친 영향을 논하고 특별히 세계화가 노동력에 어떤 문제들을 만들어내고 있는지 한국과 튀르키예의 다국적, 초국적 기업에서 일하는 노동자들을 비교 연구하여 분석하였다. 연구 결과는 세계화의 심화 정도와 세계화에 편입된 정도에 따라 노동자들이 직면한 문제의 양상이 다르고 사회적 문제의 성격도 달라진다는 것을 보여주고 있다.

세계화, 노동 이론들을 분석하고 설문과 인터뷰를 통해 연구를 진행했으며, 세계화가 노동자들의 직업 안정성, 가족, 정체성 등에 끼치는 영향을 밝힘으로 노동 정책과 노동자들이 지향해야 방향을 제시하였다.

사역 및 연구활동

고려신학대학원에서 선교학 교수와 선교훈련원장으로 개혁주의적 안목을 가진 선교적인 목회자와 타문화권 선교사를 양성하고 있다. 선교지에서의 경험과 개혁주의 신학을 기초로 이슬람권 전도와 타문화권에서 토착적이고 자립하는 교회를 개척하고 재생산할 수 있을지에 관심을 두고 연구하고 있다. 주 관심 분야와 관련해 여러 권의 책과 20편 이상의 논문을 발표하였다. 그리고 포스트모더니즘과 상대주의가 범람하는 시대에 어떻게 복음의 진리를 타협하지 않고 적실하고 설득력 있게 변증하고 전할 수 있을지 숙고하며 연구하고 있다. 고려신학대학원 부설 선교교육원장으로 고신

총회세계선교회(KPM)와 협력을 통해 선교신학 수업과 현장실습 그리고 공동체훈련을 통해 신학과 실천을 겸비한 준비된 선교사들을 양성하고 있으며, 여러 선교단체에서 강의하며 한국복음주의신학회, 한국복음주의선교신학회, 한국개혁주의선교신학회, 개혁신학회의 임원과 회원으로 활동하고 있다.

김성익

金聖翼, Sung Ik Kim, 1960년 8월 23일 -

학력

1985. 삼육대학교(신학, B.Th.)

1991. AIIAS MPS

1999. 삼육대학교(신학, Ph.D. in Mission and Ministry 수료)

2005. Andrews University(Ph.D. in Mission and Ministry)

경력

1993. 03. - 1999. 08. 삼육의명대학 교양 전임강사/부교수

1996. 03. - 2000. 12. 삼육대학교 선교와사회문제연구소 연구부장

2004. 03. - 2005. 02. 삼육대학교 교목부장

2007. 03. - 2009. 02. 삼육대학교 신학전문대학원 교학부장

2009. 03. - 2012. 02. 삼육대학교 교목처장, 대학교회 담임목사

2015. 03. - 2019. 02. 삼육대학교 총장

2017. 03. - 2019. 02. 신학교육협의회 부회장

2017. 03. - 2019. 02. 기독교대학 총장협의회 부회장

1999. 09. - 2023. 현재. 삼육대학교 신학과 교수

저서

『전도와 교회 성장』(북아태지회선교전략연구소. 2010, 공저)

Proclamation in Cross-cultural Context: Missiological Implications of the Book of Daniel(삼육대학교출판부, 2006)

『성장하는 교회는 아름답다: 교회 성장학의 역사와 이론 분석 및 적용』(삼육대학교출판부, 2006)

『역사적 예수, 오늘의 예수, 그리고 미래의 예수』(시조사, 2005)

『성서적 제자훈련과 소그룹 운영의 이론과 실제』(삼육대학교출판부, 2004)

『신앙과 직장생활의 이중주(교과서)』(삼육대학교 교목실, 2000)

『강단 위의 스피치』(시조사, 1998)

『신앙과 직장생활의 이중주』(한국연합회, 1998)

『예수에 관해 알아야 할 12가지 사실』(시조사, 1998, 개정판)

『진리와 사랑의 봉사자』(한국연합회, 1998)

『사명을 감당하는 백성』(삼육대학교 교목실, 1997)

『예수의 생애와 교훈』(삼육대학교 신학과, 1997)

『성품 가꾸기 I』(삼육대학교 교목실, 1996)

『성품 가꾸기 II』(삼육대학교 교목실, 1996)

『믿음 가꾸기』(삼육대학교 교목실, 1995, 공저)

『젊음 가꾸기』(삼육대학교 교목실, 1995)

『좋으신 하나님』(삼육대학교 교목실, 1995)

『하나님 알아가기』(삼육대학교 교목실, 1995)

『예수 안에 사는 생애』(삼육대학교 교목실, 1994)

『전도훈련자료집 I 』(삼육대학교 교목실, 1994)

논문

"미국교회 선교적 교회론의 신학적 기초와 적용 양태." 「선교신학」 38(2015)

"추수 신학의 새로운 이해를 통한 무슬림 저항 재해석." 「선교신학」 39(2015)

"선교를 위한 꾸란 해석과 꾸란 사용." 「한국기독교신학논총」 94(2014)

"이슬람 분파별 이해에 따른 지하드 개념의 다면성." 「선교신학」 33(2013)

"이슬람의 비무슬림을 향한 다와(Da'wah) 연구." 「한국기독교신학논총」 86(2013)

"교회 성장 운동과 조사 연구의 상관관계 연구." 「선교신학」 30(2012)

"한국 불교의 특성과 관련된 선교적 함의." 「선교신학」 31(2012)

"대중 이슬람 정황에서 본 꿈에 대한 선교학적 관점." 「선교신학」 28(2011)

"미국 신학교육 발전 속에 나타난 목회현장성과 영성 형성 논의의 함의." 「한국기독교신학논총」 68(2010)

"에든버러 선교대회와 이슬람 선교." 「선교신학」 24상(2010)

"무슬림 선교 전략 중 C5를 중심으로 한 선교신학적 논쟁의 추이." 「선교신학」 20(2009)

"Contextualization in Daniel's Use of God's Names for Cross-cultural Witness to Nebuchadnezzar." *Journal of Adventist Mission Studies* 4/1(2008)

"Korean Adventist Church in Social Responsibility." 「신학리뷰」 4(2008)

"Reflection on the Social Responsibility of Adventist Perspectives." 「선교와 사회」 16(2008)

"교회지남의 역사적 사명과 나아갈 방향: 「교회지남」 1,000호 기념 설문조사." 「선교와 사회」 15(2008, 공동연구)

"새신자 정착과 낙심자 회복을 위한 제도적 개선." 「선교와 사회」 15(2008)

"재림교회 신학교육 현황과 현대신학의 조류." 「신학포럼」 12(2007)

"Contextualization in Daniel's Witness to Nebuchadnezzar." 「신학포럼」 11(2006)

"재림교회 내 평신도 목회자 제도 시행에 관한 연구." 「선교와 사회」 13(2005)

"재림신앙의 재조명: 재림교인은 과연 재림을 기다리는가?" 「신학포럼」 10(2005)

"A Proposal of the Missionary Training for Korean Pioneer Missionaries." 「선교와 사회」 12/2(2004)

"재림교회 내의 상황화 신학의 발전과 그 적용." 「선교와 사회」 12/1(2004)

전공 분야

선교인류학, Cross-cultural Communication, 타종교 연구

박사학위 논문

"Proclamation in the Cross-cultural Context: Missiological Implications of the Book of Daniel." (지도교수: Bruce Bauer)

다니엘서에 나타난 만국을 향한 하나님의 목적(*missio Dei*) 속에 나타난 구원적 선교의 성서적 기초를 탐구하고 다니엘이 이교 왕국이라는 초문화적인 정황에서 하나님의 구원의 목적에 대해 증거하도록 보냄을 받은 공식 선교사로서 자신의 사역을 수행하기 위하여 차용한 방편들을 조사 연구하였다. 이 연구의 주요 목적은 다니엘서를 선교학적 문헌으로서 타당성을 부여하고 그 선교학적 함의가 현대의 선교에도 여전히 상관성을 지니고 있음을 보여주는 데 있다.

제2장에서는 다니엘서에서 인간 역사 속에서 구원을 위한 하나님의 주도권, 즉 만민을 위한 하나님의 구원의 목적을 포함하여 하나님의 선교(*missio Dei*)의 구원의 목적을 탐구하며, 다니엘이 자신의 인간 대리자들을 통하여 만민을 위한 하나님의 구원 목적을 성취하는 방편으로 사용된 유배의 과정 속에서 하나님의 주권을 깨닫고 있었음을 제시하고 있다. 제3장에서는 하나님이 신실한 개인들과 꿈과 이상, 그리고 영적 쟁투를 어떻게 사용하는지를 보여줌으로 하나님의 선교의 전략을 탐구하고 있다. 제4장은 다니엘서 속에서 문화학습의 과정과 상징주의를 분석함으로 다니엘의 사역에 나타난 문화적 관점에 초점을 맞추고 있다. 더 나아가 느부갓네살, 벨사살, 그리고 다리오 왕에게 한 다니엘의 증거를 초문화의 관점에서 조사하고 분석하고 있다. 본 장은 다니엘과 그의 친구들이 초문화 상황에서 하나님의 진리를 의사소통하려 할 때 지역의 문화에 민감하게 반응했으나 그 진리의 내용은 타협하지 않았음을 보여준다. 제5장은 다니엘서로부터 현대 선교사역에 던지는 선교학적 함의를 제시하고 있다. 실제적인 적용을 위한 진술은 다니엘서가 신학뿐 아니라 현대의 초문화 선교 실천을 위해 발전시켜야 할 선교적 문헌으로 간주되어야 함을 드러내고 있다.

사역 및 연구활동

성서를 선교학적 문헌으로 보는 관점으로 지속적인 연구를 하고 있다. 특히 초문화 상황에서 커뮤니케이션과 교회 개척, 성서적 소그룹과 제자훈련, 선교적 교회의 적용을 다양한 방식으로 모색하고 있다. 비교종교학적으로 이슬람과 불교 선교에 대한 현대적 접촉점을 구축하는 선교신학적, 실천적 방안을 모색하기 위해 다면적인 접근을 시도하고 있다.

한인 선교사들이 지도하는 선교지 신학교육의 현지화를 위해 현지 신학자의 양성과 상황화한 신학교육 과정 설계를 지도하고 있다. 이 두 그룹이 내부자 관점과 외부자 관점에서 선교지의 선교전략에 대해 비교종교학적 관점과 선교인류학적 관점에서 선교적 접촉점을 구축하여 융합하도록 격려하고 있다.

김성준

金成俊, Kim Seongjun, 1972년 1월 6일 -

학력

1998. 한일장신대학교(신학부, Th.B.)
2003. 한일장신대학교 신학대학원(교역학, M.Div.)
2010. 한일장신대학교 일반대학원(선교학, Th.M.)
2015. 한일장신대학교 일반대학원(선교학, Ph.D.)

경력

2003. 12. – 2022. 04. 임실 사곡교회 담임목사
2010. 03. – 2015. 03. 한일장신대학교 제3세계 선교연구소 부설 전문인선교아카데미 교무
2013. 03. – 2015. 03. 한일장신대학교 신학과 시간강사
2016. 09. – 2018. 09. 한일장신대학교 신학과 겸임교수
2018. 10. – 2019. 10. 한일장신대학교 신학과 동문회 회장
2019. 05. – 2020. 05. 한일장신대학교 총동문회 공동부회장
2019. 09. – 2020. 09. 한일장신대학교 신학과 객원교수
2020. 10. – 2022. 09. 한일장신대학교 100주년 선교대회 및 학술대회 자문위원 및 기획위원
2016. 03. – 2024. 현재. 한일장신대학교 사회문화선교연구소 소장
2016. 03. – 2024. 현재. 한일장신대학교 사회문화선교연구소 부설 전문인선교아카데미 원장
2018. 03. – 2024. 현재. 총회 세계선교부 전문인선교사 후보생 훈련교육기관 원장
2020. 03. – 2024. 현재. 서서평연구회 선임 실행위원
2020. 09. – 2024. 현재. 21세기기독교사회문화아카데미 총무
2020. 09. – 2024. 현재. 한일장신대학교 신학과 선교학 교수

주요 활동

2019. 03. – 2024. 현재. 전북기독교협의회 협동총무
2019. 09. – 2024. 현재. 지역NCC 전국협의회 에큐메니칼목회아카데미 자문위원, 신학위원회 전문위원

현재. 유준수 방파선교회 파송 선교사 필리핀 싼페르난도선교센터 자문위원
현재. 은성관 예일교회 파송 선교사 미얀마 양곤선교센터 교육위원
현재. 오무일 총회 파송 선교사 태국 람빵 태권도 전문인선교훈련원 교육위원
현재. 박경숙 총회 파송 전문인선교사 필리핀 전문인선교훈련원 교육위원
현재. 전북 굿네이버스 교회 협력위원

저서

『간호선교사 서서평의 한국 사회에 대한 미친 영향』(서서평연구회, 2023, 공저)
『예언자 선교사 서서평과 사회 변혁자 예언자 신학자 김용복』(서서평연구회, 2022, 공저)
『한국 교회 선교적 교회 세우기』(유나기획, 2022, 공저)

논문

"한국 교회 선교사를 위한 선교신학의 새로운 관점." 「신학과 사회」 36/4(2022)
"하나님 선교에 참여하는 생명목회 연구." 「신학과 사회」 35/3(2021)
"포스트 코로나 시대의 생명선교." 「신학과 사회」 34/4(2020)

전공 분야

선교현장 연구, 에큐메니컬 선교신학, 복음주의 선교신학, 상황화/토착화

박사학위 논문

"한국 교회 선교 갱신을 위한 선교적 교회론 연구."(지도교수: 임희모)

본 연구는 현대사회에서 교회가 지향해야 할 선교적 교회와 선교적 교회의 이론적 연구와 실천적 사역으로 선교가 교회의 본질인 선교적 교회론이 한국 교회에서 회복되어야 한다는 논리에서 시작한다. 이를 위한 연구방법은 주로 문헌 위주이며, 선교적 교회론의 출현에 기여한 레슬리 뉴비긴과 대릴 구더, 크레이그 밴 겔더의 논문과 저서를 분석하면서, 한국에서 발표된 선교적 교회론의 논문들과 자료를 참고한다.

이러한 연구에는 이론적 연구와 실천적인 연구가 있는데, 필자는 한국 교회의 선교 갱신을 위한 선교적 교회론 연구를 위해서 이론적 연구와 사례 연구를 병행한다. 이와 함께 서구 선교적 교회론이 한국적 선교 상황에서 올바른 적용을 위해서 서구 선교적 교회론 학자인 뉴비긴, 밴 겔더, 구더의 선교적 교회론의 분석과 한국 상황에서 선교적 교회론을 연구한 임희모, 한국일, 최형근 교수의 선교적 교회론의 이해와

해석을 비교한다. 또한 서구 선교적 교회론에 대한 비판과 수용을 통한 한국적 선교적 교회론의 특징과 함께, 한국 교회 상황에서 선교적 교회론이 주는 상보성을 통한 한국 교회 선교 갱신에 선교적 교회론의 적용과 함께 선교적 교회의 사례를 연구하였다.

사역 및 연구활동

총회 파송 선교사 후보생을 위한 선교교육에 전념하는 한편 지역사회 시민단체와 교회와 함께 생명운동과 생명목회를 연구하고 있다.

김성환

金誠煥, Seoung Hwan Kim, 1954년 1월 11일 -

학력

1975. 중앙대학교(생물학, B.S.)
1984. 총신대학교 신학대학원(신학, M.Div. Eq.)
1988. 총신대학교 대학원(교회사, Th.M.)
2009. 서울기독대학교 대학원(선교역사, Ph.D.)

경력

1987. 03. -1990. 02. 총신대학교 신학대학원 부설 선교연구소 간사 및 기획실장
1989. 09. - 1991. 02. 총신대학교 신학대학원 강사
1990. 03. - 1991. 08. 동선선교연구개발원 전임교수
1991. 04. - 1995. 05. 아시아 아프리카 선교연구소장
2011. 03. - 2014. 02. 서울기독대학교 강사 및 겸임교수
2004. 05. - 2023. 현재. 소래연구소(현 소래통문화선교연구소) 소장
2015. 01. - 2023. 현재. 일산청암교회 담임목사

저서

『이제야 끝이 오리니: 선교 시각에서 본 요한계시록』(소래연구소, 2016)
『한국을 사랑한 선교사들』(로뎀북OMF, 2016)
『선교신학개론』(소래연구소, 2013)
『감비아와 선교서신』(고근, 1991)
『케냐와 선교』(한국바울선교회, 1989)

논문

"40년간 금천양문교회를 목회한 목사 이훈구의 역할 연구." 「복음과 선교」 52(2020)
"선교적 시각에서 본 요한계시록 구조." 「ACTS 신학저널」 23(2015)
"OMF의 한국선교 35년사에 나타난 선교의 장단점 연구." 「ACTS 신학저널」 22(2014)
"한국교회의 대 중국선교방향 연구." 「선교와 신학」 23(2013)
"Evangelical Missionary Conference에 보고된 한국 상황에 대한 분석." 한국에딘버러 100주년 기념대회 발표(2010)
"미국교회의 선교사 파송에 따른 미국교회의 변화 연구: 1800-1950년까지를 중심으로." 「한국선교KMQ」(2010, 겨울호)

"한국에 온 선교사들이 한국교회에 남겨준 사례 연구." NCOWE V차 대회 발표(2010)
"모세오경에 나타난 선교의 내용과 방법." 아시아 아프리카 선교연구소 제2회 선교학술발표회(1992)
"한국교회 해외선교 80년사에 나타난 문제." 학술진흥재단(1990, 공동연구)

전공 분야

선교 역사, 성경선교신학

박사학위 논문

"주 조선 교회 미국 장로교선교사들이 한국 교회의 해외선교사역에 끼친 영향: 1884-1945까지 중심으로."(지도교수: 이훈구)

한국 교회가 자랑하는 것 중 하나는 복음을 받아들인 지 불과 28년 만에 해외선교를 시작하였다는 점이다. 조선 교회가 선교를 하게 된 동기는 첫째로, 조선에 온 선교사들은 선교 대상을 조선 나라가 아니라 조선인으로 하는 선교정책을 택하였다. 그러므로 조선인들이 있는 제주도, 만주와 일본, 하와이, 시베리아, 멕시코 등지도 선교 대상지였다. 둘째로, 조선에 온 선교사들은 네비우스의 자전의 원칙을 따라 조선 교회가 이를 감당하게 하였다. 이로 인해 조선 교회가 해외선교에 동참할 기회를 얻었다. 셋째로, 조선에 온 선교사들은 네비우스 선교방법을 가능한 한 철저하게 실천하였고, 이를 조선 교회 지도자들에게도 요구하였다. 넷째로, 유진 벨(Eugen Bell)은 현대 선교 역사를 조선 교회 지도자들에게 가르쳤다. 이로 인해 조선 교회는 선교를 배우는 정도가 아니라 선교 자체가 교회의 사명이 되었다.

이같이 조선 교회는 서구 선교사들의 인도를 따라 해외선교를 하게 되었다. 또한 조선 교회의 선교는 짧은 선교 기간으로 인해 겉으로는 노회와 총회에서 독립적으로 행한 것처럼 보이지만 실상은 서구 선교사들의 절대적인 영향력 아래에서 벗어나지 못하였다.

이 논문을 통해서 얻는 교훈은 피선교지 교회가 선교사들의 영향력에서 벗어난다는 것은 어렵다는 점이다. 이를 극복하기 위해서는 피선교지 교회들이 빠른 시간에 자립하고 독립할 수 있도록 선교사들은 방법을 모색해야만 한다.

사역 및 연구활동

한국 교회의 선교 저변화를 위한 체력 문제를 연구하고 있으며, 한국 교회 해외 선교 역사 자료를 수집 중이다. 또한 소래통문화선교연구소를 통한 선교강의를 준비하고 있다.

김승곤

金勝坤, Kim, Seung Kon, 1968년 10월 9일 -

학력

1992. 장로회신학대학교(기독교교육, B.A.)
1998. 장로회신학대학교 신학대학원(신학, M.Div.)
2006. 미국 Union Presbyterian Seminary(기독교교육, M.A.C.E.)
2017. 주안대학원대학교(선교학, Ph.D.)

경력

1994. 10. - 1997. 12. 안양제일교회 교육전도사
1998. 01. - 2000. 12. 한우리교회/을지로교회 교육전도사
2001. 01. - 2004. 08. 강북제일교회 부목사
2004. 09. - 2006. 12. 리치몬드중앙장로교회 부목사
2007. 01. - 2010. 08. 워싱턴 서울장로교회 부목사
2010. 09. - 2012. 12. 뉴욕초대교회 부목사
2013. 02. - 2023. 현재. 안양초대교회 위임목사

주요 활동

1989. 08. WARC 총회 자원봉사자
1991. 12. JPIC 세계대회 자원봉사자
1995/1999. PCK 총회교육자원부 교재 집필자
2000. - 2001. PCK 총회교육자원부 기관목사
2002. - 2003. 인도네시아/캄보디아 선교 인솔자
2007. - 2010. 워싱턴 지역 청년 영적 각성 모임 지도목사
2011. 07. 도미니카공화국 단기선교팀 인솔자
2014. 07. 2030 China Mission Vision 대표자
2015. - 2016. 한국로잔위원회 서기, 중앙위원
2017. - 2019. 족자카르타 스마랑 선교 인솔자
2017. 08. 한국선교신학회 발표자
2018. 03. 한국교회사학회 발표자
2018. 06. 미국선교학회(ASM) 발표자
2019. 04. - 2023. 현재. PCK 선교사 자녀(MK) 위원회 실행위원
2023. - 2023. 현재. 관악통일비전포럼 공동대표

저서

『내한 선교사 사전』(한국기독교역사연구소, 2022, 공저)

『사무엘 H. 마펫의 선교 발자취』(미션아카데미, 2018)

번역서

『한국의 그리스도인들』(미션아카데미, 2021)
『햇빛을 받는 곳마다』(미션아카데미, 2021)

논문

"인도네시아 선교사 서성민의 삶과 사역, 선교신학 연구." 「미션인사이트」 12(2021)
"마삼락(Samuel H. Moffett)의 역사 이해에 대한 비판적 성찰." 「한국교회사학회지」 50(2018)
"마삼락(馬三樂, Samuel Hugh Moffett)의 생애와 선교신학 연구." 「선교신학」 48(2017)
"한국 교회의 성장과 분열에 대한 선교적 함의: 마삼락(Samuel H. Moffett)의 관점을 중심으로." 「선교와 신학」 43(2017)

전공 분야

선교 역사, 에큐메니컬 선교신학, 복음주의 선교신학, 선교훈련, 선교전략

박사학위 논문

"마삼락(馬三樂, Samuel Hugh Moffett)의 선교신학 연구: 복음전도, 교회연합, 사회참여를 중심으로."(지도교수: 김광성)

마삼락(馬三樂, Samuel Hugh Moffett, 1916-2015)은 한국 교회의 개척자이자 평양신학교 교장이던 마포삼열(Samuel A. Moffett)의 셋째 아들이고, 대구동산병원에서 의료선교사로 헌신한 마포화열(Howard F. Moffett)의 형이다. 그는 선교사, 목사, 교육가, 역사가, 설교자, 행정가, 저술가, 민간 외교관, 종교 기자, 특파원과 같은 다양한 역할을 하였다. 마삼락의 선교신학은 복음전도, 교회연합, 사회참여라는 3요소가 서로 융합하면서 온전성을 추구하는 복음적 에큐메니즘(Evangelic Ecumenism)이라고 규정된다.

마삼락은 1966년 베를린에서 열린 세계복음화대회와 1974년 로잔에서 열린 제1차 세계복음화국제대회에 참여한 복음주의자이면서 동시에 교회연합운동을 지지하며 에큐메니스트(Ecumenist) 역할을 하였다. 그는 온전한 복음의 능력이라는 관점에서 우선주의(prioritism)와 축소주의(reductionism)를 비판한다. 마삼락은 복음전도와 사회참여를 동등한 협력자로 여기고 교회분열과 교회의 자기봉쇄(self-containment)를 죄로 규정하며 교회의 연합과 선교를 주창하였다. 마삼락은 한국 교회가 세계교회

와 동반 협력하도록 공헌하였다. 그는 전 생애를 통하여 복음전도, 교회연합, 사회참여라는 통전적 선교신학을 정립하고 가르치고 실천하였다. 이 논문은 마삼락 선교사에 관한 최초에 학술적 연구라는 측면에서 내한 선교사 연구에 이바지한 의의가 있다.

김승호

金承鎬, Seung-Ho Kim, 1959년 3월 9일 -

학력

1996. Trinity Evangelical Divinity School(Ph. D. in ICS)

경력

2010. 01. - 2021. 02. 미국 Liberty University. Visiting Professor

2014. 11. - 2015. 11. 한국복음주의선교신학회 회장

2016. 11. - 2017. 01. 한국로잔연구교수회 회장 및 한국로잔중앙위원회 신학위원장

2018. 11. - 2020. 11. 한국복음주의선교신학회 편집위원장

2002. 03. - 2023. 현재. 한국성서대학교/신학대학원 선교학 교수

저서

『강해설교의 이론과 실제』(한국성서대출판부, 2012, 공저)

『선교와 문화』(범아출판사, 2012)

『복음주의선교신학에 대한 이해』(예영커뮤니케이션, 2008)

『선교와 상황화』(도서출판 토라, 2007)

『선교적 관점에서 본 설교방법론』(도서출판 토라, 2007)

『바울의 선교에 대한 이해』(도서출판 토라, 2006)

『평신도 신앙 베이직』(생명의말씀사. 2005)

『21세기 목회와 선교를 위한 사도행전』(CLC, 2003)

『선교를 위한 문화인류학』(이레서원, 2001)

논문

"선교에서 상황화 작업의 필요성과 위험성에 대한 고찰: 복음주의 진영과 WCC 진영의 사례를 중심으로." 「복음과 선교」 54(2021)

"선교적 경건으로 긍휼(Compassion)에 대한 성경신학적 고찰." 「신학지남」 87(2020)

"21세기 복음주의 선교가 나아가야 할 방향." 「복음과 선교」 48(2019)

"하나님의 선교(Missio Dei)와 기독론 중심의 선교: 하나님의 선교개념의 위험성을 중심으로." 「선교와 교회」 7(2019)

"복음전도의 우선순위를 둔 총체적 선교의 필요성에 대한 고찰: 로잔운동과 현대복음주의를

중심으로." 「ACTS 신학저널」 38(2018)
"신약의 관점에서 본 통전적 선교신학의 한계." 「선교와 문화」 5(2017)
"이슬람과 기독교 신론 비교 연구." 「ACTS 신학저널」 34(2017)
"로잔운동 관점으로 본 차별금지법과 동성애: 한국 교회 어떻게 대처해야 하는가?." 「개혁논총」 40(2016)
"이슬람 신학에서 이싸(Issa, 예수)에 대한 가르침의 개혁주의 선교신학적 비평." 「한국개혁신학」 50(2016)
"로잔신학과 로잔정신을 통한 한국 교회 갱신." 「개혁주의선교신학회」 10(2015)
"통일 후의 효과적인 북한 선교의 전략 연구." 「개혁논총」 36(2015)
"한국 선교 35년에 대한 소고." 「개혁주의선교신학회」 9(2015)
"종교다원주의 상황에서 예수 그리스도의 유일성에 대한 선포: 로잔 3차 대회 케이프타운 서약을 중심으로." 「개혁논총」 31(2014)
"설교 상황화의 필요성에 대한 고찰." 「개혁주의선교신학회논문집」 2(2013)
"순진한 무슬림(Innocence of Muslims)에 대한 무슬림들의 폭력적 저항에 대한 고찰." 「성경과 신학」 66(2013)
"한국 교회와 WCC." 「일립논총」 18(2013)
"Recovering A Sense of Self-Worth of Women in the Conservative Korean Church." 「복음과 선교」 18(2012)
"복음주의 관점에서 본 WCC의 타종교 입장에 대한 비평적 고찰." 「성경과 신학」 64(2012)
"복음주의 관점에서 본 이슬람 신학에 대한 비평적 고찰." 「한국선교사다문화포럼」 2(2012)
"종교다원주의 시대 한국 복음주의 교회 선교를 위한 종교신학 개발." 「복음과 선교」 14(2011)
"한국 교회 성장 정체 원인 분석과 대책에 관한 연구." 「개혁논총」 19(2011)
"기독교와 이슬람의 내세론 비교 연구." 「성경과 신학」 54(2010)
"선교를 어떻게 설교할 것인가?." 「그 말씀」 252(2010)
"이슬람의 계시에 대한 비평적 고찰: 꾸란과 하디스를 중심으로." 「복음과 선교」 11(2009)
"이슬람의 구원에 대한 비평적 고찰." 「복음과 선교」 9(2008)
"일립 강태국 박사의 교육 및 신학사상에 기초한 선교학 전공의 정체성과 방향에 대한 연구." 「일립 강태국 연구논문 모음집」(2008)
"한국 교회 성장을 위한 일곱 가지의 원리에 대한 고찰." 「개혁주의교회성장학회」(2008)
"Building A Theology of Missions: A Kingdom Approach." 「복음과 선교」 8(2007)
"멜빈 스타인브런(Melvin J. Steinbron)의 평신도 돌봄의 목회(LPM)에 대한 고찰." 「개혁주의교회성장학회」(2007)
"Missilogical Implication of the Compassionate Good Sarmatian Based on Luke10: 3-37." 「복음과 선교」 6(2006)
"포스트모던 상황에서 한국 복음주의 교회의 선교." 「성경과 신학」 39(2006)
"바울의 구원관으로 조명해본 포괄주의적 구원론의 오류." 「복음과 선교」 5(2005)
"평신도 사역의 성경신학적 근거와 성공 사례에 대한 연구." 「일립논총」 10(2004)
"한국성서대학교 신학부 선교학과 특성화를 위한 연구." 「복음과 선교」 4(2004)

전공 분야

복음주의 선교신학, 세계관 연구, 상황화신학, 선교와 문화, 이슬람 연구, 다문화 선교

박사학위 논문

"An Analysis of Self-Understanding of One Hundred Sixty Four Korean Middle-Aged Women with Traditional Worldview in the Seoul Areas, Korea."(지도교수: Paul G. Hiebert)

세계관 연구의 일환으로 한국 서울 지역에 거주하는 한국 중년 여성들의 부모의 전통적인 양육 태도와 자기 이해 및 결혼 만족도와의 관계를 조사하였다. 일반적인 표본을 가진 한국 여성에 대한 선행연구와 달리 본 연구는 한국 사회의 중년 여성을 연구 모집단으로 서울 지역에 거주하고 있는 한국 중년 여성 166명을 대상으로 하였다. 35세에서 55세 사이의 한국 여성은 유교 세계관 및 가치관을 가진 전통 사회에서 근대/서구 사회로의 이행기에 살아가고 있다. 또한 그들은 사회 구조의 변화에 따라 사회적 가치의 급격한 변화를 경험하고 있다. 한국 사회의 변화에도 불구하고 한국의 중년 여성들에게 전통적 세계관과 도덕윤리가 속해서 영향을 미치고 있는지, 그리고 기독교인 중년 여성과 비기독교 중년 여성 사이의 자기 이해에 차이가 있는지 발견하고자 시도하였다.

연구 모집단은 인구 통계 정보 시트, 전통적인 자녀 양육 관행, 결혼 만족도 조사 및 Rosenberg 자존감 척도 등으로 구성된 설문지를 작성하도록 요청받았다. 연구자는 본 연구를 통해 전통적 세계관의 영향에 의해 한국 중년 여성이 직면하고 있는 가정적, 사회적, 결혼적, 정서적 문제에 대한 이해가 더욱 향상되기를 기대하였다. 연구결과와 분석을 바탕으로 전통적인 세계관 및 가치관이 여전히 영향을 미치는 한국 사회에서 중년 여성의 자기 이해를 성경적 세계관으로 개선하는 데 도움이 되도록 한국 사회와 교회에 적용할 수 있는 제안들을 제시하였다.

한국 중년 여성의 자기 이해에 영향을 미칠 것으로 예상되는 부모의 전통적/유교적 자녀양육 태도는 그렇지 않은 것으로 나타났다. 본 연구의 결과는 유교적 가치와 규범이 여전히 한국 여성의 삶에 어떤 식으로든 영향을 미치고 있음에도 불구하고 한국 부모의 유교적/전통적 자녀 양육 태도가 현대 한국 중년 여성의 자존감과 유의한 관련이 없음을 보여주었다. 그러나 한국 중년 여성의 자기 이해는 가정된 예측과 정반대로 건강한 것으로 나타났다. 또한 현대 사회에서 한국 중년 여성의 배우자와의 만족스러운 결혼 관계는 자존감을 높이는 데 기여하였다. 그러나 본 연구의 결과 한국 기독교 여성의 자존감이 비기독교 중년 여성에 비해 낮은 것으로 나타났다. 이러한 결과는 한국 교회의 전통적, 문화적, 교리적 위치에 기인하는 것으로 추정된다.

사역 및 연구활동

종교다원주의 시대 성경에 기초한 복음주의 선교신학을 정립하고 확산시키는 일을 선교신학자로 자신의 사명으로 인식하고 있다. 특히 복음주의 진영의 선교운동인 로잔운동(Lausanne Movement)의 역사와 신학적인 발전. 그리고 로잔운동이 관심을 갖는 다양한 이슈들에 대한 학술적 글들을 발표하였다. 또한 이슬람의 꾸란, 신론, 선지자 무함마드, 구원론, 종말론에 이르기까지 이슬람 신학 전반에 대한 학술논문을 KCI급 학술지에 게재하였다. 최근에는 다문화시대 이주민신학에 관심을 갖고 꾸준히 글을 쓰고 있다.

김신애

ShinAe Kim

학력

1994. 감리교신학대학교(기독교교육, B.A.)

1996. 감리교신학대학교 신학대학원(기독교교육, M.A.)

2007. 이스라엘 Hebrew University(유대학, M.A. in Judaic Studies)

2015. 이스라엘 Bar Ilan University(구약학, Ph.D. in Biblical Studies)

경력

1998. 01. – 2000. 03. 부평제일감리교회 교육전도사

2004. 04. – 2015. 06. 이스라엘 선교사. 현지 메시아닉 교회 사역(Jerusalem Assembly, The House of Redemption)

2015. 09. – 2023. 현재. 감리교신학대학교 객원교수

2018. 01. – 2023. 현재. 부평제일감리교회 청년교회 담임

번역서

『선교적 교회 운동』(한국교회선교연구소, 2018, 공역)

『선교적 교회 탐구: 하나님의 선교로 지속 가능한 교회 만들기』(한국교회선교연구소, 2017, 공역)

논문

"The Waning of Dialogue in the Post-Biblical Wisdom Literature." *Journal of the Ancient Near Eastern Society* 34(2019)

"성서와 히브리 유산: 구약과 신약의 연속성." 「구약논단」 24(2018)

"성서 번역본으로 이방에 열린 선교의 문: 디아스포라 유대인과 칠십인 역본." 「선교신학」 46(2017)

"파라샤트 하-샤부아: 유대인의 공동성경읽기." 「신학과 세계」 87(2016)

전공 분야

선교 역사, 복음주의 선교신학, 선교인류학, Cross-cultural Communication

박사학위 논문

"Continuity and discontinuity between Biblical and post-Biblical Wisdom Texts."(지도교수: Edward L. Greenstein)

히브리 지혜 전통이 시대를 거치며 보여주는 연속성과 변화에 대한 연구이다. 이를 위해 구약의 잠언, 욥기, 코헬레트(전도서)와 성서 후기의 벤 시라서(집회서), 솔로몬의 지혜서를 주요 비교 본문으로 하며, 또한 초기 랍비 문헌인 선조들의 지혜(Pirqe Avot), 사해문서 4QInstruction, 4Q185, 그리고 외경에 속하는 바룩1서와 바룩2서를 다루고 있다.

지혜 문학의 언어와 형식, 주제는 교육적 기능을 가지고 있다. 따라서 어떤 특정 형식이나 주제는 저자의 의도를 드러내는 방법일 수 있다. 지혜 문헌의 문화적, 사상적, 역사적 상황은 변화의 주요 요소로 가정된다. 히브리 지혜가 가졌던 고대 근동과 헬레니즘 시대 이웃들과의 밀접한 관계는 몇 가지 유형의 혁신과 함께 보편적인 지혜 전통의 연속성을 반영하고 있다. 대표적인 예로 히브리 성서의 지혜 문학에서 중요한 요소인 '대화' 형식은 바빌론 신정론(The Babylonian Theodicy), 주인과 종의 대화(Dialogue between the Master and the Servant), 그리고 이집트의 한 사람과 그의 신의 대화(Dialogue between a Man and his Ba)에서 나타난다. 그러므로 우리는 히브리 성서의 지혜 문학에서, 특별히 욥기의 두드러진 특징인 대화 형식이 성서 후기 지혜 문헌에서 나타나지 않는다는 사실에 주목할 필요가 있다.

잠언은 실제 대화는 없지만 전체적으로 담론이 포함되어 있다. 코헬레트(전도서)에서 지혜자는 자신의 마음과 대화한다. 대화의 형태는 그리스 문헌인 플라톤의 대화에서도 발견된다.

대화 형식은 성서 후기 문헌인 바룩2서와 에즈라4서에서도 사용된다. 그러나 벤 시라서와 솔로몬의 지혜에는 대화 형식을 발견할 수 없다. 이러한 특별한 불연속성은 우리에게 히브리 성서의 지혜 문학에서 대화 형식이 가지고 있는 기능은 무엇인지에 대하여 질문하도록 한다. 한편 주제에 있어 일반적으로 성서와 고대 근동의 역사적 이야기는 신의 개입과 인과응보, 성공적인 인생을 위한 조언, 창조 이야기, 선에 대한 질문, 신정론을 다루고 있다.

성서 후기의 지혜 문학(벤 시라서와 솔로몬의 지혜)에서 대화 형식은 사용되고 있지 않다. 욥기나 코헬레트와 달리 벤 시라서가 신정론에 대한 비판 없이 경건을 강조하는 것은 성서 후기 시대에 대화 형식이 사용되지 않은 이유일 것이다. 우리는 벤 시라가 어쩌면 헬레니즘의 영향에 노출되어 있었던 유대 민족들이 히브리 전통 신앙에 견고히 서도록 격려하고 싶어 하는 것으로 추정할 수 있다. 대화 형식이 비판적이거나 회의적인 관점에 가깝게 관련이 있는 것이라면(욥기와 코헬레트와 같이), 집회서에서의 그것의 부재는 아마도 절대적인 경건을 나타내는 것일지도 모른다. 대신 이스라엘 역사, 토라와 언약을 강조한다. 그러므로 대화의 쇠퇴는 역사적, 사회적 환경의 이동으로 인한 변화하는 사고와 민감함의 영향으로부터 온 것이라고 볼 수 있다.

사역 및 연구활동

사역의 중심은 이방의 충만한 수가 차기까지 넘어져 있던 이스라엘 민족에게 복음에 빚진 마음으로, 이스라엘의 평화와 회복을 위해 지금도 쉬지 않고 일하시는 하나님의 구원의 역사하심에 동참하는 것이다. 지난 2,000여 년 동안 전 세계에 흩어져 있다가 1948년 이스라엘의 독립과 함께 고토로 돌아오고 있는 유대인들과, 아직 디아스포라에 있는 유대인들이 복음을 듣고 메시아 예수님을 알아보고 영접하도록 돕는 것이 기도이자 바람이다. 다메섹 도상에서 예수님이 만나 주셨던 사울과 같은 수많은 잠재적 바울들(유대 랍비, 성서학자)을 기대하며 그들과 함께 성서를 읽고 교제하고 있다. 다시 오실 예수님을 기다리며 말이다.

현재 감리교신학대학교에서 강사로 학부와 대학원에서 주께서 주신 기회를 기쁨과 감사함으로 강의를 하고 있다. 단순한 지식 전달이 아니라 훌륭한 목회자, 설교자, 선교사, 영적 지도자, 사회 지도자들을 양성해 내는 인큐베이터의 역할을 최선을 다하고 있다. 또한 세계화 시대에 글로벌한 관점을 가지고 열방을 향해 지속적으로 대화하고 교류함으로써 한국 교회가 가지고 있는 신학과 영성을 소개하는 일에 관심을 가지고 있으며, 무엇보다 북한에도 다시 교회와 신학교를 재건하는 하나님의 일하심에 동참할 일꾼들을 양육하는 기쁨을 얻게 되기를 소망하고 있다.

아울러 20년 전 이스라엘로 가기 전에 3년간 교육전도사로 사역했던 부평제일교회에서 청년 담당 목사로 사역하고 있다.

김에녹

金以諾, Enoch Jinsik Kim

학력

1991. 인하대학교 대학원(화학공학, M.A.)

2002. Intercultural Studies, 미국 Fuller Theological Seminary(M.A. in School of World Mission)

2009. 미국 Fuller Theological Seminary(Ph.D. in Intercultural Studies)

경력

1994. – 1995. Manager of General Staffs at the office of HOPE Mission Headquarter

1995. – 2011. Missionary in China working with HOPE Mission and Frontiers Mission (Dual Membership)

2000. – 2004. Field Coordinator of Northwestern China at HOPE Mission

2003. – 2011. Founder and Executive Director at CCTC(Cross Cultural Training Center) in China

2004. – 2011. City Director of JOY Mission in Xian, China

2006. – 2010. Leader of the Working Group of Team Building Movement of HOPE Mission

2008. – 2012. Policy Planning Committee Member at HOPE Mission

2004. – 2011. Team Coordinator in China at HOPE and Frontiers Mission

2010. – 2011. Research Associate in Fruitful Practice Research Team

1995. – 2023. 현재. Missionary in HOPE Mission

2017. – 2023. 현재. Associate Pastor of ANC Onnuri Church, Sunland, CA.

2019. – 2023. 현재. President of Galilee International US, San Jose, CA.(Chinese American Mission Organization)

2019. – 2023. 현재. President of Institute of Asian Mission, Pasadena, CA.

저서

Contracted Reading the City: Urban Anthropological Approach to the New Opportunities(Regnum Books), peer reviewed and the proposal accepted, will receive the contract paper on Mid September, 2020.

Receptor-Oriented Communication for Hui

Muslims in China: With Special Reference to Church Planting. ASM-Monograph Series(Pickwick, 2018)

Mission Strategy in the City: Cultivation of Inter-ethnic Common Grounds(Pickwick, 2017)

논문

"Mission-in-Movement: From Culturally in Between to Bridge Persons." *Fuller magazine*, Issue 20(2021)

"Joy and Multiple Identities." *Missiology; An International Review, A Missiology of Joy*, Online First edition(July, 2020)

"Current Trends in Uyghur in China and Its Relationship to Mission in Islamic World: Special Reference to Cultural Theme Study for Contextualization(최근 위그루족 상황과 이슬람 선교의 관계: 상황화를 위한 문화적 주제에 관한 연구)." *Muslim-Christian Encounter* 12/2(2019)

"Understanding Chinese Muslim Ethnicity that are Changing(변화하는 중국 무슬림 민족의 이해와 선교적 고찰)." *Muslim-Christian Encounter* 10/2(2017)

"Understanding the Mixed Methodology for Missional Church Movement(선교적 교회 운동을 위한 통합 연구방법론의 이해)." *Theology of Mission* 36(2014)

"Power and Pride: A Critical Contextual Approach to Hui Muslims in China." *International Journal of Frontiers Missions* 30/1(Spring, 2013)

"Urban Mission and Korean Missionary(한국 선교사와 도시선교)." *Church Growth*(August, 2013)

"A New Entrance Gate in Urban Minorities: Chinese Minority Muslim, the Hui Case." *Missiology* 49/3(July, 2011)

"An Effective Serving to Overseas Mission of Chinese Church: from Korean Church's View(Junggookgyohuiui Haewaesungyorel Hyoguajukwero Sumginengil)." *Korea Missions Quarterly* 9/4(2010)

"A New Mission Tool in Creative Access Nations: Christian Virtual Community in China." *International Journal of Frontiers Missions* 27/4(October-December, 2010)

"Team Ministry of HOPE(HOPEui Team Sayuk)." The Third HOPE Missionaries General Meeting. Unpublished Material, Korea(2006)

"A Hole for Mission to Islam, A New Face that Came from the Impact of Modernization(Islam Sungyoui Tmsae, Hyundaehua Mulgyulsoke Natanan Sae Ulgul)." *Korean Missions Quarterly* 4/3(2005)

"About Plan of Launching HOPE Mission in the United States(HOPE Mijujiyuk Dongwonsayuk)." the Second HOPE Missionaries General Meeting. Unpublished Material, Korea(2004)

"What Makes Islamic Fundamentalism Rise?(Islam Gnbonjuyinen Wae Balhenghanenga?)." *Korean Missions Quarterly* 4/2(2004)

전공 분야

선교전략, Cross-cultural Communication, 선교현장 연구

박사학위 논문

"Receptor Oriented Communication for Hui Muslims in China: with Special Reference to Church Planting."(중국 무슬림 회족과의 수신자 중심 소통에 관한 연구: 교회 개척을 중심으로)(지도교수: Viggo Sogaard)

미전도 종족인 중국 회족에게 복음의 전달과 확산을 목적으로 수신자 중심 이론을 기초로 문헌연구와 양적 조사, 참여 관찰을 통해 새로운 중국형 미전도 종족에 적절한 교회 개척 원리를 개발하고자 하였다. 이 논문은 무슬림 미전도 종족의 인류학적 이해와 사회학적 전략 설정 방식을 사용하여 복음 전도를 위한 커뮤니케이션 이론의 다음 단계를 개발했다는 평가를 받는다.

사역 및 연구활동

선교학의 범위 중에서 주로 행동 과학과 관련된 분야를 연구해왔다. 행동과학 분야 중에서는 도시와 사역, 문화 간 커뮤니케이션, 사역과 전략, 그리고 현장조사 연구방법론 등을 주 연구 분야로 설정해왔다. 도시와 사역 분야에서는 도시를 소셜 네트워크적 관점으로 읽어냄으로써 하나님이 보시듯 나의 도시를 읽어내어 하나님의 마음에 합한 도시 사역을 하는 데에 필요한 이론적 근거와 자세를 설정하는 연구에 주력하고 있다.

문화 간 커뮤니케이션 영역에서는 문화인류학적 관점, 커뮤니케이션 이론, 타문화 이해, 그리고 성경적 관점을 통합하여 성경에서 보여주신 하나님의 소통 방식을 근거로 다문화화되어 가는 한국 사회와, 타문화권에 깊숙히 들어가서 사역을 해야 하는 한국 선교사들을 위한 연구를 해오고 있다. 사역과 전략 영역에서는 우리의 사역을 성경적이며 전략적이며 효율적으로 세우고 진행하기 위한 연구를 계속하고 있으며, 경영학, 성경적 관점, 전략학, 조직 역학, 선교전략 역사, 선교전략 이론 등을 통섭하는 방식을 취하고 있다.

김영동

金榮東, YOUNG DONG KIM, 1957년 1월 20일 -

학력

1982. 부산대학교(철학, B.A.)

1986. 장로회신학대학교 신학대학원(신학, M.Div.)

1993. 독일 Humboldt Universität zu Berlin(선교학, Dr.theol.)

경력

1990. 08. - 1992. 12. 베를린영락교회 담임교역자(전도사/목사)

1994. 03. - 1996. 12. 목향교회 담임목사

1994. 03. - 1996. 12. 장로회신학대학교 선교학과 조교수 대우

1998. 01. - 2001. 02. 인도네시아 선교사

2001. 03. - 2022. 02. 장로회신학대학교 선교학과 교수

2001. 03. - 2022. 02. 국제선교학회 회원

저서

『종교다원주의 비판과 복음주의 종교신학』(케노시스, 2020)

『종교 속 진선미와 선교』(장로회신학대학교출판부, 2020)

『우정의 선교 열정을 붙잡다』(케노시스, 2019)

『장신신학 어제와 오늘』(장로회신학대학교출판부, 2019, 공저)

『초연결시대의 융합적 수업설계 및 실행』(장로회신학대학교 교수학습개발원, 2018, 공저)

『독일 통일 경험과 한반도 통일 전망: 신학적 성찰과 과제』(나눔사, 2016, 공저)

『아시아 선교신학의 모색과 나눔』(장로회신학대학교 세계선교연구원, 2015, 공저)

『와이 미션?』(두란노, 2015, 공저)

『한국 교회와 세계선교』(케노시스, 2014, 공저)

『생명을 살리는 선교학』(장로회신학대학교출판부, 2013)

『선교학 개론』(대한기독교서회, 2013, 공저)

『오늘의 생명신학』(신앙과지성사, 2013, 공저)

『산동선교 100주년의 교훈과 제언』(장로회신학대학교 세계선교연구원, 2012, 공저)

『개혁교회의 목회 리더십』(장로회신학대학교, 2011, 공저)

『신학이란 무엇인가: 구약학에서 신학의 조망까지』(대한기독교서회, 2010, 공저)

『에큐메니즘 A에서 Z까지』(대한기독교서회, 2010, 공저)

『21세기 기독교 영성과 교회: 제3,4회 소망신학 포럼』(장로회신학대학교출판부, 2008, 공저)
『21세기 교회의 선교교육』(한국기독교교육교역 연구원, 2007, 공저)
『하나님 나라와 생명목회』(한국장로교출판사, 2007, 공저)
『한국 교회 선교는 건강한가?』(장신대학교 세계 선교연구원, 2007, 공저)
『교회를 살리는 선교학』(장로회신학대학교출판부, 2003)
『사례 중심으로 본 선교 이해』(쿰란출판사, 2005)
『성경적 선교신학』(성광문화사, 2004)
『선교현장의 문화 이해』(죠이선교회 출판부, 1997)
『현대선교신학』(도서출판 한들, 1997)

번역서

『예언자적 대화의 선교』(크리스천헤럴드, 2007)
『호주 선교사 맥켄지의 발자취』(대한기독교서회, 2006)

전공 분야

타종교, 선교인류학, Cross-cultural Communication, 한국 교회의 타문화권 선교, 이주민/다문화 선교, 상황화/토착화

박사학위 논문

"Der Schamanismus und das Christentum in Korea."(지도교수: Heinrich Balz)

세계적인 차원의 샤머니즘 이해와 연구 정도, 한중일 삼국의 샤머니즘 비교 연구와 한국 샤머니즘의 특징(엑스타시가 영혼 여행이 아니라 접신이라는 점), 한국 교회의 성령 이해와 샤머니즘과의 관계성, 샤머니즘적 토양에서 한국 교회 성장의 명암과 바른 상황화 차원의 한국 교회의 존재 양식을 전망하였다. 연구방법은 주로 문헌연구를 중심으로 하되 현지 조사 및 인터뷰를 일부 시도하였다.

이 논문은 전통문화에 대한 이해의 양면성을 전제로 하되 삼위일체 하나님의 관점에서 성령 하나님을 바르게 이해하고, 샤머니즘적 영성의 도전에 대응하는 한국 교회의 방향성을 찾아서 바른 선교와 목회를 지향하는 데 기여할 것으로 믿는다.

사역 및 연구활동

인도네시아 선교사로 신학교 사역과 현지인 교회 협력 목회 및 현지인 교회 지도자 목회 지도력 배양 등 사역하였으며, 연구 영역은 선교와 문화인류학, 타종교 이해 및

선교 방향, 타문화권 선교 방법, 종교다원주의에 대한 비판적 연구, 복음주의와 에큐메니컬 선교신학, 현대선교신학, 선교와 전도, 상황화, 선교와 영성, 선교 역사, 선교사 인물 연구 등 강의와 연구를 수행하고 있다.

김영선

金英善, KIM YOUNG SEON, 1969년 2월 21일 -

학력

2019. 주안대학원대학교(Intercultural Studies, Ph.D.)

경력

2019. 02. - 2024. 현재. JIU 선교신학연구소 연구원

논문

"이슬람포비아에 관한 비판적 연구: 하갈 내러티브의 본문 및 수용사 분석을 중심으로." 「선교와 신학」 62(2024)

"다문화 사회의 타자배제에 대한 고찰: 정복 내러티브(수 2-12장)의 편집비평 및 선교적 읽기를 통해." 「선교와 신학」 60(2023)

"아브라함 친족 됨에 대한 수용사적인 측면에서의 연구." 「선교신학」 65(2022)

"결혼이주여성의 타자화에 대한 선교적 고찰: 하갈과 룻 내러티브 분석을 중심으로." 「복음과 선교」 48(2019)

"룻기를 통해 본 헤세드 선교의 개념과 적용." 「선교신학」 56(2019))

전공 분야

선교 해석학, 에큐메니컬 선교신학, 다종교/다문화 선교

박사학위 논문

"결혼이주여성의 타자화에 대한 선교신학적 연구: 하갈(창 16장/21장)과 룻(룻 1-4장) 내러티브 분석을 중심으로."(지도교수: 김종성)

결혼이주여성들은 최초의 정주형 이민자들로서 가족 구성원인 아내요, 어머니, 그리고 이웃으로 자리함에도 불구하고 한국 사회의 독립된 주체가 되지 못하고 타자의 위치에 서 있다. 결혼이주여성의 타자화는 한국 사회의 인간 개념에 대한 이분법적 인식에 근거하며 이를 극복하기 위한 새로운 인간 개념을 필요로 한다. 성서의 인간 이해는 주체와 타자라는 이분법적 논리로 사람을 구분하지 않으며 사람 사이의 만남은 언제나 주체 대 주체의 만남이고 서로에 대한 책임과 헤세드를 행할 것을 말한다. 성서는 결혼이주여성들인 하갈과 룻의 삶을 통해 이것을 제시하고 있는데, 하갈은 여주인의 목적의 수단으로 타자화되나 하나님은 하갈을 찾아가 만나시고 타자의 필요에 응답하는 책임적 주체로 세우신다. 룻은 남편과 아들에게 의존된 고대 여성들의 존재 방식을 좇지 않고 나오미에 대한 책임과 섬김의 삶을 주체적으로 결정한다. 이런 과정에서 룻과 보아스, 그리고 베들레헴 공동체는 상호적인 헤세드를 행하므로 포로기 이후 새롭게 성립되는 이스라엘 공동체의 성격을 하나님을 경외함으로 타자에게 열려 있고 헤세드를 행하는 선교적 공동체로 제시한다.

연구방법은 하갈과 룻의 내러티브를 '선교적 읽기'의 관점에서 읽는 것이다. 여기서 말하는 선교적 읽기란 이주여성들에 대한 하나님의 선교의 관점에서 본문을 읽는 것인데 문예비평방법론(Literary Criticism)에 속한 구약의 일반적인 본문 해석 방법의 일환인 '면밀히 읽기'(Close Reading)를 통해 시행할 것이다. 이는 해석의 중심점을 내러티브의 문학적 서술의 측면에 두고 언어적 분석과 구조적 분석을 함으로써 그동안 간과한 본문의 다양한 의미를 밝혀내는 것을 목적으로 한다. 이 논문은 결혼이주여성들과 한국 사회 개인들이 상호 책임과 헤세드를 행함으로 협력하고 공존하는 다문화 사회를 형성하는 데 하나의 해석학적 자료로 공헌하고자 의도한다.

사역 및 연구활동

구약성서에 대한 선교적 읽기를 수행하고 있다. 선교적 읽기는 본문의 뜻을 정확히 파악하는 석의(exegesis)를 넘어서, 의도적으로 성서 본문과 하나님의 선교 안에서 교회의 부르심과 사명이 무엇인지에 관해 지속적으로 질문하여 성서 본문과 오늘날의 선교의 상황 사이에 다리를 놓는 것이다. 이러한 시도는 성서 본문을 오늘날의 독자들의 경험과 연결시켜 주는 것이기에 새로운 해석학의 가능성을 열어줄 뿐만 아니라, 말씀이 현재의 실제적인 문제와 상호작용함으로 주도적으로 일하시는 하나님의 선교의 모습(*missio Dei*)을 확인하는 데에 유익하다. 과거의 성서 해석에 매여 현실 사회에서 빚어지는 문제들을 제대로 인식하지 못하거나 그 해결의 모델을 제시하지 못하는 상황에서, 현실 참여적이고 현실 적용적인 성서 해석의 실제의 모델을 만들고 적용하는 일은 매우 중요한다. 교회들이 실제의 문제에 도전을 받아 성서를 통해 어떤 해결책을 찾아내는 것, 즉 선교적 읽기를 개발해내는 것은 한국 사회에서 기독교가 차지하는 비율이 높기 때문에 더욱 필요한 일일 것이다.

이러한 선교적 읽기를 다문화 사회의 올바른 개인과 사회의 정체성을 탐구하는 데 적용할 뿐만 아니라 상호 간의 혐오와 타자화의 문제를 해결하는 방법론이 될 수 있도록 개발하고자 한다. 특별히 주류 사회 속의 숨겨진 타자들의 관점으로 성서를 읽고 해석함으로 한국 사회 타자들을 발견하고 그들과의 상생을 도모할 수 있는 방안을 탐구하고자 한다. 아울러 종교 간 대화와 협력을 증진하기 위한 해석학적 자료들 또한 개발하고자 한다.

김영심

金永心, KIM, YUNG SIM, 1957년 3월 31일 -

학력

2011. 전주대학교 선교신학대학원(선교학, Th.M.)

2018. 전주대학교 대학원(선교학, Ph.D.)

경력

2005. 02. – 2011. 03. 대전겨자씨교회 담임전도사

2012. 01. – 2014. 01. 전주대학교 겸임교수

2020. 03. – 2023. 12. 호서대학교 평생교육원 강사

2020. 07. – 2022. 07. 종교법인 한국기독교대학원목회자연합회 총회장(대표이사)

2020. 07. – 2024. 02. 종교법인 한국기독교대학원목회자연합회 이사

2023. 07. 15. 금산겨자씨교회 설립

2011. 03. – 2024. 현재. 대전겨자씨교회 담임 목사

2012. 09. – 2024. 현재. 리버트리스쿨(Rivertree School, 초·중·고 대안학교) 이사장

2020. 01. – 2024. 현재. 태국 Hill Light Theological Seminary 명예교수

2020. 01. – 2024. 현재. 태국기독교회총회(CCT) 제19노회 탁(TAK)주 시찰회 협력선교사

2023. 06. – 2024. 현재. 미국 United Theological Seminary 한국어 프로그램 겸임교수, '교회 리더십, 재정 및 청지기론' 석사과정 강의

저서

『중심에서 꽃이 핀다』(리버트리출판사, 2021)

『예수의 세례와 선교』(리버트리출판사, 2018)

논문

"세례의 본질과 선교적 함의: 재세례파를 중심으로." 전주대학교(2018)

"질병 치유의 사례 연구를 통한 선교와 과제." 전주대학교(2011)

음반 〈나의 삶 속에 남아 있는 것은〉(김영심 작사, 작곡)

음반 〈주님께 영광을 돌리세〉(김영심 작사, 작곡)

전공 분야

선교학, 복음주의 선교신학, 치유 선교, 성경적 선교, 상황화/토착화, 타문화권 교회 개척, 교회 리더십

박사학위 논문

"세례의 본질과 선교적 함의: 재세례파를 중심으로."(지도교수: 김은수)

이 논문의 목적은 교회사 속의 교회가 보편적 교회(Catholic Church)와 프로테스탄트 교회(Protestant Church)로 변화를 겪는 동안에 지속적인 갈등의 요인으로 등장했던 재세례파의 신앙과 이념의 배경을 연구함으로써 현대 교회와 선교에 있어서 사실상 입교의 수속 절차로 전락해 있는 세례의 본질을 일깨우고자 한다. 그리고 그 본질을 교회와 선교의 중심 동력으로 복권시켜 새로운 선교의 패러다임으로 제시하는 데 있다. 세례는 단지 정화의식으로서가 아니라 보다 고양된 재창조에 원천을 둔다. 이것을 가리켜 교회는 '다시 태어남' 내지는 '거듭남'이라 부른다. 이와 같이 예수님의 세례는 창조 원리에 기반을 둔 총체적 '재'세례라는 점에서 '먼저 된 세례'이다.

연구방법은 '토착화, 현지화, 상황화'가 안고 있는 혼합주의적 태도 문제를 해소하면서 이 문제를 다루기 위해 '선재적 텍스트 상황성'을 관찰 방법으로 고안했다. 이 방법은 어떤 교회사적 집단에 내재되었던 사상을 단순히 추인하는 방식과는 전혀 별개의 방도이다. 왜냐하면 상황에 텍스트를 끌어오는 것이 아니라 텍스트가 지닌 상황이 끌어가는 방식이기 때문이다. 이처럼 콘텍스트의 '상황'을 '선재된 상황화'(Pre-Exist Contextuality)로 우선 읽은 후에, 그 콘텍스트를 우리 시대의 실현 가능한 '공존의 상황성'(Co-Exist Contextuality)으로 다시 가져오는 것이 이 논문이 꾀하는 방법이다. 따라서 이 논문의 전개는 '성서에 나타난 세례의 예형'을 찾고, 교회사에서 '세례의 역사적 과정'을 다루면서 문제적 그룹인 '재세례파'에 대한 현재적인 재평가를 통해 산출된 개념을 '선재적 상황화', 곧 앞서 행하시는 삼위일체 하나님의 선교 차원에서 세례의 본질을 현재적 목회로 시각화한다.

논문의 공헌으로는 재세례파라고 불린 그 행위의 급진성, 그리고 그것이 이단으로 규정받기까지의 과정에서 드러낸 또 하나의 '삶의 자리'(Sitz im Leben)를 도출한 것이다. 그것은 마치 우리가 오늘날 교회 환경에서 맞닥뜨리는 교회 자신의 외침과 유사성이 있기 때문이다. 이 같은 제 과정은 이 논문이 추구하고자 하는 방법적 틀이며, 그 모든 방법적 과정을 정리하는 즈음에 재세례라고 하는 이 특별한 용어에 함의된 세례의 본질과 기원이 이 시대의 새로운 적용 가능성으로 제시될 것으로 전망한다.

사역 및 연구활동

2005년 2월에 대전겨자씨교회를 영혼 구원과 하나님 나라 확장을 목표로 설립하였다.

교육과 선교에 목회 중심을 두고 영적 전쟁과 직접 복음전도를 시행하고, 지역사회를 섬기며 복음화와 인재 양성에 주력하고 있다.

"하나님께 순종하고 열방을 구원하고, 올바른 일을 하도록 후손을 잘 가르치기 위해 아브라함을 선택"(창 18:19)하신 말씀을 소명으로 삼고 후세대 교육에 힘쓴다. 그리고 교회뿐만 아니라 초·중·고 기독대안학교인 리버트리스쿨을 설립하고 이사장으로 봉직하고 있다. 리버트리스쿨은 다음 세대의 영성, 인성, 지성을 갖춘 전인적인 지도자 양성을 위해 힘쓰고 있다.

1990년도 후반부터 현재까지 문익배 선교사(방파선교회, 볼리비아 산타크루스)와 교류를 지속하여 왔고, 볼리비아 선교지를 방문하여 원주민 교회에서 다수의 집회, 상담과 치유 사역을 통하여 회개와 회심, 부흥을 가져왔다. 2018년에는 리버트리스쿨과 에덴스쿨(이사장 문익배 선교사)이 MOU 체결 및 현지에 기숙사(약 75평)를 건축하여 리버트리스쿨 학생에게 선교와 어학 훈련을 실제로 시행하였다.

2015년부터 태국에 약 9억 원을 지원하여 태국 메솟선교센터(허춘중 선교사)를 설립하여 메솟겨자씨교회와 직업훈련학교를 운영하고 있으며, 특히 2019년 8월부터는 태국과 미얀마에서 카렌족의 복음화와 난민들의 사회 진출을 돕고 있다. 선교센터의 주된 사역은 교회 개척, 빈곤 퇴치, 신학교육, 목회자 지원, 학교 건축, 기숙사 및 장학금 지원, 의료선교, 마을 조성 등이다. 또한 타키투 마을회관·초중학교·병원을 건축 및 지원하였으며 각 마을에 양곡은행, 우물파기를 통해 기독교 마을을 세웠다. 메솟선교센터는 법인 설립을 진행 중이다.

최근 2021년 7월에는 미국 United Theological Seminary 석·박사 외국 유학생의 인재 양성을 위한 신윤선 국제학생담당 입학처장과 MOU 체결로 5만 달러 이상의 장학사업을 시행하며 협력하고 있다. 현재 미국 United Theological Seminary의 한국어 프로그램 겸임교수로 석사과정 원우들을 가르치고 있다.

2023년 7월 15일에 금산겨자씨교회(담임목사 최하은)를 창립(founded)하였다.

2018년 8월에는 선교학 박사학위 논문을 기반으로 한 저서 『예수의 세례와 선교』를 출판하였으며, 2020년에는 *CHURCH ELDERS*(Jeramie Rinne)를 카렌어로 번역하여 카렌족 현지 목회자들 및 신학생들에게 보급하여 목회를 지원하였다. "교회의 역사가 있는 교회는 많으나, 선교의 역사가 있는 교회는 많지 않다."라는 말처럼 선교의 역사가 있는 대전겨자씨교회를 세워가고 있다.

김윤규

金允奎, David KY

학력

1990. 공주대학교 대학원(건축공학)
1998. 침례신학대학교 목회신학대학원(목회학, M.Div.)
2019. 서울기독대학교 일반대학원(선교학, Ph.D.)

경력

1980. 10. - 2021. 10. 현대건설주식회사/대림산업주식회사/사우디아라비아 전문인 직장 선교사, 주식회사 정림엔지니어링 상무
1993. 03. - 2000. 10. 사단법인 한국외항선교회 평택지회 대표 항만 선교사/목사
2001. 07. - 2009. 10. 이라크, 사우디아라비아 전문인 직장 선교사

박사학위 논문

"국내 문화권 전문인 외항 승무원 승선 선교전략: 평택외항선교회 외항 승무원 제자훈련."(지도교수: 전석재)

세계 외항 선교 역사를 살펴보고, 한국외항선교회(KHE) 지회의 선교전략을 비교 연구함으로써 평택외항선교회의 선교전략을 제시한다. 또한 평택외항선교회의 정체성을 알려주고 선교 대상을 확정하기 위해 효과적인 선교전략을 구현하도록 제시한다.

평택외항선교회의 사역에 대한 소개와 더불어 최근의 사역을 제시한다. 평택외항선교회는 1999년 4월 창립 이래 19년 동안 많은 타문화권에 속한 전문인 외항 승무원들을 전도하였다. 평택항에 입항하는 외국인 승무원들은 바다에서 일하는 전문인들이다. 평택항은 국가에 의해 통제된 지역이기 때문에 선교전략이 필요한 지역이다.

복지 전략으로 평택외항선교회는 최근 바다에서 육지로 선교의 영역을 확장하였다. 구체적으로 석·박사 과정 중에 있는 외국인 유학생들에 대한 제자훈련을 한 뒤 선교장학금을 수여하고, 본인이 원하는 경우 전문인 선교사로 파송하고 있다.

평택외항선교회는 세 가지 선교전략을 제시하고자 한다.

전도(E1) 전략은 항만 선교사가 브리지로 전도 훈련을 받고, 타문화권 전문인 외항 승무원에게 복음을 전하는 것이다. 그뿐만 아니라 평택외항선교회는 타종교와 복음 전달 원리에 대한 이해를 통해 가톨릭, 힌두교, 이슬람교, 불교 전문인 외항 승무원들에 대한 접촉점을 형성한다. 이와 더불어 항만 선교사는 브리지를 꾸준히 익히고, 항만 외부에서도 항상 복음에 열정을 가지고 국내인 및 또는 타문화권에 속한 사람들에게 복음을 전하는 일을 꾸준히 수행하고 있다.

확립(E2) 전략은 전문인 외항 승무원과 선교사를 위한 기초양육 제자훈련이다. 외항 승무원들은 7분간 경건의 시간 훈련을 받는다. 이는 바쁜 선원들을 위한 가장 효과적인 선교로 평가받고 있다. 외항 승무원들은 구원, 기도 응답, 사죄, 승리, 인도의 확신의 5가지 단계를 훈련받으며, 말씀과 손 예화를 통해 기도와 말씀을 배운다. 말씀을 통해 전문인 외항 승무원은 기쁨을 누리고 기도훈련을 통해 회심한 전문인 외항 승무원)은 간단한 기도의 원리를 배우고 스스로 기도할 수 있는 힘을 기른다. 그뿐만 아니라 선교사는 승무원들의 기도를 평택외항선교회 기도팀과 공유함으로써 중보기도를 한다.

무장(E3) 전략은 일꾼에 대한 제자훈련 과정이다. 이는 기초 양육 과정을 이수한 선교사와 전문인 외항승무원이 성서의 '배가 원리'에 해당하는 제자훈련 과정에 참여하는 것을 말한다. 내용은 예수의 배가, 바울의 일꾼 배가(영적 4세대) 훈련 후 대위명령에 동참하는 것이다. 구체적으로 선교사와 회심한 외항승무원에게 예수의 통치권을 가르치고, 성품 개발, 소그룹에서의 그룹 토의, 영성 치유에 대한 제자훈련을 실시하는 것이다. 특히 성품 개발은 성결, 사랑, 믿음, 정직, 청지기, 조화, 선교사 영성 및 치유에 대한 제자훈련을 말한다.

평택외항선교회는 예수께서 당부하신 '대위임령'(마 28:16-20)을 이루기 위해 제자훈련에 초점을 맞추고 있다.

사역 및 연구활동

충주 산골교회인 소태그리스도의교회를 중심으로 선교적 교회를 세우기 위하여 1999년 경기도 평택항의 선원들에게 복음을 선포하기 위하여 개척되었다. 특히 세계 선원을 중심으로 한 선원 사역은 국내 타문화권 250만 명 중에는 한국에 국제항구에 기승하는 타종교 선원(가톨릭, 힌두교, 무슬림, 불교, 정교회)들을 대상으로 선박에 승선하여 복음을 전하고 있다.

세계 선원 선교사역과 국내 8개 국제항구의 선교전략 및 선원 선교 프로그램 개발을 위한 사역을 비교 분석하고, 효과적인 선원 선교사역을 하기 위하여 주로 실천적 사역을 진행하고 있다.

김윤태

金閏泰, Kim Yoon Tae, 1971년 7월 4일 -

학력

1991. 홍익대학교(전자전산공학, B.E.)
2003. 미국 Fuller Theological Seminary(M.Div.)
2007. 미국 Fuller Theological Seminary(Th.M.)
2013. 영국 King's College London(Ph.D.)

경력

2007. 03.-2012. 03. 영국 버밍엄한인교회 사목
2017. 09.-2018. 07. 103회기 총회 선교신학개정연구위원회 개정위원
2019. 12.-2020. 05. 105회기 총회 주제연구위원회 전문위원
2005. 12.-2024. 현재. 미얀마 Servanthood Bible College 설립자/교수
2006. 03.-2024. 현재. 대전신학대학교 겸임교수, 선교훈련원장
2016. 01.-2024. 현재. 대전CBS 실행이사
2016. 01.-2024. 현재. 대전극동방송 목회자 자문위원
2013. 10.-2024. 현재. 총회 세계선교부 선교연구위원회 총무
2014. 10.-2024. 현재. 발칸선교회 객원교수
2015. 12.-2024. 현재. 대전 신성교회 위임 목사
2017. 04.-2024. 현재. 우간다 Reformed Theological College 객원교수
2018. 12.-2024. 현재. Gospel Today 논설 위원
2019. 01.-2024. 현재. 세계성시화운동본부(대전) 부회장
2019. 01.-2024. 현재. 총회 한국교회연구원 이사/연구원
2019. 10.-2024. 현재. 카자흐스탄 중앙아 시아연합신학대학원 객원교수
2021. 01.-2024. 현재. 한국기독교군선교연합회 중부지회 부회장
2021. 10.-2024. 현재. 미국 World Mission University 특임교수/박사 디렉터
2021. 10.-2024. 현재. 총회 신학위원회 전문위원
2023. 04.-2024. 현재. 비라카미신학교 특임교수
2023. 10.-2024. 현재. 제15차 아시아기독교협의회(CCA) 대한예수교장로회(통합) 총대
2023. 12.-2024. 현재. 대전CCC 이사장
2024. 01.-2024. 현재. 아시아기독교협의회(CCA) 프로그램위원

저서

『시대의 벽 데겔 II』(가스펠투데이, 2023, 공저)
『우리 신학의 뿌리와 줄기』(한국장로교출판사, 2022, 공저)
『2021 사순절의 깊은 묵상』(한국장로교출판사, 2021, 공저)
『마을목회와 프런티어 교회들』(동연, 2021, 공저)
『베트남 선교와 비라카미 지역 선교전략』(예영커뮤니케이션, 2020, 공저)
『시대의 벽 데겔 I』(한들출판사, 2018, 공저)
『성경으로 읽는 북한 선교』(올리브나무, 2013, 공저)

논문

"A Study on the Ecumenical Movement."
"Reconsideration on the Modern Contextualization Mission Strategies."
"Typologies of Religious Market Model."
"WCC 반대, 그 불편한 진실."
"교회 성장: AI, 인공지능 시대의 목회 윤리적 도전과 대응."
"메타버스 인공지능 시대의 기독교 교육 및 전도 전략 연구."
"목회와 신학: 다단계하는 성도, 어떻게 해야 하나요."
"순교적 삶, 선교적 삶을 통한 단기선교."
"역토착화된 상황화 선교전략."
"우리의 선교신학."
"종교에 대한 경제학적 접근의 선교적 적용."
"주여! 이제 회복하게 하소서."
"코로나 이후의 순교신앙 회복."
"코로나19 시대 PCK 선교 방향에 대한 제언."
"코로나19 시대 PCK 순회선교사제도 활용 방안."
"코로나19 시대 목회 선교 리더십: 순교를 통한 증언."
"통전적 선교를 향한 WCC 부산 총회의 선교신학적 과제."
"희망의 소리, 다시 거룩한 교회로."

전공 분야

타종교, BAM, 선교 역사, 에큐메니컬 선교신학, 선교현장 연구, 디지털 선교, 인공지능과 종교, 교파 일치, 종교경제학

박사학위 논문

"Typologies of Religious Market Model."(지도교수: Werner Ustorf, Markus Vinzent)

이 논문은 교파 분열이나 일치 운동이 왜 일어나는지, 신자들은 왜 개종하는지에 대해 미시경제학적 접근법을 활용해 종교시장 유형을 만들고, 그 유형을 토대로 분열과 일치에 대한 예측 모델을 만드는 것이 목적이다. 기존의 세속화 이론들은 왜 종교

가 쇠퇴하고 부흥하는지, 왜 기존 신자가 다른 종교로 개종하는지, 왜 종교 내 교파들이 분열하고 일치하는지 설명하는 데 한계가 있었다. 세속화 이론가들의 예상과 달리 종교는 쇠퇴하지 않았으며, 세속화가 과거보다 더 진행된 제2차 세계대전 이후에 오히려 종교는 이전보다 더욱 번성하기 시작했다. 이와 같은 전례 없는 종교의 부흥은 세속화 혹은 종교다원화는 종교의 쇠퇴를 가져온다는 세속화 이론의 믿음을 깨뜨려 버렸고, 필연적으로 종교 연구에 기존의 세속화 이론 외에 또 다른 준거의 틀을 요구하게 되었다.

이러한 상황 가운데 등장한 것이 바로 종교에 대한 경제학적 접근이다. 특별히 합리적 선택이론과 미시경제학의 수요공급 이론을 토대로 한 종교시장 모델은 근대화, 세속화, 다원화된 사회에서의 종교적 현상을 설명하는 데 세속화 이론보다 더 효과적이었다. 그럼에도 기존의 모델은 여러 가지 약점이 있었는데, 이 논문에서는 종교에 대한 경제학적 접근법이 어떻게 발전되었는지 간단히 살펴보고, 그중 종교시장 모델을 중심으로 기존 이론의 문제점은 무엇인지, 어떻게 보완해야 하는지 살펴봄으로써 새로운 모델 유형을 제시하고자 한다.

이 논문은 관측 불가능하고 증명 불가능하다고 여겨졌던 종교의 영역을 다양한 경험 자료뿐 아니라 합리적 선택이론, 게임이론, 경제모델, 수리모형을 이용해 종교 현상을 계량적으로 측정하는 데 성공함으로써 종교 연구의 지평을 넓히는 데 큰 공헌을 하였다. 특별히 이 논문은 기존의 종교시장 모델이 가지고 있던 시장 개념의 좁은 이해 자체에 문제가 있다는 것에 주목하여 이를 보다 확장한 새로운 모델을 제시함으로써 수백 편의 후속 연구를 가능하게 하였다. 이를 통해 종교 내부에 있는 여러 교파가 서로 경쟁함으로써 어떻게 분열하거나 일치하는지, 종교 외부에 있는 스포츠나 미디어와 같은 현대 종교의 기능적 대체물들이 어떻게 신자를 이탈하거나 개종하게 하는지 좀 더 객관적으로 설명할 수 있게 되었다.

사역 및 연구활동

대전신성교회에서 담임하며 선교적 교회와 마을목회를 실천하고 있으며, 극동방송, CBS, CTS에서 방송 진행과 자문 사역을, CCC에서 학원선교를, 한국기독교군선교중부지회에서 군선교를, 지구촌의료개발기구와 대전의료선교연합회에서 의료선교를 하고 있다. 미얀마 양곤에 Servanthood Bible College를 설립하고 카야 지역에서 선교하며 교회를 개척하였다. 동유럽 발칸에서 매년 현지 목회자를 교육하고 있으며, World Mission University 특임교수, 우간다 RTC 객원교수, 카자흐스탄, 러시아 등에서 교수로 사역하고 있다.

대전신학대학교 겸임교수, 대한예수교장로회(통합) 선교연구위원회 총무, 주제연구위원회와 신학위원회, 기구개혁위원회 전문위원, 한국교회연구원과 순교자위원회 이사, 아시아기독교협의회(CCA)의 대한예수교장로회(통합) 총대이다.

김은수

金恩洙, Kim, Eun Soo, 1958년 11월 29일 -

학력

1995. 독일 University of Hamburg(선교학, Dr.theol.)

경력

1985. 01. - 1988. 03. 수석교회 준목/부목사
1988. 04. - 1988. 10. 옥림중앙교회 담임목사
1990. 01. - 1991. 12. 함부르크 새한인교회 목사 겸 북독교회 협력선교사
1993. 01. - 1995. 09. 함부르크장로교회 담임목사
2002. 10. - 2008. 10. 한국선교신학회(KSOMS) 총무/부회장/회장
2002. 10. - 2017. 10. 학술지 「선교신학」 편집위원 및 편집위원장
1996. 03. - 2023. 현재. 전주대학교 선교학 교수(선교신학대학원장, 선교지원처장 역임)
2000. 08. - 2023. 현재. 한국선교아카데미(KMA) 설립 및 원장
2000. 10. - 2023. 현재. 전주애린교회 설립 및 목사
2020. 07. - 2023. 현재. 전국초교파신학대학원 연합회장

저서

『한국교회 선교역사』(전주대학교출판부, 2022)
『성경인물 이야기』(전주대학교출판부, 2021)
『신약성경과 선교』(대한기독교서회, 2020)
『비교종교학 개론』(대한기독교서회, 2018, 개정증보)
『구약성경과 선교』(생명나무, 2017)
Korean Church, God's Mission, Global Christianity(Oxford/UK, 2015, 공저)
『선교 역사로 보는 교회사』(생명나무, 2015)
『사회복지와 선교』(대한기독교서회, 2014)
『예수의 말씀과 비유』(대한기독교서회, 2012)
『현대 선교의 흐름과 주제』(대한기독교서회, 2011, 개정증보)
『해외선교 정책과 현황』(생명나무, 2011)
『신학자와 떠나는 성경인물여행』(생명나무, 2010)
『기독교사회복지』(형지사, 2008)
『문화와 선교』(전주대학교출판부, 2008)
『예배 후의 예배』(전주대학교출판부, 2006)
『성경이 보이면 행복해집니다』(전주대학교출판부, 2005)
『믿음의 눈을 열면 성경이 보인다』(대한기독교서회, 2002)

Missio Dei und Kirche in Korea(Perspektiven der Weltmission Bd. 21)(Hamburg/Germany, 1995)

번역서

『현대선교신학』(한들출판사, 2002, 공역)

논문

"군산 3.5만세운동과 기독교 영명학교." 「선교신학」 71(2023)

"로잔 4차 총회 관련 주제 논의와 한국교회 과제." 「선교신학」 70(2023)

"한국선교신학회의 기원과 초기 발전 역사." 「선교신학」 68(2022)

"만세운동의 기독교 관련성과 선교역사적 의미." 「선교신학」 66(2022)

"한국선교의 기원과 최초 선교 사건에 대한 역사적 성찰." 「선교신학」 64(2021)

"익산 남전교회의 만세운동과 순교자들의 정신." 「선교신학」 62(2021)

"왕의 복음과 선교적 제자도: 마태복음을 중심으로." 「선교신학」 58(2020)

"로잔운동에 나타난 통전적 선교 연구." 「선교신학」 56(2019)

"누가의 신학 주제에 대한 선교적 해석." 「선교신학」 55(2019)

"바울서신의 신학 주제에 대한 선교적 해석." 「선교신학」 53(2019)

"바울의 정체성에 대한 선교적 해석." 「선교신학」 52(2018)

"케이프타운 서약과 로잔문서의 선교적 성찰." 「선교신학」 50(2018)

"익산 4.4만세 운동의 특징과 선교적 의미." 「선교신학」 47(2017)

"구약의 선교적 해석과 실제: 오경과 역사서를 중심으로." 「선교신학」 42(2016)

"도전받는 정의: 이슬람을 중심으로." 「선교신학」 40(2015)

"에든버러 세계선교대회에서 한국교회의 기여와 과제." 「선교신학」 39(2015)

"초기 기독교 확장에 대한 선교 역사적 성찰." 「선교신학」 38(2015)

"WCC 부산총회 이후 한국 기독교 선교의 변화와 과제." 「기독교사상」 661(2014)

"선교적 교회와 에큐메니칼 역사." 「선교신학」 36(2014)

"선교 확산을 위한 동양종교와 기독교의 접촉점 연구." 「구약논단」 53(2014)

"종교개혁자들과 선교." 「선교신학」 34(2013)

"해방 이후 한국교회 사회봉사선교의 역사적 성찰." 「선교신학」 33(2013)

"해방 이전 한국교회 사회봉사선교의 역사적 특징." 「선교신학」 32(2013)

"전주지역 개신교 초기 선교의 특징과 과제." 「선교신학」 30(2012)

"Missio Dei and Korean Church." 「선교신학」 29(2012)

"해외선교정책과 변천에 대한 연구: 주요 교단을 중심으로." 「선교신학」 27(2011)

"2010년 케이프타운 로잔 3차 대회의 의미와 과제." 「선교신학」 26(2011)

"1910년 에든버러 선교대회의 상황과 선교적 의미." 「선교신학」 24/1(2010)

"로잔 복음화 운동의 흐름과 과제." 「선교신학」 22(2009)

"선교과제로서의 치유와 화해: 2005 아테네 CWME를 중심으로." 「선교신학」 21(2009)

"서구교회의 디아코니아 역사와 과제." 「선교신학」 19(2008)

"한국 기독교 대학의 선교 현황과 과제: 전주대학교를 중심으로." 「선교신학」 18(2008)

"한국 교회 해외선교정책." 「한국기독교와 역사」 28(2008)

"사회복지와 부흥." 「선교신학」 16(2007)

"복음과 문화: 유형론적 연구." 「선교신학」 (KAATS 논문상) 15(2007)

"장애인 복지와 선교 과제." 「선교신학」 13(2006)

"Die Synkretismusproblematik in der Ökumenischen Diskussion." 「한국기독교신학논총」 45(2006)
"효 문화의 토착화 방안." 「선교신학」 12(2006)
"캄보디아 선교 현황과 과제." 「선교신학」 11(2005)
"역동적인 예배와 선교적 의미." 「신학사상」 130(2005)
"동방정교회의 예전과 선교." 「선교신학」 9(2004)
"종교학의 발전과 비교종교학의 과제." 「선교신학」 8(2004)
"교회 성장과 하나님 나라." 「선교신학」 7(2003)
"생태적 위기와 선교적 과제." 「한국기독교신학논총」 30(2003)
"한국 교회와 탈식민주의 선교." 「한국기독교신학논총」 28(2003)
"하나님의 형상과 기독교 사회복지." 「신학과 실천」 6(2003)
"한국 교회의 사회복지선교 실태와 과제." 「전주대학교 인문과학연구」 18(2002)
"문화와 혼합주의." 「선교신학」 6(2002)
"사회봉사와 하나님 나라." 「선교신학」 5(2002)
"탈식민주의 시대의 한국교회의 선교이론." 「신학과 사회」 15(2001)
"농민복지에 대한 선교신학적 이해." 「농촌과 목회」 4(2001)
"기독교 사회복지의 신학적 패러다임." 「신학사상」 112(2001)
"가톨릭교회와 정교회의 선교에 대한 비교 연구: 개신교적 관점에서." 「신학과 실천」 4(2001)
"토속종교의 치유 이해: 무교와 원불교를 중심으로." 「선교신학」 4(2000)
"뉴에이지 운동과 선교적 과제: 음악을 중심으로." 「신학과 실천」 3(2000)
"칼 바르트와 선교학." 「신학사상」 106(1999)
"복음주의 선교와 신학적 과제: 기원과 전개 과정을 중심으로." 「선교신학」 3(1999)
"로잔운동에 나타난 복음주의 선교학." 「전주대학교 사회과학연구」 15(1999)
"독일 통일과 교회의 역할." 「전주대학교 인문과학연구」 14(1998)
"선교 목표와 하나님 나라." 「기독교사상」 480(1998/12월)
"종교혼합에 대한 선교신학적 고찰: 브라질의 보프(L.Boff)를 중심으로." 「신학사상」 102(1998)
"기독교 사회복지신학 모색을 위한 기초적 작업." 「기독교사상」 475(1998)
"학원선교와 기독교 교육." 「복음과 학문」 4(1998)
"에큐메니칼 선교와 복음주의 선교." 「신학사상」 98(1997)
"현대선교의 위기와 선교신학적 과제." 「선교신학」 1(1997)
"기독교 신앙의 수직적 이해와 수평적 이해의 양극화에 대한 선교신학적 비판." 「기독교사상」 457(1997)
"Missio Dei의 기원과 이해에 대한 비판적 고찰." 「신학사상」 94(1996)

전공 분야

선교 역사, 에큐메니컬 선교신학, 복음주의 선교신학, 비교종교학, 선교적 성서해석, 문화와 선교, 사회복지와 선교

박사학위 논문

"Missio Dei und Kirche in Korea."(지도교수: Theodor Ahrens)

현대 선교의 흐름은 크게 두 가지가 있다. 하나는 세계교회협의회를 중심으로 하는 에큐메니컬 선교이고, 다른 하나는 복음주의 선교이다. 따라서 이 논문은 1910년 에든버러 세계선교대회 이후의 에큐메니컬 선교의 흐름을 '하나님의 선교'(*missio Dei*)를 기점으로 그 발전 과정을 비판적으로 성찰하고, *missio Dei* 이해에 대한 복음주의와의 양극화를 극복하고 '하나님의 선교'를 통한 서로 간의 소통과 세계선교를 위한 대안을 제시한다.

이 논문은 구체적이고 정확한 1차 자료에 근거하여 세계 최초로 복음주의와 에큐메니컬 선교대회의 상관관계를 명확하게 그리며 서술한다. 또한 오랫동안 한국 교회에 잘못 알려진 '하나님의 선교'를 명쾌하게 수정하며, *missio Dei*의 기원과 해석을 정확하게 제시한다. 그리고 '*missio Dei*' 술어를 처음 사용하고 채택한 칼 하르텐슈타인(Karl Hartenstein)의 신학을 한국 최초로 소개하며 비판적으로 성찰한다.

"김은수는 에큐메니컬과 복음주의 선교를 비교하여 서로 간의 협력과 일치의 가능성 그리고 문제점을 명쾌하게 분석하고, 하나님의 선교를 통한 새로운 대안을 제시함으로 세계선교의 전체 흐름을 관통하는 맥을 보여준다." 테오 아렌스(독일 함부르크 대학교 신학대학장/선교학 주임교수/선교아카데미 이사장)

사역 및 연구활동

1996년부터 전주대학교 선교학 교수로 재직하며 지역 교회의 선교 역사를 연구 발표하고, 한국선교아카데미를 설립하여 정기 세미나와 해외 세미나를 개최하여 선교학의 학술적 발전과 세계 선교의 사명을 일깨우고 있다. 지역 교회를 직접 개척 설립하여 바람직한 선교적 교회를 모범적으로 만들어가고 있다. 연구 영역은 *missio Dei* 신학을 계속적으로 연구 발전시키며, 현대선교학과 선교 역사, 선교적 교회와 사회복지 선교, 타문화권 선교와 비교종교학 등의 연구논문과 저서를 발표하고, 선교적 해석학을 통한 신·구약 전체의 연구 저술과 하나님의 선교를 알기 쉽게 풀이한 성경공부 저서를 출간하여 지역사회에 기여하고자 노력하고 있다. 특히 후학들과 함께 소위 '전주학파'를 결성하여 매주 화요일 독서토론과 논문강독반을 운영하고 있다.

김은주

金恩周, Eunjoo Kim, 1974년 7월 17일 -

학력

2012. 청주대학교(사회복지학, Social Welfare Master)
2020. 미국 미주장로회신학대학교(M.Div.)
2022. 미국 미주장로회신학대학교(Ph.D. in Contextual Studies)

경력

2014. 01. - 2022. 04. 뉴질랜드 개인 자비량 전문인 선교사
2021. 08. - 2024. 현재. 미국 미주장로회신학대학교 사회복지학/선교학 교수

저서

『탈진을 긍정하라』(CLC, 2023)
『디아스포라 한인과 대학교육』(미주장로회신학대학교출판부, 2023, 공저)

논문

"청소년의 음주, 흡연에 영향을 미치는 가족 요인에 관한 연구." 청주대학교(2012)
"뉴질랜드 지역사회 속의 헤어드레서 전문인 선교의 전도와 제자 양성." 「선교신학」 62 (2021)

전공 분야

복음주의 선교신학, Cross-cultural Communication, 이주민/다문화 선교, 타문화권 교회 개척, 상황화/토착화

박사학위 논문

"선교학적 관점에서 본 선교사 탈진에 관한 비평적 통찰."(지도교수: 임윤택)

이 논문은 선교학적 관점에서 본 선교사 탈진에 관한 비평적 통찰로서, 성경적, 심리학적 그리고 문화인류학적으로 접근하여 선교사 탈진의 부정적 측면과 긍정적 측면의 양면을 탐구하고 긍정적인 통찰로 제고하며 선교사가 새 소망으로 선교 사명을 감당할 수 있게 하는 데 목적이 있다.

이 목적을 달성하기 위해 다음과 같은 연구 질문을 한다. 첫째, 선교사 탈진에 대한 성격적인 조명은 무엇인가? 둘째, 선교사 탈진에 대한 심리학적 조명은 무엇인가? 셋째, 선교사 탈진에 대한 문화인류학적 조명은 무엇인가? 넷째, 선교학적 관점에서 본 선교사 탈진에 대한 비평적 통찰은 무엇인가?

본 연구를 통하여 선교사 탈진은 선교학적 통섭 관점으로 접근해야 함을 고찰한다. 선교사의 탈진은 선교학적 통섭 관점으로 볼 때 부정적 측면보다 긍정적 측면으로서 회복이 가능한 것을 이해한다. 앞으로 선교사는 탈진을 극복하고 성장하여 성령의 새 사람으로 새 소망을 품으며 새롭게 사명을 감당할 수 있길 기대한다.

이 논문은 개인적, 사역적, 그리고 선교학적 차원에서 다음과 같이 중요성을 갖는다. 첫째, 필자에게는 탈진에 대한 이해와 지식, 그리고 회복 방법을 알아 스스로 자신을 점검하고 성찰하며 긍정적으로 통찰할 수 있는 의미를 지닌다. 둘째, 동료 선교사들과 멤버 케어 종사자들에게 선교사 탈진에 대해 신체적, 심리적, 그리고 영적으로 균형을 찾고 선교사의 삶과 사역에 회복 탄력성을 높이는 중요성을 갖는다. 또한 선교사 탈진에 대한 부정적 관점을 재고하여 긍정적 관점으로 전환함으로써 새 출발, 새 사람, 그리고 새 소명을 감당하는 축복의 기회를 갖는다. 셋째, 한국 선교사를 파송한 기관, 후원교회, 선교단체, 그리고 선교사 훈련기관이 선교사 탈진에 대한 성경적, 심리학적, 그리고 문화인류학적 관점의 긍정적인 의미를 이해하고 긍정심리학의 행복, 낙관주의, 그리고 플로리시를 파급함으로써 중도탈락을 감소시키는 효과를 얻으며 하나님 나라의 확장에 기여하는 중요성을 갖는다.

사역 및 연구활동

선교사/목회자의 탈진에 대하여 심리학적, 문화인류학적 통찰을 선교학적 통섭 관점으로 기술하고 있다.

김은하

金銀河, Kim Eunha, 1967년 8월 27일 -

학력

2007. 부산장신대학교(신학과, B.A.)
2011. 장로회신학대학교 신학대학원(역사신학, M.Div.)
2014. 장로회신학대학교 대학원(역사신학, Th.M.)
2016. 스위스 University of Geneva(M.A.S. in Ecumenical Studies)
2018. 장로회신학대학교 일반대학원(역사신학, Th.D.)

경력

2007. 05. – 2010. 10. 영락교회 전도사
2010. 11. – 2024. 현재. 거룩한빛광성교회 /부목사
2020. 03. – 2024. 현재. 장로회신학대학교 역사신학 객원교수

논문

"The Growth, Decline, and Transformation of the Diaconal Ministry and the Role of Women Deaconesses." *Religions* 14/1415(2023)
"8·15 해방 이후 한국YWCA 기독여성운동." 「장신논단」 54(2022)
"20세기 초 팬데믹 시대 아시아 지도자 사라 차코." 「선교와 신학」 54(2021)
"신앙으로 시대정신을 주도한 여성 에큐메니칼 선구자들." 「기독교사상」 734(2020)
"20세기 초 교회론의 변화와 여성 에큐메니칼 선구자들의 공헌." 「한국교회사학회」 53(2019)

전공 분야

선교 역사, 에큐메니컬 선교신학, 선교전략

박사학위 논문

"세계교회협의회의 형성과 여성 에큐메니칼 선구자들의 공헌."(지도교수: 안교성)

세계교회협의회 임시위원회(1938)부터 에반스톤 총회(1954) 사이에 있었던 초기 에큐메니컬 운동에 대해 여성사를 중심으로 살펴보았다. 20세기 초 여성들은 전쟁으로 인한 남성들의 공백을 메우며 학생운동, 선교운동, 교회개혁 운동을 주도하고, 교회의 성장과 발전에 이바지하였다. 그러나 전쟁이 끝난 후 남성들이 사회로 돌아오면서 다시 여성들이 소외된 현상을 보였다. 이 점은 교회사에서 여성들의 역사가 '창의적 사역 개척 – 여성 공동체 형성 – 남성 공동체에 흡수 혹은 통합 – 여성의 지위 약화'로 이어지는 반복적인 패턴이다.

그러나 여성들은 세계교회협의회 창설이라는 새로운 교회개혁 운동에 동참하기 위해 전략적으로 연대하여, 마침내 1948년 암스테르담 창립 총회에서 여성위원회를 공식적으로 출범시켰다. 그 전략은 다음과 같다. '불평등한 상황에 처했을 때 공식적으로 표현하기 – 여성의 지위에 대한 글쓰기 – 우호적인 남성 지도자들과 연대하기 – 여성의 상황에 대한 설문 조사 – 전 세계의 여성이 함께 동참하기 – 대표자를 세워 총회에서 제안하기 – 연대하기'이다.

이 논문의 공헌은 에큐메니컬 운동의 범위를 확장한 점에 있다. 종전에는 에큐메니컬 운동을 세계교회협의회라는 좁은 울타리 안에 제한하는 경향이 있었으나, 본고는 20세기 초 교회와 사회를 아우르는 폭넓은 에큐메니컬 운동을 소개하였다. 이것은 세계 YMCA와 YWCA, WSCF, 지역교회의 연합으로 이루어진 20세기 초 에큐메니컬 운동을 의미한다. 또한 20세기 초 교회사 속 여성들의 공헌과 업적을 발굴했다는 점에서 논문의 가치가 있다.

사역 및 연구활동

20세기 초 에큐메니컬 운동을 '여성'을 중심으로 한 유럽과 아시아를 연결하는 동서양의 교류에 초점을 두고 연구 중이다. 첫째, 아시아 여성으로서 세계교회를 대표한 사라 차코(Sarah Chakko)에 대한 연구하였다. 그는 영국의 식민지였던 인도 정교회 소속의 평신도 여성이지만, 1948년 암스테르담 창립 총회에서 신생교회와 여성들의 목소리를 대변하는 발표를 하였다. 또한 그가 주도한 1952년 세계기독학생콘퍼런스는 세계교회협의회 아시아 의장으로서 유럽 교회와 아시아 교회를 연결하는 중요한 연결고리가 되었다.

둘째, 1947년 중국 항주에서 개최된 세계YWCA협의회를 통해 제2차 세계대전 직후 여성들이 어떻게 팬데믹 시대를 극복하고, 치유와 화해를 통한 평화의 담론을 형성했는지 연구하였다. 제2차 세계대전의 생존자인 세계YWCA 회원들은 서로 적대국 소속이던 회원을 다시 만났을 때, 그리스도의 이름으로 죄 고백 – 용서 – 치유와 화해를 통해 평화의 공동체를 형성하였다. 그리고 이들은 전쟁으로 고통받는 아시아에도 치유와 화해의 끈이 이어지기를 소망했다. 마침내 항주 세계YWCA협의회에서 동서양의 여성들이 한자리에 모인 역사적인 대회는 선교 역사에서 기억해야 할 중요한 기록이다. 그러므로 20세기 초 선교 역사에서 누락된 여성들의 이야기를 지속적으로 발굴하여 소개하는 연구를 이어가려고 한다.

김의혁

金義爀, Eui-Hyuck Kim, 1978년 8월 31일 -

학력

2004. 서울대학교(사회학, B.A.)
2009. 장로회신학대학교 신학대학원(교역학, M.Div.)
2011. 미국 Princeton Theological Seminary(Th.M. in Biblical Studies)
2019. 미국 Fuller Theological Seminary(Ph.D. in Intercultural Studies)

경력

2007. 09. - 2009. 12. 온누리교회 전도사
2011. 09. - 2013. 05. 제2하나원 하나교회 전도사, 목사
2016. 11. - 2024. 현재. 커넥트코리아투게더 공동대표
2020. 03. - 2024. 현재. 숭실대학교 전임교수, 기독교통일지도자학과 교수

저서

『북한에 세워져야 할 교회: 통일 후 북한에 어떠한 교회가 세워져야 하는가?』(회복, 2022, 공저)
『남북통합목회의 물결: 한반도 복음화를 고대하는 목회적 비전의 결정판』(선한청지기, 2021, 공저)

논문

"현재와 미래의 북한교회 유형과 한국교회의 과제." 「기독교와 통일」 13/1(2022)
"교회 내 북한이탈주민 부서 사역의 쟁점과 과제: 선교적 교회론과 접촉 가설에 기반하여." 「선교신학」 64(2021)
"코로나19 시대의 북한이탈주민 사역." 「선교신학」 60(2020)
"북한이주주민을 향한 환대의 선교." 「선교신학」 47(2017)

전공 분야

북한선교, 탈북민선교, 선교인류학, 한국 교회의 타문화권 선교, 이주민/다문화 선교

박사학위 논문

"North Korean Migrants' Church Experiences in South Korea: New Place, Old Issues."(지도교수: Sherwood G. Lingenfelter)

본 연구의 주제는 북한이탈주민(이하 탈북민)의 한국 교회 경험이다. 교회를 다니거나 다닌 적이 있는 탈북민과 탈북민 사역에 참여한 남한 사역자들과의 심층 인터뷰를 기반으로 질적 연구를 진행하였다. 연구방법으로는 근거이론을 사용하였으며, 이를 통하여 탈북민의 수많은 교회 경험 중에서 나타나는 다양한 양상을 범주화하고 이론화하였다.

탈북민의 이주와 한국 교회 경험을 관통하는 핵심 범주는 '더 나은 삶의 추구'(pursuing a better life)였다. 이에 따라 탈북민의 한국 교회 경험이 단지 개인적인 종교 경험의 맥락이 아닌 '더 나은 삶의 추구'라는 탈북민의 이주와 정착이라는 보다 확장된 맥락에서 이해되어야 한다는 점을 주장하였다. 특히 탈북민의 한국 교회 경험에서 나타난 대표적인 범주를 다음과 같이 세 가지로 분석하였다. 첫째는 '한국 교회가 북한사회와 유사해서 드는 거부감'(resistance to similarity)이며, 둘째는 '한국 교회가 북한사회와 상이해서 드는 불편함'(discomfort from dissimilarity)이며, 셋째는 '한국 교회가 남한 사회와 다르지 않아서 느끼는 실망감'(disappointment from the absence of differentiation)이다.

이 논문은 탈북민의 특성과 그들의 한국 교회와 한국 사회 적응에 대한 보다 심화되고 구체화된 이해를 제공했다. 끝으로 선교적인 관점에서 한국 교회가 안전하고 환대하는 공동체가 되어야 한다는 점과 한국 교회가 탈북민의 독특한 정체성과 문화와 그들의 '더 나은 삶'에 대한 기대를 온전히 포용하고 담아내야 한다는 점을 제안하였다.

사역 및 연구활동

현재 한국 교회의 통일선교 영역에서 사역하고 있다. 2011년 9월부터 강원도 화천에 있는 통일부 탈북민 정착 교육기관인 제2하나원의 하나교회 담당목사로 사역을 하면서 북한이탈주민을 매주 본격적으로 만나고 있다. 통일선교와 북한이탈주민 사역에 대한 부르심을 확인하게 되면서, 2014년 9월부터 미국 풀러신학교에서 선교학을 공부하기 시작하여 2019년 6월에 선교학 박사학위(Ph.D.)를 받았다. 미국에 있으면서 한인 1.5세 청년들과 함께 Connect Corea Together라는 단체를 만들었으며 현재까지 공동대표이다. 탈북민 청년 초청 프로그램과 ‘커넥트 콘퍼런스 2018’ 등의 행사를 진행하였고, 2021년부터 매달 온라인으로 한국과 미국 등 전 세계 곳곳에 있는 그리스도인들과 함께 통일선교 모임인 ‘Connect 월간 모임’을 진행하고 있다.

2020년 3월부터는 숭실대학교 기독교통일지도자학과의 전임교수로 임용되어 ‘북한 이탈주민 이해’, ‘한국 교회의 통일선교’, ‘현대선교와 통일’, ‘평화학 연구’ 등의 과목을 가르치고 있다. 숭실대학교 기독교통일지도자센터 사역에도 참여하면서 한국 교회 및 탈북민 목회자 등과의 연합 사역을 담당하고 있다. 분단된 한반도에 하나님의 평화와 화해의 역사가 임하기를 소망하며, 이를 통하여 궁극적으로 하나님 나라가 이 땅에 임하기를 꿈꾸고 있다. 한국 교회의 통일 준비, 탈북민 사역의 방향과 실제, 미래 세대를 위한 통일 담론, 선교와 평화에 대한 학문적인 접근 등이 주요 관심 주제이다.

김점옥

Luther J Kim

학력

1982. 홍익대학교(B.Th.)
1991. 총신대학교(M.Div.)
1993. 총신대학원 대학원(Th.M.)
2000. 미국 Calvin Theological Seminary(Th.M. in Systematic Theology)
2005. 미국 Trinity Evangelical Seminary(Ph.D. in ICS)

경력

2014. – 2016. 총신대학교 강사
2020. – 2023. 현재. 미국 Globe Covenant Seminary 교수

저서

Doing Diaspora Missiology Toward 'Diaspora Mission Church': The Rediscovery of Diaspora for the Renewal of Church and Mission in a Secular Era(Wipf and Stock, 2016)

논문

"Persecution and Martyrdom in the Western Post-Christendom: Experiential Learning in Hope of God's promise of the covenant." presented at The Association of Professor of Mission(University of Notre Dame, IN, 2021)

"Western Christianity's Role in the Age of Global South Christianity: Diaspora Study in Mission." presented at The Association of Professor of Mission(University of Notre Dame, IN, 2018)

"Critical Observations on Jürgen Habermas' the post-secularism: Beyond Jürgen Habermas to Christian self-Descriptions." Presented at The Association for the Sociology of Religion(ASR) 79 the Annual Meeting: Religion and Division: Causes, Consequences and Counters(Montreal, Quebec, 2017)

"Contextualization in the Post- secular American Society." *American Society of Mission Volume2: Third Wave/Migration* (2015)

"Contextualization in Diaspora Missiology: Understanding the Suffering Scattered Context." *JAM* 15/1(2014)

전공 분야

복음주의 선교신학, 선교훈련, 상황화/토착화, 선교현장 연구

박사학위 논문

"A New Pattern of the Pastor-Laity Relations in Church Leadership among Korean Presbyterian Churches in the Seoul Area, Korea."(지도교수: R. Priest)

한국 사회가 글로벌화되면서 리더십 관계가 급진적으로 변화되고 있는바, 교회 리더십-목회자와 평신도와의 리더십 관계-구조가 어떻게 변화되고 있는지, 어느 방향으로 가야 하는지를 연구하였다. 서울 지역의 대한예수교장로회 합동측 5개 교회를 선별하여 질적 연구방법을 사용하여 데이터를 수집하고, 필자의 신학과 경험을 통해 자료를 정리하여 분석하고 해석하고 적용하여 대안을 제시하였다.

한국 교회는 다른 사회보다 글로벌화 속도가 빠른 반면 한국적 유교 문화(yanbanization)에 깊이 물들어 있어 권력을 향한 욕망이 강하게 나타난다. 이를 리더십 이론에 상황하기 위해 평신도 신학의 원리를 가지고 lay minister로 훈련하는 방법을 제시하였고, 목회자는 팀 리더십을 통해 파트너십을 구축하고 갈등을 해결하는 리더십을 추천하였다.

그동안 리더십은 주로 목회자의 성품이나 은사를 중심으로 전개되었으나 이 논문이 제시하는 리더십은 목회자와 성도와의 파트너십 중심으로 운영된다는 것을 성경적, 신학적, 목회적, 사회적으로 확인하고, 무엇보다 성도를 하나님의 사역자로 키우는 목회 리더십이 본질이라고 정의한다.

사역 및 연구활동

21세기 무신론적 후기 기독교 문화에서 선교는 통합신학의 큰 틀에서 연구되어야 한다. 선교학은 단순히 문화를 이해하고 적응하는 것으로 되는 것이 아니라 복음적 반전을 만드는 것이다. 통합신학은 하나님의 언약 말씀에서 출발하여 조직화되고 역사적 반성과 교훈을 통해 교회의 현장에 선교적으로 적용되는 신학 체계를 가리킨다. 커뮤니케이션보다 더 중요한 것이 내용이며, 상황화 논리 속에 내용의 변화가 오는 것을 가장 두려워해야 한다.

무신론적 후기 기독교 문화 속의 선교학의 주체는 모든 교회의 성도들이며, 선교는 이들을 여호와의 제사장과 하나님의 봉사자(사 61:6, 벧전 2:9-10)로 훈련하고 파송하는 것이다. 모든 교회는 선교지가 되고 모든 성도는 선교사가 되는 그런 구조에서 특히 성도 한 사람, 한 사람이 전인적으로 예수를 체험하고 따르는 제자도의 형성은 미래 선교를 결정짓는 주요한 요인이 될 것이다. 특히 후기 기독교 문화 속에서 (1) 언약 신학, (2) 디아스포라 선교, (3) 평신도 사역은 성경적인 선교학의 3대 축이라고 생각하며, 선교는 결국 예수님을 전함으로써 하나님 나라로 초대하는 것이며, 하나님 나라의 시민으로 살아가는 영적 현장을 만들어가는 것이라고 볼 수 있다. 하나님 나라는 복음, 교회와 삶과 사회를 하나로 묶는 선교학적 모티브라고 볼 수 있다.

김정훈

金廷勳, Kim, Jeonghun, 1971년 2월 9일 -

학력

1995. 전북대학교(독어독문학, B.A.)
1997. 전북대학교 대학원(독문학, M.A.)
2005. 독일 Friedrich-Alexander University of Erlangen-Nuremberg(구약학, Zwischenprüfung/Mag. theol.)
2008. 독일 Friedrich-Alexander University of Erlangen-Nuremberg(구약학, Dr.theol. cand.)
2009. 한세대학교 영산신학대학원(신학, M.Div.)
2021. 전주대학교 일반대학원(선교학, Ph.D.)

경력

2012. 09. - 2014. 08. 전북대학교 강사
2015. 03. - 2016. 08. 전주대학교 강사
2017. 09. - 2018. 02. 전주대학교/전주비전대학교 강사
2018. 09. - 2019. 02. 전주대학교 강사
2018. 09. - 2023. 08. 전주비전대학교 강사
2022. 03. - 2024. 현재. 전주대학교 초빙교수
2023. 09. - 2024. 현재. 전주비전대학교 겸임교수
2009. 05. 23. 기독교대한하나님의성회 전북지방회 목사안수, 현재 선한목자예수교회 목사

번역서

『구약, 어떻게 공부할 것인가?: 구약학 연구 안내서』(대한기독교서회, 2014, 공역)

논문

"출애굽 공동체의 선교적 이해." 「선교신학」 73 (2024)
"구약성서의 선교적 해석 고찰: 창조 및 구원신앙과 포로기/포로기 이후 이스라엘의 자기이해를 중심으로." 「선교신학」 69(2023)
"요한복음의 선교적 이해와 하나님의 선교 주제 고찰: 요한복음 1-4장의 주요 본문을 중심으로." 「선교신학」 51(2018)

전공 분야

성경선교신학, 선교 역사, 에큐메니컬 선교신학, 복음주의 선교신학, 상황화/토착화

박사학위 논문

"태초에 하나님이 선교하시니라: 창세기 원역사의 선교적 해석."(지도교수: 김은수)

이 논문은 '선교적 해석학'을 창세기 원역사에 적용하여 성서 전체를 창조로부터 종말의 구원으로 이어지는 '하나님의 선교'로 읽어낸다. 원역사에 나타난 선교 지향적 인간 이해를 바탕으로 구약학의 석의 방법론을 충실히 반영하고, 구약 및 창조신학의 선교적 자리를 규명한다. 이를 위해 본문의 삶의 자리로서 '포로기/포로기 이후'를 주목하고, 이스라엘의 정체성을 선교적 예배(증인) 공동체로 이해한다.

원역사의 선교적 해석을 위한 다섯 가지 준거틀을 제시한다. (1) '하나님의 선교'의 근거: '부르심', (2) '하나님의 선교'의 시작: '파송', (3) '하나님의 선교'의 주체: '선교하시는 하나님', (4) '하나님의 선교'의 동인: '죄', (5) '하나님의 선교'의 목표: '하나님 나라'와 '샬롬'이다. '하나님의 선교'가 성서의 첫 자리인 원역사에 적용됨으로써 성서 전체를 선교로 여는 문이 열리고, 선교는 성서 전체 내러티브의 근본 주제로 수용된다. 이 논문은 창세기 원역사를 '선교적으로' 해석하지만, 성서학이 읽어내는 본문 해석을 무력화시키지 않는바 경계를 무너뜨리고 융합하는 '통섭'의 학문으로서 선교학이 지닌 강력한 강점을 드러낸다.

사역 및 연구활동

전주에 거주하면서 목회활동을 하고 있다. 교회는 도시 외곽 60여 가구가 사는 농촌지역의 전원교회로, 베트남과 네팔 선교지 및 선교사 후원, 어려운 환경의 어르신 구제, 요양원 봉사활동과 후원, 미혼 은퇴 여교역자 보은 등에 힘쓰고 있다. 2016년 이후 베트남 하노이 어린이전도협회 간사들과의 협력과 신학교육을 실시하고 있으며, 코로나 팬데믹 상황 이후로는 매년 현지를 방문하는 한편 매주 온라인(ZOOM)으로 하노이와 호찌민 어린이전도협회 간사들과도 교류하며 교육하고 있다. '하나님의 선교'를 공부한 이후 구약을 중심으로 선교적으로 성서를 즐겨 읽고 있으며, 성서학의 연구 성과를 충분히 반영하고 그들과 대화하기에 부족함이 없이 '선교적 해석학'으로 성서를 읽어내는 작업을 연구의 일차 목표로 삼고 있다.

김정희

金正姬, Kim Jung Hee, 1968년 9월 29일 -

학력

1992. 성균관대학교(생물학, B.S.)
1997. 연세대학교(교육학, M.Ed.)
1996. 성결대학교 선교대학원(선교학, Th.M.)
2008. 인도 University of Delhi(M.phil.)
2014. 숭실대학교(평생교육학, Ph.D.)

경력

2003. 01. – 2008. 02. 두란노해외선교회 인도 선교사
2015. 03. – 2019. 02. 웨스트민스터신학대학원대학교 평생교육학 조교수
2020. 03. – 2023. 02. 서울사이버대학교 겸임교수
2019. 08. – 2024. 현재. 온누리다문화평생교육원장
2019. 09. – 2024. 현재. 건국대학교 강사
2023. 03. – 2024. 현재. 서울사이버대학교 대우교수

저서

『노인교육론』(동문사, 2023, 공저)
『이중언어 강사의 역할과 발전적 활용 방안』(경인교대 한국다문화교육연구원, 2012)

논문

"다문화가정 청소년의 교육 자본화를 위한 다문화 범주화와 다문화 수용성에 대한 질적 연구." 「다문화와 평화」 13/1(2019)
"교육훈련과 경력개발이 조직 성과에 미치는 영향: 고몰입 인사관리 매개변수를 중심으로." 「평생교육·HRD연구」 14/4(2018, 공동연구)
"성인 학습의 심리적 치료 효과." 「안드라고지 투데이」 19/4(2016)
"중년기 여성의 학습자 특성, 참여 동기, 학습만족도 및 평생교육 참여 성과 간의 구조 관계." 「평생교육학연구」 22/3(2016)
"다문화 출신 이주자의 한국 사회 직업 획득 과정에서 제공되는 평생교육 탐색." 「평생교육·HRD연구」 8/2(2012)

전공 분야

평생교육학(경력개발)/ 선교학/ 이주민선교/ 다문화교육

박사학위 논문

"장기간 타문화를 경험한 기독교 선교사들의 한국 사회 재정착 과정: 평생 학습과 개인 경력 개발 중심으로."(지도교수: 최은수)

장기 선교사들이 한국 사회에 재정착하는 과정을 다섯 단계로 근거이론에 의해 분석하였다. 선교사들은 한국 사회에 재정착하기 위해서 평생학습을 통해 개인의 경력을 개발하면서 점차 한국 사회에 재정착해 가는데, 첫 번째 단계는 변화인식기(평생학습 필요 단계), 두 번째 단계는 불안정함 표출기(경력 개발 추구 단계), 세 번째 단계는 문제상황 인식과 돌파기(평생학습 시작과 경력 개발 초기 단계), 네 번째 단계는 구체적 행동 실행기(평생학습을 통한 경력 개발 단계), 마지막으로 자신과 타인, 사회에서 편안함을 찾아가며 적응, 정착기에 도달함을 통해 문화적 경계를 넘어 삶을 살아가는 사람들에게 무경계 경력, 프로티언 경력 개발이 개인 차원에서 필요함을 제시하였다.

이 논문은 선교사 개인에게는 한국 사회 재정착 과정에 대한 방향성을 제시하였고, 국가, 사회적 측면에서는 타문화 경험을 가진 선교사들의 다양한 경험을 인적자원으로 활용할 것을 제안함으로써 선교사들의 재정착을 돕는 데 기여하였다.

사역 및 연구활동

인도 선교사로 델리 지역에서 빈민가 청소년 및 대학생을 대상으로 5년 동안 사역하였다.(인도 델리대학교 한국어 강사) 한국에 돌아와서 온누리교회 선교연구소에서 선교사 은퇴와 관련된 논문을 발표하며 선교사들의 한국 사회 재정착에 대한 연구를 진행하였다. 2016년부터 이주민사역을 위한 평생교육원을 안산에서 시작하였다. 현재 화성에 비영리단체로 화성온누리M센타를 등록하고 온누리다문화평생교육원을 설립하여 이주민 선교사역을 진행하고 있다.

2021년 현재 온누리교회 이주민선교사(M선교사)로 온누리다문화평생교육원을 통해 여성가족부의 레인보우스쿨을 위탁 운영하며 이주 배경 청소년들의 교육에 힘쓰고 있으며, 화성시의 이주 배경 아동·청소년들을 위한 진로 적성교육과 화성지역 남부권 이주민 단체 거점기관으로 이주민들의 교육과 복지를 위한 사역을 하고 있다.

연구 영역은 교회평생교육, 성인경력개발 등 평생교육 분야와 이주민선교 및 다문화교육 등의 선교 분야로 특별히 선교와 평생교육의 융합에 대한 연구에 중점을 두고 있다. 최근에는 이주 배경 청소년 교육과 지역사회에서의 교회의 역할, 지역자원을 활용한 정부와 민간단체의 연계, 협력방안 등에 관심을 기울이고 있다.

김종구

金鍾九, KIM JONG GU

학력

1996. 합동신학대학원대학교(목회학, M.Div.)
2007. 아세아연합신학대학교(선교학, Th.M.)
2016. 서울성경신학대학원대학교(선교학, Ph.D.)

경력

1996. 11. – 1999. 12. 청도한인교회 담임목사
2001. 01. – 2010. 12. 중국 북경성경신학원(BBS) 교수 및 원장
2013. 01. – 2020. 12. 한국세계선교협의회(KWMA) 정책위원
2013. 08. – 2021. 08. 아세아연합신학대학교 중국선교연구원 선교학 교수
2015. 06. – 2022. 09. 「선교타임즈」 편집인
2016/2020. 09. – 12. 서울성경신학대학원대학교 선교학 외래강사
1995. 11. – 2024. 현재. 파송 선교사(중국)
1995. 11. – 2024. 현재. 중국 빌리온선교회 선교사
2003. 01. – 2024. 현재. 「선교타임즈」 편집위원
2007. 01. – 2024. 현재. 중국선교협의회 회장/상임위원
2010. 05. – 2024. 현재. 빌리온선교회 대표
2015. 01. – 2024. 현재. 개혁신학회 회원
2015. 03. – 2024. 현재. 향상교회 협동목사(중국어예배 담당)
2016. 01. – 2024. 현재. 「한국선교KMQ」 편집위원
2018. 01. – 2024. 현재. 한국성경적상담학회 회원

저서

『중국 선교 퍼스팩티브스』(도서출판 목양, 2022)
『중국 교회의 타문화권 선교운동』(도서출판 목양, 2020)
『함께 그날까지 제1권: 영역별 선교 이슈와 대안』(KWMA, 2018, 책임편집)
『함께 그날까지 제2권: 권역별 선교 이슈와 대안』(KWMA, 2018, 책임편집)
『중국 교회 이단 동방번개』(도서출판 목양, 2011)

논문

"선교사 멤버 케어에 관한 연구." 「개혁신학회」(2021, 가을호)

"한국 교회의 선교 동향과 이슈에 관한 실천적 고찰." 「김성태 교수 은퇴 논총」(2021)
"중국의 '반기독교 운동'에 관한 고찰." 「신학지남」 344(2020)
"효과적 중국 선교를 위한 방편으로서의 성경적 상담." 「성경과 상담」 권호?(2018)
"지역교회 장로들의 선교의식에 관한 연구." 「피어선신학논단」 6/1(2017)
"재한 중국인 유학생의 세계관에 관한 연구." 「개혁논총」 37(2016)

전공 분야

복음주의 선교신학, 선교훈련, 선교전략, 한국 교회의 타문화권 선교

박사학위 논문

"중국 교회의 타문화권 선교 활성화 방안에 관한 연구."(지도교수: 배춘섭)

중국 도시가정교회 지도자들의 선교의식을 조사하고, 그 결과를 근거로 도시가정교회의 세계선교 활성화 전략을 연구를 목적으로 하였다. 연구방법은 첫째, 문헌조사 방법으로 중국 교회, 원저우(溫州) 도시가정교회, 선교 활성화 전략의 연구에 사용하였다. 둘째, 양적 연구방법으로 설문조사와, 'SPSS' 프로그램을 이용하여 비교분석과 회귀분석을 시행하여 실증분석을 통한 연구를 하였다.

논문의 내용은 첫째, 중국 교회, 도시가정교회 및 원저우 도시가정교회에 대한 이해, 둘째, 원저우 지역 가정교회 지도자들의 선교의식에 관한 실증분석, 셋째, 중국 도시가정교회 선교 활성화를 위한 전략 연구, 넷째, 중국 교회의 세계 선교 활성화 전략 및 제언으로 구성되었다.

이 논문은 세계선교에 있어 중국 교회 지도자들이 생각하는 중국 교회의 장단점, 장애물, 두려움, 선교 역량 등을 파악하여 도시가정교회의 세계 선교 활성화 전략을 도출하였고, 선교 활성화 모델을 제시하여 중국 교회가 적용할 수 있도록 했다는 평가를 받는다.

사역 및 연구활동

1995년부터 중국 선교사로 파송되어 사역하였다. 첫 번째 시기는 성경적이고 전통적인 의미를 지닌 교회, 그리고 선교지에 있는 교회가 가져야 할 선교적 교회의 기능을

갖춘 교회로 세우는 일에 집중하며 칭다오 지역에서 한인교회 사역을 하였다. 두 번째 시기는 중국인(漢族) 사역으로 전환하여, 베이징에서 중국의 가정교회를 위한 지도자 양성에 대한 비전으로 '북경성경신학교'(BBS)을 설립하여 2년제 신학교 사역을 하였다. 헌신된 20대 학생들을 모집하여 공동체 생활을 하며 신학교육을 하였다. 동시에 현직 중국 교회 목회자들을 위한 집중과정을 개설하여 2개월에 2주씩 진행하는 3년제 과정의 신학교육을 진행하였다.

2013년부터 아세아연합신학대학교(현 아신대학교) 선교학(중국선교연구원) 연구교수로 임명되어 중국인 유학생을 위한 선교학(M.A./Th.M.)을 위한 원어민 강의를 하였다. 주요 과목은 선교학 개론, 성경적 선교, 세계 선교 역사, 타문화권 선교, 중국 교회사 등이다. 동시에 한국어 과정의 목회학 석사(M.Div.) 과정에서 선교신학을, 학부에서 선교전략을 강의하였다. 그리고 대신대학원대학교와 서울성경신학대학원대학교에서 중국 선교전략과 선교학 개론 등을 강의하였으며, 연구활동으로 학회지와 선교 저널에 논문과 다양한 연구물을 발표하고 있다.

김종성

金鍾成, Abraham J. S. Kim, 1963년 9월 2일 -

학력

1989. 장로회신학대학교(신학과, Th.B.)
1992. 장로회신학대학교 신학대학원(선교신학부 전공, M.Div.)
2001. 장로회신학대학교 세계선교대학원(선교신학, Th.M.)
2009. 장로회신학대학교 대학원(선교신학 전공, Th.D.)

경력

1992. 01. - 1993. 12. 영락교회 전도사(해외선교부, 서대문교구 담당)
1994. 01. - 1995. 11. 총회 세계선교부 간사
1994. 01. - 1995. 11. 연동교회 교육목사/부목사(대우)
1995. 11. - 2014. 04. 총회 파송 선교사
1997. 01. - 2007. 12. 도미니카공화국복음교단 총회신학교 교수
2004. 01. - 2008. 12. 총회 세계선교부 중미선교사회 총무
2004. 03. - 2005. 02. 장로회신학대학교 강사
2004. 09. - 2010. 08. 총회 파송 선교사훈련 업무교육 교관
2005. 06. - 2006. 05. 도미니카공화국 한인선교사회(초교파) 초대회장
2008. 01. - 2012. 12. 도미니카공화국복음교단 총회신학교 부총장
2010. 09. - 2014. 04. 총회 세계선교부 선교교육원(선교사훈련) 원장
2011. 03. - 2024. 현재. 주안대학원대학교 교수

저서

『삼위일체 하나님의 선교 패러다임 II』(한들출판사, 2023)
『한국 교회 전도의 새로운 방향』(대한기독교서회, 2023, 공저)
『삼위일체 하나님의 선교 패러다임 I』(한들출판사, 2022)
『세계선교의 길라잡이』(한국선교교육재단, 2020, 개정판, 공저)
『미시오 트리니타티스』(한들출판사, 2019)
『하나님의 선교사 A to Z』(두란노, 2014)
El camino para llegar al Cielo(천국에 이르는 길)(Mission Academy, 2010)
Vamos a ser cristianos(그리스도인이 됩시다)(Hachon Press, 2006)

『마리아 중보 사상』(미션아카데미, 2009)
『선교사의 생활과 사역』(한국장로교출판사, 2006)
『스페인어 찬송가: El HIMNARIO ECUMENICO』(에큐메니컬 찬송가, 2004)

논문

"신약성경에 나타난 온전한 복음." 「한국선교KMQ」 84호(2022)
"인도네시아 바탁족 선교사의 헌신에 대한 근거이론 연구." 「질적탐구」 8/3(2022)
"맥가브란과 타운젠트의 선교전략과 오늘의 선교." 「한국선교KMQ」 82호(2022)
"삼위일체 하나님 신앙고백 관점에서 본 멜기세덱에 관한 선교신학적 함의 연구." 「선교와 신학」 53(2021)
"Missiological Response to Mission Field Property Rights from the Mutual Understanding Mission Paradigm." 「KMQ 2020」(2020)
"(With or Post) 코로나19 상황에 대한 선교적 이해 및 적용." 「미션네트워크」 8(2020)
"멜기세덱의 반차에 대한 선교신학적 함의 연구: 창 14:18-20; 시 110:4; 히 5:6-11, 6:20, 7:1-28을 중심으로." 「선교신학」 60(2020)
"다문화사회, 지역사회 기반 교회평생교육을 통한 이주민 선교에 대한 논찬." 「한국 기독학회 논찬」(2019)
"동일화, '동질성 원리' 관점에서 분석한 '선교사의 현지인 목회'에 대한 비평적 고찰." 「복음과 선교」 46(2019)
"동질성의 원리 관점에서 분석한 한국 선교사의 현지인 목회에 대한 비평적 고찰." 「안디옥포럼 AWMJ」(2019)
"동질집단 최소단위 구성원 전도 장벽에 대한 선교신학적 이해." 「선교와 신학」 49(2019)
"동질집단 최소단위 구성원 전도 장벽에 대한 선교적 이해." 「남산포럼」(2019)
"멜기세덱의 반차에 대한 선교신학적 함의 연구." 「선교신학」 60(2020)
"상호 이해 선교 패러다임 속에서의 선교지 재산권에 대한 선교신학적 응답." 「한국선교」 71(2019)
"모달리티 구조(교단선교부) 속에서의 MK 사역." 「NCOWE KWMA」(2018)
"바울의 칭의론과 하나님의 선교와의 상관관계 연구." 「선교신학」 49(2018)
"선교와 패러다임, 선교와 거버넌스(효율적인 선교행정구조)." 「한국선교KMQ」 포럼(2018)
"중미, 카리브 지역에서의 선교 이해." 「NCOWE VII KWMA」(2018)
"동반자 선교 관점에서 바라본 한국 선교교육 재고찰." 「2017 JIU 학술세미나」(2017)
"동반자 선교에 대한 선교신학적 함의 찾기." 「한국선교KMQ」 64(2017)
"바울의 칭의론 속에 나타난 하나님의 선교." 「47회 학술심포지움」(2017)
"비판적 상화화 관점에서 본 선교적 교회." 「선교신학」 47(2017)
"선교사 멤버 케어의 현재와 개혁 방향." 「선교와 신학」 41(2017)
"네트워크(Network) 선교의 성서적, 선교신학적 이해 및 적용." 「주안선교세미나」(2016)
"1970년대-80년대의 전도 유형과 방법." 「제2회 서산현대목회포럼」(2015)
"예수 전승에 나타난 하나님 나라에 대한 선교적 이해: Q자료를 중심으로." 「선교신학」 39(2015)
"가시적 교회 구조속의 선교 리더십 고찰." 「미션 네트워크」 4(2014)
"로마가톨릭 문화권의 중보 사상에 대한 이해." 「미션 네트워크」 3(2013)
"엘로힘과 야웨 속에 나타난 하나님의 선교." 「선교신학」 33(2013)
"상향식 오순절 운동에 대한 변증." 「선교와 신학」 27(2011)
"선교적 관점에서 본 파라클레토스에 대한 이

해." 「한국선교KMQ」 39(2011)

"재난 지역에서의 평화에 대한 선교적 이해." 「선교와 신학」 26(2010)

"한국적 선교신학 형성 모색." 「2010 한국대회 논문집」 7(2010)

전공 분야

에큐메니컬 선교신학, 성서선교신학, 현대선교신학, 타종교, 타문화권 선교, 선교해석학

박사학위 논문

"중보자(파라클레토스)의 성령론과 마리아 중보사상의 비교 연구."(지도교수: 이광순)

"라틴아메리카 오순절교회의 성장은 성령의 파라클레토스 역할이 마리아 중보사상을 대체하였기에 가능하다."라는 가설을 증명하는 글이다. 즉 라틴아메리카 오순절교회 성장의 요인으로는 마리아 중보사상을 대체한 성령의 파라클레토스적인 역할이 주효했다. 여기에 덧붙여 로마 가톨릭 7성례를 대신하는 오순절교회 3단계 조건교리가 오순절교회 성장을 이끌었다. 마리아 중보사상은 라틴아메리카의 문화적이고 상황적인 토양에서만 자연스럽게 파라클레토스의 역할과 대체되었다.

이러한 가설을 증명하기 위해서는 라틴아메리카 오순절교회가 어떻게 성장해왔는지에 대한 현상 분석과, 그리고 어떻게 상황화되어 왔는지에 대한 연구가 필요하다. 특별히 이 논문은 성서의 기준을 요한복음에 나타나는 요한의 신학을 중심으로 연구하고, 그 가운데서도 요한공동체가 필요로 했던 파라클레토스를 중심으로 연구한다. 파라클레토스 속에 나타난 성령의 역할에 대한 정의는 로마가톨릭 문화권에서 오순절교회 성장에 대한 위의 가설을 증명하는 데 매우 중요한 자료를 제공해준다.

라틴아메리카에 존재하는 개혁교회들이 본 연구에서 나타난 내용을 목회 현장에 적용함으로 인해 전통교회들이 오순절 교회들처럼 교회 성장을 이룰 수 있도록 공헌하였다.

사역 및 연구활동

도미니카공화국 선교사로 20년 이상 사역했으며, IED 총회신학교 부총장, 예장통합 선교교육원 원장을 역임했다. 현재 GMCC, Beraca 연구소 대표이며, 예장통합 총회 MK사역위원회 서기, 한국로잔 중앙위원, 「선교타임즈」와 「KJFM」 편집위원으로 섬기

고 있다.

대한예수교장로회총회 파송 선교사로서 도미니카공화국에서 신학교 교수 사역과 전도 사역, 제자훈련, 교회 개척, 방송 선교 등을 감당하고 있다. 특히 2007년 2월 19일 대한예수교장로회총회(PCK)와 도미니카공화국복음교단(IEA)이 선교협정을 맺는 데 큰 역할을 감당했다.

도미니카공화국복음교단(Dominican Evangelical Church)과 동역 선교 사역에 공헌하였는데, 도미니카공화국 기독교 역사상 처음으로 김종성, 장은경 선교사, 현지 교단의 대표를 중심으로 찬송가 편집위원회를 구성하여 2004년 스페인어 찬송가(El himnario ecumenico)를 제작하고 현지 교단에 속한 전국 교회에 배포하였다. 그리고 예장통합 총회 전도학교 전도지인 「사랑의 이야기」(La historia del amor)를 저자 번역본으로 스페인어권 선교지에 널리 알리고 있다.

그의 아내 장은경 선교사는 대한성서공회와 함께 어린이 스페인어 성경(El Amor de Dios)을 제작하여 스페인어를 사용하는 중남미 20여 개 각국 성서공회를 통해서 반포하고 있다.

선교의 본질을 추구하고, 하나님의 선교를 실천하고자 부단히 노력해왔으며, 선교신학자로서 "인간의 제한된 마음으로는 무한하시고 영원하신 하나님을 온전히 이해할 수 없다."(Finite human mind cannot fully comprehend infinite and eternal God)라는 신념으로 선교 현장의 수많은 경험을 이론화하고, 하나님의 뜻을 선교적으로 새롭게 인식하려고 노력하고 있다. 선교적 교회의 상황화가 확산되도록 돕고, 한국 교회 선교 헌신자들을 교육하는 일에도 꾸준히 힘쓰고 있다.

김종일

金鍾逸, KIM, JONGIL, 1961년 8월 9일 -

학력

1988. 한국외국어대학교(터키어학, B.A.)

1992. 튀르키예 Istanbul University(M.A. in History)

1999. 튀르키예 Istanbul University(Ph.D. in History)

2001. 영국 Wesley Theological College(M.A. in Theology 수료)

2013. 장로회신학대학교(신학, M.Div.)

경력

1988. 11. – 2006. 07. 중동선교회 선교사

1994. 09. – 2000. 02. 튀르키예 Ankara University 전임교수

2006. 08. – 2007. 12. 중동선교회 본부장

2006. 09. – 2024. 현재. 아신대학교(ACTS) 교수

2006. 09. – 2024. 현재. 한국외국어대학교 외래교수

2008. 01. – 2024. 현재. 터키어권선교회 대표

2008. 12. – 2024. 현재. 안디옥열방교회 담임목사

2016. 06.. – 2024. 현재. 「선교타임즈」 편집위원

2017. 03. – 2024. 현재. 아신대학교(ACTS) 「ACTS중동연구」 편집인

2017. 11. – 2024. 현재. 한국이슬람권선교사 네트워크 총무 및 회장

2019. 09. – 2022. 현재. KWMA 난민선교위원회 코디 및 위원장

2019. 09. – 2024. 현재. 「전방개척선교」(KJFM) 편집인

저서

『밖에서 본 이슬람, 이슬람 이해하기』(라비사북스, 2024)

『벌거벗은 세계사(경제편)』(교보문고, 2023, 공저)

『밖에서 본 이슬람, 무슬림 이해하기』(라비사북스, 2022)

『한국 외교 전략의 모델과 역사적 교훈』(21세기 안보전략구원, 2019, 공저)

『중동연구』(1–8권)(ACTS 중동연구논총, 2017–2024, 공저)

『터키어 회화 사전』(문예림, 2015)

번역서

『형제의 나라, 한국과 터키: 터키군 6·25전쟁 참전사』(국가보훈처, 2007)

논문

"시리아 난민 위기가 터키에 미치는 영향." 「ACTS중동연구」 8(2024)

"튀르키예와 시리아 사이의 수자원 분쟁." 「ACTS중동연구」 7(2023)

"이슬람권으로서 터키 선교 연구." 「ACTS중동연구」 6(2022)

"터키 이슬람 연구." 「ACTS중동연구」 5(2021)

"한국 교회의 국내 난민 선교사역 연구." 「ACTS중동연구」 4(2020)

"오스만제국 내 기독교인에 관한 정책 연구." 「한국중동학회논총」 40/1(2019)

"한국 교회의 이슬람권 선교에서 나타난 장애 요인 연구." 「ACTS중동연구」 3(2019)

"최근 터키의 쿠데타 시도 실패에서 드러난 페툴라 귤렌의 포스트모던 이슬람 연구." 「한국중동학회논총」 37/3(2017)

"최근 중동 이슬람 종파 갈등 연구." 「선교와 신학」 38(2016)

"터키 안보와 이해관계에 대한 정체성 변화 연구(2002-2012)." 「중동문제연구」 11/4(2012)

"현대 터키 선교 연구." 「ACTS」 2(2012)

"터키의 최근 외교정책 변화 연구." 「KIEP」 (2011)

"중동 이슬람권에서의 선교전략 연구."(에든버러 100주년 한국대회 선교학술 논문, 2010)

전공 분야

터키역사, 중동역사, 중동지역연구, 이슬람, Cross-cultural Communication, 한국 교회의 타문화권 선교, 이주민/다문화 선교, 선교현장 연구

박사학위 논문

"아타튀르크(ATATURK) 리더십 연구."(지도교수: Ali Ihsan Gencer)

15세기부터 중동의 광활한 영토 거의 전체를 지배했던 오스만제국이 600여 년의 역사를 뒤로하고 멸망했다. 당시 오스만제국의 멸망은 중동의 정치-외교와 연관되어 서구 열강 사이에서 자원을 가운데 두고 각축전의 결과였으며, 다른 한편으로는 이슬람교에 대한 기독교인의 충돌 사건이었다. 이 논문은 '아타튀르크'라는 오스만제국 말기부터 터키공화국 초기 사이에 중동의 역사에서 빼놓을 수 없는 한 인물의 리더십을 정치 외교적인 측면에서 연구하고 있다.

현대 선교는 선교학 이론뿐만 아니라 선교현장의 다양한 역사와 사회 문화를 빼놓

고는 설명하기 어려운 메커니즘을 가지고 있다. 이에 따라 중동에서 당대를 풍미했던 한 인물의 리더십 연구를 통해서 당시 중동의 사회 문화와 외교적 상황을 바탕으로 중동 이슬람교와 이슬람권 선교 연구에 이바지할 수 있다.

사역 및 연구활동

중동 이슬람권 선교: 현재 중동 지역은 크게 터키-아랍-이란(페르시아)-이스라엘(유대)-쿠르드의 5대 민족과 5대 언어 그리고 기독교-이슬람교-유대교의 3대 종교 탄생지이다. 이에 따라 충돌-대응-변화의 역사를 가지고 흘러온 세계에서 가장 관심 높은 지역이다. 아울러 전 세계 인구의 거의 절반을 차지하고 있는 기독교-이슬람교-유대교 교인들의 동일한 창조 신앙이 시작된 중동지역을 선교적 차원에서 접근하고 연구해보는 것은 매우 중요한 의미와 가치를 가진다. 이제 마지막 세대를 살아가고 있음을 확신하는 모든 그리스도인은 주님께서 분부하신 지상명령 성취를 이루어야 하는 거룩한 부담을 안고 살아가고 있다. 또한 지금도 지구촌 곳곳에서 복음을 듣지 못하고, 아니 어쩌면 전할 사람이 없어 복음을 듣고 구원받을 기회조차 얻지 못한 채 살아가는 수많은 사람이 존재한다는 사실 하나만으로도 모든 그리스도인은 복음 전파 사명의 동기를 갖게 된다. 지금 중동은 복음 전파를 허락하지 않고 선교사의 입국을 강력히 거부하는 무슬림들이 사는 땅이며, 이에 따른 다양하고도 창의적 선교적 접근이 필요한 지역이다.

이주민/다문화 선교: 오늘날 지구촌 안에서의 빠른 세계화(국제화)의 흐름은 이제 막을 수 없는 시대적 물결로 인식되고 있다. 이에 따른 자본의 세계화, 상호 관세 철폐, 그리고 최근 전 세계적으로 거의 모든 국가 사이에서 맺어지고 있는 자유무역협정(FTA)을 통한 각국의 무역 개방과 자유화 등은 앞으로도 더욱 가속화되어 가는 시대를 살아가고 있다. 또한 이러한 국제경제의 변화와 더불어 개혁, 개방을 통한 세계 사회주의권의 변화는 동서 냉전체제를 붕괴시킴에 따라서 국제 교류뿐만 아니라 노동의 세계화를 더욱 활발하게 만들어 주었다. 한편 급변하는 세계화와 도시화 문제로 발생한 국가 간 빈부격차는 가난한 나라 사람들에게 생존을 위해 또는 자국의 빈곤과 실업으로부터 탈피를 위해, 또 때로는 더욱 풍족한 삶을 누리기 위해 국경이라는 장벽을 넘어 다양한 모습으로 이동 원인을 제공하고 있다.

최근에는 지구촌 안에서의 수많은 전쟁으로부터 오직 생명 보존을 위해서 모든 것을 버리고 자국을 떠나 무작정 타국으로 도피하는 사람들까지 합세하면서 그야말로 다양한 문화, 이념, 신앙을 가진 외국인들의 다양한 이주 형태로 다문화 시대를 맞이하게 되었다. 전 세계적으로 국경을 넘나드는 이주민의 수는 1억 명이 훨씬 넘는 것으로 추산되고 있는 가운데, 우리나라도 '코리아 드림'을 꿈꾸며 수많은 외국인이 우리의 이웃이 되어 살아가는 나라가 되었다. 출입국외국인정책통계 월보에 의하면 2021년 2월 말 현재 국내 체류 외국인의 수가 250만 명을 넘어서고 있는데, 현재와 같은 빠른 고령화 및 저출산 시대가 계속된다면 2100년에는 1,000만 명의 외국인 시대를 어렵지 않게 맞이하게 될 것이라는 예측이 있다.

이에 한국 교회는 타문화권으로 선교사를 보내는 일과 동시에 이제 새로운 선교의 장으로서 국내로 끊임없이 유입되고 있는 수많은 외국인을 향해 자문화권에서 타문화권 선교의 기회를 얻게 되었으며, 이를 허락하신 이는 바로 지상명령 성취를 명령하시고 인도하시는 삼위일체의 하나님이심을 잊지 말아야 한다. 그러므로 이제 한국 교회는 새로운 선교의 패러다임을 가지고 우리에게 보내진 새로운 선교 대상을 향해 적극적으로 나서야 할 선교현장을 직면하고 있다.

김진철

金鎭哲, Kim Jin Chul, 1968년 2월 3일 -

학력

2002. 장로회신학대학교 교역대학원(신약학, Th.M.)

2006. 장로회신학대학교 세계선교대학원(선교신학, Th.M. in Miss.)

2009. 장로회신학대학원 목회전문대학원(선교학, Th.D. in Min.)

경력

2005. 12. - 2011. 06. 신성북교회 담임목사

2015. 03. - 2019. 12. 서울장신대학교 선교학, 전도학 강사

2011. 07. - 2024. 현재. 마중물예람교회 담임목사

2012. 01. - 2024. 현재. 한국선교교육재단 후원이사, 운영이사

2023. 01. - 2024. 현재. 총회 한국교회연구원 이사

저서

『세계선교의 길라잡이』(한국선교교육재단, 2020, 개정판, 공저)

전공 분야

복음주의 선교신학, 선교훈련, 한국 교회의 타문화권 선교, 이주민/다문화권 선교

박사학위 논문

"'선교적 교회론'의 비전 공유를 통한 교회 활성화 방안."(지도교수: 김영동)

연구자는 교회가 장기적인 침체기를 겪는 와중에 담임목사로 부임하여 일찍이 품고 있던 '선교적인 교회 세우기'의 비전을 목회에 적용하기 시작했다. 이를 위해 전면에 내세운 목회 비전은 '선교적 교회론'이었다.

교인들이 선교적 교회론을 잘 이해할 수 있도록 "선교는 하나님의 꿈이다."라는 캐치프레이즈를 내걸었다. 이것은 최근의 신학적 동향과 맞물리는 일이기도 하다. 선교적인 교회가 바로 성경적인 교회이기 때문이다. 성경적인 교회는 살아 있는 교회이다. 살아 있는 교회는 정적이지 않고 역동적인 교회가 될 수밖에 없다. 선교적인 교회가 성장한다는 것은 굳이 교회사적인 연구가 아니더라도 목회 현장에서 실증되고 있다. 이 때문에 많은 사역자가 선교적인 교회를 세우려고 노력하고 있다.

연구자는 이와 같은 목회 현장의 현실적인 문제의식을 느끼고 바람직한 선교적 교회론을 세우고자 한 것이다. 이를 위해 교회의 본질을 다시금 깊이 살피고 선교적 교회론을 지지할 수 있는 성서적인 근거와 역사적인 근거, 그리고 문화적인 접근과 심리학적인 접근을 통해 비전을 구체화하는 과정을 거쳤다. 그리고 변화 이론을 통해 최근까지 본 교회가 갖고 있던 정체된 문제를 해빙기를 거쳐 변화 단계로, 마지막 재결빙 단계까지 끌어내는 결과를 얻게 되었다.

논문의 주제

본 연구의 동기는 필자가 처음으로 담임목사로 부임한 교회에서의 사역을 통해 이상적인 교회론 수립의 필요를 강하게 느꼈기 때문이다. 목회는 분명코 '교회'를 중심으로 이루어지는 사역이다. 따라서 목회자는 물론이고 그 교회를 섬기는 교인들까지 "어떤 교회론적인 인식을 갖고 있는가?"라는 질문은 그 교회와 사역의 성격을 규명해주는 매우 중요한 잣대가 될 수 있다.

지금까지의 교회론은 복음을 선포하는 교회의 사명을 교회가 가진 여러 사역 중 하나로 생각해왔다. 그로 인해 교회가 선교의 주체적인 역할을 하지 못하고, 선교에 관심을 가진 자들의 모임인 선교회에 의해 선교가 수행된 것도 사실이다. 선교가 교회의 근본적인 사명인데도 교회가 그것을 깨닫지 못했기 때문이다. 이러한 현실적인 자각에 토대를 두고 선교적 교회론을 목회 사역의 가장 큰 축으로 세우는 걸 주제로 하는 논문을 쓰게 됐다.

논문의 공헌

오늘날의 교회는 양극화되는 경향을 보이고 있다. 그것은 교회가 교회 성장이나 교회 자체에 목적이 있는 모습들로 나타나거나 교회가 친교를 위한 수단으로 전락하여 선교를 지상명령(the Great Commission)으로 위임받은 교회의 사도성을 약화시키는 모습을 띈다. 이 모두는 결코 바람직하지 않다.

교회는 선교를 교회의 본질로 하는 삶을 지속하기 위한 제도 안에서 선교적인 삶을 지속할 수 있어야 한다. 아울러 교회의 선교적 본질은 교회에 주어진 특권이며 의무이기에 만일 교회가 어떤 이유로든 하나님께서 위임하신 사역에 실패한다면 하나님의 책망을 면치 못하게 될 것이라는 사실을 명심해야 한다.

연구자가 담임목사로 부임한 교회는 51년 역사만큼 매우 전통적인 교회의 분위기에, 침체와 정체를 벗어나지 못하고 있었다. 모종의 결단이 필요한 상황이었고, 목회 현장에서 목사가 감당해야 할 남다른 몫, 분명한 몫이 있다는 사실이 분명했다. 무엇보다 현 시대의 교인들이 하나님의 은혜를 증거하고, 하나님의 비전을 나누어줄 목회자를 갈망한다는 사실이다.

김영동은 “선교하는 특권은 교회를 살리는 힘이다. 하나님 나라 백성으로서의 교회는 세상을 살리고 변화시키는 것을 보기 위해 선교한다.”라고 말했다. 올바른 지적이다. 그동안의 사역을 통해 선교지향적인 공동체가 양과 질에 있어서 건강하게 성장하고, 그 성장의 힘은 또다시 선교적 역량으로 모아져 더욱 큰 사역을 하게 되는 것을 경험했다. 따라서 오늘의 교회를 향해 선교적 교회론의 재조명과 함께 교회의 본질인 선교 지향적인 공동체로서의 변화를 촉구하는 바이다.

사역 및 연구활동

목회하고 있는 교회를 통하여 전도대 및 전도축제 사역을 펼치고 있으며, 농촌선교 사역과 단기선교 사역을 꾸준히 이어가고 있다. 또한 선교대학 운영으로 타문화권과 다문화선교를 위한 인재 양성에 힘쓰고 있다.

김창운

金昌運, Kim, Chang Wun

학력

1991. 장로회신학대학교(신학, Th.B.)
1997. 장로회신학대학원(교역학, M.Div.)
2003. 미국 Fuller Theological Seminary 신학대학원(M.A. in ICS)
2008. 미국 Biola University(Ph.D. in Intercultural Education)

경력

2009. 05. – 2016. 10. 송탄동성교회 담임목사
2010. 03. – 2011. 12. 서울여자대학교 기독교학과 외래강사
2011. 03. – 2011. 12. 인하대학교 다문화교육학 외래강사
2011. 03. – 2018. 10. 장로회신학대학교 선교학과 겸임/초빙교수
2012. 01. – 2020. 07. 바른교회아카데미 연구이사
2016. 11. – 2019. 10. 벧엘교회 담임목사
2020. 03. – 2023. 02. 대전신학대학교 선교학과 초빙교수
2010. 03. – 2023. 현재. 기독교학회/한국선교학회 회원
2020. 11. – 2023. 현재. 기독교사회윤리학회 회원
2021. 06. – 2023. 현재. 한국국제문화교류학회 회원
2022. 03. – 2023. 현재. 캄코르선교회 연구원

번역서

『에딘버러세계선교사대회 연구 총서 1: 에딘버러대회의 역사와 기록』(한국연합선교회, 2012)
『에딘버러세계선교사대회 연구 총서 4: 비기독교 종교들에 관한 선교적 메시지』(한국연합선교회, 2012, 공역)

논문

"이슬람권 주민의 한국 유입에 대한 선교신학적 분석과 대응 모색." *Muslim-Christian Encounter* 15/1(2022)
"한국 개신교 수도원운동의 기독교윤리적 함의와 선교적 적용." 「신학과 실천」 78(2022)
"재한 몽골 청소년들의 문화 지능(CQ) 발달과 기독교 선교학적 함의." 「문화교류와 다문화

교육」 10/6(2021)
"한국 농촌지역 기독교 생활공동체의 선교학적 조망과 윤리학적 함의: 보나콤공동체 사례를 중심으로." 「신학과 실천」 76(2021)
"세계화에서 지역화로의 재정향: 코로나19 상황에서의 윤리적 생산과 소비, 다문화 선교의 가치 제고." 「기독교사회윤리」 48(2020)
"아브라함 설화 속에서 바라보는 상호문화적 변화 이야기: 다문화시대 기독교적 가치관 모색을 위하여." 「선교와신학」 36(2015)
"다문화 사회에서 기독교의 선교신학적 방향: 상호문화적 변화." 「선교신학」 25(2010)

전공 분야

문화와 선교인류학, 타종교, 이주민/다문화 선교, 상황화/토착화, 선교현장 연구, 교회와 목회 컨설팅

박사학위 논문

"Intercultural Transformation in a Multicultural Society: A Grounded Theory Study of Cultural Adaptation of Newly Arrived Korean Christian Teens in Southern California."(지도교수: Marla Campbell)

기독교 선교학은 급변하는 세계정세와 다문화 사회로 변모하는 선교현장 속에서 기독교 공동체가 제시해야 할 새로운 선교신학적 패러다임을 필요로 한다. 필자는 논문에서 선교적 영성의 방향으로 '상호문화적 변화'(Intercultural Transformation)라는 개념을 연구하였다. 성경이 제시하는 관계 중심적 가치는 다양한 문화가 공존하는 자리에서 사랑과 대화를 통해 발전적 관계를 이루는 상호적 의미를 담는다.

기독교 선교적 관점에서 상호문화성은 하나님 나라 구현의 정신으로서 세 가지의 핵심 가치를 지닌다. 첫째, 자문화 정체성으로서 기독교 선교적 관점에서는 삼위일체 하나님에 대한 사랑의 영성으로 하늘의 시민으로서의 신앙적 진리성과 타종교와의 차별적 변증성을 확립하는 것을 기초로 한다. 둘째, 타자에 대한 존중과 대화의 관계성 추구이다. 셋째, 타문화와 상호대화적(reciprocal) 관계 속에서 평화공존적 문화 창달에 참여하는 정신이다.

이 연구는 근거이론 연구방법으로 다문화사회에서 그리스도인 청소년들의 문화적응과 성장하는 과정을 추적하고 심층 면담을 통하여 상호문화적 변모의 과정을 분석할 수 있었다. 연구방법에는 인터뷰와 포커스 그룹, 화자와의 재점검 작업을 수행하였고, 선행연구와 더불어 질적 연구 후의 후발연구를 통하여 연구의 타당성과 삼각

검증법적 학술성을 추구하였다. 다문화사회인 미국의 남캘리포니아 지역의 유학하는 청소년들을 대상으로 상호문화성의 핵심 키워드인 '자문화 정체성 – 본국 문화와 하나님 나라의 가치 형성', '타자와의 관계성 – 외국 학교에서의 적응을 통한 변화', '발전적 상황 개선 – 타문화권에서의 적응을 통한 성장'이라는 세 가지 요건을 추적하며 변화의 추이를 연구하였다. 이러한 상호문화적 변화의 세 가지 요건 중 가장 중요한 것은 그리스도인으로서의 가치였다. 즉 하나님 나라 영성의 가치가 청소년들의 문화 적응과 이국 학교에서의 성장뿐 아니라 새로운 환경을 만들어가는 문화창달적 차원에서도 가장 역동적 역량이 됨을 결론으로 얻을 수 있었다.

결론적으로 이 연구는 한국 사회에서 새 시대의 선교적 지향점을 제시해준다. 다문화화되어 가는 한국 사회에서 적응하는 이주민들은 물론 호스트의 위치에 있는 한국인들에게도 중요한 선교적 전략이 된다. 상호문화적 변화의 개념은 기독교 신앙을 더욱 확고히 하며, 이웃과 생태, 그리고 미래 세대에까지 이르는 섬김과 나눔의 행동으로 초대하며, 작금의 세계가 요구하는 평화공존의 시민의식 창달의 방향을 지향하는 재상황적 해석학이다.

사역 및 연구활동

장로회신학대학교 신학교와 일반대에서 겸임교수, 초빙교수, 강사로 출강을 하며 선교학, 기독교학, 다문화교육학, 선교와 문화인류학 등을 강의하고 지도하였고, 평택(송탄동성교회)과 서울(벧엘교회)에서 담임목사로 사역하였다.

박사학위 논문의 주제인 상호문화성의 전달과 확장을 위하여 재한 몽골 청소년과 한국목회자 그룹에 대하여 질적 연구를 수행하였고, 이후 타 그룹에 대한 연관 연구를 중이다. 또한 목회와 선교현장에서 문화지능(CQ) 모델 도입이 필요함을 깨닫고 강의와 연구에 도입해왔으며, 선교신학적 연구로서 문화와 생태, 미래 세대에 이르기까지 상호문화적 관점의 확대가 필요함을 연구 중이다.

한국 교회를 위한 연구로서 한국 교회의 급격한 쇠퇴 현상을 바라보며 대안적 전략을 연구하고 있다. 특히 10년여의 목회 경험을 토대로 한국 상황에서의 선교적 교회로서 농촌의 생활공동체로서의 교회, 도시교회의 멘토링 목회, 수도원적 공동체 현장, 오도이촌시대 도농협업의 공동체, 다문화목회 현장 등을 선교전략적 차원에서 연구하고 있다.

김칠성

金七成, Chil-Sung Kim, 1974년 6월 7일 -

학력

1999. 목원대학교(신학, Th.B.)
2001. 목원대학교 신학대학원(조직신학, Th.M.)
2006. 미국 Drew University 신학대학원(신학, M.T.S.)
2012. 미국 Asbury Theological Seminary(선교신학, Ph.D.)

경력

1999. 04. - 2002. 04. 진천 석천감리교회 담임전도사, 목사안수
2002. 04. - 2003. 05. 필리핀 마닐라한인감리교회 교육목사
2004. 10. - 2006. 07. 뉴욕 소명감리교회 교육목사
2006. 08. - 2009. 03. 켄터키 렉싱턴일본인교회 협동목사
2009. 04. - 2011. 01. 뉴욕 새하늘감리교회 담임목사(개척)
2012. 11. - 2014. 02. 금산 추정감리교회 담임목사
2015. 11. - 2016. 10. 한국선교신학회 서기
2016. 11. - 2021. 10. 한국선교신학회 편집장/편집위원
2018. 01. - 2019. 12. 한국기독교대학 교목회 서기
2019. 05. - 2021. 05. 한국교회사학회 연구윤리위원장
2021. 01. - 2023. 12. 한국기독교대학 교목회 총무
2021. 05. - 2023. 04. 한국교회사학회 부편집위원장
2020. 01. - 2020. 12. 한국전자통신연구원(ETRI) 생명윤리위원회(IRB) 준비위원회 자문위원
2015. 05. 목원대학교 사회봉사상 수상
2018. 마르퀴즈 후즈후(Marquis Who's Who in the World) 세계인명사전 우수연구자 등재
2019. 04. 목원대학교 강의평가결과 우수자 수상
2023. 12. 한국선교신학회 우수논문 연구자상 수상
2014. 03. - 2024. 현재. 목원대학교 교목실 교수
2014. 03. - 2024. 현재. 대전 둔산성광감리교회 소속 목사
2017. 04. - 2024. 현재. 한국연구재단(교육부/Kird) 연구윤리 전문 강사
2021. 01. - 2024. 현재. 한국전자통신연구원

(ETRI) 생명윤리위원회(IRB) 외부 심의위원
2021. 01. – 2024. 현재. 월드비전 대전·세종·충남 사업본부 운영자문위원회 자문위원
2022. 01. – 2024. 현재. 한국로잔교수회 총무
2023. 05. – 2024. 현재. 한국교회사학회 편집위원장
2023. 05. – 2024. 현재. 한국기독교학회 편집위원
2023. 09. – 2024. 현재. 기독교대한감리회 선교국 개척-미자립정책위원회 위원
2023. 11. – 2024. 현재. 한국선교신학회 부회장

저서

『부흥과 농촌계몽의 꿈을 꾼 찰스 스톡스』(사단법인 한국교회총연합, 2023)

『내한 선교사 사전』(한국기독교역사연구소, 2022, 공저)

『잊혀진 우리 이야기, 아시아 기독교 역사』(도서출판 대장간, 2021, 공저)

『대한민국을 세운 위대한 감리교인』(KMC, 2016, 공저)

『한국 교회 130년 역사에 묻고 미래에 답하다』(신앙과 지성사, 2015, 공저)

논문

"로버트 하디 선교사의 선교특징 연구." 「선교신학」 70(2023)

"한국선교신학회 30년 역사 속에서 다룬 선교학적 중심주제들: 「선교신학」 학술지를 중심으로." 「선교신학」 68(2022)

"윌리엄 스크랜턴의 생애와 의료활동에 관한 연구." 「선교신학」 67(2022)

"1930년대 아빙돈 『단권 성경주석』 사건에 대한 선교적 고찰." 「선교신학」 62(2021)

"한국 선교 초기 감리교와 장로교의 교회 성장 비교 연구." 「선교신학」 64(2021)

"최초의 한인 선교사에 관한 연구: 감리교와 장로교를 중심으로." 「선교신학」 55(2019)

"평양대부흥에 대한 재고." 「대학과 선교」 39(2019)

"한국 초기 선교 역사적 관점에서 본 장요나 선교사의 베트남 선교." 「선교신학」 56(2019)

"Revival and Church Growth: A Case Study on the Early Korean Revival." 「선교신학」 50(2018)

"A Comparative Study on Christianity and Shamanism in Korea." 「선교신학」 45(2017)

"Mission Strategy for Islam." 「선교신학」 47(2017)

"A Study on Cyprian's Statement and Roman Catholic Church." 「복음과 선교」 35(2016)

"A Study on Paul's Missiological Thoughts in Romans. 「선교신학」 43(2016)

"A Study on the Origin of Religious Exclusivism and Aggressive Evangelism in the Korean Church." 「신학논단」 86(2016)

"A Study on Three Contextual Theologians in Korea: SungBum Yun, TongShik Ryu, and SunHwan Pyun." 「선교신학」 41(2016)

"라투레트(K. S. Latourette)와 스톡스(C. D. Stokes)의 생애와 역사서술 방법론 연구." 「한국교회사학회지」 42(2015)

"한국감리교회의 주춧돌을 놓은 아펜젤러 선교사: 아펜젤러 한국선교 130주년을 기념하며." 「선교신학」 39(2015)

"말레이시아 선교의 아버지 제임스 토번(James Mills Thoburn, 1836–1922)." 「복음과 선교」 26(2014)

"한국 개신교 선교 역사의 시작은 언제인가?." 「한국교회사학회지」 38(2014)

"원산부흥, 일반부흥인가, 대부흥인가." 「한국교회사학회지」 34(2013)

"하디의 회개, 부흥의 원인인가, 결과인가?." 「선교신학」 32(2013)

전공 분야

선교 역사, 한국기독교 역사, 선교신학, 부흥

박사학위 논문

"The Role of Robert Alexander Hardie in the Korean Great Revival and the Subsequent Development of Korean Protestant Christianity."(지도교수: Arthur G. McPhee)

한국에서 활동한 중요한 선교사 중 한 사람인 로버트 알렉산더 하디 선교사에 관한 연구이다. 하디는 원산부흥으로 유명하다. 그러나 그의 초기 삶은 잘 알려지지 않았고, 한국 대부흥을 위한 그의 역할은 평가절하되었으며, 한국 교회를 위해 그가 기여한 내용들은 잊혀졌다. 1865년 하디의 출생부터 한국에 독립 선교사로 와서 활동했던 1897년까지의 삶은 잘 드러나지 않았다. 학생해외선교 자원운동의 영향을 받고, 토론토대학 의학부 YMCA의 파송을 받은 하디는 1890년에 한국에 도착했다. 이 시기에 그는 교단주의적, 경제적, 정치적, 사회적, 정신적 어려움을 직면하게 되었다.

1898년부터 1907년까지 하디는 미국 남감리교회의 한국 선교 개시와 초기 한국 부흥에 기여했으나 이에 대해서 제대로 평가받지 못하고 있다. 특히 한국과 서양의 많은 학자가 원산부흥(1903-1906)과 평양부흥(1907)을 구별할 뿐만 아니라, 원산부흥을 일반부흥으로 평양부흥을 대부흥이라고 간주한다. 이 때문에 하디는 단지 원산부흥에만 기여하였고, 평양대부흥은 영국의 웨일즈에서 있었던 부흥(1904-1905)과 인도 카시아 힐 부흥(1905-1906)의 영향을 받아 일어났다고 여긴다. 그러나 원산부흥은 그 자체가 대부흥이다. 왜냐하면 다양한 사람들과 여러 지역에 영향을 미쳤기 때문이다. 더욱이 한국에서 있었던 초기 부흥은 1903년 원산에서 시작되어 1907년 평양에서 절정을 이룬 하나의 대부흥이었기 때문이다.

원산대부흥 이후부터 은퇴까지(1908-1935) 하디는 한국 개신교의 발전과 성숙을 위해 다양한 분야(예를 들어, 신학교육, 기독교 출판, 농촌선교, 성서번역, 개인전도 등)에서 중요한 역할을 감당했다. 그러나 그가 행한 사역은 역사가들과 선교학자들의 기억 속에서 잊혀지고 있다. 그리하여 하디는 한국에서 '잘 알려지지 않은, 평가절하된, 그리고 잊혀진' 선교사가 되었다.

사역 및 연구활동

연구윤리 전문강사: 한국연구재단(교육부)이 국가과학기술인력개발원(KIRD)에 의탁하여 2017년에 진행한 연구윤리전문가 양성과정(제2기)을 마친 이래로 다양한 대학교와 학회 및 연구기관 등에서 연구윤리 강의를 통해 연구자들의 연구윤리의식 고취 및 확산을 위해 활발하게 활동하고 있다.

기관생명윤리위원회(IRB) 위원: 정부 출연기관인 한국전자통신연구원(ETRI) 기관생명윤리위원회(IRB) 외부자문위원으로 지난 2021년부터 현재까지 활동하면서, 인간 대상 연구의 생명윤리적 수행을 위해 심의하는 일에 참여하고 있다.

한국로잔교수회 총무: 2024년 9월 22-28일 인천 송도에서 열린 제4차 로잔대회를 준비하는 한국로잔교수회 총무로서 활동하였다.

월드비전: 월드비전 대전·세종·충남 사업본부 운영자문위원회 자문위원으로 활동하면서 경제적으로 어려운 청소년들에게 꿈을 심어주고, 꿈을 이룰 수 있도록 돕는 일에 참여하고 있다.

한국 초기 선교 역사: 세계 선교 역사상 가장 빠른 시간 안에 급성장과 발전을 경험한 한국의 사례를 통해서 우리는 선교에 관한 많은 교훈을 얻을 수 있을 것이다. 우리나라 초기 선교 역사 연구를 통해서 세계 선교를 위한 다양한 관점과 교훈에 관해 지속적으로 연구하고 있다.

농촌계몽운동 및 교회연합운동: 한국 초기 선교 역사에서 일어난 농촌계몽운동과 교회연합운동에 관해서도 중점적으로 연구하고 있다.

부흥: 부흥은 교회성장과는 다른 개념으로서, 한국의 경우 1903년 원산에서 시작되어 1907년 평양에서 절정을 이루고 소멸한 대부흥이 가장 대표적인 부흥이다. 연구자는 부흥과 대부흥의 개념, 특징, 그리고 세계 다른 나라에서 일어난 부흥과의 한국에서 일어난 부흥의 차이점 등에 관해서 꾸준히 연구하고 있다.

선교사 인물 연구: 아펜젤러, 언더우드, 스크랜턴, 하디 등 한국에서 활동했던 선교사들에 관해 최대한 객관적인 연구 방법을 동원하여 인물 연구를 진행하고 있다.

김필균

金泌均, Pil-kyun Kim, 1969년 3월 15일 -

학력

2017. 남아프리카공화국 Stellenbosch University(Ph.D. in Missiology)

경력

2002. 01. - 2006. 12. 부산서문교회 전도사, 강도사 및 교육목사

2014. 07. - 2017. 12. 남아프리카공화국 African Community Development Mission 교육목사

2018. 03. - 2022. 08. 총신대학교 선교학과 교수

2018. 08. - 2021. 06. 스타선교회 성경 및 선교신학 강사

2022. 03. - 2023. 06. 하베스트대학교 선교학과 교수

2023. 02. - 2023. 06. 이엠(EM)연구소 소장

2023. 12. - 2024. 현재. N국 신학교 및 신학대학원 교수(선교신학, 조직신학)

논문

"개혁주의생명신학적 관점과 일본 세계관 이해를 통한 상황화 선교 방안." 「생명과 말씀」 27/2(2020)

"성경적 복 이해와 실천-선교적 적용." 「신학과 실천」 68(2020)

"'순전함'의 선교적 제자도." 「신학지남」 87/3(2020)

"환경 청지기의 돌봄과 선교적 함의." 「복음과 선교」 49(2020)

"개혁주의생명신학 관점에서의 영적 전쟁 이해와 기독교 세계관." 「생명과 말씀」 25/3(2019)

"개혁주의생명신학의 관점에서 본 아프리카 독립교회에 관한 선교학적 제언." 「생명과 말씀」 23/1(2019)

"긍휼 이해에서 본 선교·실천적 함의." 「대학과 선교」 42(2019)

"아프리카 부족 세계관과 성경적 상황화." 「선교신학」 56(2019)

"개혁주의생명신학적 입장에서 본 네팔 여신사상의 '생명관' 분석." 「생명과 말씀」 22(2018, 공동연구)

"예수의 케노시스를 통한 선교적 리더십." 「한국개혁신학」 59(2018)

"칼 라이헬트의 선교적 삶과 선교사상의 현대적 평가." 「선교신학」 52(2018)

전공 분야

선교 역사, 복음주의 선교신학, 타종교, 선교인류학, 상황화/토착화

박사학위 논문

"Christian Discipleship as Power Encounter with South Korean Indigenous Leaders: Intercultural Theological Study."(지도교수: David Xolile Simon)

기독교 제자도(Christian discipleship)는 우리가 변혁적 삶을 살아내야 한다는 의미에서 능력대결(power encouter)이다. 이는 외부적인 힘과의 폭력적인 삶으로 표출한다는 의미라기보다는 오히려 우리 안에 있는 죄성(罪性)과 이를 악의적으로 이용하는, 즉 보이지 않는 영적 세력과의 지속적인 영적 전투를 함축하고 있다. 동시에 기독교 제자도는 문화를 초월하고 변혁시키는 힘으로 상황화 신학의 문제점을 해결한다. 즉 현지 문화를 성경적 관점에 의해 비평함을 통해 성경적으로 적절한 문화는 계승시키는 동시에 성경에 어긋나고 거스르는 문화는 철저히 변혁시켜 초문화적(transcultural) 사역을 가능하도록 한다. 이는 과도한 상황화 신학의 적용으로 인한 혼합주의, 문화상대주의 및 다원주의의 잘못된 방향을 지양한다. 동시에 복음이 현지 문화가 평행선을 긋는 무상황화의 오류를 발견하고 수정한다.

무엇보다도 기독교 제자도를 따르는 우리의 삶은 우리가 예수를 닮아가는 변화의 삶과 그 열매를 풍성하게 맺도록 하는 것에 초점을 맞출 필요가 있다. 구체적으로 예수님의 비우심(self-emptying)은 성육신부터 이 땅에서 그분의 삶, 십자가에서의 죽음, 부활 및 하늘로 올라가기까지 그분의 삶의 모든 범위와 한계를 다 포함하고 있다. 그래서 예수님 제자로서의 삶은 그분의 이 땅에서의 비우심(빌 2:7)에서 근거해야 한다. 다시 말하면, 예수 그리스도의 성육신적인 삶(incarnational life)에서 출발해서, 기독교 제자도는 하나님 앞에서 순전함(integrity)을 가진 겸손(humility)의 삶을 살아내는 것이어야 한다. 하나님 앞에서의 순전한 겸손은 우리 안에 있는 죄와 연약함을 비우게 되며, 동시에 우리를 충만하게 하시는 성령 하나님과 끊임없이 연합된 삶을 살아가는 총체적인 제자도(integral or holistic discipleship)의 삶으로 이어진다.

이 논문은 변혁적 삶을 위한 능력 대결로서의 기독교 제자도(Christian discipleship)의 덕목으로 빌립보서 2:5-11의 예수의 비움적 겸손에 초점을 맞추고 있다.

사역 및 연구활동

부산 화명동에서 신학 및 선교신학/실천신학 원서 전문번역 사역으로 언어와 문화, 선교를 성경신학과 연관하여 연구하였다. 최근 크레이그 오트(Craig Ott)의 『교회의 선교』(*The Mission of the Church*) 영어 원문을 번역하였다. 영어 읽기에 관심이 많고, 각종 읽기, 지문 읽기에 관련된 일을 확장하고자 한다. 교회는 부산 괴정동의 나엘교회(가정교회)를 섬기며 주일 사역을 하였다.

현재는 N국에 주재하면서 신학대학원 원장으로서 ○○신학교 및 ○○○신학대학원의 신학 강의를 맡고 있다.

김한성

金翰聖, Hansung Kim, 1967년 4월 13일 -

학력

1993. 아세아연합신학대학교(아세아학, B.A.)

1998. 캐나다 Prairie Graduate School(M.A. in ICS with TESOL Emphasis)

2011. 미국 Biola University(D.Miss.)

경력

1993. 09. - 1995. 08. 국제오엠선교회 선교사

1999. 09. - 2001. 08. 안동과학대학 외래교수

2000. 03. - 2002. 08. 한영신학대학교 외래교수

2000. 09. - 2002. 02. 아세아연합신학대학교 외래교수

2000. 09. - 2002. 02. 서울신학대학교 외래교수

2002. 03. - 2012. 02. 아세아연합신학대학교 선교영어학과 전임강사(강의 전담)

2004. 09. - 2007. 12. 세계사이버대학 외래교수

2008. 03. - 2010. 02. 한국복음주의선교신학회 서기

2010. 03. - 2010. 08. 웨스트민스터신학대학원 대학교 외래교수

2010. 03. - 2012. 02. 「복음과 선교」 편집장

2012. 03. - 2013. 02. 한국복음주의선교신학회 총무

2012. 03. - 2016. 02. 아세아연합신학대학교 선교영어학과 조교수(정년 트랙)

2013. 03. - 2019. 07. 아세아연합신학대학교 국제언어교육원 소장

2014. 03. - 2014. 10. 한국복음주의선교신학회 총무

2014. 10. - 2015. 10. 한국복음주의선교신학회 부회장

2015. 01. - 2016. 12. 아세아연합신학대학교 선교영어학과 학과장

2016. 03. - 2022. 02. 아세아연합신학대학교/ACTS 선교영어학과 부교수(정년 트랙)

2016. 12. - 2017. 11. 아세아연합신학대학교 입학실장

2017. 12. - 2019. 07. 아세아연합신학대학교 학생처장

2021. 08. - 2023. 01. 아신대학교 기획처장

2012. 03. - 2024. 현재. 아세아연합신학대학교 네팔선교연구원 연구교수

2019. 01. - 2024. 현재. *Journal of Asian Mission* 편집위원

2021. 02. - 2024. 현재. 「ACTS 신학저널」 편집위원장

2022. 03. - 2024. 현재. 아신대학교/ACTS 사

회복지선교학과 교수(정년 보장)

저서

『한국 교회의 네팔 선교 개척자들』(세움북스, 2022, 공저)

『한국 교회 힌두권 선교 40년』(세움북스, 2022, 공저)

『선교지에 어떤 교회를 세울 것인가』(예영커뮤니케이션, 2020)

『선하고 거룩한 동역』(죠이북스, 2020)

『한국 교회와 네팔 선교』(아세아연합신학대학교 출판부, 2017)

『21세기 선교와 영어』(생명나무, 2005)

번역서

『인물 중심의 네팔 교회 역사』(네팔선교연구원, 2022, 공역)

『타문화권 교육 선교』(CLC, 2019, 공역)

『모금의 영성』(포이에마, 2018)

『타문화권 교회 개척』(토기장이, 2012)

『기도전도』(토기장이, 2001)

논문

"The First Female PCK Missiologist: Kwangsoon Lee." 「선교신학」 62(2021)

"1970년대 한국 교회의 타문화권 선교와 ACTS." 「ACTS 신학저널」 50(2021)

"한국의 BAM 훈련의 현황과 선교학적 함의." 「ACTS 신학저널」 47(2021, 공동연구)

"A Brief Mission History of the Darjeeling District." *Journal of Asian Mission* 21/2 (2020, 공동연구)

"Chae Ok Chun: The First Female Korean Missiologist." *Journal of Asian Mission* 21/1(2020)

"한국 교회의 BAM 운동에 대한 문헌연구." 「ACTS 신학저널」 43(2020)

"힌두권의 소규모 비즈니스 선교(BAM) 다수 사례 연구." 「선교신학」 57(2020)

"Korean Christians' Responses to the 2015 Nepal Earthquake." 「선교신학」 55(2019)

"Hojin Jun: An Early Reformed Missiologist in Korea." *Journal of Asian Mission* 20/1 (2018)

"한국 교회의 아시아 선교 이슈들." 「선교신학」 52(2018)

"힌두권 반개종법의 환경 속에서의 선교." 「선교신학」 49(2018)

"From Nepal Mission to Mission Nepal." *Journal of Asian Mission* 18/1(2017)

"Theological Education in Nepal." *Evangelical Missions Quarterly* 53/1(2017)

"선교지 예배당 건축에 대한 선교인류학적 이해." 「ACTS 신학저널」 34(2017)

"21세기 아세아 교회를 위한 한국 신학교의 역할." 「ACTS 신학저널」 30(2016)

"An Ethnohistory of a Band for the Heavenly Cause: A Model for Missions." *Journal of Asian Mission* 17/2(2016)

"네팔에서의 신학교육 현황과 제안." 「선교신학」 41(2016)

"선교지 리더십 이양에 관한 소고." 「한국선교 KMQ」 15/4(2016)

"Myungdongchon: A People Movement among Diaspora Koreans in the Early 20th Century." *Missiology: An International Review* 43/3(2015)

"장년 선교사의 증가를 어떻게 볼 것인가?." 「복음과 선교」 29(2015)

"A Missiological Accessment of the State and Christianity in Nepal." 「복음과 선교」 27(2014)

"바울의 선교 동기의 선교교육적 함의." 「복음과 선교」 25(2014)

"타문화권 사역을 위한 통합 영어 훈련 시스템

을 위한 예비 연구." 「ACTS 신학과 선교」 19(2014)
"한국 선교단체의 국제화에 대한 지도자들의 역할: 바울 선교회와 GP 선교회의 사례 연구." 「성경과 신학」 71(2014)
"ACTS 신학 신앙 운동 이해와 교육 선교적 의의." 「ACTS 신학과 선교」 13(2013)
"A History of The Internationalization of Western Mission Agencies." 「개혁주의생명신학과 선교」 3(2013)
"Korean Bible College Students' Perception on Their English Learning Experience." 「ACTS 신학저널」 17(2013)
"국제선교단체 내의 동서양 선교사들 사이의 의사소통 장애 요인들과 대책." 「한국선교 KMQ」 12/2(2012)
"오늘날 지구촌 선교 공동체에서 한국인 선교사의 역할." 「복음과 선교」 18(2012)
"중국 산동성 선교 – 초기 한국 교회의 유일한 타문화권 선교." 「선교신학」 29(2012)
"한국 교회의 네팔 선교 연구를 위한 예비 연구." 「ACTS 선교연구」 2(2012)
"21세기 지구촌 기독교의 선교적 특징들." 「선교신학」 27(2011)
"초기 한국인 타문화권 선교사들의 자이해 및 시사점 연구." 「복음과 선교」 14/1(2011)
"한국 교회의 타문화권 선교 역사의 시기 구분에 대한 연구." 「성경과 신학」 60(2011)
"한국 내 선교사 자녀 학교의 필요성에 대한 연구." 「한국선교KMQ」 10/3(2011, 공동연구)
"한국 선교단체의 국제화 현황과 과제." 「복음과 선교」 15(2011)
"선교 연구방법론으로서의 근거이론." 「복음과 선교」 13/2(2010)
"Korean Missionaries: An Unbroken Horse Power for World Mission." 「복음과 선교」 9/1(2009)
"Contextually Rereading Acts 6:1–6: Lessons for Multicultural Mission Organizations." *Evangelical Missions Quarterly* 45/1(2009)
"Korean Church Planters' Perception on Church Planting Education." *Great Commission Research Journal* 1/1(2009)
"Anchal Prayer: Healing through Exorcism." *Asia Pacific Society for Intercultural Studies* 4/1(2008)
"Linguistically Rethinking International Mission Organizations." 「복음과 선교」 9/1(2008)

전공 분야

선교 역사, BAM, 선교인류학, 한국 교회의 타문화권 선교, 선교현장 연구, 타문화권 교회 개척

박사학위 논문

"The Internationalization of Three Korean Mission Agencies."(지도교수: Tom Steffen)

한국 자생 선교단체의 국제화 현상을 질적 연구방법 중 하나인 근거이론을 통해 살펴보았다. 서구에서 시작된 국제 단체에서 다국적의 선교사들이 어떻게 협력하며 사

역하는지에 대한 연구가 여럿 있었고, 선교사들과 현지인 사이의 협력에 대한 연구는 많다. 본 연구는 한국 선교사 파송 단체가 구성원들의 출신 국가/문화가 다양화되며 국제화되고 있는 현상을 최초로 깊이 있게 고찰한 연구이다.

이 연구는 선행연구로 세계화 현상의 선교적 의미와 서양 선교단체의 국제화에 대한 연구를 살펴보았고, GP, GMP, 바울선교회에 속한 수십 명의 선교사를 대상으로 면담하였다. 연구의 결과는 다음과 같다. (1) 지도자가 국제화를 주도하였다. (2) 국제화에 대해 엇갈린 반응들이 있다. (3) 국제화에 대한 의사소통이 부족했다. (4) 비전은 있으나 구체적인 계획이 없었다. (5) 익숙한 환경에 국제화의 토대를 두고 있다. (6) 효과적인 국제화를 위해 크고 작은 과제들을 해결해야 한다.

이 연구는 피면담자들이 소속된 단체에 자신들이 국제화의 과정 중 어디에 있는지, 어떤 점을 유지하고 어떤 점을 개선해야 하는지 통찰력을 제공한다. 둘째, 조직 내에 이미 비한국인 구성원들이 있는 선교사 파송 단체들에 시사점을 제공한다. 셋째, 타문화권 선교에 참여하고 있는 다수 세계 교회의 선교사들에게 문화를 초월한 협력에 대하여 통찰력을 제공한다.

사역 및 연구활동

한국 교회의 타문화권 선교: 1913년부터 시작된 한국 교회의 해외 타문화권 선교 영역에 대해 다양하게 연구하였다. 한국 교회의 타문화권 선교 역사의 시기를 구분하고 시기별 특징을 제안했으며, 초기 선교사들의 선교 경험을 면밀히 연구하였다. 1세대 한국 선교학자들에 대해서도 연구하였다. 특별히 한국 교회의 네팔 선교에 대하여 다양한 주제의 논문과 도서를 출판하였다.

다수 세계/비서구 교회의 타문화권 선교: 한국 교회의 초기 선교 사역은 비서구 교회의 선교의 특징을 많이 가지고 있는 점에 착안하여 다른 비서구 교회의 선교 사례들을 발굴하고 연구하였다. 특별히 21세기의 세계 선교의 중심은 비서구 교회/다수 세계 교회에 있을 것으로 전망되는 만큼 다수 세계 교회의 선교 참여 과정에서 한국 선교계의 역할에 대한 연구를 더 할 예정이다.

BAM: Business As Mission(BAM)은 새로운 선교전략이 아닌 선교 패러다임이다. 질적 연구방법인 사례 연구를 통해 한국 선교계의 BAM 사례를 발굴하고 조명하고 의미와 특징을 찾는 연구를 계속하고 있다.

김항균

金恒均, KIM HANGKYUN

학력

2002. 백석대학교(신학)
2005. 백석대학교 신학대학원(M.Div.)
2018. 백석대학교 기독교전문대학원(Ph.D.)

경력

2005. 07. – 2023. 현재. 백석총회 세계선교위원회 태국 치앙마이 선교사/목사
2006. 04. – 2023. 현재. 백석총회 서울강남노회 선교사

논문

"태국 빠이 리수족 선교를 위한 복음 수용성과 태도 분석." 학위논문(2018)

전공 분야

복음주의 선교신학, 선교전략, 타종교, 이슬람, 불교, 선교인류학, 한국 교회의 타문화권 선교, 상황화/토착화, 선교현장 연구, 타문화권 교회 개척

박사학위 논문

"태국 빠이 리수족 선교를 위한 복음 수용성과 태도 분석."(지도교수: 장훈태)

태국 북부 빠이 지역 리수족이 복음을 받아들이고 신앙인으로 살아가는 삶 속에서 그들이 지닌 신앙관을 밝기기 위한 연구 과정으로, 연구를 통해 얻은 결과 최종적으로 143개 개념, 54개의 하위범주, 그리고 23개의 범주가 도출되었다.

리수족의 신앙 경험의 분석에 따른 리수족 공동체 사회 내에서의 복음에 대한 태

도를 분석하여 선교 활성화 방안을 제안하였다. 이를 근거로 한 구체적인 선교 방안은 체계적인 교육과 지속적인 선교를 통한 기독교 복음의 활성화에 이바지하기를 바라는 마음으로부터 논문의 내용을 작성하였다.

한국의 선교 논문으로서 질적 연구 과정으로 작성된 이 논문은 학술적으로 소외될 수 있는 태국의 리수족을 소개하고 그들의 복음의 역사와 신앙관, 그리고 복음화 전략을 세우기 위한 방법을 찾아갈 수 있도록 하였다. 또한 태국 선교의 무한한 가능성을 통하여 인도차이나 지역의 선교 거점 확보를 위한 초석을 다졌다고 할 수 있다.

사역 및 연구활동

태국 빠이 치앙마이 치앙라이 지역에서 환보사역 전방개척 사역, 한글교육 사역, 커피농장 활성화를 중심으로 한 교회 활성화와 건축 사역, 매년 두차례 진행하는 현지 목회자 재교육 사역을 진행하고 있다.

태국 빠이라는 지역에 리수족 신앙인들의 신앙생활의 활성화를 시작으로, 현재 태국 내 리수족의 신앙관이 중국 윈난 지역에서 미얀마로, 미얀마에서 태국으로 이주 과정을 가지고 있다. 이 과정에서 신앙의 변화가 되어 현재는 태국 내 리수족이 소수종족 중에 매우 낮은 복음을 받아들이는 상황이다. 그래서 이들의 선교적 전략을 향한 신앙 성숙도의 영역에서 사역을 지속하고 있으며, 태국 리수족 선교전략, 그리고 신앙 성숙도에 대하여 연구하고 있다.

김해영

金海英, HAI YUNG KIM

학력

2008. 미국 Alliance University(사회복지학, 학사)

2010. 미국 Columbia University, School of Social Work(사회복지학, 석사)

2021. 백석대학교 기독교전문대학원(선교학, 박사)

경력

1990. 02. – 2003. 12. 굿호프직업학교 교사 및 교장

2012. 08. – 2018. 09. 케냐 밀알복지재단 아프리카권역 본부장

2022. 05. – 2023. 현재. 케냐 밀알복지재단 희망사업본부 본부장

저서

『잠시, 쉬었다 가도 괜찮아』(드림셀러, 2022)

『다행이다, 아침이 온다』(두란노서원, 2014)

『당신도 언젠가는 빅폴을 만날 거야』(쌤&파커스, 2014)

『숨지 마, 네 인생이잖아』(두란노서원, 2013)

『청춘아, 가슴 뛰는 일을 찾아라』(서울문화사, 2012)

논문

"보츠와나 바롤롱족의 전통문화." 「아프리카학 연구」 1(2022)

전공 분야

선교현장 연구, 선교인류학 연구, 선교 역사 연구

박사학위 논문

"케냐 무허가 정착지 취약 계층 선교 방안."(지도교수: 손동신)

케냐의 무허가 정착지에 거주하는 취약 계층 대상 복지 선교 방안을 모색하는 것이 연구의 목적이다. 이를 위해 케냐의 취약 계층 발생 역사와 현황을 고찰하고 취약 계층 선교기관 세 곳의 사역을 분석하였다. 케냐 취약 계층에 대한 바른 이해를 위해 용어의 일반적 개념과 헌법, 정부 정책 및 국제사회의 개념을 고찰하였다. 성경과 신학에 나타난 취약 계층 대상 선교의 당위성도 고찰했다. 사례 연구로, 케냐에서 취약 계층 중 위기의 아동과 장애인을 대상으로 사역하는 해피라이프 선교회, 희산 및 밀알 케냐 선교기관의 사역을 분석했다.

분석 결과에 따라 케냐의 무허가 정착지에 거주하는 취약 계층 대상 선교 사역에 적용 가능한 선교 방안을 제시하였다. 첫째, 인식과 차별적 제도 개선 선교이어야 한다. 둘째, 인권과 권리 증진 선교이어야 한다. 셋째, 지속 가능한 역량을 개발하는 선교이어야 한다. 넷째, 교회와 협력 체계를 갖춘 선교이어야 한다. 다섯째, 선교단체와 연계하는 선교이어야 한다. 여섯째, 지역 커뮤니티와 공조하는 선교이어야 한다. 일곱째, 국제기구와 연대하는 선교이어야 한다.

본 연구를 통해 선교는 취약 계층이 직면하는 차별과 소외의 내용을 파악하여 철폐하거나 감소시키려고 노력하고, 인권과 권리 증진을 위한 활동이어야 함을 주장했다. 교회와 선교단체는 각 국가에 반드시 존재하는 취약 계층의 발생 요인과 현황을 파악하고, 이들을 위한 지속 가능한 역량을 개발할 것을 강조하였다. 취약 계층을 위한 사역은 교회, 선교단체, 지역 커뮤니티, 국제기구 등과 협력할 것을 제안했다. 교회와 선교단체 및 선교사는 사회적, 경제적, 정치적 차별과 소외에 노출된 취약 계층을 위한 사역에 관심을 두어야 한다. 교회의 사회참여는 복음의 진보와 복음화로 나타나기 때문이다. 선교는 사회 속에서 가장 낮은 자리에 있는 취약 계층에 대한 올바른 이해와 관심을 바탕으로 전문적이고 세분된 선교적 전략을 세워서 적극적인 자세로 행해야 함을 강조하였다. 이 논문의 연구 결과는 선교사들이 케냐의 취약 계층을 돕는 데 도움이 될 수 있을 것으로 기대하고 있다.

사역 및 연구활동

1990년부터 아프리카권에서 선교사로 활동하고 있는바, 아프리카권의 선교현장, 선교인류학 및 선교 역사에 관한 연구에 큰 관심을 두고 있다. 한국인 선교사들의 선교현장 방문 및 선교 사역을 학문적으로 접근 연구하는 데 관심을 두고 있으며, 한국인 선교사에 의한 아프리카 선교 역사가 짧지만, 세계 선교 역사에 끼친 영향과 문제점 등도 고찰하는 데 관심이 있다.

아프리카권에 산재한 무허가 정착지에 거주하는 취약 계층에 대한 선교적 접근 방법을 찾아내는 데 연구력을 동원하고 있다. 예를 들면, 케냐의 무허가 정착지에서 발생하여 대중화되고 있는 셍(Sheng)이란 언어의 변천사 및 발달에 관한 연구를 통해, 선교적 접근 방안을 강구하려고 한다.

케냐의 부족은 주요 부족과 하위부족 중심으로 케냐 전체에 폭넓게 산재해 있는데, 소멸하거나 사라져가는 부족을 찾아 연구하는 데 관심이 있다. 이들이 직면한 정치, 사회, 경제적 문제들을 살펴보고, 소멸에 직면하는 원인에 관해 연구하고, 또 다른 부족의 소멸에 경각심을 일깨워주는 연구에 관심이 있다.

김현진

金賢鎭, Hyun-Jin Kim, 1956년 2월 12일 -

학력

1980. 계명대학교(영문학, B.A.)
1995. 총신대학교 신학대학원(교회사. M.Div./Th.M.)
1996. 미국 Bethany College of Missions(수학)
2003. 네덜란드 Utrecht University(박사과정)
2011. 남아프리카공화국 North-West University(Ph.D. in Missiology)

경력

1997. 03. - 2003. 10. 국제문맹자선교회(GLM) 사무총장
2003. 01. - 2017. 12. 총회세계선교회 선교훈련원(GMS) 강사
2011. 09. - 2021. 02. 평택대학교 신학부 선교학 교수
2020. 12. - 2021. 11. 로잔연구교수회 총무
2021. 11. - 2022. 10 한국선교신학회 회장
2010. 01. - 2024. 현재. 태안 사귐의공동체 원장, 사귐의교회 담임목사
2021. 03. - 2024. 현재. 평택대학교 피어선선교센터 소장

저서

『피어선의 사람들』 도서출판 퍼플, 2021, 공저)
『그리워지는 목회자들』(아벨서원, 2020, 공저)
『한국 교회를 빛낸 칼빈주의자들』(킹덤북스, 2020, 공저)
『다민족 복음화는 에클레시아 공동체의 회복으로』(가리온, 2018, 공저)
『공동체 신학』(예영커뮤니케이션, 1998)
『공동체 관계훈련』(무실, 1994, 편저)
『세계의 기독교공동체 탐방』(전신공연, 1993)
『성령의 공동체』(전신공연, 1991)

번역서

『피어선 설교전집』(평택대학교출판부, 2019, 공역)
『세계의 예수 공동체』(무실, 1990)

논문

"켈트 수도공동체의 선교 연구." 「대학과 선교」 45(2020)
"희년의 선교적 의미와 실천에 대한 연구." 「실천신학」 71(2020)

“독일 헤른후트 공동체의 선교 연구.” 「선교신학」 56(2019)

“The Restoration of The Whole Gospel and The Contemporary Reformation.” *Asian Missions Advance* 58(January 2018)

“런던 익투스 공동체의 총체적 선교 연구.” 「선교신학」 49(2018)

“온전한 복음과 온전한 교회개혁의 방향성.” 「복음과 신학」 42(2018)

“성령세례 논쟁과 그 해결점에 대한 연구.” 「영산신학저널」 33(2015)

“아더 T. 피어선과 한경직의 총체적 선교에 대한 비교 연구.” 「피어선신학논단」 7(2015)

“16세기 재세례파의 선교 연구.” 「선교신학」 37(2014)

“성령의 코이노니아에 관한 신학적 의미 고찰.” 「한국개혁신학」 42(2014)

“아더 T. 피어선의 선교신학과 사역.” 「피어선신학논단」 4(2014)

“공동체와 선교: 균형잡힌 선교 방식의 필요성.” 「한국개혁신학」 39(2013)

전공 분야

선교 역사, 복음주의 선교신학, 선교훈련, 선교전략.

박사학위 논문

“Protestant Communities as Mission Communities: A Systematic and Historical Study.”(지도교수: T. Derrick Mashau)

공동체는 성경의 통합적 주제이며 중심 메시지이다. 하나님의 궁극적 목적은 하나님의 공동체를 확립하는 것이다. 삼위 하나님은 공동체의 기원이며 공동체는 하나님의 존재 방식이다. 기독교의 공동체는 하나님의 공동체에 기인한다. 교회는 삼위 하나님에 의해서 회복된 공동체이며 교회의 본질은 공동체이다. 성경은 공동체의 시작, 공동체의 파괴, 공동체의 회복, 공동체의 완성의 역사이다. 기독교 공동체는 하나님 나라 실현의 통로이다.

회복된 공동체로서 초대교회는 사랑 공동체, 나눔 공동체, 기도 공동체, 증거하는 공동체였다. 초대교회의 공동 소유와 형제 사랑으로 실행한 물질의 나눔은 사도행전과 서신서에 기록된 대로 교회의 역사를 통해 실천되었다. 초대교회는 그리스도인들이 항상 추구하고 회복해야 할 기독교 공동체의 모델이다. 초대교회의 공동체 삶은 지금도 가능하다. 이 사실은 개신교 공동체의 역사와 현대 개신교 공동체의 사례들을 통하여 입증되었다.

기독교 공동체는 단지 개념적인 공동체가 아니라 실제적인 공동체이다. 기독교 공동체는 다양한 형태로 실행될 수 있다. 개신교 공동체는 생활 공동체, 수도 공동체, 교회 공동체, 셀그룹 공동체의 네 가지 형태를 포함한다. 이 네 가지 형태는 기독교 공동체가 다양한 방식으로 실천될 수 있으며 모두 동등한 가치를 지니고 있음을 보여준다. 네 가지 형태의 공동체는 개신교 공동체의 역사에서 찾아볼 수 있다.

개신교 공동체는 헌신된 사랑의 공동체 생활을 통하여 교회의 갱신에 영향을 미쳤다. 개신교 공동체는 개신교 내에서 갱신의 샘물의 역할을 해왔다. 개신교 공동체는 또한 갈라진 그리스도인들과 교단 사이에서 화해의 장소가 되었다. 개신교 공동체는 또한 분열된 교회와 교파 가운데서 일치의 중재자 역할을 하였다.

공동체 운동은 개신교 선교 역사에서 주도적인 선교 운동을 펼쳤다. 예를 들어 재세례파, 모라비안, 근대 선교회들은 모두 공동체 생활에 바탕을 두고 강력한 선교 사역을 하였다. 진젠도르프 백작이 세운 헤른후트 공동체의 모라비안 선교사들의 공헌은 윌리엄 케리가 선교 사역을 하기 반세기 이전에 개신교 선교 운동을 각성시키고 그 방향성을 바꾸어 놓은 것이다.

선교는 개인적인 형태가 아니라 공동체적 차원에서 실행되어야 한다. 개신교 선교의 역사와 현대 개신교의 역사는 공동체 삶을 통한 선교가 가장 효과적이고 강력한 선교 방식임을 입증해준다. 지금까지 선교는 주로 타문화권에 복음을 전하는 개인적 차원의 원심적 선교에 국한 되었다. 이 점은 균형 잡히지 않은 선교의 현상이다. 균형 잡힌 선교는 구심적 선교와 원심적 선교를 모두 포함한다.

선교는 복음을 땅 끝까지 전파하는 범위의 문제만이 아니라 복음의 내용에 대한 문제이기도 하다. 선교의 내용은 철저한 제자도, 온전한 복음, 구심적 선교와 원심적 선교, 그리스도인의 현존과 그리스도인의 선포, 새 계명과 대위임령 등 모두를 포함한다.

사역 및 연구활동

지금까지 선교를 말할 때 가장 많이 인용된 성경구절은 마태복음 28:18-20의 대위임령으로서 땅 끝까지 나가서 복음을 전파하라는 내용이다. 이 말씀에 근거하여 그동안의 선교가 땅 끝까지 나가서 복음을 전하는 선교의 범위와 관련하여 원심적 선교에 주로 치중된 경향이 있었다. 현대 선교의 문제 중 하나는 구심적 선교의 약화에서 비롯된 균형이 깨어진 선교이다. 선교는 나가서 복음을 전파하는 것만 아니라 선교의 내용인 서로 사랑하라는 새 계명에 근거한 구심적 선교도 실행해야 하는 것이다. 그동안 상대적으로 소홀했던 새 계명의 실행을 통한 구심적 선교의 실천 방식을 교회사에 나타난 공동체 운동의 경우를 통하여 연구하는 것이 필요하다. 동시에 구심적 선교와 원심적 선교 방식을 균형 있게 수용하도록 하며 그 실행에 대한 구체적인 선교 방식을 연구하는 것도 역시 필요하다.

선교의 가장 바람직한 방식은 구심적, 원심적 선교가 통합된 방식이라고 할 수 있다. 이는 '오는 구조와 가는 구조'(come structure and go structure)의 통합이며 동시에 '그리스도인의 현존과 그리스도인의 선포'(Christian presence and Christian proclamation)의 통합이다. 이를 균형 있는 실행할 수 있는 선교학적 연구를 감당하고 있다.

김희진

金喜眞, Kim Heejin, 1974년 7월 17일 -

학력

2020. 총신대학교 선교대학원(선교학, M.A.)
2023. 백석대학교 기독교전문대학원(선교학, Ph.D.)

경력

2020. 08. - 2024. 현재. 조에(ZOE)선교회 전도사
2020. 09. - 2024. 현재. 아프리카미래협회 연구원
2022. 09. - 2024. 현재. 아프리카와미래 간사
2023. 03. - 2024. 현재. 대한예수교장로회총회 파송 선교사
2023. 03. - 2024. 현재. 아프리카미래학회 총무이사
2024. 01. - 2024. 현재. 한국칼빈학회 회계
2024. 01. - 2024. 현재. 한국복음주의선교신학회 IC위원회 사무처장

논문

"한국교회 리더십의 문제점과 해결을 위한 건강한 교회성장 리더십 이해."(석사학위 논문, 2020)

"전염병과 풍습의 관련성을 통한 현대사회의 선교: 민수기 13-19장을 중심으로." 「복음과 선교」 58/2(2022)

"무슬림 난민 구원을 위한 선교 방안."(박사학위 논문, 2023)

"현대 아프리카 교회의 신학과 선교 고찰." 「아프리카와 미래」 2(2023)

전공 분야

복음주의 선교신학, 이슬람, BAM, 이주민/다문화 선교

박사학위 논문

"무슬림 난민 구원을 위한 선교 방안."(지도교수: 장훈태)

오늘의 교회와 선교 사역은 각 대륙에서 발생하는 대량 난민의 문제에 깊은 관심을 갖고 한 영혼을 향한 구원의 시선으로 바라보아야 한다. 무엇보다 교회와 그리스도인들은 무슬림 난민 문제 해결을 위한 중심에 있어야 한다. 우리가 거주하는 사회와 교회 가까이에 다가온 난민의 영혼 구원을 위해서는 신학자와 목회자 그리고 선교 전문가가 협업하여 새로운 패러다임의 선교전략을 계획하고 수행해야 한다.

이 시대의 선교는 국제사회와 다양한 단체 그리고 교회가 연합해서 난민 문제를 해결하기 위한 논의와 제도를 마련하고 지원해야 한다. 그러나 '난민'에 대한 연구 논문의 선행 자료는 있지만, 그 주제가 대부분 법률, 정책, 제도 그리고 수용성 및 관점을 연구한 논문이다. 그러므로 현재 가장 중요한 무슬림 난민의 영혼 구원에 대한 전략적인 접근법을 모색하는 것이 이 연구의 목적이다.

본 연구는 난민 이해를 돕기 위해 난민의 정의와 성경신학적 근거를 제시하고, 선교학에서 이해한 난민에 대하여 고찰해보았다. 그리고 세계 무슬림 난민의 현황 및 요인을 유럽과 페르시아, 중동(북아프리카), 아시아 등으로 분류해서 확인하고, 무슬림 난민의 인권 문제를 혼돈의 세계와 난민, 난민의 신분 노예, 이슬람교 법에 의한 인권 부재, 창조질서와 인권, 조혼과 여성 할례로 나누어 다루었다. 그다음 무슬림 난민 선교의 필요성에 대해 생존에 위협을 받는 무슬림 난민, 국제화와 모빌리티 시대, 기후와 환경변화 그리고 빈곤을 일반적인 문제와 성경적 관점으로 보는 기후환경과 빈곤을 나누어 확인해보고, 하나님 나라 확장과 지상명령의 수행에 관하여 알아보았다. 마지막으로 무슬림 난민 변혁을 위한 양육과 선교 시스템 사역을 위한 방안을 연구, 제시하였다.

사역 및 연구활동

현재 조에(ZOE)선교회 전도사로 사역하고 있으며, 아프리카미래협회 연구원 및 총무이사로서 학술지 「아프리카와 미래」 간사로 섬기고 있다.

대한예수교장로회총회 파송 선교사이며, 한국칼빈학회 회계와 한국복음주의선교신학회 IC위원회 사무처장으로 일하고 있다.

남성혁

南聖焱, SungHyuk Nam, 1974년 7월 11일 -

학력

2000. 연세대학교(B.Th.)
2003. 장로회신학대학교 신학대학원(M.Div.)
2008. 미국 Gordon-Conwell Thelogical Seminary(Th.M.)
2017. 미국 Asbury Theological Seminary(Ph.D. in ICS)

경력

2018. 03. - 2019. 02. 연세대학교 객원교수
2018. 03. - 2019. 12. 명지대학교 평생교육원 원목
2018. 03. - 2022. 06. 명지대학교 객원교수
2020. 01. - 2022. 03. 예수소망교회 부목사
2020. 04. - 2024. 현재. 미주장로회신학대학교 객원교수
2022. 03. - 2024. 현재. 연세대학교 객원교수
2022. 04. - 2024. 현재. 장로회신학대학교 조교수

저서

『대중문화와 영성』(동연, 2021, 공저)
『코로나19와 포스트코로나 시대의 전도』(한들출판사, 2021, 공저)
『한국 교회 전도의 새로운 방향』(한국선교신학회, 2023, 공저)

번역서

『회심과 제자도: 나눌 수 없는 그리스도인의 본질』(희망사업단, 2020)

논문

"The Trends of Academic Research on Ecumenism in Korea." 「한국기독교신학논총」 129(2023) "탈종교화시대 기독교 대학 대형 채플에 대한 전도신학 성찰." 「대학과 선교」 55(2023)
"통전적 선교로서 김홍도 기도 설교 삼중구조." 「선교신학」 69(2023)
"디지털 선교지로서 메타버스 세계의 가능성과 특성 연구." 「장신논단」 54/2(2022)
"대학 교양교육 교수법에 포스트모던 세대 전도 이론 접목 가능성." 「복음과 선교」 56(2021)
"The Emerging Church Movement in the

Postmodern World." 「장신논단」 53/4(2021)

"코로나 팬데믹 국가적 재난과 복음: 초대교회 와 한국전쟁 상황의 전도활동 비교 연구." 「선교신학」 63(2021)

"교회 갱신운동의 역사와 전도." 「선교신학」 61 (2021)

"가상세계와 증강현실에 상주하는 디지털 세대 대한 전도 가능성." 「복음과 선교」 51/3(2020)

"스포츠 영역 활용에 대한 전도학적 소고." 「복음과 선교」 48/4(2019)

"간문화 제자도(Intercultural Discipleship)을 통한 한국교회 제자 훈련에 대한 사례 연구." 「대학과 선교」 40(2019)

"Biblical Paradigms of Christian Conversion: Encounter and Process Conversion." 「선교와 신학」 48(2019)

"인구절벽 시대에 선교적 교회로의 전환 모색: 교회 3.0 모델 중심으로."「신학과 실천」 64 (2019)

"수평이동을 극복하는 재생산을 통한 회심전도: 교회론적 원인 분석과 대안." 「선교신학」 50 (2018)

전공 분야

선교 역사, 선교전략, 선교인류학, Cross-cultural Communication, 상황화/토착화, 선교현장 연구

박사학위 논문

"Disciple-Making Practices of the Korean Immigrant Churches in the United States: The Principles of Reproduction in Disciple-Making."(지도교수: Jay W. Moon)

다른 사람을 제자로 세우는 제자들이 형성되도록 촉진하거나 저해하는 요인을 파악하기 위해 미국 한인이민교회들의 제자 만들기 유무를 연구한 결과물이다. 선교학적 우선순위, 문화간 감성, 그리고 제자 만들기에 대한 지속적 참여라는 세 가지 렌즈를 사용하여 교회의 제자 만들기 실천을 연구하였다.

이론적 틀로는 폴 히버트의 집합일노, 제이 문의 간문화 제자론, 로버트 콜먼의 재생산의 원리를 적용하였다.

한국 교회는 조직 유지가 제자 만들기의 본질적 목적보다 우선하는 것으로 나타났다. 이들 교회는 한인 이민 1세대의 문화권 내에서 문화간 제자 만들기 접근이 제한적이었다. 게다가 그들은 불신자와 교회 이탈자들에 대한 접촉성이 제한되었고, 성직자와 프로그램 중심의 관행을 유지하였다. 사례 연구 교회에서 제자 만들기에 대한 재현에 대한 이해와 참여가 저조하며 재생산에 대한 개념이 부재한 것으로 나타났다.

그리스도론 중심의 선교론이 교회론을 결정해야 하며, 문화적 민감성을 가지며 성경적으로 충실한 접근을 해야 하며, 제자 재생산에 지속적으로 참여하기를 의도해야 한다고 제안한다.

사역 및 연구활동

전도학 연구자로서 교회 밖으로는 사회의 다양한 분야의 현상을 분석하여 복음전파를 위하여 상황화를 연구하며, 교회 안으로는 제자화와 재생산을 위한 선교적 교회론을 연구하고 있다.

남성현

南聖鉉, Seong - Hyun Nam, 1968년 5월 18일 -

학력

1994. 홍익대학교(전기제어공학, B.Eng.)
1998. 장로회신학대학교 신학대학원(M.Div.)
2006. 미국 Calvin Theological Seminary 대학원(선교신학, Th.M.)
2019. 장로회신학대학교 대학원(선교신학, Ph.D.)

경력

1996. 01. - 2001. 05. 신촌교회 전도사/부목사
2001. 06. - 2021. 02. 총회 세계선교부 인도 선교사
2021. 03. - 2023. 현재. 장로회신학대학교 선교학과 조교수

저서

『선교 이양의 이해』(케노시스, 2019)

논문

"20세기 전반 국제선교사협의회대회에 나타난 온정주의 비판에 대한 연구." 「한국기독교신학논총」 120(2021)
"힌두 근본주의의 부상에 따른 인도 선교의 방안 연구." 「장신논단」 53/5(2021)
"19세기 개신교 국제 선교사 대회에 나타난 선교 이양의 연구." 「선교와 신학」 50(2020)

전공 분야

타종교, 힌두교, 타문화권 선교, 선교현장 연구

박사학위 논문

"선교 이양의 신학적 기초 수립을 위한 연구."(지도교수: 김영동)

한국 선교의 이양은 선교사의 재산권 문제와 현지 교회의 의존성에 대한 문제의식을 가지고 한국 선교의 이양 신학의 필요성을 연구한다. 한국 선교는 아직까지 이양의 이론과 성공적 사례를 다룬 연구 자료가 미비하기 때문에 서구 선교의 이양 역사, 이론, 그리고 성공적 사례를 비평적으로 분석하여 이를 한국 선교 이양의 신학적 기초로 삼는다.

우선 19세기 중반부터 20세기 중반까지의 주요 국제 선교사 대회에 나타난 이양의 배경과 동기 그리고 방법과 목표를 살펴봄으로써 선교 이양의 특징을 알아본다. 두 번째로 선교 이양의 주요 이론으로써 헨리 벤, 루퍼스 앤더슨, 존 네비우스, 롤란드 알렌의 삼자 원칙을 살펴본다. 세 번째로 선교 이양의 성공적 사례로 CSI의 이양 모델, 해롤드 풀러의 SIM의 이양 모델, 톰 스테픈의 새부족 선교회의 이양 모델을 살펴보는데, 이는 한국 선교의 주요 사역 유형인 에큐메니컬 사역, 현지 선교회 사역, 팀 단위의 교회 개척 사역의 이양과 관계가 있다.

서구 선교 이양의 비판적 연구와 최근 세계 선교의 특징과 한국 선교의 이양의 상황적 요소를 고려하여 이 논문은 선교 이양의 새로운 신학적 이해를 다음과 같이 네 가지로 제시한다. 선교 이양의 토대로서 삼위일체 하나님의 선교, 선교 이양의 실천으로서 성육신적 선교, 선교 이양이 목표로서 통전적 성장의 선교, 그리고 선교 이양의 도구로서 사도적 리더십이다.

사역 및 연구활동

2001년 6월부터 인도 선교사로 신학 교육과 교회 개척 사역에 집중하고 있다. 인도의 다문화, 다종교 환경에서 복음과 문화, 복음과 종교의 관계에 대한 이해를 통해 상황화 신학에 대한 관심이 많다. 타문화권 선교현장에서 경험한 선교 이양의 문제에 대해 연구를 지속적으로 펼쳐 나갈 예정이며, 특별히 선교 이양의 관점에서 선교사의 리더십, 선교 영성, 선교전략에 대한 집중적 연구를 통해 한국 교회의 바른 타문화권 선교 이해에 도움을 주고자 한다.

남정우

南正祐, Nam, Jeung Ou, 1964년 10월 25일 -

학력

1986. 장로회신학대학교(신학, B.Th.)
1989. 장로회신학대학교 신학대학원(역사신학, M.Div.)
1995. 장로회신학대학교 대학원(교회사, Th.M.)
2005. 장로회신학대학교 대학원(선교신학, Th.D.)

경력

1989. 03. - 1993. 07. 국방부 육군 군종목사
1993. 07. - 1998. 02. 대한예수교장로회총회 러시아 선교사
2009. 03. - 2013. 08. 장로회신학대학교 선교학과 조교수

저서

『이야기로 푼 선교학』(케노시스, 2012)
『선교란 무엇인가?』(쉐키나, 2010)
『동방정교회 선교사들』(한국학술정보, 2007)
『동방정교회 이야기』(쿰란, 2003)
『동방정교회』(쿰란, 1997)

논문

"개혁교회와 동방정교회 에큐메니칼 대화에 관한 고찰." 장로회신학대학교 석사논문(1995)

전공 분야

선교 역사, 에큐메니컬 선교신학, 선교전략, 군선교, Cross-cultural Communication, 선교현장 연구

박사학위 논문

"러시아정교회 선교의 국가-정치적 성격에 관한 역사적 연구: 러시아정교회의 한인 선교(1860-1925)를 중심으로."(지도교수: 이광순)

러시아정교회의 선교는 국가-정치적 성격이 매우 강했다. 특별히 19세기에 이루어진 러시아정교회 선교가 그러하였다. 그 증거로서 19세기 후반기에 극동지역(연해주, 한반도)에서 이루어진 러시아정교회의 선교에 관한 기록들을 분석하여 러시아제국의 확장을 위한 정치외교적인 사업의 일환으로 선교 사역이 이루어졌다는 사실을 확인할 수 있다. 러시아정교회 선교가 그렇게 국가-정치적 성격을 강하게 지니게 된 역사적·신학적 배경이 무엇인지를 분석한다. 동시에 국가-정치적 선교가 지닌 부정적 측면과 긍정적인 측면들을 생각해본다.

이 논문은 한국에 생소한 동방정교회, 러시아정교회에 대한 관심을 불러일으켰다. 개신교, 천주교, 동방정교회, 이렇게 글로벌 기독교를 비교함으로서 거시적 안목에서 세계 기독교 역사를 이해할 수 있게 한다. 정교회에 대한 이해 없이는 러시아 문화에 대한 올바른 이해를 가질 수 없는데, 이 논문이 구소련 지역의 문화와 역사를 이해하는 데 기여한다. 그리고 국가-정치적 선교가 무엇인지를 알게 하고, 기독교 선교의 또 다른 방법론이 있음을 알게 한다. 또한 19세기 극동지역(연해주) 거주 한인들의 생활을 이해하는 데 도움을 주고, 20세기 초엽 서울에서 일어난 개신교 천주교 정교회의 경쟁 구도를 이해하는 새로운 시각을 제공한다.

사역 및 연구활동

러시아 모스크바에 들어가서 5년간(1993-1998) 한국의 군목제도를 러시아 국방부에 소개하고 자료를 번역하는 선교 사역을 하였다. 러시아 장교들을 한국과 미국으로 견학하게 하여 한국의 군종 활동과 미국의 군종 활동을 시찰하였다. 그 결과 러시아 군대 안에 정교회 군종주교가 세워졌다.

모스크바에서 선교사역을 하면서 대학원 석사논문을 쓰게 되었는데, 에큐메니컬 시각에서 개혁교회와 정교회를 비교하는 논문을 작성하였다. 귀국하여 박사과정을 마치고 러시아정교회 선교 역사를 연구하여 박사학위를 받았다. 그 덕분에 그동안 알려지지 않았던 정교회 선교사들, 정교회 선교방법, 정교회 선교의 특징을 한국 교회에 소개함으로 선교학 연구의 지평을 넓힐 수 있었다.

노규석

盧圭錫, KYU SUK, RHO, 1974년 10월 21일 -

학력

1997. 성균관대학대학교(생물학, B.A.)
2003. 장로회신학대학교 신학대학원(M.Div.)
2009. 아신대학교 선교대학원 연구과정(선교학, Th.M.)
2010. 미국 Fuller theological seminary Islamic Study(M.A. 미졸업)
2022. 아신대학교 선교대학원(선교학, Ph.D.)

경력

2000. 09. - 2003. 08. 온누리교회 전도사
2003. 09. - 2009. 08. 두란노해외선교회(TIM/이라크, 요르단) 선교사
2009. 09. - 2010. 11. LA 온누리교회 협동목사
2010. 12. - 2014. 06. 아랍에미리트 아부다비 온누리교회 담당목사
2017. 03. - 2020. 03. 안산시 '외국인 주민 지원 민관협의체' 의원
2019. 05. 행정안전부 장관 표창장 수상, '외국인 주민의 지역사회 정착 기여'
2019. 09. - 2020. 12. 아신대학교 선교대학원 아랍지역학 강사
2022. 10. - 2024. 12. 2024년 제4차 로잔대회 한국준비위원회 대회진행 본부장
2013. 09. - 2024. 현재. 아신대학교 아랍문화연구원 원장
2014. 12. - 2024. 현재. 안산 온누리M센터 센터장
2016. 02. - 2024. 현재. RUSTA KOREA 공동대표 및 설립자

논문

"로잔운동이 한국교회와 하용조의 선교적 목회철학에 미친 영향에 관한 연구." 「복음과 선교」 60(2022)
"무슬림 선교전략: '30일 역라마단 기도운동'." 「복음과 선교」 43(2018)

전공 분야

이주민/다문화 선교, 이슬람, 한국 교회의 타문화권 선교

박사학위 논문

"한국에서의 '모자이크 선교 교회' 모델에 대한 연구: 온누리교회 다문화 선교를 중심으로."(지도교수: 김한성)

시대적 변화 속에서, 오늘 한국 교회에 요구되는 시대적, 선교적 필요는 한국인만을 위한 자민족 중심의 전통교회(M1)가 아니라, 다양한 이주민들을 예수 그리스도의 복음 안에서, 우리 교회 공동체 안으로 품고 이들과 함께 모자이크 선교 교회(M2)를 이루어가는 것이라고 생각한다. 타민족에게 복음을 들고 가는 전통적 방식의 선교 패러다임인 행함(Doing)으로써 선교뿐 아니라 교회의 존재론적 목적인 선교적 존재(Being)가 될 수 있는 기회를 바로 다문화 선교에서 발견하게 된다. 또한 우리 이웃인 이주민들과 함께 모자이크 선교 교회(M2: Modality)'를 이루고, 나아가 이들과 함께 선교팀(Sodality)을 이루어 함께 선교의 동역자로, 열방을 향해 발걸음을 내딛어야 한다.

1993년부터 지난 28년간 온누리교회가 시도해온 다문화 선교에서 온누리M센터는 이러한 '모자이크 선교 공동체'(M2)의 한 모델이다. 다문화 선교를 통해, 온누리교회와 성도들은 온누리교회의 체질(Being)이 근본적으로 바뀌고 있음을 경험하고 있다. 이제는 한국형 선교 교회(M1)가 아닌, 열방의 민족들이 함께 어우러진 모자이크 선교교회(M2)로 사도행전의 '바로 그 교회'로 변화되고 있다.

본 연구는 질적 연구방법론 중 본질적 사례연구로 진행하였다. 이는 다문화 사회로 변화하는 한국의 독특한 상황 가운데 특별한 관심을 가지고 연구해야 할 주제로 모자이크 선교 교회의 한 모델로 온누리교회를 사례연구 대상으로 선택하였다. 사례연구를 진행하기 위한 자료는 문서, 시청각 자료, 면접, 관찰 등과 같은 다양한 정보원을 활용하였다.

국내외 사회과학계 다문화 연구는 주로 세계화와 이주 현상에 따른 사회 변화를 중심으로 연구가 진행되었다. 종교를 중심으로 형성되는 이주 신앙 공동체 연구, 특별히 한국적 상황에서 다민족, 다언어, 다문화가 함께 어우러지는 모자이크 신앙 공동체에 대한 연구는 이루어진 바가 없다. 지난 20년간 국내에서 이루어진 다문화 선교와 목회에 대한 연구 대부분은 다문화 선교에 대한 개념 정립과 선교전략, 다문화 선교와 목회의 필요성을 강조하였다. 구체적인 사례 중심의 국내 다문화 교회 모델에 관한 연구는 4편에 불과하였다. 이들 연구에서도 다문화, 다민족, 다언어로 구성된 모자이크 선교 교회에 대한 연구는 없었으며, 다문화 교회와 다문화 선교단체가 융합된 형태의 '모자이크 선교 교회'(M²) 모델에 대한 연구는 이 논문이 처음 시도하는 것에 학문적 기여가 있다고 생각한다.

사역 및 연구활동

이주민/다문화 선교와 타문화권 선교와 관련하여 다양한 사례 발표와 강연을 진행하고 있다. 대표적으로 '온누리M센터를 통해 본 융합선교, 역파송' 사례 발표(다문화선교협의회 1회 국제포럼, 2016), '모자이크 선교 공동체의 가능성' 주제 강연(한국복음주의신학회 제71차, 2018), 'Migration, Trafficking in Persons and Asian Diaspora Consultation' 한국교회 사례 발표(Christian Conference of Asia, CCA, 2018, 방콕), '이주 근로자 선교' 주제 발표(KWMA 2021 평창포럼, 2021), '한국에서의 〈모자이크 선교 교회〉 모델에 대한 연구' 디아스포라 영역 발표(제8차 세계선교전략회의 NCOWE, KWMA, 2023), '한국사회 이주민의 변화와 한국교회의 대응' 제1회 희망친구 기아대책 이주민 선교포럼(2023), '온누리교회의 이주민 선교' 사례 발표(국제로잔디아스포라, GDN, 아시아 컨설테이션, 2023) 등이다. 또한 선교와 관련하여 기독교 잡지 및 학술지에 기고문을 싣고 있다. "다문화 사회에 세워지는 사도행전적 선교 공동체." 「신앙과 삶」(2020. 1-2.), "이주민 목회전략 3, 정부 및 유관 단체와 협력하라." 「목회와 신학」(2022. 4.).

노윤식

盧允植, Noh, Younsik, 1963년 12월 10일 -

학력

1986. 한국외국어대학교(독어독문학, B.A.)
1989. 성결대학교(신학, B.A. Eq.)
1991. 서울신학대학교 신학대학원(조직신학, M.Div.)
1994. 미국 Alliance Theological Seminary(목회학, M.Div.)
1995. 미국 Asbury Theological Seminary(선교신학, Th.M.)
1998. 미국 Asbury Theological Seminary(선교학, D.Miss.)

경력

1998. 03. - 2012. 08. 성결대학교 성결신학연구소장/학술정보관장/신학대학원장
2013. 01. - 2015. 01. 사단법인 한국교회연합 선교위원장
2014. 12. - 2015. 12. 한국복음주의선교신학회 회장
2017. 03. - 2019. 03. 서울금천경찰서 교경협의회 회장
2018. 12. - 2019. 12. 한국기독교화해중재원 이사
2019. 01. - 2019. 12. 서울 금천구청 교구협의회 회장
2020. 12. - 2023. 12. 한국세계선교협의회 운영이사
2012. 04. - 2024. 현재. 주님앞에제일교회 담임목사
2014. 12. - 2024. 현재. 사단법인 월드비전 금천지회장
2018. 03. - 2024. 현재. 한국교회순교자기념사업회 이사
2019. 06. - 2024. 현재. 성결대학교 법인이사
2020. 08. - 2024. 현재. 예수교대한성결교회 해외선교위원회 위원장

저서

『사중복음(The Fourfold Gospel)』(한국학술정보, 2016)
『종교다원주의 사회 속의 기독교 선교』(한국학술정보, 2012)
『성경에 선교가 있는가: 선교신학담론』(한들출판사, 2005)
『새천년 성결선교신학』(성결대학교출판부, 2001)

『종교현상학 이론과 실제』(한울림, 2000)

Indigenous Christian Response to the Challenge of Contemporary Korean Shamanism within the Protestant Churches of Korea(U.M.I, USA, 1998)

논문

"'땅 밟기' 기도에 대한 선교신학적 평가." 한국복음주의선교신학회 정기논문발표회 발표(2010)

"종교다원주의로 인한 사회 문화적 가치 변동에 따른 선교전략." 1910년 에든버러세계선교사대회 100주년 기념 2010 한국대회 발표(2010)

"현대 사회 문화와 선교." 한국복음주의선교신학회 정기논문발표회 발표(2009)

"복음주의 선교학의 정체성과 과제." 한국복음주의신학회 학술대회 발표(2008)

"21세기 한국 사회의 문화굴절 상황에서 한국교회의 선교적 과제." 한국선교신학회, 한국복음주의선교신학회 공동 학술대회 발표(2007)

"한국 토착종교의 영성과 기독교 선교." 한국복음주의선교신학회, 한국선교신학회 공동학술대회 발표(2006)

"존 웨슬리와 영혼 구원 선교." 개혁신학회 정기학술심포지움 발표(2005)

"포스트모던 시대와 복음주의." 국제복음주의신학 학술대회 논평(2005)

"북한 사회에 대한 선교 접근 방법론과 전략." 한국선교신학회 정기학술대회 발표(2004)

"성결교회 선교신학의 정체성." 영암국제학술세미나 발표(2002)

"21세기 문화와 복음주의." 숭실대학교 개교 104주년 기념 국제학술심포지움 논평(2001)

"사도적 선교의 이상을 향하여: 서양 신학계에 대한 한국 복음주의 선교신학의 제언." 한국복음주의신학회 정기학술대회(2001)

"새천년 시대의 인간 이해와 기독교 선교." 한국기독교학회 정기학술대회 발표(2000)

"신적 치유에 대한 선교신학적 고찰." 한국선교신학회 정기학술대회 발표(1999)

"이중 헌신에 대한 선교신학적 고찰." 한국선교신학회 정기학술대회 발표(1998)

전공 분야

선교 역사, 복음주의 선교신학, 타종교, 상황화/토착화

박사학위 논문

"Indigenous Christian Response to the Challenge of Contemporary Korean Shamanism within the Protestant Churches of Korea."(한국 개신교회 내 현존하는 한국 샤머니즘의 도전에 대한 토착적 기독교의 응전)(지도교수: Eunice Irwin)

한국의 혼합적 기독교인들의 '이중 헌신' 문제를 해결하기 위하여 새로운 선교학적인 시도를 하였다. 이 시도는 세 가지 특별한 단계를 거친다. 첫 번째 단계, 현존하는 한국의 샤머니즘 현상에 대하여 프리드리히 하일러의 종교현상학의 범주를 사용하여 분석을 시도하였다. 두 번째 단계, 한국의 혼합적 기독교인들의 '이중 헌신' 현상에 대하여 로버트 슈라이터의 이중 종교 시스템의 구조로 분석하여 한국의 현대 기독교인들이 교회를 다님에도 불구하고 가정의 문제나 사업 실패, 결혼, 대학 입시, 질병 등의 문제를 해결하기 위하여 무당을 찾아가는 현실을 파악할 수 있었다. 세 번째 단계, 성서적 교육을 통하여 샤머니즘적인 민간 기독교인들이 무당을 찾아가지 않도록 그 해결책을 제시하였다. 그 방식은 돈 리처드슨과 더렐 화이트만의 제안과 같이 문화 종교 안에 내재되어 있는 토착적인 요소를 발견해내어 존 웨슬리 신학의 '은혜의 수단'으로 사용함으로써 기독교적인 토착적 패턴을 만들어 나가는 것이다. 예를 들어 한국 기독교의 토착적 패턴으로 사용할 수 있는 형태는 '회복'과 '복'의 메시지, 성스러운 시간과 장소의 강조로서 새벽기도와 성전 예배 중심, 그리고 목사와 신자 간의 긴밀한 관계 등이다. 이러한 한국적 기독교의 토착적 패턴의 활용을 통하여 한국 기독교가 교회 안에 현존하고 있는 샤머니즘적인 도전에 대하여 기독교적인 토착적 패턴을 제시해줄 수 있을 것이다.

결론적으로 한국 교회는 한국 기독교의 토착적 패턴의 활용을 통하여 혼합적 한국 기독교인들의 '이중 헌신'의 문제를 해결할 수 있을 것이다.

사역 및 연구활동

중국과 몽골에서 제자훈련 사역을 하였으며 교회를 개척하였다. 타문화 선교, 문화인류학, 선교 역사, 성결선교신학에 관심을 갖고 연구하고 있으며, 포스트 코로나 시대를 대비하여 성결교회의 선교적 사명과 과제에 대하여, 21세기 사도적 선교의 이상을 향한 복음주의 선교신학의 과제에 대하여, 그리고 MZ세대 세속화 시류에 대응하는 교회의 선교신학적 대응 방안에 대하여 연구하고 있다.

노흥호

盧興鎬, Noh Heung Ho

학력

1985. 서울신학대학교(신학, B.A.)
1991. 서울신학대학교 대학원(신학, Th.M.)
2008. 서울신학대학교 대학원(신학, Ph.D.)

경력

2002. 03. – 2006. 02. 청주신학교 외래교수
2005. 09. – 현재. 서울중앙신학교 선교역사/선교학개론 외래교수
2008. 09. – 현재. 서울신학대학교(원) 존 웨슬리 신학과 사중복음의 선교/성결교회의 선교신학 외래교수
2008. 09. – 현재. 한국선교신학회, 한국복음주의선교신학회 정회원

논문

"존 웨슬리의 목회훈련." 「한국학술정보」(2009)
"기독교의 효 실천이 노인 선교에 미치는 영향." 「효학연구」 7(2008)
"존 웨슬리의 선교사상." 「한국학술정보」(2008)

박사학위 논문

“존 웨슬리의 선교사상과 적용에 관한 연구.”(지도교수: 박영환)

웨슬리 생애 전반이나 그의 신학사상 전체가 아니라 선교사로서, 선교사상가로서 그의 모습에서 선교사상과 적용에 관해 고찰하고자 하였다. 주된 연구방법은 문헌자료 연구로서, 문헌의 1차적 자료로는 존 웨슬리가 직접 저술한 Journal, Letters, Notes, Sermons, Works와 한국어 번역판인 『웨슬리 설교전집』, 『존 웨슬레 총서』이다. 2차적 자료는 1차적 자료 외에 존 웨슬리에 관한 도서, 연구 논문, 선교학 관련 도서 그리고 정기간행물을 활용하였다.

알미니우스주의는 존 웨슬리 신학의 근간을 이루고 있는데, 알미니우스주의와 칼빈주의가 크게 다른 것은 다섯 가지이다. 첫째, 칼빈주의는 전적 타락을 주장하지만, 알미니우스주의는 전적 타락을 인정하는 동시에 선재적 은총에 의해 회복된 양심과 자유를 주장한다. 둘째, 칼빈주의자들은 무조건적인 하나님의 주권에 의한 구원의 선택을 말하지만, 알미니우스주의는 선택과 정죄는 십자가 사건에 나타난 하나님의 예지에 의해 이루어진다고 한다. 셋째, 칼빈주의자들은 오직 선택된 자들만의 제한된 속죄를 믿지만, 알미니우스주의자들은 만인 속죄론을 믿는다. 넷째, 칼빈주의자들은 구원의 은총을 거부할 수 없는 불가항력적인 은총을 주장하는데, 알미니우스주의자들은 이 은혜는 자유의지에 의해 거부될 수도 있다고 주장한다. 다섯째, 칼빈주의자들은 선택된 성도가 견인의 은총에 의해 은혜의 상태로 지켜진다고 보았으나, 알미니우스주의자들은 그럼에도 불구하고 타락의 가능성이 있다고 주장한다. 존 칼빈, 그리고 마르틴 루터 등을 웨슬리와 비교하여 고찰함으로 그가 가졌던 선교사상과 적용을 더욱 확실하게 밝혔다.

그의 선교사상은 창의-종합 지향적 선교(영혼구원 선교사상, 사회선교사상, 섬김선교사상), 에큐메니컬 선교(은총의 선교사상, 만인속죄의 선교사상, 전 성도의 선교사상), 그리고 조화 지향적 선교(성경적 선교사상, 교회 중심의 선교사상, 글로벌 선교사상)로 볼 수 있다. 그의 선교사상 적용은 선교의 명령, 선교의 도구와 방법, 그리고 선교의 과제이다. 그는 영혼 구원과 사회선교를 동시에 이룬 전인적 선교를 펼쳤으며, 선교의 도구로 은혜의 수단과 문서선교를 병행하였다. 조직은 교회 안과 밖에 평신도 자원을 선교로 동력화함으로 국내선교와 해외선교를 이끌었다. 그의 사역은 놀랍게 퍼져서 미국, 웨일즈, 아일랜드, 그리고 스코틀랜드 부흥과 세계 선교에 큰 영향을 미쳤다.

이러한 문제의식을 가지고 문서화된 이론을 정립하는 일은 존 웨슬리의 선교사상의 내용과 적용을 파악하는 데 도움을 주며, 이것이 앞으로 웨슬리 선교신학 정립에 크게 기여할 수 있으리라고 생각한다. 이 논문은 지금까지의 연구를 바탕으로 웨슬리의 선교에 대한 창의적 종합 및 정립을 하였다. 그리고 이것을 바탕으로 웨슬리의 선교사상이 어떻게 적용되었는지를 규명하였다. 그 결과 웨슬리의 선교신학의 모습을 찾는 데에 도움을 주리라 본다. 따라서 이러한 연구가 웨슬리 선교에 대한 재평가 작업을 가능하게 함으로써 21세기 한국 교회의 침체된 선교에 새로운 활력을 불어넣으리라고 확신한다.

목만수

睦萬洙 , Man Soo Mok, 1953년 11월 17일 -

학력

1980. 중앙대학교(행정학, B.Th.)
1983. 장로회신학대학 신학대학원(M.Div.)
1996. 미국 Fuller Theological Seminary(문화 인류학, M.A.)
1999. 미국 Fuller Theological Seminary(문화 인류학, Ph.D.)

경력

1987. 09. - 2023. 현재. 브라질 선교사

저서

Anthropology From Asian Missiological Insights(Peter Lang Publishing, 2013)
Antropologia Numa Perspectiva Missionária(Ame Menor, 2005)
『지역교회의 선교』(IAM 출판부, 2004, 공동편저)
『선교, 신학, 문화』(IAM 출판부, 2002)

논문

"남미 선교에 대한 선교학적 접근." 「복음과 선교」 35/3(2016)
"조상제사와 상황화, 세계관, 그리고 성육신 선교." 「선교와 신학」 40(2015)
"The Reviews Of Mission in Latin America and Its Strategy with Cultural Spirituality." 「복음과 선교」 10/2(2008)
"조상제사에 대한 성육신적 선교 접근." 「기독교사상」 501(2000)

전공 분야

선교인류학, Cross-cultural Communication, 상황화/토착화, 타문화권 교회 개척, 연구방법론(Research Design)

박사학위 논문

"The Practices of Macumba in Afro-Brazilian Religions: A Description and Evaluation from a Missiological Perspective."(지도교수: Paul E. Pierson)

아프로-브라질리안(Afro-Brazilian) 종교의식에 대한 연구로서, 선교학적 관점에서 서술적인 평가로 기술하였다. 아프로-브라질리안 종교의 대표적인 마꿈바(Macumba)를 역사적, 사회적, 성서적, 선교학적 관점에서 조명하였다. 테헤이루(Terreiro)에서 에멘자(Yêmanjá), 에슈(Êxu), 오궁(Ogun), 장고(Xangô), 프레또스-벨류스(Pretos-Velhos ; Old Black) 등은 아프리카의 신들로 약 500년의 브라질 사회, 문화, 종교에 깊숙이 뿌리를 내리면 천주교의 성자들과 함께 혼합종교를 이루었다.

이 논문은 아프로-브라질리안 종교를 성서적, 선교학적, 문화인류학적으로 조명하고 이들의 종교 예식의 영적, 사회적, 선교적인 의미를 기술했다는 데 의의가 있다.

민경운

閔庚雲, Kyung-Woon Min, 1959년 12월 20일 -

학력

1983. 성균관대학교(한문교육학, B.A.)
1991. 장로회신학대학교 신학대학원(신학, M.Div.)
2000. 연세대학교 연합신학대학원(신학, Th.M.)
2001. 미국 McCormick Theological Seminary 신학대학원(목회학, D.Min. 장신대와 공동학위 과정)
2015. 장로회신학대학교 대학원(선교신학, Th.D.)

경력

1983. 10. - 1988. 02. 상일여자중고등학교 교사
1996. 09. - 2003. 12. 일동동부교회 위임목사
2005. 03. - 2008. 06. 인덕대학교 강사
2017. 03. - 2018. 02. 장로회신학대학교 겸임교수
2019. 03. - 2020. 02. 장로회신학대학교 초빙교원
2020. 09. - 2021. 09. 대한예수교장로회총회 신학교육부장
2003. 12 - 2024. 현재. 성덕교회 위임목사
2023. 07. - 2024. 현재. 미국 풀러신학대학원 객원교수

저서

『산동 선교사 방효원 목사의 선교 이야기』(케노시스, 2023)
A History of the Early Missions of the Korean Presbyterian Church(케노시스, 2019)
『제주와 산동 선교 이야기』(케노시스, 2015)
『부목사론』(한국장로교출판사, 2013, 공저)

논문

"산동 선교사 방효원." 「선교와 신학」 62(2024)
"한국 초기 선교사들의 신학과 특성." 교단신학위원회 편, 『우리 신학의 뿌리와 줄기』(한국장로출판사, 2022)
"The Early Russia and Manchuria Missions of the Korean Presbyterian Church." Young Dong Kim Edited, *Trends and Reflections of Korean Missions and Missiology*(케노시스, 2021)
"한국 장로교회의 초기 러시아 선교." 장신대 신대원 84기 동기회 편, 『4차 산업혁명과 디아스포라 시대의 선교』(케노시스, 2019)
"한국 장로교회의 초기 일본 선교." 「선교와 신학」 48(2019)

"총회 회록을 중심으로 살펴본 방지일 목사의 선교사역 고찰." 세계선교연구원 편, 『방지일 목사의 선교와 신학』(케노시스, 2018)
"한국 교회의 초기 만주 선교." 「선교와 신학」 41 (2017)

전공 분야

선교 역사, 복음주의 선교신학, 한국 교회의 타문화권 선교

박사학위 논문

"제주와 산동을 중심으로 살펴본 한국 교회의 초기 선교사 파송."(지도교수: 김영동)

한국 장로교회는 1907년 제1회 독노회(獨老會)를 설립하면서 이기풍 목사를 제주에 선교사로 파송하였고, 1912년 제1회 총회를 조직하면서 중국으로 선교사를 파송하기로 결의하였다. 그런 다음 1913년 제2회 총회에서 박태로, 사병순, 김영훈 목사를 중국 산둥(山東) 선교사로 파송하였다. 이 일은 세계에서 그 유래를 찾아보기 힘든 역사적인 사건이다. 그것도 한국 교회가 합심하여 감사헌금으로 선교비를 마련해서 한국 사람을 선교사로 파송한 것이다. 이런 한국 장로교회의 초기 선교사 파송은 한국 교회의 자립 선언이다. 한국 교회의 선교는 그 처음부터 자립 선교를 지향하였다. 특별히 산둥 선교는 연합선교였다. 이런 한국 장로교회의 초기 선교를 국한문 혼용 및 한글 고어체로 되어 있는 당시 노회록과 총회록 등 한문과 영어 등의 다양한 1차 자료를 통하여 초기 한국 장로교회의 제주와 산동 선교의 역사(파송 동기와 배경, 선교 사역, 선교 후원, 선교의 결과 등)를 상세하고 독창적으로 살펴보았다.

이 논문은 초기 한국 교회가 제주와 중국 산동으로 선교사를 파송한 역사를 다루고 있는데 이것은 한국 교회의 역사이기도 하다. 이것은 한국에 와서 선교한 초기 외국 선교사들의 선교 역사가 아닌 한국 장로교회가 해외로 선교한 선교 역사를 무척이나 상세하고 다루어 소개하였다는 점이다. 이런 한국 장로교회의 초기 선교를 한국 교회의 자립 선언이라는 논지를 잘 드러내고 있다. 또한 한글 자료뿐만 아니라 한문으로 되어 있는 초기 자료와 중국 자료들을 살피고 당시 외국 선교사들이 발표하고 본국에 보고한 영문 자료를 살펴서 연구한 논문으로서 한국 장로교회의 초기 선교의 역사를 알리는 데 일조하고 있다.

사역 및 연구활동

한국 교회의 선교 역사, 특별히 초기 한국 교회의 타문화권 선교와 디아스포라 선교, 초기 한국 교회의 역사, 초기 한국 교회의 목회자와 선교사들의 인물 연구와 그들의 사역 연구에 관심이 많다. 한국 교회의 초기 선교의 역사와 한국의 선교사들의 사역, 한국에 체류하고 사역한 해외 선교사들과 한국의 교회 지도자들과의 관계와 영향을 연구하고 있다.

박미진

朴美眞, MIJIN PARK, 1970년 5월 18일 -

학력

2023. 주안대학원대학교(선교학, Ph.D.)

경력

1994. 12. - 1996. 12. 청죽교회 교육전도사
1996. 12. - 1998. 12. 성답교회 교육전도사
1998. 12. - 2001. 12. 참빛교회 교육전도사
2005. 10. - 2024. 현재. 대한예수교장로회 통합 (PCK) 인도 선교사

저서

『인도 내부자 중심 선교 연구』(케노시스, 2023)

전공 분야

인도 선교 역사, 힌두교, 상황화/토착화

박사학위 논문

"인도 내부자 중심 선교 연구."(지도교수: 김종성)

인도 내부자 중심 공동체 간에 그리고 선교사와의 동반자 관계는 성육신적 동일화의 자세와 성령 중심의 복음주의적 에큐메니컬의 선교신학적 방향성을 갖는다면 내부자 중심 공동체 간의 배타성을 극복할 수 있을 것이다.

인도의 변화하는 상황에서 자생적으로 일어나는 내부자 중심 선교는 매우 다양한 형태의 선교 방식으로 존재하므로 이 연구는 계층과 카스트로 구분되는 일부 사례로

제한하여 연구하였다. 문헌연구의 개관 연구방법에 따라 '공동체의 배타성'의 관점으로 두 가지 유형을 적용한다. 하나는 내부자 중심 선교에 대한 개별적 연구를 종합하여 개념화하는 개념화의 유형과 다른 하나는 내부자 중심 공동체 간의 관계성을 분석하는 관계 유형의 적용이다.

내부자 중심 공동체의 유형에 따른 중심 주제(정체성, 동질성과 동일화, 토착화와 상황화)는 잠재변인이 되며 이것은 공동체의 배타성을 극복하기 위한 조절변인(동일화와 영 중심 공동체)의 단서를 제공한다. 이것을 통해 동반자 선교를 위한 선교적 자세와 선교신학적인 방향성은 직렬다중이나 병렬다중의 모형을 적용하여 표현한다.

인도에서 교회의 제도나 형식을 벗어나 성장하는 내부자 중심 공동체는 계층과 카스트에 따른 공동체 간에 배타성을 갖는 한계가 있다. 이것을 극복하기 위한 내부자 중심 공동체를 이해하고 개념화하는 것은 그 유형을 불가시적, 가시적, 영 중심의 공동체로 유형을 구분하여 사례를 연구하고 각 유형의 중심 주제를 살펴보는 것이다. 이 과정에서 영 중심의 공동체와 동일화의 중심 주제는 공동체 간의 동반자 선교를 위한 단서가 된다. 특별히 성육신적 동일화를 위한 성령론적 관점에서의 샥띠(Shakti)의 적용은 공동체 간의 간격을 좁히는 접촉점이 될 수 있으며, 성령 중심의 복음주의적 에큐메니컬의 선교신학적인 방향성을 갖는 것은 동반자 관계로 세계화하는 과정이 될 수 있다.

인도의 계층과 카스트의 한계를 극복하기는 매우 어렵다. 그러나 이것을 극복하기 위한 하나의 방향성으로 본 연구는 의미가 있다. 이 방향성은 다양한 선교의 주제, 즉 정체성, 동질성, 토착화와 상황화를 고려하여 하나의 접촉점을 제시하고 있으며, 성령 중심의 복음주의적 에큐메니컬의 선교신학적 방향성은 힌두권뿐 아니라 다른 권역에도 적용될 수 있다.

사역 및 연구활동

남인도 뱅갈루루(Bengarulu) 지역을 중심으로 신학교 사역, 현지 가정교회 협력 사역, 어린이 교육지원 사역을 펼치고 있다. 연구 영역은 내부자 중심 공동체에 관한 것으로, 대부분 인도 선교사는 인도 교단과의 연합사역보다 어느 한 계층과 카스트에 따른 다양한 내부자 중심 공동체들과 사역을 시작한다.

내부자 중심 공동체들의 특징은 비서구적인 형태를 추구하며 인도 현지의 사회 구조적 상황에 의존적이다. 따라서 다양한 내부자 중심 공동체 사이에서의 배타성은 극복하기 어려운 한계로 남아 있다. 그러므로 선교사는 내부자 중심 공동체가 주체적으로 이 한계를 극복하도록 다양한 내부자 중심 선교를 이해하고 공동체가 상호 간의(mutual) 긍정적 시너지를 갖도록 동반적인 선교를 연구해야 할 것이다.

박병애

朴炳愛, Byungae Park, 1951년 5월 13일 -

학력

1974. 성균관대학교(통계학, 경제학사)
1976. 성균관대학교 경영대학원(경영학, 수료)
2000. 이화여자대학교 정보과학대학원(여성지도력개발센터 여성최고지도자과정 수료)
2020. 숭실대학교(기독교통일지도자학, Ph.D.)

경력

2011. 01. - 2012. 12. 남서울교회 여전도회 총회장
2014. 01. - 2015. 12. 남서울교회 통일선교부 협력권사
2017. 01. - 2017. 12. 남서울교회 2교구 교구장
2012. 01. - 2024. 현재. 남서울교회 탈북민교회후원회 회장
2013. 01. - 2024. 현재. 남서울교회 시무권사/사역권사/은퇴권사
2020. 12. - 2024. 현재. 숭실대학교 기독교통일지도자훈련센터 전문연구위원
2022. 01. - 2024. 현재. 서울기독교세계관연구원(SIEW) 연구위원
2022. 11. - 2024. 현재. 숭실평화통일연구원 전문연구위원

저서

『북한의 정상적 시장경제 확립을 위한 제도적 기반 구축에 관한 연구』(숭실평화통일연구원, 2019, 공저)

논문

"제3국 출생 탈북청소년의 정체성 회복과 적응에 대한 현상학적 연구." 「평화통일논총」 3/1(2024)
"북한 국경 도시 여성들의 시장 경험과 삶의 연구에 대한 사례 연구: 혜산 지역 북한이탈여성 중심으로." 「질적탐구」 9/1(2023)
"기독 북한이탈여성의 외상 후 성장에 대한 질적 연구: 밴 매넌(Van-manen)의 해석학적 현상학적 연구방법." 「신앙과 학문」 27/3(2022)
"탈북 기독교인의 주체사상 극복에 대한 연구: 근거이론(Grounded Theory) 연구 접근." 「선교신학」 65(2022)
"탈북민 목회자들의 회심에 대한 Colaizzi 현상학적 연구." 「신앙과 학문」 27/2(2022)
"탈북민 목회자의 생애사 분석을 통한 복음 수용성 연구: 멘델바움 생애사와 루이스 람보의 회심이론으로 분석." 「신학과 실천」 72(2020, 공동연구)

"로젠탈(Resenthal)의 생애사 연구방법을 활용한 탈북민 사역자의 복음 수용 과정 분석." 「선교신학」 55(2019, 공동연구)

전공 분야

탈북민 선교, K-diaspora, 통일선교, 북한선교, 한국 교회의 타문화권 선교, 선교전략, 선교현장 연구, 상황화/토착화, 이주민/다문화 선교

박사학위 논문

"탈북민 목회자의 생애사 분석을 통한 복음 수용성 연구-Mandelbaum 분석방법론 적용."(지도교수: 김성배)

탈북민 목회자 5명의 생애사를 통하여 복음 수용 과정을 분석하였다. 멘델바움 생애사 분석방법의 삶의 영역, 삶의 전환점, 삶의 적응으로 개별 생애사를 분석하였고, 5인의 개별 생애사를 영역끼리 모아서 공통 주제를 도출하였다. 이와 같은 공통 주제를 근거로 람보의 7단계 회심이론에 근거하여 복음 수용성을 분석하였다.

참여자들의 삶의 영역을 결집하여 나타난 공통 주제는 체제 모순 속에서 자기 꿈의 유보(맥락), 생존만이 유일한 선이 되는 처절한 고통(위기), 극한의 땅에 비추인 복음의 빛에 세례받음(만남, 추구), 나를 죽이고 하나님의 형상 드러내기(상호작용, 헌신), 천로역정의 좁은 길 가기(결과)로 나타났다. 삶의 전환에서 나타난 공통 주제는 코나투스에 의한 탈출(맥락, 위기), 도구적 수단으로서의 복음 수용(만남), 호모사케르의 삶(위기), 창조적 소수자로서의 비전(헌신), 속사람의 부활(결과)로 도출되었다. 삶의 적응에서 나타난 공통 주제는 북한과 중국에서는 약자로서의 은폐 전략(맥락), 체제의 모순을 이용한 자기 성취(추구), 신변안전과 자기 권리의 교환(추구), 위험 환경에 카멜레온의 생존 방식(추구), 세상적 성공을 분토로 여기기(헌신), 자기의 영혼을 건 불꽃 같은 목회(헌신), 무조건적인 성경에의 의지(결과)로 도출되었다.

참여자들의 생애사에 나타난 복음 수용은 '맥락'으로는 북한에서는 기아, 자유의 제한으로 나타났고 이는 '위기'이다. 중국에서는 주체사상의 내재적 모순과 기독교적 관찰에서의 통찰은 '추구'이고, 하나님 사람과의 만남과 하나님 사랑의 속성 체험은 '만남'이다. 새로운 세계의 발전과 성경통독학교는 '추구'이고, 남한 사회에서 겉도는 탈북민과 남한 교회의 지지로 나타났는데 이는 '상호작용'이다. 보상심리와 남한의 풍요로움은 또 다른 '위기'로 분석을 하였고, 이러한 '위기'를 극복하고 북한 주민에 대한 보편적 사랑과 세상 속에 분리된 사랑은 '헌신'이다. 참여자들은 통일 후 북한

선교라는 큰 비전을 갖고 있는데 이는 '결과'이다. 이를 근거로 북한 선교의 시사점을 제시하였다.

이 논문은 첫째, 탈북민들의 복음 수용 시 그들의 특성을 잘 알 수 있으며, 우리나라가 통일되었을 때 북한 복음화에 필요할 것이다. 둘째, 복음 수용을 저해하는 요인, 조장하는 요인들을 구체적으로 분석할 수 있기에 선교신학 차원에서 공헌이 있을 것이다. 셋째, 이 연구를 통하여 사상을 넘어 종교로 자리 잡은 주체사상을 극복하고 복음을 받아들이는 방법을 제시하였다. 넷째, 이야기에 기반을 두고 북한 주민의 고통과 복음에 대한 열망과 기대 등 다양한 구체적 일반화를 파악하여 탈북민이 처한 우리 사회의 상황에 대한 이해를 높이는 데 기여할 수 있다.

사역 및 연구활동

2012년부터 교회 내 탈북민교회 후원 모임을 만들어 열악한 탈북민교회 성전 리모델링을 지원하고 있다. 교회 여전도회 바자회 수익금으로 비용을 충당하는 한편 부족한 재정은 추가로 마련해주고 있다. 또한 매달 여섯 교회에 후원금을 보내고, 탈북민교회에 어려운 일이 생기면 수시로 회원들과 합력하여 돕고 있다.

여러 기관에 소속되어 연구활동을 지속하고 있다. 서울기독교세계관에서는 연구결과를 학술지에 등재한 후 온라인으로 발표를 하고 있다. 숭실평화통일연구원에서는 K-디아스포라(분단 디아스포라)를 1세대 한국전쟁으로 인한 실향민, 2세대 귀순용사, 3세대 식량난으로 인한 북한이탈주민으로 구분하여 각각의 특성과 정체성을 연구하고 있다. 2023년 11월 28일, 숭실평화통일연구원과 세계교육문화원(WECA)의 2023년 제3차 공동학술대회('한인디아스포라와 북한 출신 이주민의 적응과 정체성')에서 "제3국 출생 탈북청소년의 정체성회복과 적응에 대한 현상학적 연구"를 발표하였다.

로젠탈 생애사 연구, 멘델바움 생애사 연구, 근거이론, 기술적 현상학, 해석학적 현상학, 사례연구 등 모든 질적 연구를 방법론으로 논문을 써서 KCI 등재 학술지에 실었다. 지난 5년 동안 박사학위 논문을 포함하여 8개의 논문을 발표하였다.

박성수

朴星秀, SUNGSU PARK, 1978년 11월 15일 -

학력

2001. 감리교신학대학교(신학, B.Th.)
2006. 감리교신학대학교 신학대학원(신약신학, Th.M.)
2013. 미국 Asubury Theological Seminary (Theology of Religion, Ph.D. in ICS)

경력

2014. 03. - 2019. 06. 감리교신학대학교 선교학 강사
2020. 03. - 2023. 현재. 부산온누리교회 담임목사

논문

"한국 무슬림들의 개종 사례 연구." 「선교신학」 38(2015)

전공 분야

선교 역사, 복음주의 선교신학, 선교전략, 타종교, 이슬람, 선교인류학

박사학위 논문

"Islamic Da'wa In Korea."(지도교수: Terry Muck)

선교적 종교(missionary religion)로서 이슬람은 신앙 운동의 태동기부터 지금까지 지속적인 확장세를 보이고 있다. 그 결과 이슬람은 시작점인 아라비아반도를 넘어 오늘날 세계에서 두 번째로 큰 신앙 공동체가 되었다.

무슬림이 한국인들과 처음으로 접촉하고 한국 땅을 밟은 시기는 1,000여 년 전으로 거슬러 올라간다. 특히 고려시대에는 성내에 이슬람 사원이 세워질 정도로 정치, 경제, 문화, 종교 등 다방면에서 무슬림들이 한국 사회에 영향을 미쳤지만 그들의 선교적 결실은 부진했다. 왜냐하면 당시 무슬림들은 원나라의 사신으로서 피식민지 한국인들에게 호감을 주지 못했기 때문이다. 그러나 20세기 중반 한국전쟁에 파견된 터키군은 한국 사회에 이슬람의 종교적 호감도를 '부정적'(negative)에서 '긍정적'(positive)으로 전화시켜 주었다. 우방국으로 참여해 과감히 피를 흘린 터키군들의 신앙 전통은 한국인들에게 감동을 주었다. 그뿐만 아니라 1970-80년대 한국 경제 성장에 크게 기여한 중동 국가들 역시 이슬람의 이미지 변화에 크게 기여하였다. 이슬람의 긍정적 호감도와 국내외 무슬림들의 적극적인 선교(Da'wa) 활동으로 20세기 후반부터 이슬람은 한국 사회에서 부흥하는 신흥 종교로 두각을 나타내고 있다.

이 논문은 21세기 한국 내 무슬림 신앙 공동체의 부흥 원인과 개종자들의 개종 사유를 비교 분석한다. 이슬람으로 개종한 한국 무슬림 49명을 대상으로 인터뷰한 결과 개종자의 73%가 기독교에서 이슬람으로 종교 정체성을 변환했다는 사실은 기독교계에 신선한 충격이다. 왜 많은 그리스도인이 교회를 떠나 이슬람 사원으로 향하는가? 필자의 연구 결과 한국 무슬림의 주된 개종 요인은 강한 '지적 동기와 실험적 동기'이다. 이슬람에 호기심을 갖고 그 종교를 깊이 연구한 개종자들은 기독교의 복음과 예배 행위보다 이슬람의 교리와 종교 의식에 더 매력을 느껴 교회를 떠나 마스지드(masjid)로 향하는 것이다. 이 논문을 통해 이러한 종교 현상에 대한 우리의 선교신학적 고찰과 대안을 기대해본다.

박성화

朴成花, Park Seong Hwa, 1961년 11월 6일 -

학력

1988. 서울장신대학교(신학)
1991. 아세아연합신학연구원(선교학, M.A.)
1992. 장로회신학대학교 대학원(목회학, M.Div.)
2003. 평택대학교(사회복지학, B.A.)
2005. 평택신학교 대학원(조직신학, Th.M.)
2008. 장로회신학대학교 대학원(선교학, Th.D.)

저서

『이것이 나의 간증이요』(총회부흥전도단, 2021, 공저)
『내 백성을 위로하라』(총회부흥전도단, 2020, 공저)
『책 짓기 건축술』(예영커뮤니케이션, 2018, 공저)

전공 분야

에큐메니컬 선교신학, 복음주의 선교, 선교훈련, 타종교

박사학위 논문

"구역 지도자 양성을 통한 역동적 교회 만들기."(지도교수: 손윤탁)

논문의 주제가 되는 '역동적 교회 만들기'는 교회의 여러 기관 중 작은 교회로 일컬어지는 구역을 활성화하는 데 있다고 본다. 그에 대한 도구로서 성경 공부와 지도자가 되기 위한 제반 훈련을 받아야 한다. 이 결론은 소그룹 이론과 리더십 이론과 구역 지도자 성경 공부 및 전도 훈련을 창안하게 하였다.

역동적인 구역을 만들기 위해서는 철저한 의식 변화가 있어야 한다. 교회에 대한 바른 인식, 구역에 대한 중요성, 자신의 책임에 대한 중요성을 깨닫는 것이 무엇보다 중요하다. 그러므로 역동적인 구역을 만드는 것은 곧 바른 의식을 가진 지도자를 양성할 때 가능하다.

'지도자 양성 교육'의 근거는 하나님의 말씀과 리더십 이론 및 소그룹 이론에 있다. 하나님의 말씀을 통한 교육의 근거는 하나님의 말씀과 행위, 인간을 향한 기대가 담긴 성경에 있다. 그러므로 지도자를 만들기 위한 '성경 공부'를 시행하는 것은 문화의 상이함, 시대의 변천에 따라 하나님 자신이 직접 교육을 하셨거나, 사람들을 통해 가르치셨거나 '본질로 되돌아감'이라는 교회 개혁, 곧 하나님께서 원하시는 이상적 세계를 향해 움직이고 있는 것과 동일하다고 말할 수 있기 때문이다.

작은 교회로 일컬어지는 구역을 이끌어가는 구역 지도자들을 훈련시키면 구역의 활성화는 물론 역동적인 교회를 만드는 데 결정적인 역할을 할 수 있다고 믿어 구역 지도자 육성 프로그램에 대한 연구를 첫 번째 주제로 삼았다. 또한 역동적인 구역과 교회는 지역 주민과 함께하는 것이라는 전제하에 지역사회를 위한 교회의 모습을 신학적으로 살피는 것을 두 번째 주제로 삼았다.

연구방법은 성도들에게 바른 교회관을 심어주기 위하여 성경적 교회론을 살펴보았고, 지도자 양성을 위한 리더십 이론을 살펴보았다.

사역 및 연구활동

사역하고 있는 교회는 전형적인 농촌 마을로서 선주민과 후주민이 비슷한 비율로 구성되어 있다. 선주민은 고령층으로 작은 텃밭을 일구는 정도의 농사일을 하며, 대부분의 농사는 기계를 가진 젊은 층이 담당하고 있다. 후주민은 거의 시내에 직장을 두고 퇴근 후나 주말에만 이곳에 머물고 있다.

고령층으로 구성된 선주민들을 섬기는 사역을 주로 하고 있다. 애경사와 마을 행사에 참여하여 주민들을 섬기며, 선주민들과 후주민들의 화합을 위해 프로그램을 진행하여 함께 어울리는 시간을 제공하고 있다.

외로움으로 인해 극단적 선택을 하는 경우가 종종 있기에 동네의 독거노인들을 세밀하게 살펴 외로움을 달래고 도울 수 있는 강구하고 있으며, 성도들에게 섬기는 삶을 살도록 지도하는 한편 특별히 구역장들을 통해 마을의 상황을 파악하여 개인적 차원이나 구역 또는 교회 차원에서 섬기는 방법을 꾸준히 연구하고 있다. 교회가 지역에 꼭 필요한 곳임을 주민들에게 인식시킴으로 자연스럽게 교회에 발을 딛게 하는 목표를 향해 매진하고 있다.

박소현

朴素賢, Park sohyun, 1980년 2월 14일 -

학력

2003. 서울장신대학교(사회복지학, B.A.)
2005. 숭실대학교 대학원(사회복지학, M.A.)
2014. 백석대학교 기독전문대학원(선교학, Ph.D.)

경력

2000. 07. – 2000. 12. 세계선교공동체 선교훈련
2001. 01. – 2015. 04. 세계선교공동체 훈련간사 및 강사
2015. 05. – 2017. 06. 프랑스 파리 제일장로교회 협력선교사 및 언어연수
2017. 07. – 2022. 현재. 부르키나파소 선교사

논문

"프랑스어권 서부 아프리카의 종교 현황과 기독교 선교 과제." 「복음과 선교」 49(2020)

전공 분야

선교전략, 선교인류학, 선교현장 연구, 선교역사

박사학위 논문

"필리핀 바세코 도시 빈민의 갈등구조 속의 선교방안."(지도교수: 장훈태)

바세코 지역의 갈등구조를 파악하고 그 원인을 밝힌 후 이러한 갈등 문제를 선교적인 접근을 통해 해결하려는 것이 주 내용이다. 심층면접과 관찰을 활용한 질적사례

연구방법을 사용하였다. 갈등은 5개의 상위범주, 12개의 하위범주, 그리고 총 91개의 개념으로 나타났다. 그 원인을 파악한 것으로는 3개의 상위범주, 6개의 하위범주, 그리고 26개의 개념으로 정리되었다.

갈등구조를 선교신학적으로 평가함과 동시에 선교전략을 제시하였다. 영적·종교적 문제 해결을 위한 선교신학적 접근, 심리·사회적인 문제 해결을 위한 기독교 복지선교 접근을 제안하였다. 절대빈곤을 겪는 도시 빈민 지역에 존재하고 있는 경제적, 심리적, 사회적, 종교적 갈등의 문제를 분석하고 선교적 접근을 통해 갈등 해소와 변화를 가져오는 것을 주제로 하고 있다.

선교현장 연구를 위해서는 반드시 실증연구와 현상에 대한 깊은 이해를 추구하는 질적 사례 연구가 활발하게 이루어져야 하기에 이 연구가 의미가 있다고 본다.

사역 및 연구활동

서부 아프리카 부르키나파소 현지에서 교육, 교회, 문화선교를 펼치고 있다. 이곳은 무슬림이 약 60%이고, 그리스도인은 약 4% 미만이다. 인간개발지수가 183위이며, 문자 해독률이 28% 정도이다. 2022년 1월 쿠데타를 통해 군부정권으로 전환되었다. 교육 사역은 기독 유치원과 기독 초등학교, 목회자 재교육을 위한 센터를 운영하고 있다. 교회 사역은 교회를 개척한 후 목양과 제자 양육을 진행하고 있다. 문화선교로는 기독문화 전파를 위해 매주 지역사회 청소년들을 대상으로 기독영화 상영, 음악 및 미술을 통한 활동, 그리고 도서관 운영을 하고 있다.

무슬림이 60% 이상을 차지하고 있는 지역사회에서 일어나는 전반적인 사회적 문제를 선교학적인 관점으로 해석하고 선교전략을 도출하는 연구를 진행하고 있다.

박영환

朴榮煥, Park Yeonghwan, 1955년 9월 11일 –

학력

1982. 서울신학대학교(신학)
1986. 독일 Wiedenest Bibleschule
1988. 독일 Freie Hochschule fuer Mission (M.A.)
1996. 독일 Friedrich-Alexander Universität Erlangen-Nürnberg(Th.D.)

경력

1997. - 2021. 서울신학대학교 선교대학원장, 교역처장, 평생교육원장, 사무처장, 기회처장, 총무처장, 대외협력실장, 교무처장, 북한선교연구소장, 한국기독교통일연구소장
1997. - 2021. 한국기독교통일포럼 사무총장, 평화와통일을위한연대, 쥬빌리통일구국기도회 상임위원, 민주평통자문위원, 한국선교신학회 회장, 한국기독교학회 총무 및 부회장, 한국로잔연구교수회 회장, 기독교대한성결교회 북한선교 자문위원, 국민일보 평화통일 자문위원, 한기총 북한선교 부위원장
현재. 한국세계선교사지원재단 연구위원장
현재. 북한선교정책과전략 연구소장

저서

『동유럽의 체제 전환과 한반도 통일』(올리브나무, 2020, 공저)
『로잔운동의 선교동향』(한국로잔위원회, 2016, 공저)
『독일 기독교 사회봉사 실천의 역사』(성광문화사, 2015)
『로잔운동과 선교신학』(한국로잔위원회, 2015, 공저)
『통일시대로 가는 평화의 길』(서울신학대학교 평화통일연구원, 2015, 공저)
『네트워크 선교 역사』(도서출판 바울, 2013)
『성경으로 읽는 북한 선교』(올리브나무, 2013)
『세계선교학개론』(도서출판 바울, 2013)
『북한 선교의 이해와 사역』(올리브나무, 2011)
『개성공업지구와 북한 선교』(도서출판 바울, 2009)
『핵심 선교학개론 II』(도서출판 바울, 2009)
『핵심 선교학개론』(도서출판 바울, 2008)
『선교정책과 전략: 한국 교회 교단별』(도서출판 바울, 2006)
『핵심 선교학개론 I』(도서출판 바울, 1998)

번역서

『덴마크 할레선교회의 역사적 보고서』(도서출판 바울, 2012, 공역)

『변화하는 내일의 세계선교』(도서출판 바울, 2008, 공역)

『위대한 선교사 윌리엄 케리』(도서출판 바울, 2008, 공역)

『미래의 선교신학』(도서출판 바울, 2006)

『선교신학』(서로사랑, 2000, 공역)

『선교 역사와 신학』(왜그너성장연구소, 1998, 공역)

『현대선교신학』(한들출판사, 1997, 공역)

논문

"서울신학대학교 선교학의 역사와 미래방향." 은퇴자료집(2021)

"조종남의 선교신학과 선교 이해: 존 웨슬리의 선교와 로잔운동을 중심으로." 「복음과 선교」 49(2020)

"웨슬리 선교의 이해와 평가." 「복음과 선교」 46(2019)

"폴란드와 독일의 과거사 청산으로 본 한반도 과거사 청산의 과제와 방향의 시사점: 앙케트 위원회와 국가기억원 그리고 반민특별위원회를 중심으로." 「선교신학」 54(2019)

"복음주의 선교가 본 통전적 선교의 한계와 과제, 그리고 대안." 「선교신학」 50(2018)

"베를린 세계복음전도대회가 로잔대회에 끼친 영향과 과제." 「선교신학」 46(2017)

"폴란드 자유화와 북한 선교의 방향과 과제." 「선교신학」 48(2017)

"로잔대회와 세속화: 로잔대회를 통한 세속화의 의미와 과제, 그리고 세속화의 방향전환의 요인이 무엇인가?." 「한국기독교신학논총」 99(2016)

"휘튼대회의 복음전도와 사회참여에 관한 선교 사역적 이해." 「선교신학」 44(2016)

"로잔대회 이전의 세속화." 「한국기독교신학논총」 28/4(2014)

"선교가 복음주의 선교여야 하는 이유: 프랑크푸르트 선언문 다시 읽기를 중심으로." 「ACTS 신학저널」 36(2013)

"창세기로 읽는 북한 선교." 「한국기독교신학논총」 90(2013)

"복음주의 선교와 에큐메니컬 선교의 갈등, 대립, 그리고 미래선교의 대안적 제시." 「신학과 선교」 37(2010)

"북한 선교와 통일에서 교회의 역할." 「신학과 선교」 35(2009)

"북한 선교 설문조사 및 평가별 유형 분석." 「교수논총」(2008)

"북한 선교로서의 사회봉사사역 유형과 결과." 「교수논총」 19(2006)

"선교정책과 전략 형성 이전의 배경사." 「신학과 선교」 32(2006)

"기독교정신과 대학의 사회봉사: 기독교대학 사회봉사론." 양서원(2005)

"미래사회를 향한 기독청년의 선교 리더십의 필요성에 관한 접근과 대안적 연구." 「교수논총」 16(2005)

"사중복음과 선교." 「교수논총」 17(2005)

"전환기에 선 북한 선교의 실태와 과제 그리고 전망." 「교수논총」 16(2005)

"성결교 선교신학과 사중복음의 관계성에서 나타난 과제와 방향에 관한 고찰." 「신학과 선교」 29(2004)

"주체사상과 북한 선교." 「선교신학」 10(2004)

"David Bosch와 한국 교회의 세계선교." *Mission Focus*(2003)

"독일 사회봉사신학의 아버지 J. H. Wichern의 생애와 사상." 「선교신학: 선교와 디아코니아」 5(2002)

"문화와 선교." *Theology and Mission*(2002)

"복음주의 선교신학의 모델." 「21세기와 서울신학대학교」(2002)

"성결교단의 북한 선교정책." 「교수논총」 13(2002)

“한국 교회의 세계선교 역할과 과제.” 독일 Wiednest AFEM 국제회의(2002)
“마틴 루터와 선교.” 「선교세계」 4(2000)
“사회봉사의 정체성 확립을 위한 신학적 접근.” 「신학과 선교」 24(1999)
“한국 교회 세계선교 평가의 방법론 재고찰.” 「교수논총」 10(1999)
“통일과 북한 선교.” 「교수논총」
“21세기 평신도 선교전략.” 「선교신학」 2(1998)
“루터와 선교논쟁.” 「교수논총」 9(1998)
“J. H. 빅헤른· Innere Mission.” 「선교신학」 1(1997)
“교회 사회봉사기관으로서의 Innere Mission: Diakonische Theologie에서 말씀선포의 중요성.” 「교수논총」 8(1997)

전공 분야

선교 역사, 에큐메니컬 선교신학, 복음주의 선교신학, 선교정책과 전략, 북한 선교

박사학위 논문

“Diakonie und Mission.”(지도교수: Niel-Peters Mortizen)

디아코니아와 선교가 독일에서 어떻게 형성되었고, 그 과정에서 독일 교회의 역할과 독일 선교신학의 배경을 살펴보았다. 특히 복음 선포와 사회봉사의 관계에서 독일 교회 현장이 이 둘 사이에 어떤 관계를 만들어왔는지가 관건이다. 즉 독일교회 사회봉사 사역이 어떻게 말씀 선포 사역을 잃어버렸으며, 회복의 대안은 무엇인지를 찾아내는 데 의미를 두었다.

논문의 내용은 1994년까지 독일 디아코니아 재단의 생성 과정을 연구하면서 조직 구성, 내적 변화, 그리고 현대 독일 디아코니아 재단의 과제와 방안을 논술했다.

연대기별로는 1830년부터 1994년이 대상이다. 초기 출발의 배경으로 내적 선교(Innere Mission)의 창시자인 요한 힌리히 비헤른의 삶과 그 정신, 나아가 내적 선교의 조직이 교회 조직으로 들어가면서 내적 선교의 영적 지도자들이 물러나고, 제2차 세계대전 이후 제대군인과 실업자가 기독교와 상관없이 힐프스베르크(Hilfswerk, Innere Mission의 후속기관처럼 됨) 사역자로 포함된다. 그 결과 이러한 사역자는 1976년 무렵 새로운 조직 체인(Diakonischen Hilfswerk의 대체기관)의 지도자로 부상하게 된다. 영적인 조직체였던 기독교의 사회봉사 기관은 기독교 무늬만을 입힌 기관으로 탈바꿈한 과정을 살펴봄으로, 기독교 사역에서 영적 사역이 어떻게 물러나게 되었는지를 분석한 논문이다.

결론은 다음과 같다. (1) 모든 기독교 사회봉사 기관에는 영적인 지도자를 세워야 하며, 사역 참여자도 기독교 신앙을 가진 자를 세워야 한다. 비록 일감이 많고 사역지가 많아도 절대 비신앙인을 세워서는 안 된다. (2) 기독교 사회봉사는 일감을 따라 사역하는 것이 아니라 선교적인 일을 근거로 사역을 해야 한다. 선교적인 일이란 어떤 형태로든지 복음을 나눌 수 있는 여건을 만드는 것을 말한다. (3) 비기독교 단체와 연대하는 것은 위험하다. 만일 한다면 독자적 사역을 중심으로 하되 연합은 일부의 사역으로 남겨져야 하는 것이지, 총력을 기울여 연합하면 본래 영적 사역을 잃어버리게 된다. (4) 기독교 사회봉사는 철저하게 복음 전달의 매체를 절체절명의 과제로 자리 잡아야 한다.

사역 및 연구활동

세계사의 입장에서 본 세계 선교 역사의 흐름과 방향에 관하여 '네트워크 선교 역사'로 정리하였다. 에큐메니컬 선교신학과 복음주의 선교신학을 통전적 선교신학으로 정리하였다. 한국 교단별 선교정책과 전략을 분류하여 '선교정책과 전략'으로 정리하였다. 평가와 함께 한국 세계선교의 방향성을 연구하였다. 2000년부터 북한을 방문하고, 북한 선교와 개성공업지구에 관한 연구로 '북한 선교의 이해와 사역'을 집필하였다.

박정세

학력

1973. 연세대학교(신학사)
1975. 연세대학교 연합신학대학원(기독교윤리, 석사)
1989. 미국 San Francisco Theological Seminary(D.Min.)

경력

2002. 08. – 2006. 01. 연세대학교 교목실장
2002. 09. – 2006. 02. 연세대학교 대학교회 담임목사
2003. 02. – 2012. 08. 연세대학교 연합신학대학원 교수(소속 변경)
2003. 11. – 2007. 02. 연세대학교 연합신학대학원 선교학 전공 주임교수
2006. 06. – 2010. 02. 연세대학교 삼애교회 담임목사
2008. 02. – 2012. 01. 연세대학교 교목실장
2008. 05. – 2010. 05. 한국임상목회협의회 회장
2008. 12. – 2011. 12. 한국대학선교학회 회장
2012. 09. – 2023. 현재. 연세대학교 연합신학대학원 명예교수

저서

『기쁨으로 선을』(킹덤그레이스, 2016)
『기독교 문학과 삽화의 토착화: 천로역정에서 만사성취로』(연세대학교출판부, 2013)
『기독교 미술의 원형과 토착화』(연세대학교출판부, 2008)
『민담과 민속의 신학적 이해』(연세대학교출판부, 2002)
『성서와 한국 민담의 비교연구』(연세대학교출판부, 1996)

논문

"기독교적 리더십 배양을 위한 현황분석에 관한 연구." 「대학과 선교」 18(2010, 공동연구)
"연세대학교 채플이 졸업생들에게 미친 영향에 관한 연구." 「신학논단」 31(2004, 공동연구)
"의료선교의 성서적 배경." 「현대와 신학」 21(1996)
"한국 홍수설화의 유형과 특성." 「신학논단」 23(1995)
"The Pheasant and a Traveler: Why Minjung Theology?." 「매지논총」 10(1993)
"의료선교사 Dr. Florence J. Murray의 활동의

인술적 구조." 「연세의대 논문집」 6/1(1993)
"1970년대 한국 산업선교 방법론: 영등포산업 선교회의 '클럽' 방법을 중심으로." 「매지논총」 9(1992)
"전설과 무속의 한 풀이 양식." 「전환기의 신학」 (1992)
"A Model of Cross-Cultural Mission in Korea." 박사학위 논문(1990)
"고난의 의미." 「현대인과 기독교」(1989)
"타문화권 선교 방법론: 경전과 토착문화와의 연계를 중심으로." 「매지논총」 6(1989)
"희생전설과 희생관: 인신희생을 중심으로." 「매지논총」 1(1985)
"희생설화와 희생양상." 「한국민속학」 17(1984)
"무속신앙에 관한 고찰." 「연원」(1980)
"민속자료에 반영된 민중의식의 구조와 그 효용에 관한 연구." 석사학위 논문(1975)
"새 문화공동체 형성과 아파트 선교." 「기독교사상」 249(1973)

전공 분야

선교신학, 선교인류학, 다원선교, 타종교

박사학위 논문

"A Model of Cross-Cultural Mission in Korea – A Comparative Study of Bible Stories and Korean Legends."(지도교수: James Philips)

식민지와 제국주의 시대가 막을 내리고 독립되어 자신의 민족문화를 고양하려는 한국을 비롯한 여러 나라에서는 서양 문화의 상징으로서의 기독교의 선교는 다양한 도전을 받고 있다. 그러나 '서양 기독교'는 그 자체가 기독교의 모든 것을 대변하는 것은 아니다. 근본적으로는 이스라엘의 '성서'를 나름의 해석으로 발전시킨 문화라 하겠다. 따라서 기독교의 고유한 핵심인 '성서'에 역점을 둘 필요가 있다.

성서의 바탕은 구비전승(Oral Tradition)으로 형성된 이야기이다. 모든 민족은 나름의 구비전승을 갖고 있다. 물론 성서는 이미 2,000여 년 전에 정경화(Canonization) 과정을 거쳤으나, 다른 이야기들은 최근에 기록되거나 아직도 다양한 형태로 전승되고 있다. 그러나 양자 모두 구비전승의 성격을 가졌기에 그 근본의 바탕은 변하지 않았으나 성서는 정경화를 통해 그 기반이 일체화되었다. 따라서 성서의 이야기와 그와 유사한 그 민족의 이야기를 비교분석하면 공통점과 차이점을 파악하게 된다. 공통점은 둘 사이에 친근감과 유대감을 갖게 함으로써 이질감과 거부감을 극복할 수 있게 하고, 차이점은 복음과 상황의 현주소를 파악하고 변혁의 초점을 부각함으로 선교의 목표를 구체화한다.

이 논문에서는 (1) '우주와 인간의 기원'을 성서의 '창조 이야기'와 한국의 '본풀이 무가'를, (2) '악인과 그 심판'을 성서의 '소돔과 고모라'와 한국의 '장자늪 전설'을, (3) '인신희생 제의'를 성서의 '모리아산의 아브라함'과 한국의 '벼락바위 전설'을, (4) '아기 구원자'를 성서의 '아기 예수 탄생'과 한국의 '아기장수 전설'을, 그리고 (5) '희생자와 부활'을 성서의 '십자가와 부활'과 한국의 '원혼의 복수' 전설과 비교분석해 공통점과 차이점 및 그 의의를 제시하였다.

박창현

朴昌鉉, Pak, Chang Hyon, 1961년 5월 26일 -

학력

1985. 감리교신학대학교(신학, B.Th.)

1988. 독일 Georg August Universitaet Göttingen(신약신학, M.Th.)

2000. 독일 Augustana Hochschule Neuendettelsau(선교학/종교학, D.Th.)

경력

현재. 감리교신학대학교 기독교통합학문연구소 소장

현재. 감리교신학대학교 선교훈련원 원장

현재. 감리교신학대학교 교수

현재. 독일선교학회(Deutsche Missionsgesellschaft) 정회원, 한국기독교학회와 한국선교학회 정회원

현재. 미국 Wesley Theological Seminary 자문교수

현재. 영성노년학연구소 연구원

저서

『마을목회 유형별 사례와 신학적 성찰』(대한기독교서회, 2024, 공저)

『3·1 정신과 한반도 평화: 3·1운동 100주년의 신학적 다짐』(동연, 2018, 공저)

『'헬조선'에 응답하는 한국 교회 개혁』(동연, 2018, 공저)

『선교 강국, 한국 선교 긴급 점검』(홍성사, 2017, 공저).

『촛불 민주화 시대의 그리스도인: 무엇을 알고 행하며 희망하는가?』(동연, 2017, 공저)

『남겨진 자들의 신학: 세월호의 기억과 분노 그리고 그 이후』(동연, 2015, 공저)

『건강한 목회 이야기: 나무가 우거지면 새가 날아든다』(올리브나무, 2014, 공저)

『곁에 머물다: 그 봄을 기억하는 사람들의 겨울 편지』(대한기독교서회, 2014, 공저)

논문

"루터의 종교개혁과 한국 교회의 과제." 「선교신학」 60(2020)

"3·1 운동에 대한 재평가와 교회에 주는 선교적 과제." 「신학과 세계」 97(2019)

"여자 제자, 막달라 마리아는 예수 부활의 첫 증인이었다: 요 20:1-18에 나타난 선교적 함의." 「신학과 세계」 94(2018)

“샤먼화된 예배의 성서적 성찰.” 「신학과 세계」 92(2017)

“세월호 이후의 신학: 한국 교회는 어떻게 세월호와 함께 죽은 예수의 부활의 증인이 될 것인가?.” 「한국기독교신학논총」 103(2017)

“고령화 사회와 교회의 역할: 노인 복지는 교회가 섬겨야 할 가장 긴급한 선교적 사명이다.” 「신학과 세계」 84(2015)

“맹골수도에 죽은 예수의 부활을 준비하라: 세월호 참사에 대한 한국 교회의 응답.”(2015)

“위기의 한국 개신교회를 위한 호소: ‘예수적 교회’에서 ‘예수의 교회’로 귀환하라.” 「선교신학」 39(2015)

“경계선을 넘는 선교적 성서해석.” 「선교신학」 37(2014)

“한국 개신교회의 위기 극복을 위한 제안.” 「신학과 세계」 78(2013)

“강도 만난 조선인의 친구 선한 사마리아인 스크랜튼의 ‘칭친구(稱親舊) 선교’.” 「선교신학」 31(2012)

“선교적 교회론의 모델로서 한국 교회 초기 대각성운동(1903-1907년).” 「신학과 세계」 74(2012)

“예수가 최초의 이방 선교의 문을 열도록 도와준 수로보니게 여인(막 7:24-30): 여성신학적 선교적 성서 읽기.” 「신학과 세계」 71(2011)

“공개적 전도를 통한 다시 드러냄의 선교.” 「신학과 세계」 69(2010)

“선한 사마리아인의 비유가 주는 선교적 과제.” 「선교신학」 22(2009)

“요나서에 드러난 하나님의 선교.” 「선교신학」 20(2009)

“이 정도면 건강한 교회: 목회자(평택 기쁜감리교회, 손웅석 목사)를 중심으로 보는 교회의 건강성.” 「신학과 세계」 66(2009)

“부활자의 선교 대위임 명령: 마 28:16-20을 중심하여.” 「신학과 세계」 62(2008)

“‘선교 포기’의 위기를 극복하기 위한 ‘다시 드러냄의 선교’.” 「신학과 세계」 59(2007)

“신약 성서의 부흥.” 「선교신학」 16(2007)

“한국 개신교회의 위기에 대한 징후들과 위기 극복을 위한 선교적 제언.” 「신학과 세계」 56(2006)

전공 분야

성서와 선교, 타종교, Cross-cultural Communication, 상황화/토착화, 건강한 교회 성장

박사학위 논문

“Die ‘grossen’ protestantischen Gemeinden Koreas: Darstellung und Kritik.”(지도교수: Diether Becker)

성서신학적 관점에서 루이스 쇼트로프의 사회사적 성서해석 방법론의 영향을 받아 게르트 타이센에 의한 예수 운동사 연구 결과에 근거하여 한국 개신교회, 특히 ‘초대형 교회’의 신앙의 형태와 성장을 선교신학적으로 분석하였다.

100여 년 남짓한 기독교 역사에서 세계교회의 관심과 우려를 동시에 받는 한국 교회에 대한 서구 교회의 무조건적인 부정적 시각을 극복하고 우리의 문제점을 아픔으

로 지적하면서도 미래를 위한 가능성을 제시해보려고 한국 교회의 성장을 성서(특히 최초의 복음서인 마가복음서)의 '예수 운동'과 비교 분석하여 사회학적, 정치·경제적 그리고 문화·종교적인 이해에 근거하여 해석한 선교신학적 시도이다.

연구자는 지금까지 한국 교회의 외적이며 수적인 급성장은 우리의 주어진 여러 가지 환경과 여건(일제 시대와 한국전쟁, 급진적 산업화와 도시화)이 긍정적으로 교회에 작용하였고, 교회가 그것을 긍정적으로 활용할 수 있었다는 데 이유가 있다고 평가한다. 한국 개신교회의 교회 성장에 기여한 신앙의 현상을 목사의 설교와 프로그램 등을 중심으로 특정화하였고, 그러한 현상이 과연 기독교적인지에 대한 나름의 평가를 한다. 이 평가의 근거로는 무엇보다도 한국 사람의 정서 깊숙이 자리한 '한풀이'라는 개념에서 '한풀이 목회'로 설명한다. 예수가 갈릴리 중심으로 일으켰던 유대교 개혁운동 현상의 환경과 그를 추종하던 민중이 예수를 통하여 얻은 위로와 그들이 만들어간 운동과의 비교에서 한국 개신교회의 성장을 종교적으로 이해하여, 아직은 짧은 선교의 역사 가운데 역사적 상황과 이미 기존의 다른 종교(무속, 유교, 도교, 불교)에 실망한 사람들에게 종교적 감동을 주고 그들의 현실의 문제에 답을 내놓은 한풀이 목회가 성장의 요인으로 작용하였고, 이러한 점은 '예수 운동'의 관점에서 크게 벗어나지 않는다고 보았다.

특별한 환경에서 성장한 한풀이 목회는 어려운 민중의 현실적인 문제를 해결하는 관점에서는 높이 그 성장을 평가할 수 있지만 그것이 하나님의 한, 하늘의 뜻을 이 땅 위에 이루는 신앙으로 나아가지 않는다면 하나님을 위한 선교가 아닌 인간의 선교로 전락할 위험이 있다고 보았다. 우리 교회의 모습은 성장이 가져온 부정적인 부산물에 의하여 교회의 역사를 돌아보고 미래를 위한 성서적 목표를 분명히 하지 않는다면 기독교 복음의 변질이라는 심각한 위기에 직면하게 될 것이라고 보았다.

사역 및 연구활동

한국 교회의 건강한 선교는 건강한 목회자에게서 오며 신학자의 임무는 건강한 목회자 양성에 기여하는 것이 중요하다는 확신 속에서 신학과 현장이 항상 함께 소통해야 한다는 생각을 가지고 있다.

건강한 목회자는 신(하나님)에 대한 스스로의 종교적 경험을 전제로 하되, 목회자가 그 하나님의 뜻을 분명하게 깨닫고 그 뜻을 자기가 속한 공동체와 그 공동체가 속한 사회와 국가 그리고 온 세상에 이루는 데 노력하는 사명자라고 생각한다. 그래서 선교신학의 과제를 다음과 같은 영역에서 추구하려고 노력하고 있다.

첫째, 인간이 가지고 있는 어떠한 경험이 종교로 발전되었는지를 종교가 생겨나고 발전 또는 변화된 현상으로 분석한다. 둘째, 인강이 가진 종교적 경험 중에 우리가 신뢰하는 기독교의 근거가 되는 성서를 바로 깨닫기 위한 노력을 최우선 과제로 한다. 즉 성서가 쓰여진 사회적, 정치적, 경제적 그리고 종교적 정황에 대한 깊은 이해와 통찰을 연구한다. 세째, 기독교의 실제 역사에서 만들어진 교회의 전통과 종교회의가 결정한 신학적 합의에 대한 의미를 연구하여 현재의 문제들에 대한 해법을 찾는다. 넷째, 이러한 모든 것이 특정한 인간의 역사에서, 특정한 시간의 구체적인 사회, 경제, 정치적, 종교적인 상황에서 만들어졌을 것으로 인식한다. 그리고 그 과거의 특정한 시기의 특별한 상황에 대한 이해와 구체적인 선교적 상황을 연구하고, 급변하는 작금의 상황과 또 미래에도 지속가능한 종교가 되기 위한 실력을 갖추는 데 대안을 제시한다.

그래서 선교학자로서의 구체적인 연구는 (1) 성서에 대한 깊은 연구, (2) 행해진 선교에 대한 인간의 상황과 과거의 전통에 대한 재평가, (3) 세상의 이웃 종교들에 대한 생성, 발전과 변화 또는 쇠퇴에 관한 연구, (4) 변화된 상황에서의 건강한 선교적 행위, 또 미래에도 적용 가능한 구체적인 선교 방법론에 대한 연구, (5) 이 모든 것을 한국 사람으로서 한국 문화와 한국의 교회 역사 그리고 한국말로 표현되는 신학을 정리하는 데 집중하고자 한다.

이 모든 연구는 이 땅에 건강한 선교적 삶을 살아내려는 목회자들을 세우는 데 기여하고자 하며, 따라서 '성서와 선교', '건강한 교회 개척과 성장', '이웃 종교와 선교', '세계 선교의 현황과 과제'라는 개념에 연구의 초점을 맞추고 있다.

박형진

朴亨振, Hyung Jin Park, 1962년 6월 20일 -

학력

1988. 고려대학교(생물학, B.S.)

1989. 미국 Wheaton College Graduate School(Biblical & Theological Studies, M.A.)

1993. 미국 Trinity Evangelical Divinity School(Mission & Intercultural emphasis, M.Div.)

2000. 미국 Princeton Theological Seminary (Church History, Th.M.)

2001. 미국 Princeton Theological Seminary (Ph.D. in History of Mission and World Christianity)

경력

1993. 08. - 1998. 07. 미국 그레이스교회 전도사, 부목사

2004. 08. - 2006. 12. 미국 찬양교회 부목사

2020. 01. - 2020. 12. 한국로잔연구교수회 회장

2023. 05. - 2024. 현재. 아시아기독교사학회 회장

2010. 03. - 2024. 현재. 횃불트리니티신학대학원대학교 선교학과 교수

저서

『지구촌기독교 선교 역사 이해의 지평들: 아돌프 하르나크에서 앤드루 월스까지, 선교역사가 8인의 눈으로 본 기독교』(IVP, 2023)

논문

"이슬람 맥락에서 본 토마스 아퀴나스(Thomas Aquinas) 저술의 선교적 함의." *Muslim-Christian Encounter* 14/1(March 2021)

"The Great Awakening: Its Impact on American Higher Education." *Korea Presbyterian Journal of Theology* 52/4(November 2020)

"윌리엄 보든(William Whiting Borden)의 선교적 생애: 대학 시절 서한을 중심으로." 「선교신학」 59(2020)

"가나안교회의 선교적 의미." 『교회 밖 교회: 다섯 빛깔 가나안교회』(예술과 영성, 2019)

"Three Vignettes of the ABCFM(American Board of Commissioners for Foreign Missions) Mission in Asia." *Torch Trinity Journal* 21/2(2018)

"종교개혁과 선교: 종교개혁 및 후기종교개혁시대의 선교에 대한 인식." 「횃불트리니티저널」 21/1(2018)

"해설." 『세계 기독교와 선교 운동』(IVP, 2018)
"로잔운동 관점에서 본 작은 교회운동." 「ACTS 신학저널」 30/4(2016)
"로잔운동과 미전도종족." 「복음과선교」 28/4 (2014)
"선교학적 시각에서 본 함석헌의 역사 읽기: 『뜻으로 본 한국 역사』를 중심으로." 「선교신학」 37(2014)
"한국 교회의 해외선교." 『한민족 디아스포라의 세계 선교 비전: 어제, 오늘, 내일』(기독교선교 횃불재단, 2014)
"아프간 피랍 사건이 국내에 끼친 영향." 『2007년 아프카니스탄 피랍사건 종합보고서: 피랍사건 5주년을 맞으며』(위기관리, 2013)
"지구촌기독교(World Christianity)의 등장과 그 개념화 작업." 「선교와 신학」 31(2013)
"Heroes and Villains in the Historiography of Missions: A Korean Sketch." *Torch Trinity Journal* 15/1(2012)
"예수는 누구인가(Who is Jesus)?: 지구촌기독교(World Christianity) 역사의 시각에서." 「현대선교」(Current Mission Trends 14) (2012)
"이슬람과 기독교의 선교 역사에 대한 비교 연구: '번역이론(Translation Theory)'의 시각에서." *Muslim-Christian Encounter* 5/1 (August 2012)
"덴마크-할레선교회의 트랑케바르 선교와 18세기 개신교 선교 각성운동: 『할레보고서』가 미친 영향력을 중심으로." 「복음과 선교」 14/1(2011)
"선교 연구의 새로운 동향: 지구촌 기독교(World Christianity) 연구를 중심으로." 「복음과 선교」 15/2(2011)
"지구촌 기독교의 등장과 기독교 역사 서술적 함의: 선교 역사 기술을 중심으로." 「한국기독교신학논총」 74(2011)
"Journey of the Gospel and Being a World Christian." *Torch Trinity Journal* 13/1(2010)

전공 분야

선교 역사, 에큐메니컬 선교신학, 복음주의 선교신학, 지구촌기독교

박사학위 논문

"Journey of the Gospel: A Study in the Emergence of World Christianity and the Shift of Christian Historiography in the Last Half of the Twentieth Century."(지도교수: Richard F. Young)

오늘날 서구에서 비서구로 기독교의 인구비적 변화가 보여주는 소위 '세계기독교'(World Christianity)의 부상이 기독교 역사 서술에 함의하는 바를 다루고 있다. 세계기독교는 기독교의 단순한 인구비적 전환이나 선교적 확장만을 의미하지 않는다. 이는 중대한 신학적 함의로 오늘날 이야기하고 있는 자신학화 과정을 의미하기도 한다.

지난 한 세기 동안 기독교 역사 서술에 기여한 중요한 선교 역사가들과 저술을 자

료로 하여 그들의 공헌과 한계를 들여다보고 그 궤적의 추이를 살펴본다. 1장에서는 세계기독교의 부상을 여러 데이터와 통계를 통해 살펴본다. 2장에서는 선교 역사가가 기독교 역사 서술에 공헌한 부분을 다루는데, 크게 라투렛(Kenneth S. Latourette)과 월스(Andrew Walls)에 초점을 맞추고 있다. 3장에서는 현재 다양한 시도로 나타난 프로젝트와 출판물을 분석하고, 4장에서는 한국에서의 기독교 역사 서술의 흐름을 한 예로 살펴본다. 5장에서는 세계기독교의 개념화와 지구촌시대의 기독교 역사 서술에 대한 전망을 하고 있다.

이 논문은 그동안 선교 역사가들의 시각이 기독교 역사 서술의 서구 중심적 한계를 극복하는 데 어떻게 기여하였는지를 부각시킨다. 세계기독교를 도래케 한 선교운동은 역사 서술에 있어 지구촌적이고, 다문화적이고, 양방향적인 시각에서 더욱 확장되고(enlarged) 풍요롭고(enriched) 고양되게(enhanced) 기술하는 데 기여하였고, 이는 기독교 복음의 본질을 새롭게 조명해주었다.

사역 및 연구활동

기독교 역사 서술에 기여한 중요한 역사가와 선교학자들을 연구하고 있다. 하르낙(Adolf von Harnack), 바르넥(Gustav Warneck), 라투렛(Kenneth Scott Latourette), 닐(Stephen Neill), 보쉬(David Bosch), 뉴비긴(Lesslie Newbigin), 사네(Lamin Sanneh), 월스(Andrew Walls) 등이다.

선교 역사 및 아시아, 아프리카, 라틴아메리카의 기독교 역사에 대한 각론적 연구 및 세계 기독교 역사를 서술하는 통사의 내러티브에 관심을 갖고 연구 중이다.

현재 로잔교수회 활동과 아시아기독교사학회 활동을 하고 있다. 특히 로잔운동의 역사와 신학, 로잔운동 내 전도신학(유대인 전도, 무슬림 전도, 힌두교도 전도, 불교도 전도 등)을 연구 분석 중이다.

박희규

朴憙圭, Heu-Gyu (Dave) Park, 1958년 8월 25일 -

학력

1981. 총신대학교(신학, B.A.)
1984. 총신신학대학원(조직신학, M.Div.)
1991. 미국 Reformed Theological Seminary (D.Min. 수료)
1996. 미국 Reformed Theological Seminary (신약신학, Th.M.)
1998. 미국 Reformed Theological Seminary (선교신학, D.Miss.)
2007. 미국 Reformed Theological Seminary (선교전략, Ph.D. in ICS)

경력

1979. 04. - 1984. 04. 동도교회 교육전도사
1984. 04. - 1984. 08. 해군 군목
1987. 09. - 1988. 11. 동도교회 협동목사
1989. 01. - 1992. 07. 미국 나성한인교회 부목사
1993. 08. - 1996. 12. 미국 스탁빌한인교회 담임목사
1998. 11. - 1999. 02. 왕성교회 부목사
1999. 03. - 2017. 02. 칼빈대학교 및 대학원 교수
1999. 03. - 2017. 10. 세계로교회 담임목사
2007. 03. - 2014. 5. 미국 Reformed Theological Seminary 객원교수(Adjunct Professor)
1996. 03. - 2024. 현재. 한국개혁신학회 회원 (선교학회분과장 역임)
1999. 01. - 2024. 현재. 한국복음주의 선교신학회 회원
2017. 11. - 2024. 현재. 미국 산타마리아 뉴비전교회 담임목사
2021. 09. - 2024. 현재. 미국 International Reformed University & Seminary(IRUS) 선교신학 교수

전공 분야

선교 역사, 선교신학, 선교전략, 선교인류학, Cross-cultural Communication

박사학위 논문

"Cooperation in Missions in the Formation and Development of the Korean Presbyterian Church, 1884-1912."(지도교수: John A. McIntosh)

한국 장로교회 초기(1884-1912)의 형성과 발전에 나타난 선교협력의 성격과 특징에 관한 연구이다. 연구의 초점은 다음과 같다. (1) 이 기간 동안에 한국에서 선교활동을 한 미북장로교회의 선교협력정신의 배경과 성격은 무엇인가? (2) 이 기간 동안 재한 미북장로교(NAPC) 선교회와 그들의 선교정책이 한국 장로교회 형성과 발전에 끼친 역할과 영향력은 무엇인가? (3) 이 기간 동안 한국 장로교회와 재한 미북장로교 선교회의 사역 사이에 어떠한 범주와 역동성이 작용했는가?

연구방법은 Qualitative Methodology, Historical Method를 채용했다.

연구 결과 The North American voluntary missions societies, the ABCFM, the ISMA, and SVM의 선교협력정신에 영향을 받은 미북장로교회는 그들의 교단 행정과 집행, 지향점 등에서 선교협력정신이 드러난다. 그 선교협력정신은 interdenominational 성격이 강하고, 재한 선교부의 선교협력정신이 초기 한국 장로교회 설립과 발전에 나타난다.

재한 북장로교 선교부의 선교협력의 성격은 네 범주로 요약할 수 있다. (1) 재한 북장로교 선교사들 상호 간의 협력(호주선교부 KM PVC 선교사 포함), (2) 재한 선교부 간의 협력-북장로교 선교부, 재한 감리교 선교부 KM MEC, 재한 남감리교 선교부 KM MECS, (3) 재한 북장로교 선교사들과 한국 교회(native Koreans)와의 협력(사역자와 교인), (4) 재한 북장로교 선교부와 재한 감리교 선교부, 재한 남감리교 선교부, 독립선교부(non-denoninational bodies), 한국인들 사이의 협력선교이다.

협력선교의 결과로 (1) 선교사역의 효율성 증대, (2) 중복사역의 감소(시간, 재정, 인원), (3) 한국 장로교 독노회 설립(1907)과 총회 설립(1912), (4) 한국 장로교회의 형성과 발전의 초석 마련, (5) 한국 장로교회의 비약적 발전을 가져왔다.

1884-1912년 기간 중 미북장로교회를 중심으로 한국 장로교회를 설립하는 선교 속에 나타난 다양한 선교협력에 관한 역사적 사실을 연구한바, 한국 교회 여러 교단, 선교부, 선교단체, 다양한 임의 특수 선교단체와 일선 선교사들이 세계 선교현장에서 반드시 숙고하고 실천해야 할 선교 정신이며, 선교전략으로서 'Cooperation and Partnership in Missions'을 일깨우는 데 공헌할 수 있을 것이다.

배아론

裵雅論, Aaron Bae.

학력

2005. 고신대학교(B.Th.)
2008. 미국 Reformed Theological Seminary (M.Div.)
2012. 미국 Reformed Theological Seminary (Ph.D. in ICS)

경력

2002. - 2005. 부산 남천교회 전도사
2006. - 2010. 미국 잭슨한인교회 전도사/강도사/목사
2012. - 2012. 미국 Central Baptist Theological Seminary Visiting Professor
2012. - 2015. 미국 훼드럴웨이중앙장로교회 목사
2015. - 2024. 현재. 고신대학교 국제문화선교학과 부교수
2015. - 2024. 현재. 부산 사직동교회 협동목사

저서

『선교영어회화 & 영어기도법』(CLC, 2015, 공저)

논문

"선교학 영역의 연구방법론 확장을 위한 근거이론의 적용." 「개혁논총」 58(2021, 공동연구)

"A Study on a Christian view of People and Land in Multi-cultural Society." 「개혁논총」 52(2020)

"Political Agenda and Contextualization: Analysis of South African Policy, the Apartheid." 「신앙과 학문」 25/2(2020)

"A Case Study on Justification of Unbiblical Contextualization: An Analysis of the Afrikaner's Theology for Apartheid." 「개혁논총」 48(2018)

"Universality and Diversity of Ethnicity: A Biblical Alternative Approach for Ancestor Worship in Zulu Context." 「한국개혁신학」 54(2017)

"A Possibility in Reformed Intercultural Communication Approach: Bavinck's Five Magnetic Points and Hiebert's Critical Contextualization as Alternative Methods." 「개혁논총」 36(2015)

"Understanding the Concept of 'Family' in Mexican and South African Zulu Cultures."

「신앙과 학문」 20/4(2015)

"Meaning of God of Abraham, Isaac and Jacob in Ex 3:6: In perspective of Korean and African Context." 「개혁논총」 32 (2014)

전공 분야

복음주의 선교신학, 선교훈련, Cross-cultural Communication, 상황화/토착화, 선교현장 연구

박사학위 논문

"Understanding Ancestor Worship Among Korean Christians: A Case Study of Koreans in the Jackson, Mississippi Area."(지도교수: Samuel Larsen)

북미(미국)에 살고 있는 한인 그리스도인들이 이해하는 조상숭배에 관한 연구이다. 연구방법은 질적 연구와 부분적 양적 연구방법을 택했으며, 북미 미시시피주를 특정하여 한인 그리스도인들이 표면적 그리고 이면적으로 이해하고 평가하는 조상숭배에 관한 연구를 기술하였다. 이 연구를 위해 개인 인터뷰와 포커스 그룹 인터뷰(FGI)를 시행하였다.

이 논문은 세 가지의 영역으로 구성되는데, 먼저 성경적 존재론적인 접근은 십계명으로 시작하여 성경의 여러 본문을 연구하였고, 두 번째로 사회과학적 이론 영역에서는 상호 문화 커뮤니케이션 이론과 상황화 이론을 소개하였다. 일반적인 사회과학적 이론의 접근은 잠재적 혼합주의의 위험이 있어 대안적 방법으로 폴 히버트의 비판적 상황화 이론을 제시하였다. 마지막으로 조상에 대한 한국의 문화적 이해는 조상숭배와 제사의 역사적 문화적 배경을 다루었으며 질적 연구의 결과(findings)를 제시하였다.

대부분의 참여자가 인식하는 조상숭배의 문제는 상호 간의 커뮤니케이션(two-way communication)에 있다는 결론이 도출되었다. 연구자는 한국 교회에 자리잡은 대부분의 추도예배가 상황화의 모호한 결과라고 주장하고, 좀 더 성경적 상황화에 근접한 대안적 상황화 모델을 제시하였다. 이 논문의 기여와 공헌은 전반적으로 이론 중심의 연구방법론이 주류인 선교학 분야에 현장 지향적 연구방법을 제시하였다는 점이다.

사역 및 연구활동

현재 고신대학교 국제문화선교학과에 재직하면서 영어 채플 교목으로도 활동 중이며, 주일에는 부산 사직동교회에서 외국인 사역을 하고 있다. 개혁주의 선교신학 연구에 관심이 있으며 특히 하나님 나라의 관점의 선교학을 추구하고 있다. 또한 개혁신학을 근간으로 상황화, 다문화, 그리고 현장지향적인 연구방법론에도 관심이 있다. 특히 내러티브 탐구와 근거이론 등의 질적 연구 분야에 관심이 있어 선교학 영역에 다양한 연구방법론이 뿌리내리기를 기대하고 있다. 근래에는 역량 기반 등의 교육학적 도구를 활용한 선교 교육 등의 연구에도 관심이 있으며, 미래 선교정책과 선교훈련 커리큘럼에 기여를 하고 싶은 열정이 있다.

사역 또한 선교학과 관련된 분야에 초점을 맞추고 있는데, 고신대학교에서는 외국인 대상으로 교목 활동을, 지역교회에서는 다문화 사역을 해오고 있다. 외국인 채플에 참석하는 필리핀, 캄보디아, 카메룬, 베트남, 멕시코 등 세계 각지에서 온 학생들이 문화적 다양성을 존중하며 동시에 다문화를 지향하여 학교 공동체 일원으로 잘 적응할 수 있도록 돕고 있다. 주일 사역은 외국인 유학생, 한국에 정착한 지 오래된 외국인, 그리고 한국에서 태어난 외국인 등 언어와 피부색이 다르지만 지역사회의 일원으로 살아가는 이들이 지역사회뿐 아니라 교회 공동체에 효과적인 적응과 성경적 목양에 초점을 맞추고 있다.

백명식

白明植, Baek, Myung-Sik, 1978년 12월 15일 -

학력

2011. 서울한영대학교 통역대학원(영어통역학, M.A.)
2014. 백석대학교 신학대학원(목회학, M.Div.)
2019. 백석대학교 기독교전문대학원(선교학, Ph.D.)

경력

2018. 03. - 2019. 02. 서울사이버대학교 보건행정과 외래교수
2019. 03. - 2020. 02. 유원대학교 보건의료행정과 강사
2019. 08. - 2023. 02. 백석문화대학교 보건의료행정과 강사
2012. 10. - 2024. 현재. 따뜻한교회(구 아가페교회) 담임목사
2019. 01. - 2024. 현재. 따뜻한공동체 대표

논문

"해외선교사 긴급 의료 지원에 관한 방안." 「선교와 신학」 57(2022)
"아모스 시대 국제 관계를 통한 변혁적 선교." 박사학위 논문(2019)

전공 분야

복음주의 선교신학, 선교전략, BAM, Cross-cultural Communication, 한국 교회의 타문화권 선교, 이주민/다문화 선교, 상황화/토착화, 선교현장 연구

박사학위 논문

"아모스 시대 국제 관계를 통한 변혁적 선교."(지도교수: 장훈태)

기원전 8세기를 배경으로 아모스 시대의 정치·사회·종교적 현상을 보고, 당시 남·북 왕조를 중심으로 형성된 국제 관계와 국제 정세의 통합적 관찰과 급변하는 국제 정세를 거울 삼아 현대 선교 방안의 필요성을 모색한다. 반면 세계적으로 이슈가 되고 있는 주제와 새로운 미래를 준비하는 선교전략 차원에서 현대선교 방안을 도출하려는 것이다.

아모스와 호세아, 미가와 이사야 선지자들을 통한 메시지는 오늘날 현대 상황에 대입해 볼 때 정치·경제·사회·문화적으로 매우 유사하며, 당시 권력자들과 백성들의 행동을 볼 때 우리에게 시사하는 바가 매우 크다. 또한 국제 정세의 변화 속에 선지자들을 통하여 국가와 사회를 향한 선포를 다시금 오늘날의 환경에 적용해본다.

세계는 급속한 변화의 물결을 타고 있다. 정치·경제·사회· 문화 등의 요소가 발달한 선진국에서는 윤택한 삶을 누리는 반면, 아프리카를 비롯한 여러 지역에서는 전쟁과 기근으로 인하여 고통을 겪는다. 그리고 정치적 문제로 발생하는 난민, 종교적 박해로 고통을 당하는 사람들도 매우 많다. 이렇게 변화가 많은 국제 정세 속에 현대 선교의 핵심, 즉 혼돈 속에 있는 세상을 향해 기독교가 나아가야 할 선교의 방향과 아모스와 호세아, 미가와 이사야의 사역 조망을 통한 메시지를 도출하여 실현하고자 하는 데 있다.

사역 및 연구활동

2012년 경기도 부천에서 5명의 외국인 근로자와 함께 교회를 개척하여 현재에 이르고 있다. 필리핀, 베트남, 인도네시아 등 이 땅에 디아스포라로 있는 지체들과 낮은 곳에서 나누며 섬기고 있고, 2005년부터 보건 의료계에 종사하며 현재까지 세상과 사역의 현장에서 하나님 나라의 확장을 위해 노력하고 있다.

백미순

白美順, Baek, Mi Soon, 1971년 7월 1일 -

학력

1995. 공주사범대학교(음악교육학, B.A.)
2009. 미국 American University of California (상담학, M.CE.)
2019. 숭실대학교 일반대학원(기독교통일지도자학, Ph.D.)

경력

1996. 10. – 2015. 10. 관인 강남음악학원 대표
2009. 07. – 2017. 06. 민주평화통일자문회의 안산시협의회 문화예술분과 위원장
2021. 04. – 2023. 04. 서울시 남북교류협력위원회 위원
1997. 01. – 2024. 현재. 행복문화예술포럼 대표
2017. 09. – 2024. 현재. 민주평화통일자문회의 서울강서구협의회 통일안보분과 위원장
2019. 10. – 2024. 현재. 민주평화통일자문회의 통일아카데미 강사
2020. 10. – 2024. 현재. 숭실평화통일연구원 전문연구원
2023. 09. – 2024. 현재. 민주평화통일자문회의 평화통일포럼 연구위원

논문

"북한 사회의 문화적 딜레마." 숭실평화통일연구원 평화통일논평(2023)
"탈북청소년의 사회교류 증진 방안에 관한 연구: 음악치료를 중심으로." 「평화통일논총」 2/2(2023)
"기독교 NGO를 통한 북한 선교전략 연구." 「선교신학」 54(2019)
"북한 수령형상 음악의 종교성과 선교적 시사점: 기독교적 특성을 중심으로." 「선교신학」 56(2019)
"기독교 관점의 통일비용 재원 마련 방안 연구." 숭실대학교 평화통일연구원(2017)

전공 분야

통일 선교, 통일 문화, 북한 인권, 북한 음악, 북한 현안, 선교현장 연구

박사학위 논문

"북한의 수령형상 음악에 인입된 기독교적 특성 연구."(지도교수: Jamie Kim)

이 연구는 한반도 통일의 과정과 통일 이후 남북한 주민들이 직면할 가장 큰 문제가 사상적 괴리감이라는 인식에서 출발한다. 무엇보다 북한 주민들에게 깊이 뿌리내려 있는 주체사상의 문제가 심각하다는 전제하에 이러한 주체사상을 세뇌하는 데 음악이 결정적 역할을 하고 있다고 보았다. 북한 정권에서는 각종 음악적 요소를 활용하여 김일성, 김정일, 김정은 가계에 대해 우상화, 신격화하고 있다. 이 논문에서는 이러한 범주의 북한 음악을 '수령형상 음악'이라고 지칭한다.

연구자는 음악을 전공한 학문적 배경을 바탕으로 북한의 수령형상 음악에 대한 연구를 축적하는 과정에서 북한 음악과 기독교의 찬송가 사이에는 가사와 악곡 측면에서 밀접한 유사성이 있음을 발견하였다. 따라서 수령형상 음악과 기독교 찬송가의 공통성을 적절히 활용할 수 있다면 한반도 평화통일시대를 대비하여 남북한이 직면할 사상적 괴리감을 줄일 수 있겠다고 추론하였다.

북한의 수령형상 음악 연구에서는 북한 음악 전체를 망라할 수 없기 때문에 서로 비교분석이 가능한 악곡과 음원을 중심으로 연구를 진행했다. 자료 분석을 통해 선곡된 악보를 바탕으로 연구한 결과 수령형상 음악의 가사에는 기독교의 교리가, 악곡에는 한국 복음성가의 선율이 인입되어 있음을 발견하였다.

이 논문은 북한의 수령형상 음악과 기독교의 찬송가를 비교 분석하는 주제와 관련해서는 처음으로 연구의 문을 열었다는 점에 학문적 의의가 있다. 또한 북한 음악에 찬송가의 속성들이 인입되어 있음을 논증하고, 북한 수령형상 음악의 악곡에 인입된 한국의 복음성가적 특성을 추출하여 양자 간의 분석을 통해 공통점과 차이점을 도출하였다. 특히 북한의 현 정권인 김정은 시대에 활용되고 있는 음악을 중점적으로 연구했다는 점에서 의의가 있다.

북한 음악은 수령의 주요 정책을 가사에 담고 있기 때문에 노래의 제목과 내용만으로도 정치적 흐름을 파악할 수 있다. 논문에서 한반도 통일과 북한 선교를 위한 선교적 시사점을 제시하였는데, 음악치료를 통한 선교적 접근과 기독교 찬양을 통한 영적 접근이며, 그 핵심은 북한 주민들의 사상과 삶 속에 자리잡고 있는 수령형상을 창조주 하나님으로 대체시키는 것이다.

사역 및 연구활동

숭실대학교 대학원에서 기독교통일지도자학을 전공하여 박사학위를 취득하였으며, 숭실평화통일연구원 전문연구원으로 활동하고 있다. 또한 대통령 직속 헌법기관인 민주평화통일자문회의 사무처 주관 평화통일아카데미, 평화통일시민교실에서 '음악으로 열어가는 통일의 문', '평화통일 문화력'이라는 주제 강의를 통해 남한 주민의 평화통일 공감대 형성에 기여하고 있다. 연구는 남북한 주민이 가지고 있는 사상적, 문화적 괴리감을 줄여 나가는 측면에서 다양한 학술적 접근을 시도하고 있다.

백종구

白鍾九, Paek Chong - ku(Paik Jong Koe), 1955년 1월 22일 -

학력

1976. 한국외국어대학교(네덜란드어, B.A.)
1985. 네덜란드 Leiden University(신학, B.Th.)
1989. 네덜란드 Leiden University(신학, Th.M.)
1998. 네덜란드 Leiden University(문학, Ph.D.)

경력

1999. 01. - 2010. 12. 사단법인 한국교회사학연구원 운영위원 및 국제협력본부장
1999. 03. - 2007. 02. 관동대학교 기독교학과 강사 및 겸임교수
2001. 01. - 2007. 02. 명진교회 및 명지대학교 교회 협동목사 및 선교목사
2007. 03. - 2020. 02. 서울기독대학교 신학전문대학원 교수
2007. 03. - 2020. 02. 예수사랑교회 협동목사
2011. 06. - 2024. 현재. 아시아기독교사학회 3대 회장 및 이사

저서

『한국 그리스도의교회의 역사』(쿰란, 2018, 공저)
『한국 초기 개신교 선교운동과 선교신학』(한국교회사학연구원, 2002)

논문

"동아시아 기독교 아카이브 보존체제 구축: 아카이브가 생성되는 역사적 맥락의 재구성, 아카이브의 취득 방식, 아카이브의 유형을 중심으로." 「한국기독교문화연구」 17(2022)

"그리스도의교회 커닝햄선교회의 직접 후원 선교: 그리스도의교회의 재건에서 자립까지(1945-1997)." 「선교와 신학」 51(2020)

"도쿄 요츠야선교회와 재일 한인교회: 미카와시마(三河島) 조선기독교회의 형성(1924-1960년대)." 「한국교회사학회지」 53(2019)

"네덜란드 개혁교회와 일본 선교: 동인도회사의 일본인 선교와 네덜란드인 회사원 목회(1609-1853)." 「선교와 신학」 48(2018)

"알렉산더 캠벨과 한국 그리스도의교회: 성경의 권위." 「한국교회사학회지」 48(2017)

"윌리엄 D. 커닝햄의 일본 선교와 요시야선교회: 직접 후원 선교의 개척." 「선교와 신학」 39(2016)

"기독교 문화유산의 활용: 양화진 외국인선교사 묘원 선교사 관련 자료 조사·수집 및 DB 구축." 「한국기독교신학논총」 92(2014)

"버마의 기독교와 민족주의 운동: 까렌족을 중심으로(1807-1948)." 「한국교회사학회지」 37(2014)

"The Policy on Religion and Protestant Christianity in Modern Korea, 1945-2010: History and Prospect." *Ching Feng: A Journal on Christianity and Chinese Religion and Culture* 12/1-2(2013)

"윌리엄 D. 커닝햄과 한국인 선교: 동경 요시야 선교회를 중심으로." 「한국기독교신학논총」 83(2012)

"한국대학생선교회의 민족복음화운동: 신학과 실천(1960-1980년대)." 「성경과 신학」(2012)

"John Ross and the Church in Korea: Bible Translation and Church Planting(1870-1900s)." Jan A. B. Jongeneel et al. *Christian Presence and Progress in North-East Asia*(Frankfurt am Main: Peter Lang, 2011)

"한국 개신교 선교부 교육사업의 추이(1885-1942)." 「역사신학논총」 14(2007)

"선교사 사무엘 모펫의 지도력." 「선교신학」 12(2006)

"한국 초기 개신교 선교사 문서에 나타난 주제들." 「선교신학」 11(2005)

"한국 초기 개신교 선교부의 기복신앙: 구한말 민간신앙의 기복적 요소 수용 과정을 중심으로." 「한국교회사학회지」 13(2003)

전공 분야

선교 역사, 복음주의 선교신학, 타종교, 불교, 상황화/토착화

박사학위 논문

"Constructing Christian Faith in Korea: the earliest Protestant mission and Ch'oe Pyŏng-hŏn."(지도교수: B.C.A. Walraven, W.J. Boot)

서구 기독교 복음이 타문화권 선교지에 수용되는 과정을 추적하는 연구의 일환으로, 한국 초기 개신교(미국 북장로교와 북감리교)의 수용 과정을 연구하였다. 서구 개신교가 소개되던 구한말(19세기 말-20세기 초) 한국은 서구와 현저히 다른 문화권에 속하는 선교지로서 기독교 복음이 성공적으로 빠르게 정착하였다. 이 연구는 개신교 선교부가 구한말 한국인에게 전한 기독교 복음의 내용(교리와 윤리)을 재구성하고, 한국인에게 전달된 기독교 교리를 선교지 한국의 전통종교(유교와 불교)의 시각에서 이해하고 변호하는 감리교 목사 최병헌(崔炳憲, 1858-1927)의 토착화 사상을 분석하였다.

두 개의 가설을 분석의 틀로 사용했다. 첫째 가설은 철학자 한스 G. 가다머(Hans Georg Gadamer)의 해석학 원칙으로 메시지는 그 메시지가 전해져야 할 사람(수신자)의 구체적 상황에 적응되어야 한다는 것이다. 두 번째 가설은 종교사회학적 가설로 종교와 사회는 서로 영향을 주고받는다는 것이다. 종교는 사회의 기존 질서를 유지

하거나 변혁하는 기능을 하고, 반대로 기존 사회에 일어난 어떤 변화는 기존 종교의 내용을 변경할 수 있다.

논문은 총 6장으로 구성되는데, 서론 후에 나오는 2장은 구한말 한국의 사회와 종교의 상황을 분석하고 당시의 정치사, 특히 전통사회에서 현대사회로 넘어가는 1860년대부터 1910년대까지의 시기에 주목한다. 3장은 개신교 선교부의 선교사역, 국가와 선교부의 관계, 선교부와 전통종교/사회운동들과의 관계를 다루고, 4장과 5장은 개신교 선교부가 한국에 전한 기독교 복음, 즉 교리와 윤리를 재구성하고, 6장은 최병헌의 토착화 사상을 다룬다.

연구의 결과는 다음 세 가지 점에서 기존의 연구를 보충하여 준다. 첫째, 초기 개신교 선교사들이 전한 기본적 교리, 즉 신과 구원, 그리고 영생에 대한 교리를 체계적으로 재구성하였다. 둘째, 개신교 선교사들이 전한 복음에서는 교리와 사회윤리가 서로 밀접하게 연결되었다. (교리는 사회적 가치와 규범을 정당화해주는 이론적 기초로 사용되었다). 셋째, 복음이 선교지 한국에 전달되는 과정에서 선교사들이 본국에서 선포한 복음의 내용이 선교지의 전통종교와 사회적 상황에 적응하여 토착화되는 과정을 보여주었다.

사역 및 연구활동

1999년부터 강릉 소재 관동대학교 기독교학과에서 교회사를, 교양학부에서 기독교 관련 과목을 강의하고 연구하였다. 2000년 목사 안수를 받은 후 2001년부터 서울 명진교회(담임목사 유병우)에서 협동목사로 주일 오후 예배를 인도하고, 2003년 담임목사를 따라 사역지를 명지대학교교회로 옮겨 선교목사로 매주 토요일 저녁 청년부와 청년회 예배를 인도하고, 특히 청년부의 청년 리더 훈련 프로그램, 수련회, 단기선교 및 전도활동을 지도했다.

1999년부터 한국교회사연구원(원장 민경배)의 운영위원 겸 국제협력본부장으로 동북아기독교사학협의회가 주관하고 한국교회사연구원이 주최하는 동북아기독교사학 국제세미나를 기획하고 운영하였다. 이 협의회의 목적은 동북아 교회사학자들 간 학술 교류와 동북아 지역교회의 성장을 촉진하고, 기독교 역사를 공부하는 대학원생들의 시각을 확대하고 젊은 세대들 간 협동심을 조장하는 기회를 제공하는 것이다. 이후 10여 년 동안 동북아기독교사학 국제세미나는 한국, 일본, 중국을 돌아가며 9회에 걸쳐 개최되었고, 총 122편(한국 43편, 일본 30편, 중국 49편)의 논문이 발표되었으며, 특별 게스트 외에 총 545명(한국 275명, 일본 193명, 중국 77명)이 참석하였다.

2007년부터 서울기독대학교에 전임교수로 재직하였다. 학부 신학과와 신학대학원과 일반대학원에서 교회사를 가르치고 연구하였으며, 학교 채플을 인도하였다. 신학과 과장을 보직으로 맡으면서 아시아, 아프리카 출신 외국인 학생 60여 명을 대상으로 영어 교육과정을 운영하고, 2008년 서울기독대학교 외국 학생회인 국제학생연합(International Students' Union, ISU)을 권면하여 매년 1회 소식지 Rainbow(2008-2010)를 발간하게 하였다. 또 외국인 학생들이 재정 문제에 신경을 쓰지 않고 오로지 학업과 영적 훈련에 매진하도록 동료 교수들과 함께 '레인보우 장학회'(Rainbow Fund)를 만들었다.

2007년 네덜란드 선교학자 용어네일 교수를 동북아기독교사학 국제세미나와 서울기독대학교 게스트 설교자로, 2019년 나카무라 사토시 교수를 아시아기독교사학회 학술대회와 서울기독대학교 게스트 설교자로 초빙하였다.

2008년에는 미국 테네시주에서 열린 그리스도교의교회 세계대회(19th World Convention)에 한국 그리스도교의교회(유악기) 대표의 일원으로 참석하였다.

2011년부터 아시아기독교사학회 이사로 활동하고 3대 회장직(2016-17)을 맡았다. 이 학회는 아시아 기독교에 관심 있는 역사학자와 선교사 및 선교학자의 연구기관으로 아시아 기독교의 역사, 신학, 선교에 대한 연구와 회원 상호 간의 친목 도모를 목적으로 하였다.

2011년 미국 테네시주 내슈빌 소재 제자회역사학회(Disciples of Christ Historical Society)와 인디아나주 인디아나신학교를 방문하여 미국 그리스도교의교회 선교사 윌리엄 D. 커닝햄이 발간한 월간 선교보고서 「도쿄 크리스천」(*Tokyo Christian*)의 복사본을 수집하고, 이후 동 선교보고서에 빠진 부분을 추가로 보충하여 한국 그리스도교의교회(유악기)의 초기 역사와 일본 그리스도교의교회(유악기)의 역사에 대한 연구를 시작하였다. 이 연구의 결과 4편의 논문이 등재지에 발표되었고, 일본 그리스도교의교회 학자들과 공동으로 이와 관련된 연구를 여전히 진행하고 있다.

서정운

徐正運, Suh Jungwoon, 1937년 2월 1일 –

학력

1963. 한남대학교(성문학과, B.A.)
1966. 장로회신학대학교(신학과, B.D.)
1969. 미국 Calvin Theological Seminary(Th. M.)
1988. 미국 San Francisco Theological Seminary(S.T.D.)

경력

1969. – 1972. 한남대학교 교수(전임강사/조교수)
1972. – 1977. 인도네시아 선교사
1977. – 1982. 장로회신학대학교 교수(부교수/실천처장/교무처장)
1982. – 1985. 한남대학교 부교수
1985. – 1992. 장로회신학대학교 교수(실천처장/목회학박사원장)
1991. – 2000. 장로회신학대학교 학장 및 초대 총장
1992. – 1994. 한국선교신학회 설립 및 초대 회장
1996. – 1997. 전국신학대학협의회(KAATS) 회장
2000. – 2024. 현재. 장로회신학대학교 명예총장, 미국 LA 미주장신대학교 총장

학위논문

"Problems and Perspective of the Diaconel Work of the Korean Church." 신학석사(Th. M.), 미국 Calvin Theological Seminary (1969)
"A Critical Study on the Concept of Mission of the Presbyterian Church of Korea with Implication for the Futures." 신학박사(S.T.D.), San Francisco Theological Seminary(1988)

저서

『단순한 선교』(케노시스, 2020)
『우리는 모두 이야기로 남는다』(요새미티, 2020)
Spirituality and Theology in Mission: An Asian Perspective(장신대출판부, 2000)
『교회와 선교』(두란노서원, 1998)

번역서

『성서적 교회성장』(대한기독교출판사, 1984)
『서구 기독교의 상징』(대한기독교서회, 1968)
『현대의 기독교 선교』(대한기독교서회, 1968)

논문

"선교와 신학." 「선교와 신학」 1(1998)
"선교 동역과 한국교회." 「교회와 신학」 30(1997)
"세계와 선교(World and Mission)." 「교회와 신학」 28(1996)
"선교와 선교사." 「장신논단」 9(1993)
"21세기의 선교 방향." 「교회교육」 197(1992)
"선교사에 대한 바른 이해." 「교회와 신학」 24(1992)
"성령과 선교." 「교회교육」 191(1992)
"현대의 가정." 「교회교육」 189(1992)
"서구 선교의 역사적 교훈." 「장신논단」 7(1991)
"종교다원주의와 기독교 선교." 「교회와 신학」 23(1991)
"90년대 한국교회의 선교 과제." 「기독교사상」 473(1990)
"마포삼열이 한국교회에 끼친 영향." 「장신논단」 6(1990)
"한국장로교회(통합) 선교관에 관한 연구." 「교회와 신학」 22(1990)
"회개하는 마음으로 더 높은 곳을 향해." 「목회와 신학」(1990. 9.)
"더욱 고조되어 갈 선교 열정." 「빛과 소금」(1989. 1.)
"우리 교단의 선교의식의 변화 추세에 관한 연구." 「교회와 신학」 21(1989)
"인물로 본 현대신학 14: 호켄다이크의 신학사상." 「기독교사상」 363(1989)
"제2차 로잔대회의 신학적 동향." 「장신논단」 5(1989)
"세계선교의 환상을 고수하자."「빛과 소금」(1988. 1.)
"요하네스 후켄다이크의 선교관." 「교회와 신학」 20(1988)
"하나님의 영광을 위한 선교." 「장신논단」 4(1988)
"교회성장에 대한 신학적 평가." 「기독교사상」 345(1987)
"선교와 교회." 「총신」(1987. 2.)
"선교와 민심(Mission and the People's Aspiration)." 「교회와 신학」 19(1987)
"전도와 선교." 「장신논단」 3(1987)
"거룩히 여김을 받으소서." 「교회교육」(1986. 7.)
"바람직한 농촌선교는?." 「빛과 소금」(1986. 3.)
"산업선교를 요청한다." 「빛과 소금」(1986. 1.)
"새로운 선교와 교회 구조." 「기독교사상」 335(1986)
"세계의 조작자에서 청지기로." 「교회교육」(1986. 11)
"학원선교에 대한 몇 가지 제언." 「빛과 소금」(1986. 2.)
"교도소선교 왜 필요한가?." 「빛과 소금」(1985. 11.)
"교회와 선교." 「빛과 소금」(1985. 5.)
"군선교 이렇게 하라." 「빛과 소금」(1985. 12.)
"근대선교운동의 발흥." 「빛과 소금」(1985. 8.)
"선교: 아직 끝나지 않은 과제." 「빛과 소금」(1985. 4.)
"선교적인 교회." 「빛과 소금」(1985. 7.)
"세계를 향하는 선교(화해하는 세계교회)." 「신앙세계」 205(1985)
"어떤 근거로 다원화 선교를 말하는가?." 「빛과 소금」(1985. 10.)
"영성 함양과 유산." 「교회교육」(1985. 9.)
"초대교회와 선교." 「빛과 소금」(1985. 6.)
"현대선교신학의 문제." 「기독교사상」 327(1985)
"현대의 새로운 목회 구조." 「월간 목회」(1985. 11.)
"신학적 현장화에서 본 해방신학." 「한남대학논문집」(인문·사회과학편, 14, 1984)

"도시교회를 위한 새로운 목회." 「월간 목회」 (1982. 12.)
"예수교장로회(통합)의 선교 개념에 대한 조사 연구." 「교회와 신학」 14(1982)
"한국교회의 선교적 공헌." 「현대 종교」(1982. 11.)
"초기 한국장로교회의 성장과 선교사들의 신앙 정신." 「교회와 신학」 13(1981)
"국제선교협의회(IMC) 결성의 배경." 「교회와 신학」 12(1980)
"변천하는 지역사회와 목회 형태." 「월간 목회」 (1979. 9.)
"교회와 사회." 「복된 말씀」(1979. 4.)
"선교신학보다 복회신학을." 「기독교사상」 252 (1979)
"신학교육과 경건: 경건 관련." 「교회와 신학」 11(1979)
"교회갱신과 평신도, 한국교회의 구조와 갱신." 「복된 말씀」(1978. 5.)
"목회 신학 서설, 목회의 기본방향 설정을 위하여." 「기독교사상」 243(1978)
"한국교회 복음적인가?." 「기독교사상」 246 (1978)
"회교권에 대한 기독교 선교." 「교회와 신학」 10 (1978)
"세계 선교를 위한 한국교회의 비전." 「복된 말씀」(1977. 12.)

소동옥

蘇東鈺, SO DONGOK, 1974년 3월 9일 -

학력

1996. 대전침례신학대학교(신학, B.Th.)
2000. 대전침례신학대학교 신학대학원(신학, M.Div.)
2008. 중국 칭화(清華)대학교(국제정치학 전공 법학석사, the Degree of Master of Law)
2015. 중국 베이징(北京)대학교(종교학, Ph.D.)

경력

1997. 03. - 2000. 02. 늘푸른침례교회 전도사
2016. 07. - 2023. 현재. 말레이시아침례신학대학 교수/선교사

저서

『구약성서에서 예수를 만나다』(대장간, 2014)

논문

"中国基督徒知识分子政教观研究."「基督宗教研究」(2015)

전공 분야

선교 역사, 복음주의 선교신학, 타종교

박사학위 논문

"1920-1940년 중국 기독교 지식인의 정교 관계에 대한 인식."(지도교수: 孫尙揚)

1920년대와 1930년대 민족주의가 만연한 중국에서 기독교와 제국주의는 모종의 끊을 수 없는 관계를 맺고 있었다. 또한 기독교와 중국문화의 관계도 점점 더 중요하게 여겨졌다. 그래서 토착화의 문제는 중국 기독교의 주요한 과제가 되었다. 이와 동시에 중국 기독교는 사분오열된 중국 국내 정국과 사회 개조를 요구하는 여론을 목도하게 되었다. 그리고 많은 중국 그리스도인들이 저마다 견해를 밝히고, 교회가 국가와 사회 안에서 담당해야 할 책임에 대하여 논하였다. 이 문제는 자연스럽게 정치와 교회의 관계 문제로 이어졌다.

이 논문은 1920년부터 1940년까지 중국 기독교 지식인의 정교 관계에 대한 인식이 다른 원인에 대한 해석을 시도하였다. 피터 버거의 다원주의(多元主義) 이론과 김종서의 소수요구(少數要求)론은 모두 이미 헌법상에 정교분리 제도를 가지고 있는 상황에서 1920년부터 1940년까지 중국 그리스도인의 정교분리 주장에 대한 원인을 해석할 수 없다. 그뿐만 아니라 중국 그리스도인들의 정교 관계에 대한 인식이 서로 다른 것에 대하여는 더욱 해석이 불가능하다.

사회변화관 이론은 1920년부터 1940년까지 중국 기독교 지식인의 정교 관계에 대한 인식이 다르게 나타난 원인에 대하여 설명하는 데 도움을 준다. 사회변화관이 중국 기독교 지식인에게 다양한 정교 관계에 대한 인식을 갖도록 했다는 가설을 검증하기 위해, 이 논문은 우레이추안(吴雷川), 자오즈천(赵紫宸), 장이찡(张亦镜) 그리고 왕밍따오(王明道) 등 네 가지 사례를 선택하였다. 이 네 명의 사례는 이 논문이 제시하고 있는 1920년부터 1940년까지 중국 기독교 지식인의 세 가지 정교 관계에 대한 인식을 모두 포함하고 있다. 그것은 각각 정교합일-우레이추안; 정교분리-자오즈천과 장이찡; 정교거부-왕밍따오이다. 이 논문은 사회변화관을 사회타락완고론(社会堕落顽固论), 사회진화론(社会进化论) 그리고 사회퇴화론(社会退化论)으로 구분하였다. 사회타락완고론은 중국 기독교 지식인들이 정교합일을 지지하도록 하였다. 사회진화론은 중국 기독교 지식인들이 정교분리를 지지하도록 하였다. 사회퇴화론은 중국 기독교 지식인들이 정교거부를 지지하도록 하였다.

이 논문은 사회변화관 이론을 새롭게 제시하였다는 평가를 받는다.

사역 및 연구활동

말레이시아침례신학대학에서 선교학과 성서학을 강의하고 있다. 전인적 선교와 종교사회학, 비유연구, 천국비유, 메시아 예언의 성취, 요한신학 등이다. 현재 연구하고 있는 영역은 선교해석학이다. 선교의 관점으로 성서를 해석하는 데 도움을 줄 수 있는 방법이 키아즘(교차대구)이라고 생각하고, 성서 속에서 키아즘을 발견하고 핵심 메시지를 찾아 그 핵심 메시지가 하나님의 선교였다는 것을 증명하는 연구를 하고 있다.

소윤정

蘇允禎, So Youn Jung, 1971년 6월 5일 -

학력

1994. 한세대학교(신학, B.Th.)
1999. 아신대학교 AIGS(M.Div.)
2003. 아신대학교 대학원(Th.M. in Missiology)
2008. 아신대학교 대학원(Ph.D. in ICS)

경력

2005. 09. – 2009. 06. 아신대학교, 한세대학교, 백석대학교 선교학 외래교수
2008. 09. – 2013. 02. 서울 금천양문교회 청년부 전도사
2009. 03. – 2024. 12. SIM선교회 이슬람선교 자문위원
2009. 07. – 2013. 02. 서울기독대학교 선교학 겸임교수
2010. 07. – 2018. 12. 한국복음주의선교신학회 「복음과 선교」 편집장
2014. 03. – 2020. 12. 아신대학교 ACTS 신학연구소 「ACTS 신학저널」 편집장
2019. 03. – 2024. 12. 「월드뷰」 편집위원
2019. 12. – 2020. 11. 한국복음주의선교신학회 회장
2021. 12. – 2024. 11. 한국복음주의선교신학회 「복음과 선교」 편집위원장
2023. 04. – 2024. 12. 한국교회를 위한 이슬람 아카데미 선교회(한이강) 대표
2013. 03. – 2024. 현재. 아신대학교 선교대학원 교수
2013. 03. – 2024. 현재. 아신대학교 ACTS 세계지역연구소 아랍문화연구원 연구교수

저서

『21세기 이슬람 선교: 무슬림 난민과 디아스포라』(CLC, 2020)
『꾸란과 성령』(CLC, 2020, 개정증보판)
『무슬림의 아내들』(CLC, 2018, 개정증보판)
『기독교와 이슬람』(CLC, 2017)
『ACTS 이슬람 포럼 2013-2014』(ACTS 세계지역연구소 아랍문화연구원 편, 2015, 공저)

논문

"국제 로잔의 총체적 선교 개념과 차별금지법에 관한 침묵에 대한 한국교회의 복음적 대응." 「복음과 선교」 64/4(2023, 공동연구)
"대한민국 다음세대 복음화를 위한 로잔운동과

대한민국 세계사 교과서." 「복음과 선교」 62/2 (2023)
"다문화교육 표방하는 친이슬람 세계사 개정교과서." 「복음과 선교」 60/4(2022)
"조선 개화기 여성 기독교 선교를 통한 파키스탄 여성 선교전략." 「복음과 선교」 58/2(2022, 공동연구)
"로잔운동이 바라본 2021년 아프가니스탄 사태와 무슬림 여성." 「선교와 신학」 56(2022)
"한국 복음주의 선교신학 발전사로 본 장훈태 박사." 「복음과 선교」 54/2(2021)
"신학교 직업교육과정을 통해 본 21세기 상황화 선교전략에 관한 소고." 「복음과 선교」 51/3(2020, 공동연구)
"로잔 세계복음화운동과 이슬람권을 향한 기독교선교운동." 「ACTS 신학저널」 40(2019, 공동연구)
"한국 교회와 국내 난민 선교." 「성경과 신학」 87(2018, 공동연구)
"시리아 난민교회 개척을 위한 선교적 함의(含意): 터키, 레바논, 요르단을 중심으로." 「영산신학저널」 44(2018)
"서부 아프리카 무슬림 여성들에게 복음을 전하기 위한 효과적인 접촉 방법: 한국인 기혼 여성 선교사의 역할의 중요성을 중심으로." 「복음과 선교」 42/2(2018, 공동연구)
"2000년 이후 KCI 게재 논문 중 기독교와 이슬람 관련 내용 분석." 「복음과 선교」 41/1(2018, 공동연구)
"레바논의 한인 선교사 시리아 난민 사역 현황과 선교적 전망." 「복음과 선교」 40/4(2017, 공동연구)
"미로슬라브 볼프 작(作) '알라'의 선교신학적 함의(含意)." 「복음과 선교」 38/2(2017)
"내부자 운동에 있어서 '선지자 무함마드'에 관한 소고." 「ACTS 신학저널」 30(2016, 공동연구)
"로잔운동 관점에서 본 이슬람교의 '할랄'과 한국교회" 「복음과 선교」 36/4(2016)
"유럽 이주 무슬림 정착 문제와 기독교 선교: 프랑스를 중심으로." 「성경과 신학」 78(2016)
"로잔운동과 이슬람 상황화: 위클리프(Wycliffe) 성경 번역 관련 이슈를 중심으로." 「복음과 선교」 31/3(2015, 공동연구)
"이슬람 원리주의 IS(이슬람국가) 활동과 사이드 꾸틉(Sayyid Qutb)의 지하드 이론에 관한 소 고." 「영산신학저널」 33(2015)
"영화 〈바세코의 아이들〉의 미디어 선교 전략적 함의." 「복음과 선교」 28(2014)
"로잔신학에 나타난 타종교와의 대화." 「복음과 선교」 27(2014)
"이슬람 '수쿠크'의 한국 상황화에 관한 연구." 「복음과 선교」 21(2013)
"한국의 이슬람화에 대응하는 기독교 선교 변증설교의 필요성: 성경의 아브라함과 꾸란의 이브라힘을 중심으로." 「복음과 선교」 24(2013)
"WCC의 타종교 선교정책에 관한 비판적 고찰: NCCK 신학노선을 중심으로." 「복음과 선교」 17/1(2012)
"한국 여성을 향한 이슬람의 '다와'(Dawah) 활동에 대한 기독교 대처 방안 연구: 유튜브(youtube) 영상 자료 분석을 토대로." 「복음과 선교」 18/2(2012)
"기독교적 관점에서 바라본 터키 수피즘의 영성에 관한 연구: 신과의 합일을 추구하는 '메블라나' 영성을 중심으로." 「성경과 신학」 58(2011)
"한국의 장묘문화에 대한 기독교 상황화 연구." 「복음과 선교」 15/2(2011)
"복음 증거를 위한 선교적 접촉점으로서 꾸란의 '이싸'와 성경의 '예수' 비교 연구." 「복음과 선교」 11/1(2009)
"정현경의 혼합주의적 신론에 관한 비판적 연구: 성령론을 중심으로." 「복음과 선교」 9/1(2008)

전공 분야

복음주의 선교신학, 타종교, 이슬람, 한국 교회의 타문화권 선교, 선교현장 연구

박사학위 논문

"이슬람교 꾸란의 '계시'적 관점에서 본 가브리엘 천사 개념에 대한 복음주의적 변증."(지도교수: 이동주)

꾸란의 '계시자'로 소개된 '가브리엘 천사'는 성서의 가브리엘 천사와 관계가 없고, 꾸란에서 '가브리엘 천사'를 '성령'이라고 설명하고 있으나 꾸란을 '계시'하여준 무명의 '영'은 창조주 하나님의 영인 성령과 아무 관계가 없다. '계시' 현상과 '계시'를 받은 무함마드의 삶과 가르침이 말하고 있듯이 그 무명의 '영'은 기본적으로 성령이 증거하는 예수 그리스도를 부인하고 있으며, 성령의 열매와는 무관한 두려움으로 무함마드를 주변 아랍인들에게 '미친 사람'으로 보이도록 만들었다. 무함마드를 괴롭게 하고 두렵게 한 무명의 '영'은 아랍 사회에서 시인에게 임하여 시적 영감을 주었던 '진'(Jinn)의 모습과 동일하다. 그러므로 당대에 많은 사람이 무함마드를 시인으로 취급한 것이다. 무함마드가 자신의 '계시' 체험을 표현한 단어들조차도 시인이 '진'을 체험하고 자신의 영적 체험을 표현하던 단어와 동일하다.

결론적으로 꾸란은 강력히 무함마드가 시인이 아니라고 부정하고 있지만, 무함마드 '계시'의 배경과 '계시' 체험과 '계시' 결과로 나타나는 무함마드의 삶과 꾸란의 가르침이 종합적으로 시사해주는 것은 꾸란 '계시자'는 가브리엘 천사가 아니고 성령은 더욱 아니라는 것이다. 꾸란 '계시자'의 실체에 관하여는 아랍 민족의 민속신앙과 아랍 사회에서 통용되던 시인의 샤머니즘적 '진' 체험을 바탕으로 재고되어야 한다.

이 논문은 선교변증학의 입장에서 이슬람의 도전에 대한 답변을 제시하였다는 평가를 받는다.

손윤탁

孫允鐸, Sohn Yoon Tahk, 1955년 3월 20일 -

학력

1976. 부산교육대학교(윤리교육, B.Ed.)
1981. 영남신학교 부산신학사(현 부산장신대)
1993. 장로회신학대학 신학대학원(M.Div.)
1996. 장로회신대학교 세계선교대학원(Th.M.)
2006. 장로회신학대학교 대학원(선교신학, Th.D.)
2012. 영남대학교 대학원(동양철학, Ph.D.)

경력

1976. 04. - 1989. 02. 경남여상, 우암초등학교, 대신초등학교, 배정초등학교 교사
1995. 09. - 2001. 10. 새구포교회, 늘사랑교회 담임목사
1998. 08. - 2018. 02. 장로회신학대학교 겸임(초빙)교수, 서울여자대학교, 영남신학대학교, 대전신학대학교 시간강사(외래교수)
2002. 03. - 2010. 02. 세계선교연구회 회장
2009. 10. - 2012. 12. 학교법인 정신여중고 법인이사
2010. 03. - 2020. 02. 국제사랑재단 공동회장(법인이사), 한일장신대학교 법인이사
2013. 11. - 2014. 10. 한국선교신학회 학회장
2015. 02. - 2020. 02. 서울성서신학원 이사장 및 원장
2001. 11. - 2023. 12. 효목중앙교회, 중곡동교회, 남대문교회 위임목사
2013. 07. - 2024. 12. 네팔 새언약신학대학교 이사장
2013. 10. - 2022. 06. 한국선교교육재단 설립 및 이사장(현 명예이사장)
2015. 02. - 2024. 02. 한국위기관리재단 법인이사(부이사장)
2019. 10. - 2024. 02. 사랑의장기기증운동본부 법인이사
2022. 12. - 2024. 10. 총회한국교회연구원 원장
2019. 04. - 2025. 현재. 한국기독교직장인선교목회자협의회 대표회장
2021. 10. - 2025. 현재. 한국월드비전 운영위원회 위원장

저서

『치유의 현장, 예수님과 함께』(총회한국교회연구원, 2023)
『아름다운 것을 지키라』(예영커뮤니케이션, 2022)

『복음과 에큐메니칼 신앙』(한국장로교출판사, 2021, 공저)
『선지자의 가슴으로』(예영커뮤니케이션, 2021)
『그 날』(예영커뮤니케이션, 2019)
『남산길, 닭울음소리』(비움채움, 2019)
『교회다운 교회』(예영커뮤니케이션, 2018)
『영적 부흥으로 민족의 동반자 되게 하소서』(나눔사, 2018, 공저)
『나그네 인생길』(따스한 이야기, 2017)
『무릎으로 가는 길』(따스한 이야기, 2015)
『복 받는 길』(따스한 이야기, 2015)
『절기 따라 가는 길』(따스한 이야기, 2015)
『땅 끝까지 끝 날까지』(한국장로교출판사, 2013)
『한국 교회와 선비정신』(케노시스, 2012)
『선교교육과 성장목회』(한국장로교출판사, 2011)
『주님과 함께 시작하는 삶』(범아출판, 2010)
『아름다운 발』(미션아카데미, 2009)
『길이 보입니다』(미션아카데미, 2008)
『선교적 교회 직분론』(미션아카데미, 2006)
『기다리는 사람들』(범아출판, 2004)
『나라별 충효순례』(충효국민운동본부, 2003)
『모든 무릎을 예수 앞에』(성지출판사, 1999)
『교회 성장의 지름길』(성지출판사, 1997)
『선교의 오솔길』(성지출판사, 1996)
『어머니의 사랑과 농민의 가슴으로』(농어촌정치문화사, 1995, 공저)
『구약성경의 산책』(범아출판, 1994)

논문

"한국선교신학회 태동의 선구자들." 「선교신학」 68(2022)
"복음과 에큐메니칼 신앙." PCK예장 제106회 총회석상(2021)
"새 시대의 선교 전망: 평신도의 선교동력화." 한국세계선교협의회 제20회 한국선교지도자 포럼(2021)
"순교와 선비정신." 「순교신학과 목회」 6(2021)
"직장선교 40년, 교회와 선교." 한국기독교직장선교연합회 제40주년 기념 제7회 직장선교 포럼(2021)
"직장선교, 기독교문화의 창달." 「직장선교회보」 55(2020)
"베트남 선교 30주년! 비라카미 선교신학을 말한다." 베트남 선교 30주년 심포지엄(2019)
"도시교회와 성장목회." 「월간목회」 510(2019)
"영적 부흥으로 민족의 동반자 되게 하소서." PCK 제103회 총회 주제 발표(2018)
"한국교회의 개혁과 갱신의 방향: 목회적 입장에서." 한국복음주의신학회와 한국선교신학회 제9차 공동학술대회(2017)
"정류 이상근 목사의 목회관과 선교정신." 정류신학회 제1회 학술모임(2016)
"선교교육과 통일." 『통일을 앞당겨 주소서』(예영커뮤니케이션, 2016)
"선교적 관점에서 본 WCC의 이해." PCK 제100회 총회석상 연구 결과 발표(2015)
"선교적 입장에서 본 한국교회와 선비기독교." 「PCK해외선교저널」 1(2014)
"선교적 교회론의 목회적 적용." 한국선교신학회 제3차 정기학술대회(2014)
"선지자의 사명과 북한선교." 「성경으로 읽는 북한 선교」(한국기독교통일연구소, 2013)
"만사운동의 교회사적 평가와 전망." PCK 제98회 총회석상 연구 결과 발표(2013)
"선교교육의 기초 이론과 실제." 「선교와 신학」 27(2011)
"디아스포라교회의 성장과 선교." 「선교신학」 27(2011)
"한국교회의 문제와 교회의 본질 회복을 위한 제언." 한국복음주의신학회와 한국선교신학회 제3차 공동학술대회(2011)
"에딘버러 세계선교사대회와 선교교육." 「선교신학」 24/2(2010)
"선교사 은퇴 안식과 실태와 향후 대책." 한국교회 대부흥 100주년 기념 선교전략논총(2007)

"대부흥운동과 교회성장." 「선교와 신학」 18 (2006)
"성경적 선교신학과 통전적 선교관." 「선교와 신학」 7(2001)
"북한교회재건론(한기총) 중심의 북한 선교정책." 세계선교연구회 제3차 선교학술대회 (2001)
"공산권 선교, 선교의 성경적 근거." 베트남 선교 20주년 기념 콘퍼런스(2009)

신학박사학위 논문

"에베소 4:11-12의 교회 직분과 선교의 관계성 연구."(지도교수: 이광순)

한국 교회의 당면한 문제의 원인을 '명목상의 그리스도인과 목적을 잃어버린 교회, 교회 지도자들의 정체성 위기'로 보고, 교회의 본질 회복을 위하여 모든 성도는 그리스도의 제자가 되고, 모든 직분자는 섬기며 봉사하는 자가 되어야 한다는 것을 전제로 모든 교회는 선교하는 교회로 거듭나야 한다는 것을 강조하는 '선교적 교회 직분론'이 이 논문의 요지이다.

선교적인 교회론은 선교적 교회 직분론으로 재정립되어야 함을 성서에서 목사라는 단어가 나오는 유일한 에베소서 4:11과 12절을 주석하고 교회 직분의 성격과 목적 진술을 통하여 규명하였다. 특히 '사도, 선지자, 복음 전도사, 목사와 교사'라는 직분은 모두 선교적 직분으로서 온전한(καταρτισμός) 성도를 목표로 '모든 성도는 그리스도의 제자로, 모든 직분자는 섬기는 봉사자로, 모든 교회는 선교 사명을 다하는 교회'로 거듭나야 함을 강조하였다.

그러므로 교회 지도자들과 성도들은 시대 변화와 사회 문제에 적절하게 대처할 줄 알아야 하며, 교회는 사회로부터의 공신력 회복을 위하여 더욱 교회의 본래적인 사명과 봉사(διακονία)에 힘써야 하는데, 그 직분자의 모델을 예수님으로 보았다. 특히 에베소서 4:12의 헬라어 전치사 프로스(προς)와 에이스(εις)의 구분을 통하여 가장 중요한 교회 지도자의 역할은 성도들을 온전케 하는 것이며, 또 온전케 된 평신도들은 봉사의 일과 교회를 세워 나가야 하는 책임이 있다는 것으로 분석하였다. 모든 교회는 선교함으로 성장하며, 교회가 해야 할 가장 기본적인 사역은 믿지 않는 사람을 믿게 하고, 믿는 사람은 더 잘 믿게 하는 일임을 분명히 하였다.

철학박사학위 논문

"선비정신이 초기 한국 기독교에 미친 영향."(지도교수: 정병석)

잊혀가는 우리의 고유한 선비 문화의 전통을 재발견하고, 기독교 선비정신을 통하여 선비 전통의 장점을 계승하되 그 약점을 보완한 새로운 선비상을 정립하여 한국의 장래를 짊어질 기독교 선비사상으로 승화시키기 위한 방안을 제시하였다.

실제적인 선비들의 활동이나 역사적인 기록을 근거로 연구를 진행하되, 선비정신과 그 본질을 확인하기 위하여 '선비'라는 단어의 어원과 개념을 확인하고, 특히 기독교 선비의 출현 배경과 성서에 나타난 '선비'의 유사 개념도 확인하였다. 열사(烈士), 지사(志士), 의사(義士), 투사(鬪士)와 같은 용어들처럼 '기독교 선비'라는 칭호 사용의 이유도 함께 밝혔다.

특히 개신교의 한국 전래와 수용 과정을 통하여 선비들의 기독교 수용 과정을 구체적으로 고찰하였으며, 선비정신이 한국의 기독교 정착에 끼친 영향을 알아본 후에 기독교 선비 문화의 한계와 이를 극복하기 위한 방안을 제시하였다.

선비정신은 우리 고유의 민족정신으로 국가적으로 보아도 우리나라의 국격과 관계된 중요한 사안이지만 이미 우리 것으로 토착화된 '선비신학'을 우리의 신학으로 발전시키는 데 필요한 기초를 제공하였으며, 이미 선비 기독교의 역사는 한국 교회의 역사임을 전제로 선비정신의 세계화에 기여할 수 있는 계기가 될 것으로 기대하고 있다.

사역 및 연구활동

선교훈련(교육) 중심의 선교신학자로 성경선교신학과 교회 성장학 전공으로 신학박사 학위를 취득하였다. 특히 중등학교와 초등학교 교사 생활과 경험을 바탕으로 장로회신학대학교 세계선교교육원에서 선교사 훈련을 수년간 담당하였으며, 20여 년 동안 장로회신학대학교와 서울여자대학교, 영남신학대학교, 대전신학대학교 등에서 선교신학을 강의하였다. 유학자(儒學者)의 가문에서 자란 것을 배경으로 목사 안수 후에는 타종교인들의 개종이라는 전도 목적으로 동양철학을 공부하고 박사학위를 취득하여 '타종교 연구'와 함께 '선비 기독교' 내지 '선비신학'이라는 학문 개척에 몰두하였다.

교회의 담임목사를 맡아 목회 중에도 꾸준히 학회 활동을 계속한 결과 세계선교연구회 회장, 한국선교신학회 학회장으로 섬겼다. 학자로서도 많은 연구 논문을 남겼고 여러 사회 봉사활동으로 많은 공적을 남겼다.

제중원신앙공동체 140년 역사를 간직한 한국 교회의 모태인 남대문교회 담임목사로서 한국기독교직장선교연합회 산하 7,000여 직장선교단체에서 사역하는 한국기독교직장선교목회자협의회 대표회장과 대한예수교장로회(통합) 총회 신학연구위원회 위원장으로 활동 중이다.

송영섭

宋暎燮, Youngsub Song, 1972년 1월 19일 -

학력

1995. 숭실대학교(정치외교학, B.Th.)

2001. 총신대학교 신학대학원(목회학, M.Div. Eq.)

2003. 총신대학교 선교대학원(선교행정, Th.M.)

2006. 트리니티복음주의신학교(Ph.D. in ICS)

경력

2011. 03. - 2012. 03. 안양대학교 외래교수

2011. 03. - 2012. 03. 국제신학대학원대학교 외래교수

2012. 03. - 2013. 12. 총신대학교 선교대학원 외래교수

2013. 10. - 2018. 12. 수영로교회 부목사

2015. 03. - 2017. 03. 숭실대학교 기독교통일지도자학과 초빙교수

2019. 02. - 2024. 현재. 마산재건교회 담임목사

논문

"선교적 교회론 이해를 위한 세 가지 관점들: 크리스텐돔, 하나님의 선교, 포스트모더니즘." 「복음과 선교」 53(2021)

"디아스포라(Diaspora) 관점으로 본 탈북민 이해와 선교적 의미." 「개혁논총」 37(2015)

"Cultural Context of Globalization and 'Globalizing Theology' as Christian Response to the Globalization Process." *Korean Journal of Christian Studies* Vol. 81(2012)

"남북한 통합을 위한 '화해된 민족 동질성'에 대한 논의." 「개혁논총」 21(2012)

전공 분야

복음주의 선교신학, 선교인류학, Cross-cultural Communication, 상황화/토착화

박사학위 논문

"Socio-Cultural Factors Influencing the Conversion to Christianity among North Korean Refugees in South Korea."(지도교수: Ott, Cha)

탈북민들의 회심을 분석하는 일은 그들의 사회-문화적 정황들을 이해하는 데 도움을 준다. 이는 복음을 전하는 데 매우 중요한 과정으로 인식된다. 통일을 준비하는 과정에서 탈북민들의 삶을 조명하고 그들 속에서 일어난 회심을 분석함으로 앞으로 북한 사람들에게 복음을 전할 때 유용하게 참고할 수 있는 자료가 될 것으로 기대된다.

연구 질문은 세 가지이다. (1) 주체사상이 탈북민의 회심에 어떤 방식으로 영향을 미쳤는가? (2) 사회적 정황이 탈북민의 회심에 어떤 방식으로 영향을 미쳤는가? (3) 한국 교회가 탈북민의 회심에 어떤 방식으로 영향을 미쳤는가?

탈북민들에게 '절망이란 콘텍스트'는 다양한 사회-문화적 요소의 복합체이다. 탈북민들에게 '절망'이란 단어는 추상적이지 않다. 그들의 삶 자체이다. 이런 '절망이란 콘텍스트'에서 형성된 다양한 사회, 문화적 요소가 그들의 회심 과정에서 나타난다. 이러한 연구를 통해 얻게 된 결론 가운데 하나는 탈북민의 회심이 남과 북이 하나 되는 중요한 초석이 된다는 사실이다. 회심은 개인에게서 시작되지만 그것은 하나님 나라의 시작을 알리는 사인이다. 탈북민의 회심은 한국 교회에 '작은 통일과 화해'를 만들어가고 있다. 이런 경험들은 분명 앞으로 다가올 통일과 화해를 위해 중요한 밑거름이 될 것이다.

사역 및 연구활동

탈북민 회심에 대한 연구를 기초로 남북한 통일 문제를 한국 교회가 어떻게 접근해야 하는지에 관심을 가지고 선교인류학적 접근과 상황화/토착화의 원리들을 적용하고자 한다. 이는 통일 한국의 상황이 선교적 상황이 되는 것을 전제로 한국 교회가 선교적 교회로 전환되어야 하는 부분에 관심을 가지고 지속적으로 연구하고 있다.

송요섭

宋堯燮, SONG YOSUB, 1966년 7월 19일 -

학력

1994. 중앙대학교 경영대학(경영학, B.A.)
2005. 중앙대학교 대학원(경영학, MBA)
2011. 한성대학교 대학원(부동산학, Ph.D.)
2021. 아신대학교 석박통합 대학원(선교학, Ph.D.)

경력

2008. 03. – 2023. 12. 건국대학교, 광운대학교, 아주대학교, 중앙대학교, 한성대학교 등 겸임교수
2012. 01. – 2024. 현재. 시온교회, 예수소망교회, 남양주 충신교회, 넘치는교회 교육목사
2020. 01. – 2024. 현재. (사)생터성경사역원 자산관리전문위원, 명지대 외 겸임교수
2021. 03. – 2024. 현재. 비즈니스선교연구원(BAMI)

저서

『부동산 자산관리론』(두성사, 2022, 공저)
『부동산학개론』(범문사, 2024, 공저)

논문

"한국 BAM 훈련에 관한 근거이론." 철학박사 학위 논문(2021)
"한국의 BAM 훈련의 현황과 선교학적 함의." 「ACTS 신학저널」 47(2021, 공동연구)
"신학교 직업교육과정을 통해 본 21세기 상황화 선교전략에 관한 소고." 「복음과 선교」 51/3(2020)
"부동산 펀드의 성과 측정과 성과 지속성에 관한 연구." 한성대학교, 부동산학 박사학위 논문(2011)
"우리나라 부동산 펀드의 성과 측정에 관한 연구." 「주택연구」 19/3(2011)

전공 분야

선교훈련, 비즈니스선교, BAM 훈련, 선교경영, 선교지역 개발, 선교의 실제, 선교적 자산관리

박사학위 논문

"한국 BAM 훈련에 관한 근거이론."(지도교수: 김한성)

다양하게 변화하는 문화와 급변하는 선교 환경에서는 복음적이고 전문적으로 실제 적용 가능한 연구가 필요하다. 한국에서 BAM 운동은 2007년에 시작되었는데, 선교의 새로운 패러다임으로서 선교지에서 적용 가능하고 체계적인 BAM 훈련이 요구되었기 때문이다. 이 논문은 선교신학적인 훈련, BAM 훈련, 비즈니스 훈련에 대한 균형적인 BAM 훈련의 이론적 구조를 제시하고, BAM 확장과 선교의 인적자원 발굴을 위하여 전문적이고 효과적인 BAM 훈련의 필요 요소를 찾고자 하였다.

핵심 주제는 BAM 훈련의 효과적 수행을 위해 반드시 고려하고 적용해야 할 필수 요소가 무엇인지 분석하고, 실현 가능한 모형을 체계적으로 제시하는 것이다. 연구 방법은 질적 연구방법의 하나인 근거이론이다.

연구 결과 선택코딩의 3개 상위범주인 BAM 훈련내용, 훈련방법, 훈련적용이 필요한 것으로 나타났다. 그리고 선택코딩의 하위범주인 축코딩으로 7개의 범주와 축코딩의 하위범주인 개방코딩 32개가 도출되었다. 훈련내용의 세 가지 요소는 선교신학, 선교적인 삶과 선교적인 비즈니스, 경영학이다. 훈련방법의 두 가지 요소는 다각적인 교육적 방법, 멘토링 & 코칭이다. 훈련적용의 두 가지 요소는 매뉴얼 방식, 모달리티 & 소달리티의 적용이다.

BAM 훈련의 특성은 공급자와 수요자의 균형을 고려한 훈련내용, 수요자 환경에 맞춘 구성, 지역교회와 선교단체 그리고 유관기관 모두에게 적용될 수 있는 실제적 훈련, 다음 세대 선교사역에 대안을 제시할 수 있는 새로운 패러다임, 복음적인 상황화 모델이다.

연구의 결론은 'BAM 훈련은 종합적이고 균형적인 새로운 패러다임의 선교훈련 모델이다.'라는 것이다. 새로운 패러다임은 단지 선교의 수단이 아닌 종합적이고 균형적인 선교방법으로 새로운 패러다임의 선교훈련 방식을 의미한다. BAM 훈련은 BAM 훈련 모델과 선교적인 '비즈니스선교 교회'(BAM Church) 또는 '일터 교회'(Entrepreneurial Church) 또는 '나눔 교회'(Flowing Church)를 제시하고, 미래의 선교를 위한 이론적 자료를 제공하는 데 의의가 있다.

송은섭

宋銀燮, SONG EUNSEOB, 1960년 6월 8일 -

학력

1989. 한일장신대학교(신학, B.Th.)
1994. 개혁신학연구원(목회학, M.Div.)
1996. 개혁신학연구원(조직신학, Th.M.)
1999. 전주대학교 선교신학대학교(선교학, Th.M.)
2018. 백석대학교 기독교전문대학원(기독교선교학, Ph.D.)

경력

2009. 03 – 2014. 06. 전주대학교 기독교학과 강사 및 겸임교수
2015. 03 – 2016. 03. 합동 전북제일노회장 역임
1996. 05. – 2023. 현재. 해피드리머스커뮤티교회 위임목사
2016. 09. – 2023. 현재. 사단법인 해피드리머스 대표

논문

"제주 이주민 선교를 위한 실태 파악 및 선교전략." GMS 이주민선교포럼 지상 발제(2023)
"원불교인들의 신앙 경험에 관한 분석 및 질적 연구를 통한 복음주의 선교전략: 전라북도를 중심으로." 「복음과 선교」 60(2022)

박사학위 논문

"원불교도들의 신앙 경험 분석을 통한 기독교 선교 방안: 전라북도 지역 중심으로."(지도교수: 장훈태)

신경규

辛京奎, Kyung Kyu Shin, 1961년 1월 4일 -

학력

1983. 서울대학교(경영학, B.BA.)
1987. 장로회신학대학교 대학원(M.Div.)
1990. 서울대학교 대학원(MBA)
1994. 고려대학교 대학원(Ph.D. cand.)
1995. 미국 Columbia University Graduate School of Mission(M.A. in Missions)
1998. 미국 Reformed Theological Seminary (D.Miss.)

경력

1999. 03. - 2000. 02. 고신대학교 강사
2000. 12. - 2019. 08. 부민교회 기관목사
2001. 03. - 2010. 02. GMP 부산지부장
2010. 01. - 2016. 02. GBT 부산지부장
2010. 02. - 2012. 02 고신대학교 여자신학원장
2010. 02. - 2016. 02. KWMA 인터콥 지도위원
2012. 02. - 2014. 02. 고신대학교 선교목회대학원장
2014. 03. - 2015. 12. 고신대학교 교목실장
2019. 02. - 2021. 02. 고신대학교 선교목회대학원장
2000. 02. - 2023. 현재. 고신대학교 국제문화선교학과 교수
2000. 02. - 2023. 현재. 러시아선교회 이사
2011. 02. - 2023. 현재. 고신대학교 선교목회대학원 부설 전문인선교훈련원장
2019. 09. - 2023. 현재. 월드미션교회 기관목사
2023. 02. - 2023. 현재. 고신대학교 신학대학장
2023. 06. - 2023. 현재. 고신대학교 선교목회대학원장

저서

『현대 선교학 개론』(이산학사, 2023, 개정판)
『현대 선교신학』(이산학사, 2023)
『현대 세계와 선교』(이산학사, 2022)
『기독교 대학과 교육』(고신대학교출판부, 2014, 공저)
『경제학의 이해』(현대출판사, 2014)
『현대 선교신학』(현대출판사, 2014)
『한국교회, 개혁의 길을 묻다』(새물결플러스, 2013, 공저)
『선교를 위한 문화인류학』(이레서원, 2001, 공저)
『열린예배』(고신대출판부, 2000, 공저)

번역서

『선교학 대전』(CLC, 2003, 공역)

편저

『교회를 위한 전문인 선교』(현대출판사, 2017)

『영성신학』(현대출판사, 2017)

『현대에 논의되는 선교신학』(현대출판사, 2017)

『현대 사회와 미전도종족 선교』(현대출판사, 2016)

『현대 전문인 선교』(현대출판사, 2016)

『세계 상황과 선교』(현대출판사, 2015)

『현대 선교 특강』(현대출판사, 2015)

논문

"교회의 통합적 선교 리더십에 관한 고찰: 코로나 상황 속에서 교회의 대사회적 리더십 회복의 모색." 「선교신학」 63(2021)

"현대의 선교 환경 변화와 선교 동향." 「대학과 선교」 42(2019)

"세계화와 빈곤, 그리고 선교: AGAPE 문서를 중심으로." 「선교신학」 45(2017)

"선교적 교회론의 과제에 관한 통합적 고찰." 「선교신학」 39(2015)

"선교해석학적 관점에서 본 복음주의의 두 기본 신학." 「복음과 선교」 29(2015)

"미전도종족 선교의 개념과 전략." 「고신신학」 16(2014)

"복음주의 관점에서 본 에큐메니칼 선교신학: 로잔대회 이후를 중심으로 한 거시적 평가." 「복음과 선교」 25(2014)

"복음주의 관점의 선교적 교회론." 「복음과 선교」 28(2014, 공저)

"선교 신학에 있어서 본문과 상황의 통전성에 관한 고찰." 「복음과 선교」 27(2014)

"신앙 소그룹 모임이 비기독교인 신입생들에게 미치는 요인에 관한 연구." 「대학과 선교」 27(2014)

"이주민 선교와 다문화 사회통합을 위한 사명." 「고신신학」 14(2012)

"통전적 관점에서 본 두 선교신학의 합치성 모색." 「선교와 신학」 29(2012)

"최근 신학의 동향에서 본 두 선교신학의 합류성 모색." 「고신선교」 7(2011)

"국제지역분쟁, 종교, 그리고 선교." 「선교신학」 25(2010)

"A Study of the Relationship between Traditional Chinese Religion and its Society." 「중국학연구논총」 2(2009)

"전문인 선교: 신학과 전략." 「복음과 선교」 11(2009)

"전문인 선교사 동원 전략." 「고신선교」 5(2009)

"기독교 선교에 있어서 사회 참여." 「대학과 선교」 14(2008)

"한국교회의 문제와 과제: 장기적 교회성장을 위하여." 「개혁주의교회성장」 3(2008)

"Missio Dei 개념에서 본 두 흐름의 선교신학." 「성경과 선교」 43(2007)

"Missio Dei 개념의 본래적 의미와 의미 변화에 관한 고찰." 「고신선교」 4(2007)

"선교 공동체로서의 기독교대학: 선교인력의 양성 방안에 관한 일 고찰." 「고신신학」 7(2005)

"선교적 영성 형성에 관한 고찰." 「복음과 선교」 4(2005)

"종교다원주의의 제 이론과 개혁주의적 평가." 「개혁논총」 3(2005)

"통전적 관점에서 본 두 선교신학의 합치성 모색." 「복음과 선교」 5(2005)

"선교신학에 있어서 본문과 상황의 통전성에 관한 고찰." 「복음과 선교」 3(2003)

"선교적 영성의 제 유형과 성경적 모형." 「고신선교」 3(2003)

"Missio Dei: The Distortion Process of its Meaning." 「K-J Association」(2002)

"선교적 관점에서 본 복음적 '영성' 개념의 고찰: 최근 영성 개념의 형성 배경과 영성의 정의." 「고신선교」 2(2002)

"능력대결운동의 전개 과정과 최근 동향 및 그 평가." 「고신선교」(2001)
"현대 선교 동향과 21세기 한국교회 선교의 과제." 「선교연구」(2000)
"The Missionary Spirituality and Ministry of David Brainerd."(RTS 박사학위 논문, 1998)
"해외 파견인 관리에 관한 연구."(서울대학교 석사학위 논문, 1991)
"소외의 신학적 조명."(장로회신학대학교, 1987)

전공 분야

선교 역사, 현대선교신학, 복음주의 선교신학, 선교훈련, 선교전략, BAM, 이주민/다문화 선교, 상황화/토착화

박사학위 논문

"Ministry and Spiurituality of David Brainerd."(지도교수: John McIntosh)

18세기 인디언 선교사이자 조나단 에드워즈와 각별한 사이였던 데이비드 브레이너드의 영성과 사역, 언어, 육체적 연약함 등 여러 요인의 관계를 밝히고, 특히 선교사의 영성, 기도생활과 사역의 열매가 얼마나 밀접한 연관성이 있는지 밝히는 데에 목적이 있다. 조나단 에드워즈가 브레이너드의 일기를 편집하여 집필한 『데이비드 브레이너드의 일기』는 19세기 선교사역을 떠난 거의 모든 선교사에게 지대한 영향을 끼쳤고, 근대 개신교 선교의 문을 연 윌리엄 캐리의 선교에 결정적인 동기와 도전을 주었다.

연구 초기에는 선교사의 영성이 사역에 영향을 미칠 것이라는 정도의 가설을 설정하고 시작하였으나 연구 결과 선교사의 영성이 사역의 열매에 영향을 미치는 것은 물론이고 선교사의 사역 역시 영성에 영향을 끼치며, 그 사이의 매개변수로서 선교사의 건강, 현지 언어 능력, 선교사의 성품이 총체적으로 사역에 영향을 미치는 것으로 나타났다.

선교사의 성품과 영성은 사역에 지대한 영향을 끼친다. 훌륭한 선교사의 영성은 사역에 긍정적인 영향을 미치고, 이러한 사역은 환류되어 선교사의 영성을 더욱 깊이 있게 만드는 선순환 구조를 만들어 내어 선교지와 선교사 자신을 풍성하게 이끈다는 중요한 점을 밝힌 공헌이 있다.

사역 및 연구활동

국내 선교단체(GMP, GBT, KWMA, 러시아선교회 등)에서 지금까지 사역해오고 있으며, 선교단체의 자문, 지부장을 맡으면서 다양한 선교현장과 선교단체의 현황을 파악하는 기회를 가졌다. 특히 현대 선교신학, 즉 에큐메니컬 선교신학과 로잔신학으로 대변되는 복음주의 선교신학을 비교 분석하여 장단점과 두 신학의 공유점을 찾기 위한 창의적인 제안을 한 연구가 많은 주목을 받고 있다.

대학에서는 선교학 전반을 강의하고 있으며, 특히 선교신학, 현대 선교신학, 선교전략, 미전도 종족 선교, 전방 개척 선교, 전문인 선교를 집중적으로 강의하고 있다. 근래에는 전문인 선교에서 진일보한 비즈니스 선교(BAM), 현대 세계와 선교 등을 강의하면서 세계화와 역세계화, 그리고 제4차 산업혁명 상황에서 선교방안을 모색하고 강의하는 데 집중하고 있다. 대학에서 중요한 보직을 맡으면서 그와 연관되어 이주민에 관한 관심과 연구 또한 전개하고 있으며, 이주민 사역 네트워크를 형성하여 이주민 사역 컨설팅을 구체적으로 진행하고 있다.

신동호

申東昊, SHIN DONG HO

학력

2003. 장로회신학대학교 신학대학원(신학과, M.Div.)
2005. 장로회신학대학교 대학원(선교신학, Th.M.)
2020. 장로회신학대학교 대학원(선교신학, Ph.D.)

경력

1999. 12. – 2000. 12. 온두라스한인교회 견습 선교사
2002. 01. – 2007. 12. 도원동교회 전도사/부목사
2002. 08. – 2005. 12. 장로회신학대학교 조교/연구원
2007. 12. – 2012. 12. 마천세계로교회 부목사
2013. 01. – 2013. 12. 경천교회 부목사
2014. 01. – 2018. 12. 정릉교회 부목사
2018. 12. – 2024. 현재. 대구 서남교회 위임목사

저서

『(목회자가 쓴 대표기도문) 대표기도 이렇게 하세요』(드림북, 2017, 공저)

논문

“삼위일체 하나님 관점으로 본 선교적 교회론 연구: 요한 지지울라스(John D. Zizioulas)를 중심으로.” 「선교신학」 67(2022)
“삼위일체 하나님의 관점으로 본 선교적 교회론 연구: J. 몰트만, J. 지지울라스, M. 볼프를 중심으로.” 미간행 신학박사학위 논문(2020)
“선교적 교회론의 한 모델로서 몰트만의 선교적 교회론 연구: 통전적 선교 입장에서.” 미간행 신학석사학위 논문(2005)

전공 분야

선교 역사, 에큐메니컬 선교신학, 복음주의 선교신학, 선교적 교회론

박사학위 논문

"삼위일체 하나님의 관점으로 본 선교적 교회론 연구: J. 몰트만, J. 지지울라스, M. 볼프를 중심으로."(지도교수: 한국일)

선교적 교회론의 신학적 토대가 되는 삼위일체론을 기초로 한 선교적 교회론 연구이다. 몰트만(Jürgen Moltmann), 지지울라스(John D. Zizioulas), 볼프(Miroslav Volf)의 삼위일체적 교회론을 선교의 관점으로 해석하여 코이노니아 선교적 교회론을 제시하였다.

몰트만은 사회적 삼위일체론을 기초로 하여 하나님의 본성인 발원에 선교의 기원을 두었고, 하나님의 역사가 완성되는 종말론적 연합을 전망하며, 파송하시는 하나님의 선교를 주장한다. 몰트만에 의하면, 아들에 의해 보냄을 받은 교회는 하나님과의 종말론적 화해를 전망하며, 하나님의 삶과 역사에 참여함으로 존재 목적을 이룰 때 참된 교회가 된다. 지지울라스는 커뮤니온 삼위일체론을 기초로 하여 성부의 인격인 엑스타시스에서 파송의 선교의 관념을 찾고 있고, 종말존적 전망 속에 하나님과 세상이 커뮤니온을 이루는 것을 전망하며 이를 커뮤니온의 선교로 이해한다. 볼프는 관계적 삼위일체론을 기초로 하여, 하나님의 자기 내어줌을 선교의 관념으로 보며, 관계로 연대하는 하나님의 선교를 강조한다. 볼프는 하나님의 존재 방식을 따라 최대치 상응하는 교회를 주장한다.

세 학자의 삼위일체론과 교회론을 선교적 관점으로 해석하여 코이노니아 삼위일체론에 상응하는 코이노니아 선교적 교회를 제시하였다. 코이노니아 삼위일체 하나님의 존재 방식은 공동체, 개방성, 코이노니아로 존재하며, 하나님의 본성인 발원은 선교의 기원이 된다. 하나님의 본성에 선교의 기원을 둠으로 창조가 선교의 영역 안으로 들어오고, 코이노니아를 통해 세상은 목적론적 세상이 아니라 관계적 세상으로 변하게 된다. 세상으로 보냄을 받은 교회는 하나님의 형상과 존재 방식에 상응하는 코이노니아 공동체로 존재함으로 교회의 존재가 코이노니아로서 선교적 차원을 지니며, 세상(지역 문화)과 코이노니아를 이루는 교회, 세상을 코이노니아로 품는 종말론적 선교 공동체가 된다.

기독교세계(christendom)에서 발달한 기존의 교회론은 다원화 사회, 다원화된 종교사회에서 태동적 한계를 드러내고 있다. 따라서 다원화된 세상으로 보냄을 받은 선교적 교회는 삼위일체 하나님의 존재방식에 상응하여 코이노니아 교회로 존재함으로 선교적 교회의 정체성을 띠고, 세상을 목적론과 배타주의적 관점이 아니라 종말론적 전망에서 세상과 하나님과 코이노니아를 이루는 도구가 된다. 이를 기초로 이 논문은 삼위일체 관점으로 선교적 교회론의 신학적 토대를 제시하고 있다.

사역 및 연구활동

대구 소재 서남교회의 위임목사로서 오래된 전통의 교회에서 선교적 교회의 관점으로 목회의 변화를 꾀하고 있다. 교회가 직면한 도전은 고령화, 젊은 세대의 감소, 지역사회 고립이며, 이를 타개하기 위해 (1) 고령화에 따른 노인세대 자율성 강화(자율동아리 활성화), (2) 젊은 세대와 교회학교를 위한 프로그램: 시설 개선, 부모교육, 교사교육, (3) 지역사회와 고립을 극복하기 위해 어린이 전문 작은도서관 설립을 연구 중이다. 또한 세대별 간담회(교인들의 필요), 제자훈련과 성경공부(하나님 나라 복음과 선교적 교회 관점으로)를 진행하고 있다.

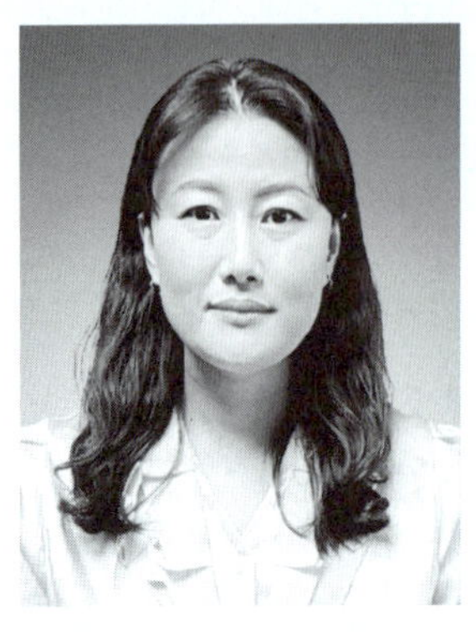

신성임

申聖臨, Sungim Shin, 1974년 10월 28일 -

학력

2005. 횃불트리니티신학대학원대학교(M.Div.)
2006. 횃불트리니티신학대학원대학교(기독교교육학, Th.M.)
2020. 주안대학원대학교(선교학, Ph.D.)

경력

2003. 01. - 2006. 12. 동빙고교회 전도사
2011. 10. 한국독립교회선교단체연합회(KAICAM) 목사안수
2020. 01. - 2024. 현재. 아신대학교 네팔선교연구원
2005. 05. - 2024. 현재. 주안교회 네팔부 이주민 선교사역
2021. 07. - 2024. 현재. 아신대학교 학술연구교수

저서

『한국 교회의 네팔 선교 개척자들』(세움북스, 2022, 공저)

번역서

『인물 중심의 네팔 교회 역사』(네팔선교연구원, 2022, 공역)

논문

"타자 이해에 근거하는 국내 이주근로자 선교: 레비나스(Emmanuel Levinas)의 타자 철학을 중심으로." 「선교와 신학」 61(2023)
"새로운 선교 패러다임으로 부상하는 국내 이주민 선교: 패러다임 특징 분석과 이주민 선교 현황을 중심으로." 「선교와 신학」 59(2023)
"국내 이주근로자 선교의 역사적 흐름 분석과 이에 따른 미래 선교를 위한 선교적 제언." 「선교와 신학」 58(2022)
"네팔 문화 변화에 따른 선교적 대응." 「복음과 선교」 55(2021)
"네팔 기독교 성장에 따른 선교 패러다임의 변화." 「복음과 선교」 49(2020)
"네팔 힌두교의 고유 특징에 따른 선교적 제언." 「선교신학」 57(2020)
"문화 혼종성(Hybridity)의 선교적 고찰: 네팔 기독교를 중심으로." 「선교신학」 58(2020)
"샤머니즘 문화권의 이해와 선교적 접근." 「복음

과 선교」 51(2020)
"폴 히버트(Paul G. Hiebert)의 초문화 신학과 실천적 과제: 상황화 신학과의 비교연구를 중심으로." 「선교신학」 60(2020)

전공 분야

힌두교, 이주민/다문화 선교, 선교인류학, 상황화/토착화, 선교현장 연구

박사학위 논문

"다샤인 축제의 상황화를 통한 네팔 선교전략."(지도교수: 정승현)

네팔의 다샤인(Dasain) 축제는 힌두 제의가 있는 힌두교 축제만이 아닌 문화 활동과 가족 연합 모임인 사회-문화적 활동이 내포된 축제로서, 네팔 그리스도인은 다샤인에 상황화를 적용하여 선교적으로 참여 가능하고, 궁극적으로는 네팔 문화 변혁의 주체자가 되어야 함을 주장한다.

이 연구에는 선교신학적 상황화가 주된 연구방법으로 사용되고, 특히 베반스(Stephen B. Bevans)의 인류학적 상황화와 히버트(Paul G. Hiebert)의 비평적 상황화 이론이 적용된다. 그리고 네팔 기독교 지도자들을 대상으로 인터뷰를 통한 질적 연구가 보조 연구방법으로 사용되는데, 그들의 인터뷰 내용은 근거이론에 의하여 분석된다. 또한 연구자가 직접 참여한 '2019년 네팔 다샤인 축제'의 현장 관찰 조사도 보조 연구방법으로 사용된다.

다샤인은 네팔 힌두교 축제의 대표적인 축제로서 가장 오랫동안, 가장 성대하게, 가장 아름다운 시기에 그리고 가장 즐거운 분위기에서 개최되는 범국민적이고 범국가적인 축제이다. 네팔 사회에서 다샤인 축제가 가지는 영향력과 사람들에게 끼치는 파급력은 대단하다. 그러나 네팔 기독교가 다샤인을 오직 힌두교의 종교 축제로만 정의하여 네팔 그리스도인은 불참을 고수하였고, 이로 인하여 힌두교와 기독교 간의 많은 문제와 갈등이 발생하였다.

다샤인은 힌두 제의가 포함된 종교 축제로만 정의될 수 없다. 그네타기와 연날리기, 집안 꾸미기, 축제 음식 준비 등과 같은 사회-문화 활동이 포함된 축제이고, 무엇보다 대국민 이동이 일어나는 중요한 가족 연합 모임의 성격을 가진 축제임을 네팔 기독교는 깨달아야 한다. 따라서 네팔 기독교는 무조건적인 거부에서 벗어나 다샤인 활동에 상황화를 적용하여 그리스도인의 참여를 유도하고, 축제를 오히려 선교

적 기회로 활용하여 문화변혁까지 이끌어낼 수 있도록 해야 한다.

이 연구는 다샤인이 복합적 성격의 종합 축제임을 밝혀 네팔 기독교가 현재까지 고수해오고 있는 기존의 다샤인 불참 정책에 대하여 재고하도록 돕고, 축제 참여와 관련하여 새로운 정책 결정을 하는 데 학문적 연구결과를 제공한다. 그리고 이를 시작으로 다른 힌두교 축제에 관한 연구와 축제 문화를 통한 상황화 연구가 일어나도록 돕는다. 또한 보조연구로 이루어진 질적 연구는 네팔 기독교에 현 네팔 기독교 지도자들의 견해를 전달하는 공헌도 가진다.

사역 및 연구활동

2021년 한국연구재단 인문사회학술 연구교수(A유형)에 선정되어 현재 '국내 체류 이주근로자를 향한 한국 기독교의 선교 패러다임 변화: 타자성과 환대를 중심으로'라는 주제로 연구를 수행하고 있다. 이주근로자들의 한국 유입 후 30년이 지난 현재 여전히 많은 한국 교회가 이들에 대한 선교에 동참하지 않고 있는 현실에, 해외로 나가는 선교만이 아닌 국내 이주근로자 선교에도 집중하는 선교 패러다임의 변화를 촉구한다. 무엇보다 이들에 대한 선교가 그들에 대한 이해, 즉 타자에 대한 명확한 이해를 바탕으로 성서의 진정한 환대를 실천하는 선교로 나아가야 함을 주장한다.

국내 이주민선교 연구와 더불어 연구자의 박사 논문의 주제인 힌두교 연구도 함께 진행하고 있다. 특히 네팔 힌두교에 대한 분석 연구와 네팔의 문화, 그리고 다양한 기독교적 이슈에 대하여 연구하고 있다.

선교사역으로는 2005년부터 현재까지 인천지역에서 네팔 이주근로자 선교에 주력하고 있다. 그들의 어려움을 돕고 기독교의 진정한 환대를 실천하며 복음을 전하고 있다.

신현란

申鉉蘭, Shin Hyunran

학력

1993. 배재대학교(전자계산학, B.Th.)

2000. 숙명여자대학교 교육대학원(전산교육, M.Div.)

2020. 숙명여자대학교 일반대학원(교육사회학, Ph.D.)

경력

1994. - 1997. 컴퓨터회사 개발직 근무

1997. - 2000. 고봉중고등학교 종교 자원봉사자(주일학교 교사)

2000. - 2001. 숙명여자대학교, 평택대학교, 동양전문대학 컴퓨터 과목 시간강사

2002. - 2003. YWAM 제주열방대학 본부사무실 간사

2005. - 2023. 현재. 군포교회 네팔예배팀 자원봉사자(상담 및 연구)

논문

"교회 내 네팔 외국인 노동자 공동체 형성 과정에서의 학습에 관한 연구." 박사학위 논문(2020)

"외국인 노동자-유학생의 이주 경험과 정체성: 네팔 노동자-유학생의 생애사 분석을 중심으로." 「다문화교육연구」 9/2(2016)

"보호청소년을 위한 컴퓨터 교육과정 모형 제안 및 컴퓨터 보조 학습자료 구현." 석사학위 논문(2000)

전공 분야

타종교, 힌두교, 선교인류학, 이주민/다문화 선교, 상황화/토착화

박사학위 논문

"교회 내 네팔 외국인 노동자 공동체 형성 과정에서의 학습에 관한 연구."(지도교수: 오재림)

외국인 노동자 공동체 변화 과정에서 외국인 노동자들의 적응 학습에 관심을 두었고, 국내의 한 교회 내 네팔 외국인 노동자 공동체의 사례를 선택하여 민속지학적 연구방법으로 수행하였다.

A교회 내 다국적 출신의 외국인 노동자들이 있는 상황에서 네팔 노동자들은 개종이나 꾸준한 참여를 통해 교회 내 네팔 노동자 공동체를 만들 수 있었고 자력으로 쉘터를 마련하였다. 이를 통해 네팔 노동자들은 개인적 수준의 적응에서 공동체 수준으로 적응 학습을 할 수 있었다. A교회 네팔 노동자들은 네팔인 신학생을 초청하여 공동체의 전도사로 세우는 한편 공동체 활동에 활발하게 참여하였다. 점차 네팔 개신교인들이 증가하였고 공동체의 종교 활동에 더욱 적극적으로 참여함에 따라 네팔 노동자 공동체의 종교 활동이 교회 내 한국인들로부터 네팔인 개신교인들에게로 점차 중심이 이동하였다. 이 과정에서 네팔 개신교 노동자들은 주체적 의식을 형성하며 교회 내 한국 개신교인들에 대해 공동체적 대응 학습을 하였다. A교회 네팔 개신교 노동자들은 국가/민족적 요소를 사용하여 공동체 내 네팔 비개신교인들과 공동체 의식을 공유하고자 하였다. 이는 A교회 네팔 노동자들이 공동체 내 종교적 차이를 극복하고자 연대적 대응 학습을 시도하며 공동체의 발전을 모색하는 것으로 보였다. 이러한 연구결과 외국인 노동자들을 보호받아야 할 수동적인 존재로 보는 시선에서 벗어나야 함과 동시에 그들을 특정 종교 또는 계급을 기존으로 보기보다는 그러한 요인들이 임시적·대립적·복합적으로 작용하는 집단에 속한 소수 문화집단으로 볼 것을 제안하였다.

이 연구는 교회 내 외국인 노동자 공동체의 형성 및 변화 단계와 공동체 내 외국인 노동자들의 학습의 단계를 제시하여 교회 내 외국인 노동자 공동체와 외국인 노동자들의 학습에 대한 학문적 논의에 기여하였다. 교회 내 외국인 노동자들의 학습에 있어 종교적, 국가/민족적, 그리고 계급적 요인의 개입 양상을 드러냄으로써 외국인 노동자 정체성 변화에 좀 더 깊은 이해를 제공하였다. 마지막으로 외국인 노동자를 종교나 출신 국가, 혹은 계급과 같은 단일한 기준과 분절적 시각으로 보기보다는 그러한 요인들이 임시적·대립적·복합적으로 작용하는 집단에 속한 소수자로 볼 것을 제안함으로써 외국인 노동자들과의 연대의 가능성을 제시하였다.

사역 및 연구활동

경기도의 한 교회 내 네팔 노동자들에 대한 상담과 연구를 하고 있다. 이 네팔 공동체의 구성원들은 주로 개신교인과 힌두교인이지만 불교 등 다양한 종교인들이 모였다가 흩어진다. 비개신교 네팔인들과의 상담과 대화를 통해 성경과 복음의 메시지를 전하고 있다. 개신교 네팔인들과는 비공식적 비정규적 대화를 통해 네팔 내 복음 상황화에 대해 이야기를 나누고 있다. 한국에 있던 네팔 노동자들이 귀환한 후 그들을 통해 네팔 교회 내 개신교 리더들을 양성함으로써 네팔 사회 내 다양한 분야에서 활동할 수 있는 교회교육에 대해 관심을 두고 연구하고 있다.

심대섭

沈大燮, SHIM DEASEOB, 1969년 6월 2일 -

학력

2012. 한세대학교 영산신학대학원(목회학, M.Div.)

2014. 한세대학교 대학원(선교신학, Th.M.)

2017. 한세대학교 대학원(선교신학, Ph.D.)

경력

2009. 06. – 2017. 08. 한세대학교 영산신학연구소 연구원

2009. 09. – 2017. 08. 한국오순절신학회 총괄간사

2012. 03. – 2017. 08. 한세대학교 신학부 외래교수

2013. 03. – 2017. 08. 한세대학교 교목

2013. 05. – 2017. 08. 생명나무교회 협동목사

2017. 06. – 2018. 02. 한국공무원노조 신우회 지도목사

2018. 03. – 2020. 02. 기독교대한하나님의성회 I국 선교사

2019. 12. – 2021. 11. 한국복음주의선교신학회 총무이사

2020. 12. – 2021. 11. 한국복음주의선교신학회 「복음과 선교」 심사위원

2017. 11. – 2023. 현재. 한국선교전략연구원 연구원

2022. 02. – 2023. 현재. 기독교대한하나님의성회 T국 선교사

논문

"대학생 단기선교 교육의 이해와 고찰." 석사학위 논문(2014)

"영산 조용기 목사의 선교적 교회론 연구." 박사학위 논문(2017)

"포스트 코로나 시대의 선교동원전략 재고." 「복음과 선교」54(2021)

"선교사의 이중직 목회 연구." 2023 글로벌 선교한국 포럼(2023)

전공 분야

복음주의 선교신학, 선교현장 연구, 선교훈련, 선교전략, BAM, Intercultural Communication

박사학위 논문

"영산 조용기 목사의 선교적 교회론 연구."(지도교수: 조귀삼)

세상의 빛과 소금이 되어 세상에 영향력을 가지고 세상을 변화시킬 수 있는 선교적 교회가 본질적으로 갖추어야 하는 핵심 요소는 선교적 교회의 유전인자(DNA)라고도 말할 수 있다. 그런 면에서 세상의 모든 교회의 본질적 정체성은 선교적 교회이다. 이는 교회의 본질과 목적에 대한 올바른 정체성이 선교에 대한 바른 성서적 기초와 실천을 가능하게 하기 때문이다. 영산 조용기 목사의 선교적 교회론 연구는 오늘날의 교회가 지향해야 할 선교적 교회의 전범(典範)으로 제시될 수 있다는 점에서 그 의의가 크다.

영산의 선교적 교회론의 가장 큰 특징은 그의 사역이 선교적 교회론이 사회적으로 대두되기 훨씬 전인 1958년에 시작되었고 줄곧 선교적 교회로서의 역할을 감당해왔다는 것이다. 그것은 아마도 그의 사역이 교회의 본질에 충실한 사역이었기에 가능하였으리라 사료된다.

선교신학적 시각에서 영산의 선교사역이 지니는 의미를 살펴보면 첫째, 영산은 그의 삶과 사역을 통하여 체득한 '좋으신 하나님'에 대한 실제적 원리를 적용하였다. 둘째, 영산은 국내·외의 선교현장에서 그리스도가 주님이시라는 기독교의 중심 진리를 통해서 선포하는 사역을 감당하였다. 셋째, 영산의 선교전략 가운데 중요한 것은 성령충만의 선교전략이다. 넷째, 영산은 전인구원의 선교 전략가이며, 예수 그리스도께서 이루신 전인적 구원, 즉 인간의 영과 혼, 그리고 육이라는 통전적인 면에서의 구원을 말한다. 다섯째, 영산은 그의 선교사역을 통하여 구약의 구심적 선교방법(Centripetal Mission Method)과 신약의 원심적 선교방법(Centrifugal Mission Method)을 완벽하게 병행하였다.

영산의 사역을 선교적 교회론의 관점에서 정리하면 첫째, 영산의 사역은 일관되게 세상을 향해 복음을 전하는 선교의 사역이었다. 둘째, 영산은 그의 교회와 조직들을 통하여 선교 자원들을 발굴하고 훈련시키며 현지인들을 제자화시키는 데 힘써왔다. 셋째, 영산은 복음을 통한 사회 구원과 의식의 개혁, 그리고 사회봉사에 힘써왔다. 이처럼 영산의 사역에 나타난 선교적 교회론에서 나타나는 세 가지 특징은 21세기를 살아가는 오늘날 교회의 본질과 목적에 대한 새로운 패러다임으로 제시될 수 있으며, 오순절 교회가 반드시 지향해야 할 선교의 방법이다.

사역 및 연구활동

중동 I국 선교사로 파송되어 사역하였고, 이후 T국 선교사로 재파송되었다. 현재 안탈리아연합교회 및 안탈리아 기독한인연합회의 담임목사로 사역하고 있다.

안승오

安承伍, Seung-oh Paul An, 1961년 12월 2일 -

학력

1984. 성결대학교(지역사회개발학, B.A.)

1991. 장로회신학대학교 선교대학원(교역학, M.Div.)

1996. 미국 Fuller Theological Seminary(선교신학, Th.M.)

1999. 미국 Fuller Theological Seminary(선교신학, Ph.D.)

경력

1992. 05. - 1994. 09. 한강교회 부목사

1996. 01. - 1998. 11. 나성 한인커뮤니티교회 교육목사

1999. 06. - 2003. 02. 총회 파송 필리핀 선교사

2000. 05. - 2003. 02. *Journal of Asian Mission* 편집위원

2004. 04. - 2017. 06. 영남신학대학교 교무처장/기획연구처장/학생실천처장

2009. 01. - 2010. 06. 미국 Fuller Theological Seminary 객원교수

2018. 11. - 2019. 11. 한국로잔교수회 회장

2019. 09. - 2022. 11. 영남신학대학교 대학원장

2003. 01. - 2024. 현재. 영남신학대학교 선교신학 교수

2013. 01. - 2024. 현재. 지구촌선교연구원 원장

2015. 05. - 2024. 현재. 「선교와 신학」, 「복음과 선교」 편집위원

2016. 08. - 2024. 현재. 미주장신대학교 객원교수

저서

7 Key Principles of Dynamic Church Growth (Global Mission Research Center/Amazon, 2024, 개정증보판)

『로잔운동의 좌표와 전망』(CLC, 2023)

Rethinking the Theology of the World Council of the Churches(Global Institute of Mission/Amazon, 2022)

『현대선교의 목표들』(CLC, 2022)

『현대선교신학』(CLC, 2021, 개정증보판)

『성경이 말씀하는 선교』(CLC, 2019)

『제4 선교신학』(CLC, 2016)

『성장하는 이슬람 약화되는 기독교』(CLC, 2014, 개정증보판)

『현대 선교의 프레임』(CLC, 2014)

『이슬람의 어제와 오늘』(영남신학대학교출판부, 2012)
『현대 선교의 핵심주제 8가지』(CLC, 2011, 개정증보판)
『한 권으로 읽는 기독교 선교 역사 100장면』(도서출판 평단, 2010)
『사도행전에서 배우는 선교 주제 28가지』(대한기독교서회, 2008)
『현대 선교학 개론』(대한기독교서회, 2008, 공저)
『건강한 교회 성장을 위한 핵심원리 7가지』(대한기독교서회, 2006)
『능력 있는 예배를 위한 7가지 질문』(서울: 한국장로교출판사, 2004)
7 Key Principles of Dynamic Church Growth (Manila: Church Strengthening Ministry, 2002)
『선교사가 그린 선교사 바울의 생애』(쿰란출판사, 2002)

논문

"다원주의 문화 상황 속에서의 바람직한 선교 방향." 「복음과 선교」 61(2023)
"사회 참여를 강조하는 복음주의 문서 분석과 숙고할 과제들." 「신학과 목회」 60(2023)
"제4차 로잔대회를 향한 제언." 「복음과 선교」 64(2023)
"다시 생각해보는 삼위일체 선교신학." 「신학과 목회」 57(2022)
"로잔 선교 개념의 흐름과 고민해야 할 점들." 「복음과 선교」 60(2022)
"복음과 복음전도에 대한 바람직한 이해 방향." 「한국선교KMQ」 84(2022)
"아시아 선교신학의 현주소와 방향성." 「목회와 신학」(2022년 10월호)
"출애굽 사건의 관점에서 본 하나님의 선교(Missio Dei) 개념 재고." 「복음과 선교」 59(2022)
"뉴 노멀 시대의 선교 사역 패러다임: 로잔 LGA 문서들을 중심으로." 「신학과 목회」 55(2021)
"선교의 한 목표로서의 평화 개념 재고." 「선교신학」 63(2021)
"에큐메니칼 선교의 한 목표인 창조질서보전(Integrity of Creation) 사역 재고." 「복음과 선교」 55(2021)
"다시 생각해보는 공적신학." 「선교신학」 60(2020)
"박해받는 이슬람 지역 기독교인들을 위한 로잔의 지원 방향." 「영산신학저널」 52(2020)
"에큐메니칼 세상 이해와 선교." 「신학과 목회」 53(2020)
"An Alternative Mission Paradigm for Healthy Church Growth." *Great Commission Research Journal* Vol. 10(2019)
"그리스도의 선교(Missionis Christi)의 필요성과 주요 내용." 「복음과 선교」 47(2019)
"작은 교회의 선교적 교회운동." 「신학과 목회」 51(2019)
"통전적 선교신학의 한계점 소고." 「복음과 선교」 45(2019)
"4차 산업혁명과 선교의 방향." 「영산신학저널」 44(2018)
"건강한 기독교 발전을 위한 선교 개념 소고." 「신학과 목회」 49(2018)
"세계 선교를 위한 로잔운동의 기여 방향." 「ACTS 신학저널」 35(2018)
"로잔운동에 나타난 에큐메니칼 선교신학의 영향." 「복음과 선교」 48(2017)
"에큐메니칼 세상 이해." 「신학과 목회」 48(2017)
"에큐메니칼 '화해' 개념 이해." 「신학과 목회」 45(2016)
"이슬람의 역사와 교리에서 본 공존 가능성." 「선교와 교회」 4(2016)
"이슬람 테러리즘의 요인 분석." 「신학과 선교」 49(2016)
"로잔 신학의 흐름에 있어서의 우선순위 문제." 「선교신학」 40(2015)
"선교에 있어서 윤리의 위치 문제." 「신학과 목회」 43(2015)

"제4 선교신학 태동의 필요성 소고." 「선교신학」 38(2015)

"선교적 교회론과 예배." 「선교신학」 36(2014)

"에큐메니칼 선교에 있어서 우선순위 문제." 「신학과 목회」 41(2014)

"제4 선교신학 소고." 「신학과 목회」 42(2014)

"The Target of Mission in Ecumenical Mission Theology." *Currents in Theology and Mission* Vol. 40/3(2013)

"에큐메니칼 선교의 '선교내용' 이해." 「신학과 선교」 43(2013)

"에큐메니칼 선교의 '선교방법' 이해." 「신학과 목회」 39(2013)

"에큐메니칼 신학의 '선교주체' 이해." 「선교신학」 33(2013)

"지역교회와의 협력을 통한 의료 선교 활성화 방향." 「신학과 목회」 40(2013)

"Trend of Mission Theology in 100 Years of the Presbyterian Church of Korea(Tonghap)." *Korea Presbyterian Journal of Theology* Vol. 44(2012)

"거룩의 관점에서 본 에큐메니칼 교회 이해 연구." 「신학과 목회」 37(2012)

"교회 성장학의 관점에서 본 에큐메니칼 신학 이해." 「선교와 신학」 권호?(2011)

"에큐메니칼 선교의 목적으로서의 '정의'에 관한 연구." 「신학과 목회」 35(2011)

"에큐메니칼 선교의 '선교 개념' 연구." 「장신논단」 40(2011)

"에큐메니칼 선교의 '선교목표'에 대한 이해." 「선교신학」 28(2011)

"통전적 선교신학의 태동 배경과 전망." 「복음과 선교」 15(2011)

"Ecumenical Understanding of Christ and Its Impact on Mission." *Journal of Asian and Asian American Theology* Vol. 10 (2010)

"에큐메니칼 종말 이해와 선교." 「신학과 목회」 33(2010)

"이슬람의 성장이 기독교에 주는 교훈." 「신학과 선교」 36(2010)

"에큐메니칼 선교신학에 나타난 인간 이해와 선교." 「신학과 목회」 31(2009)

"에큐메니칼 신이해와 선교." 「선교신학」 22 (2009)

전공 분야

에큐메니컬 선교신학, 복음주의 선교신학, 이슬람, 선교 역사, 타종교, 교회성장학, 선교 커뮤니케이션

박사학위 논문

"Toward Witness-oriented Worship in the Presbyterian Church of Korea(PCK)."(지도교수: Dean S. Gilliland)

정체 또는 쇠퇴하고 있는 대한예수교장로회(통합) 교단의 갱신을 위해서는 증거 지향적인 예배로의 전환이 이루어져야 한다는 것이 논문의 주제이다. 이 연구는 교단의 상황에 대한 분석을 기초로 하되 주로 문헌연구로 이루어졌다. 주된 내용은 예배와 선교의 관계를 분석한 것으로 구약, 신약, 하나님의 나라, 개혁주의 전통의 관점에서

분석하였고, 이 분석의 결과 바람직한 관계는 선교 지향적인 예배가 되어야 한다는 점과 이러한 방향이 예장통합의 예배 가운데 실천되어야 함을 강조하였다. 이러한 연구의 공헌은 예배와 선교의 바람직한 관계의 정립이라 할 수 있다.

사역 및 연구활동

유럽을 중심으로 교회가 심각한 퇴조의 모습을 보이고, 제2, 3세계 선교의 핵심 주자 역할을 감당하던 한국 교회마저 내우외환으로 위기를 겪는 모습을 보면서 기독교의 회복과 건강한 성장 방향을 찾아 고뇌하는 선교학자이다. 특별히 대안 선교인 '제4 선교신학'을 주창하면서 위기의 기독교를 살리는 선교 방향 찾기에 힘쓰고 있다.

성결대학교를 졸업하고 장로회신학대학교에서 수학한 후, 미국 풀러신학대학원에서 선교학으로 신학석사 학위와 철학박사 학위를 받았다. 총회 파송을 받아 필리핀에서 선교사역을 했으며, 풀러신학대학원 객원교수, *Journal of Asian Mission* 편집위원 등을 역임하였고, 현재는 「선교와 교회」 편집위원, 「복음과 선교」 편집위원, 한국로잔연구교수회 회장, 영남신학대학교 대학원장, 선교신학 교수 등으로 일하고 있다.

안희열

安熺熱, Heui-Yeol Ahn, 1963년 11월 20일 -

학력

1987. 계명대학교(영어영문학, B.A.)
1991. 침례신학대학교 신학대학원(신학, M.Div.)
1995. 미국 Southwestern Baptist Theological Seminary(선교학, Th.M.)
2002. 미국 Southwestern Baptist Theological Seminary(선교학, Ph.D.)

경력

2003. 침례신학대학교 전임강사
2004. 세계선교훈련원(WMTC) 원장대행
2005. 침례신학대학교 조교수
2006. 세계선교훈련원(WMTC) 원장
2009. 침례신학대학교 부교수
2010. 한국복음주의선교신학회 회장
2011. 한국선교신학자상 수상
2012. - 2012. Southwestern Baptist Theological Seminary 객원교수
2013. - 2013. 한국침례신학대학교 신학과 학과장
2013. - 2014. 한국침례신학대학교 교무처장
2015. - 2018. 한국침례신학대학교 기획실장
2010. - 2024. 현재. 한국로잔위원회 중앙위원
2021. - 2024. 현재. 한국침례신학대학교 교수
2023. - 2024. 현재. 한국침례신학대학교 기획처장

저서

『한국 침례교 선교를 말하다』(한국침례신학대학교출판부, 2022, 공저)
『동성애, 성경에서 답을 찾다』(침례신학대학교출판부, 2020, 공저)
『바울, 교회에서 길을 찾다』(두란노서원, 2020, 공저)
『동성애, 성경에 길을 묻다』(침례신학대학교출판부, 2019, 공저)
『말콤 펜윅: 시대를 앞서 간 선교사』(하기서원, 2019, 개정증보판 3쇄·특별판)
『세계선교역사 다이제스트 100』(하기서원, 2019, 개정판)
『21세기 글로벌 선교』(하기서원, 2018)
『종교개혁의 풍경』(침례신학대학교출판부, 2017, 공저)
『선교와 문화』(침례신학대학교출판부, 2015)
『침례교회 정체성』(침례신학대학교출판부, 2014, 공저)

『성경으로 읽는 북한선교』(올리브나무, 2013, 공저)

『내한 선교사 연구』(대한기독교서회, 2011, 공저)

『선교사 자녀 이야기』(그리심, 2011, 공저)

『1910 에딘버러 세계선교사대회 어떻게 볼 것인가』(미션아카데미, 2010, 공저)

『선교지 교회개척 이야기』(그리심, 2010, 공저)

『한국침례교회와 역사: 회고와 성찰』(침례신학대학교출판부, 2010, 공저)

『다문화 시대에 다시 보는 한국침례교회』(침례신학대학교출판부, 2009, 공저)

『신학입문』(침례신학대학교출판부, 2004, 공저)

논문

"로잔 운동의 역사적 평가와 제4차 로잔 대회의 과제." 「복음과 선교」 60(2022)

"윌리엄 캐리의 인도 교육 선교가 기독교 선교에 끼친 영향: 세람포어선교회와 영국 선교본부와의 갈등 해결에 관한 평가를 중심으로." 「선교와 신학」 54(2021)

"초대교회 시기의 전염병 창궐에 따른 기독교인의 대응에 관한 평가." 「선교와 신학」 52(2020)

"Malcolm C. Fenwick의 울릉도 선교에 관한 평가." 「복음과 실천」 66(2020)

"Malcolm C. Fenwick의 토착화 선교에 관한 평가: Henry Venn의 삼자 원리를 중심으로." 「복음과 선교」 46(2019)

"Malcolm C. Fenwick의 북방선교에 관한 연구: 북한, 만주, 시베리아를 중심으로." 「복음과 실천」 64(2019)

"초기 기독교의 가정교회 선교에 관한 연구." 「복음과 실천」 62(2019)

"Martin Luther의 종교개혁이 아나뱁티스트 평신도 선교에 끼친 영향." 「복음과 실천」 60(2017)

"한국침례교회의 선교훈련에 관한 평가와 제안." 「복음과 실천」 58(2016)

"통일한국과 한국침례교회의 북한선교." 「복음과 실천」 56(2015)

"선교적 교회론에 관한 에큐메니칼과 복음주의자들의 견해." 「복음과 실천」 54(2014)

"한국교회의 타문화권 선교에 대한 평가와 제안." 「선교와 신학」 31(2013)

"중국 도시 가정교회의 개척과 전망." 「복음과 선교」 23(2013)

"WCC(세계교회협의회) 선교신학의 이슈와 과제." 「복음과 실천」 52(2013)

"초대교회의 가정교회가 헬라권 선교에 끼친 영향." 「복음과 실천」 50(2012)

"로잔운동이 세계 선교에 끼친 공헌과 한국교회가 나아가야 할 방향." 「선교와 신학」 27(2011)

"종교 신학적 관점에서 본 말콤 펜윅의 구원론과 초기 한국교회의 선교적 성과." 「성경과 신학」 55(2010)

"에딘버러 세계선교사대회와 존 모트의 선교동원." 「복음과 선교」 12(2010)

"세계선교의 흐름과 선교적 과제." 「복음과 실천」 46(2010)

"1910년 에딘버러 세계선교사대회 100년 평가." 「신학논단」 59(2010)

"한국 다문화사회로서의 변화와 선교: 한국 무슬림을 중심으로." 「복음과 실천」 44(2009)

"The Missionary Strategies of Northern Europe during the Middle Ages." 「한국기독교신학논총」 63(2009)

"아시아 한인디아스포라 선교에 관한 연구." 「복음과 실천」 42(2008)

"아씨시의 프란시스의 선교정신이 한국교회에 미친 영향." 「복음과 선교」 9(2008)

"한족 복음화를 위한 효과적인 선교 커뮤니케이션." 「복음과 실천」 40(2007)

"초기 한국교회와 부흥운동(1903-1908)과 선교학적 고찰." 「성경과 신학」 44(2007)

"캄보디아의 교회개척운동(CPM)에 관한 평가와 전략적 제안." 「복음과 선교」 6(2006)

"북경 도시선교 전략에 관한 연구." 「복음과 실천」 38(2006)

"쯔빙글리의 선교사상에 대한 선교학적 평가." 「복음과 선교」 5(2005)

"영국 복음화의 선교전략이 현대선교에 미친 공헌." 「복음과 선교」 4(2008)

"16세기 Anabaptist 운동에 관한 선교학적 평가." 「복음과 실천」 36(2005)

"인도의 카스트제도에 대한 로마가톨릭교회와 개신교회의 선교전략에 대한 평가." 「복음과 실천」 34(2004)

"아프리카의 복혼제에 대한 선교적 접근: 세네갈을 중심으로." 「복음과 실천」 33(2004)

"구약의 문화에 대한 선교적 고찰." 「선교신학」 8(2004)

전공 분야

선교 역사, 선교훈련, 선교전략, 선교인류학, 이주민/다문화 선교

박사학위 논문

"The Influence of the Niagara Bible Conference and Adoniram Judson Gordon on Malcolm Fenwick and Korean Baptist Missions."(지도교수: Michael Barnett)

논문 제목은 "나이아가라 사경회와 아도니람 저드슨 고든이 말콤 펜윅과 한국 침례교 선교에 끼친 영향"이다. 논문의 목적은 '한국 침례교회의 아버지'라 불리는 말콤 펜윅이 나이아가라 사경회를 통해서 신학훈련을, 아도니람 고든을 통해서 선교훈련을 받은 후 어떻게 한국 침례교회의 전신인 대한기독교회를 세웠는지 살펴본 뒤 나이아가라 사경회와 고든 목사가 펜윅과 한국 침례교 선교에 끼친 영향을 평가하는 데 있다.

20세기 초 근본주의 운동의 씨앗이 된 나이아가라 사경회, 보스턴 선교사 훈련학교를 세운 아도니람 고든과 관련된 자료는 사우스웨스턴침례신학대학원, 달라스신학대학원, 고든대학교, 고든콘웰신학대학원, 그리고 토론토대학교의 도서관이나 역사박물관에서 찾았다.

1장에서 펜윅의 생애와 선교 사역을 살펴보았고, 2장에서는 나이아가라 사경회가 펜윅에게 끼친 공헌을, 3장에서는 아도니람 고든이 펜윅에게 끼친 공헌을, 4장에서는 나이아가라 사경회와 고든이 펜윅과 한국 침례교 선교에 끼친 영향을 평가하였다.

논문의 공헌으로는 첫째, 펜윅에게 영향을 끼친 나이아가라 사경회, 아도니람 고든, 보스턴 선교사 훈련 학교와 관련된 1차 영서를 발굴하여 기존의 국내서 의존도에서 벗어나게 했고, 둘째, 펜윅의 신학 형성과 선교 훈련을 구체적으로 소개하여 펜윅을 이해하는 데 큰 도움을 주었다.

사역 및 연구활동

관심 있는 연구 영역은 첫째, 선교 역사이다. 특히 초대교회 역사, 바울의 가정교회 선교, 말콤 펜윅을 오랫동안 연구해왔다. 그래서 『바울, 교회에서 길을 찾다』, 『말콤 펜윅』, 『세계선교역사 다이제스트 100』을 저술하였고, 이와 관련된 논문을 많이 게재하였다.

둘째, 선교훈련이다. 선교훈련원장으로서 오랜 경험으로 선교 동원, 선교훈련, 선교사 멤버케어에 관심이 많아 『선교지 교회 개척 이야기』와 『선교사 자녀 이야기』를 공동 저술하였고, 이와 관련된 글들을 기고하였다.

셋째, 북한 선교이다. 한국 침례교회가 원산에서 시작되다 보니 북한 선교에 관심이 많다. 초기 한국 침례교회 중에서 78%의 교회가 북방선교(북한, 만주, 시베리아)에 가담하다 보니 본인 역시 북방선교 지역을 여러 번 방문했다. 그래서 『성경으로 읽는 북한 선교』를 공동 저술하였고, 북한 선교에 관한 기사를 많이 기고하였다.

넷째, 선교와 문화인류학이다. 『선교와 문화』를 저술했고, 이와 관련된 논문을 여러 편 기고하였다.

다섯째, 이주민 선교와 다문화 선교이다. 유학 시절 한인 목회 경험으로 이주민 선교(디아스포라 선교)에 앞장서고 있다. 또한 국력이 신장되어 우리나라로 유입되는 무슬림(특히 중앙아시아)의 증가는 은퇴를 앞둔 이슬람권 선교사에게 국내 무슬림 교회를 개척하도록 상담해왔고 협력하고 있다.

오희준

吳熙俊, OH HEEJOON, 1977년 10월 13일 -

학력

2001. 총신대학교(역사교육, B.A.)
2007. 총신대학교 신학대학원(목회학, M.Div.)
2012. 총신대학교 교육대학원(기독교교육, M.Ed.)
2022. 주안대학원대학교(선교학, Ph.D.)

경력

2002. 02. - 2004. 09. 2825부대 산돌교회 군선교사(중위)
2004. 12. - 2008. 12. 헌인교회 전도사/강도사/목사
2010. 03. - 2012. 02. 총신대학교 기독교교육과 행정조교
2012. 02. - 2013. 03. 대한예수교장로회(합동) 100주년사업팀
2007. 05. - 2023. 현재. 한국말씀사역원 연구간사
2009. 01. - 2023. 현재. 2825부대 산돌교회 군선교사(목사)
2015. 01. - 2023. 현재. 미래군선교네트워크 사무국장

저서

『쉬운 배열 성경 신약(E-SAB)』(그리심, 2015, 편저)

논문

"대대급 군인교회에서의 비전 2030 실현 방안." 한국기독교군선교연합회(2022)
"대대급 군인교회에서의 세례와 파송에 대한 효과적 전략방안." 미래군선교네트워크(2022)
"청년 전도의 최전방인 군선교." TAC 턴어라운드처치(2022)
"대대급 군인교회에서의 기독 장병 양육 연구: 2825부대 산돌교회를 중심으로." 한국기독교군선교연합회(2012)

전공 분야

군선교, 선교 역사, 선교훈련, 선교전략, 선교현장 연구

박사학위 논문

“레슬리 뉴비긴의 선교신학을 통한 군선교 전략 연구: 세례, 양육, 파송을 중심으로.”(지도교수: 조해룡)

한국군에 군선교가 시작되면서 가장 효과적인 군선교 전략으로 제시되어온 것이 진중세례와 교회 건축이다. 이 선교전략에 따라 한국 교회는 연합하여 진중세례와 교회 건축에 모든 역량을 쏟아왔다. 그러나 오늘날 선교현장인 군대의 환경이 변하고 입대하는 용사들이 경험하는 문화 환경이 변하고 있다. 더 이상 양적인 성장을 적용한 군선교 전략은 청년들을 변화시킬 수 없으며, 실제적인 삶에 변화가 이루어질 수 없게 되었다. 지금까지 진행하였던 군선교 전략의 부정적인 측면이 대두되면서 이를 보완할 수 있는 후속 프로그램이나 양육 시스템을 강조하는 주장이 제기되었으나 선교신학 측면에서 군선교 전략에 대한 대안이 제시되지 않았음을 파악하게 되었다.

이에 레슬리 뉴비긴의 선교신학을 통해 미래 군선교 전략을 세우고자 하였다. 이 선교신학을 적용하여 변화되는 신세대 용사들의 특징과 사회 환경에서 진중세례를 받고 군인교회에 출석하는 용사들이 군 생활을 통해 선교적 제자도의 삶을 살아가는 그리스도인이 될 수 있도록 하는 방안을 제시하였다.

사역 및 연구활동

경기도 김포 소재 17사단 포병여단 예하 2825부대 산돌교회에서 군선교사로 18년째 사역하고 있다. 군선교는 군종목사와 군선교사에 의해 이루어지는데 군종목사는 여단급 이상 간부와 가족을 대상으로, 군선교사는 대대급 이하 용사들을 대상으로 한다. 용사들은 20대 청년으로 한국 교회의 미래이며, 해외선교에 중요한 자원이다. 이들을 교회로 이끌지 않으면 한국 교회와 해외선교는 불안정해진다. “청년이 살아야 나라가 살고 청년이 살아야 교회가 산다.”라는 모토가 있다. 이에 군선교사 인원 확보와 군선교 훈련, 용사들에 대한 양육교재 연구 및 군선교 전략, 군선교 현장에 대한 연구를 진행하고 있다.

옥필훈

玉弼勛, Ok, Pil-Hun, 1972년 3월 1일 -

학력

1994. 전북대학교(공법학, Bachelor of Law)
1998. 전북대학교(법학, Master of Law)
2000. 영국 Birmingham University 법과대학원(Occasional Research Degree)
2006. 전북대학교(법학, Ph.D in Law)
2009. 원광대학교(경찰행정학, Ph.D. in Police)
2011. 전주대학교 선교신학대학원(조직신학, Th.M.)
2012. 서남대학교(사회복지학, Ph.D. in Social Welfare)
2019. 전주대학교(선교학, Ph.D.)
2021. 우석대학교(특수교육학, Ph.D. in Special Education)
2023. 성산효대학원대학교(사회복지학, M.S.W.)

경력

2005. 03. - 2010. 02. 전주공업대학 경찰행정과 교수
2014. 03. - 2017. 12. 진달래교회(기장) 부목사
2017. 09. - 2022. 10. 전주사랑의교회(합동) 협동목사
2010. 03. - 2023. 현재. 전주비전대학교 아동복지과 교수
2019. 09. - 2023. 현재. 전주대학교 선교지원실 객원교수
2022. 09. - 2024. 현재. 성도교회(한국초교파신학대학원목회자연합회) 담임목사

저서

『범죄신학에 있어서 아동학대에 관한 이해』(공동체, 2017)

논문

"아동학대의 실태와 복지선교의 발전 과제." 「선교신학」 54(2019)
"소극적 안락사에 관한 선교신학적 실천 방안에 관한 연구." 「선교신학」 44(2016)
"아동학대에 대한 선교신학적인 실천 방안에 관한 연구." 「선교신학」 40(2015) 외 다수

전공 분야

선교 역사, 에큐메니컬 선교신학, 복음주의 선교신학, 선교전략, 선교현장 연구

박사학위 논문

"'하나님의 선교'에 근거한 피학대 아동을 위한 복지선교의 현황과 실천 방안."(지도교수: 김은수)

21세기는 물질문명과 사이버 세계 등으로 인해 모든 아동이 건강하게 살아갈 자연환경 및 사회환경적인 기반이 좁아지고 있고, 특히 아동학대에 대해 사회적 보호 내지 사회 안전망에 대한 요청이 지속적으로 일고 있다. 따라서 아동이 전인적인 인격성을 바탕으로 올바로 성장하고 발달하기 위해서는 교회뿐 아니라 교회 밖의 사회복지사업을 통한 전문적인 사회선교 내지 사회봉사가 절실히 필요하다. 미래사회에 이에 부응하기 위해서는 한국 교회도 전통적인 교회 모델에서 벗어나 지역사회를 배경으로 하는 선교적 교회로 지역사회와 연계하여 나아가야 한다.

이 연구는 하나님의 선교적 관점에서 아동학대라는 주제를 통하여 이에 대해 먼저 현황 분석을 토대로 그 복지선교적인 실천 방안을 도출한다. 기독교와 연관된 사회복지 실천의 이념이나 이론 검토는 진행 중이지만 예수 그리스도의 사랑의 정신을 본받아 모든 인간이 존엄한 존재로 존중받도록 사랑을 실천한다고 볼 때, 특히 아동학대와 관련하여서는 현실적인 사안에 직면하여 어떻게 대처하고 아동복지 서비스를 전달할 것인지는 교회 안과 밖에서 아동복지와 사회선교에 대한 지속적인 성장과 총체적인 노력이 필요하다.

사역 및 연구활동

2005년부터 전북CBS 합창단원으로서 국내외에서 정기연주와 순회공연을 펼치고 있다. 2013년부터 2022년까지 전주비전대학교 교수로서 지역사회 봉사 프로그램을 조직하고 전북자원봉사센터와 업무협약을 통하여 사회복지기관 등지에서 학생들과 봉사활동을 주도하였다. 2018년부터는 전주대학교 성품채플에 참여하여 소그룹 리더로 섬기고 있으며, 2013년부터 전주비전대학교에 재학 중인 외국 학생들 대상의 멘토링 사업에 참여하여 월 1회 예배 및 현장체험 활동 등을 수행하고 있다. 2014년 한국초교파신학대학원목회자연합회 호남지회 총무를 시작으로 서기, 부회장에 이어 현재는 지회장으로 지역교회를 섬기고 있다. 2014년부터는 한국선교신학회 회원 및 한국선교아카데미 회원으로 활동하고 있다.

왕은희

王恩熙, Eun-Hee Wang, 1978년 5월 27일 -

학력

2011. 영국 London School of Theology(B.A. in Theology)
2013. 장로회신학대학원(M.Div.)
2016. 영국 University of Edinburgh(M.Th. in World Christianity)
2022. 영국 University of Birmingham(Ph.D. in Mission Studies)

경력

2013. 03. – 2014. 09. 수원 온누리교회 전도사
2014. 09. – 2016. 09. 광장교회 전도사
2018. 06. – 2020. 03. 영국 버밍엄대학교 신학 강사(TA)
2023. 01. – 2024. 현재. 진주교회 전도사
2023. 01. – 2024. 현재. 횃불트리니티신학대학원대학교 선교학 객원교수

논문

"한국의 사회 예언자적 성령운동, 카리스마적 성령운동, 그리고 통합적 성령운동." 「선교신학」 65(2022)

"The Socio-Prophetic, Charismatic-Pious, And Holistic Mission of the Holy Spirit Movements in Korea." Ph.D. thesis, University of Birmingham(2021)

"Ha, Young Jo." In Brill's Encyclopedia of Global Pentecostalism, edited by Michael Wilkinson, Connie Au, Jörg Haustein, and Todd M. Johnson, 268-269(Leiden, Boston: Brill, 2021)

"Kil, Seon Joo." In Brill's Encyclopedia of Global Pentecostalism, edited by Michael Wilkinson, Connie Au, Jörg Haustein, and Todd M. Johnson, 359-361(Leiden, Boston: Brill, 2021)

"Kim, Ik Du." In Brill's Encyclopedia of Global Pentecostalism, edited by Michael Wilkinson, Connie Au, Jörg Haustein, and Todd M. Johnson, 361-362(Leiden, Boston: Brill, 2021)

전공 분야

복음주의 선교신학, 세계기독교(World Christianity), 오순절신학, 선교역사, 사회예언자적 운동

박사학위 논문

"The Socio-Prophetic, Charismatic-Pious, and Holistic Mission of the Holy Spirit Movements in Korea."(지도교수: Allan Anderson, Andrew Davies)

한국 기독교 역사에서 한국 교회의 성령운동을 두 가지로 분류한 바 있다. 유동식은 이를 '부성적 성령운동'과 '모성적 성령운동'으로 나누었는데, 전자는 한국 유교 전통에 입각한 외향적 사회참여와 사회구조의 변혁을 도모하는 운동이며 후자는 샤머니즘의 영향으로 내적인 신앙 및 치유를 강조한다. 이러한 분류 안에서 유동식은 1907년 길선주의 평양 대부흥 운동을 '부성적 성령운동'으로 분류한다.

이 논문에서는 한국의 성령운동을 세 가지로 분류하는데, 사회 정치적 참여를 강조하는 운동을 '예언자적 성령운동'(Socio-Prophetic movement)으로, 내적인 신앙, 치유, 부흥을 강조하는 성령운동을 '카리스마적 성령운동'(Charismatic-Pious movement)으로 나누고, 위 두 가지를 포함하는 통합적인 성격을 가지는 운동을 '통합적 성령운동'(Holistic movement)로 분류한다.

이러한 분류 안에서 이 논문은 한국의 성령운동을 선별 연구하였다. '예언자적 성령운동'의 예로 이현필 선생의 동광원 사역을 연구하며 이 운동이 사회에 끼치는 예언자적 역할에 주목하였다. 또한 1970년대의 안병무 선생의 민중신학을 연구하며 신학적인 질문들을 통한 논증과 함께 한국 사회에 끼친 영향들을 연구하였다.

두 번째로 카리스마적 성령운동의 예로 김익두 목사의 치유 사역과 1990년대의 하용조 목사의 온누리교회 사역을 연구하며 성령의 역사가 끼친 교회 영적 부흥 운동과 치유 사역, 그리고 선교의 확장이 끼치는 교회 내외적으로의 영향을 살펴보았다.

마지막으로 통합적 성령운동의 예로 1907년 '평양 대부흥 운동'을 연구하였고, 현재 진행되고 '차바아 운동'에 대한 연구를 하였다. 특별히 '평양 대부흥 운동'은 사회 예언자적 성격과 카리스마적 성격의 성령운동의 통합적인 성격을 지니는 현시대에도 시사하는 바가 큰 성격의 성령운동임을 밝힌다.

이 논문은 사회 예언자적 성격의 운동과 카리스마적 성령의 운동 가운데 나타나는 장단점을 알아보고 이러한 장점들이 통합적으로 미칠 수 있는 긍정적인 성령운동의 방향에 대해 모색해 보고자 하였다. 이 과정 가운데 서구 신학자들에게 잘 알려지지 않은 한국의 개신교 수도정신이 담긴 이현필 선생의 동광원 사역에 대해 소개할 수 있었으며, 또한 서구 신학자들이 혼용하여 이해하고 있는 한국의 오순절교회와 민중신학 안에 포함되어 있는 샤머니즘의 영향은 구별되어야 함을 밝히고 있다.

유경하

劉敬夏, KYUNG HA YOO, 1970년 4월 26일 -

학력

1993. 숙명여자대학교(B.A.)
2006. 총신대학교 선교대학원(M.A.)
2010. 총신대학교 신학대학원(M.Div.)
2023. 총신대학교 일반대학원(Ph.D.)

경력

2004. 12. – 2005. 12. 주왕교회 전도사
2006. 01. – 2008. 12. 인천제이교회 전도사
2009. 01. – 2011. 12. 사랑의교회 전도사
2012. 01. – 2014. 12. 그리스도의향기교회 담임목사
2016. 11. – 2023. 03. 이랜드 사목(Chaplain)

논문

"동인도 회사와 성경 번역." 「복음과 선교」 64(2023)
"동인도 회사 특허법 개정이 인도선교에 미친 영향." 「복음과 선교」 62(2023)
"한국교회 회복을 위한 실천적 제언: 일의 신학 관점에서." 「개혁논총」 64(2023)
"로잔운동 관점에서 본 위그노: 디아스포라 위그노가 근대사회에 미친 영향을 중심으로." 「복음과 선교」 60(2022)

전공 분야

일터선교, 선교역사, 일터영성, 평신도신학, 다문화 선교

박사학위 논문

"총체적 선교 관점에서 본 일터사역 연구: 사목사역 중심으로."(지도교수: 김성욱)

새로운 목회 영역인 일터사역을 사목사역 중심으로 연구하여 이를 선교적으로 적용하는 전략을 제안하고자 하는 논문이다. 이를 위해 복음의 본질과 총체적 선교, 일터사역의 신학적 기초, 사목사역의 배경과 현황을 고찰하고, 현대사회에서의 사목사역 사례로 미국과 프랑스 그리고 한국의 대표적인 사목기관들을 비교·분석하고 적용점을 모색한다.

일터사역은 총체적 선교의 일환으로 복음의 총체성에 기인하고, 사목사역은 일터사역의 일환으로 하나님, 인간, 일, 그리고 일터에 대한 이해에 근거한다. 현대사회에서 사목사역은 전통적인 방식의 선교적 한계, 기업의 영향력 증대, 신앙과 일의 통합 니즈를 필요를 배경으로 그 필요성과 효율성에 주목할 필요가 있다. 이 논문에서는 한국의 이랜드 사목사역을 중심으로 연구를 전개하며 비교군으로서 20세기 중후반에 설립되어 활발하게 활동하고 있는 미국 최대의 사목기관들, 프랑스의 일터사역 기관, 그리고 한국 천주교회의 직장사목의 사례를 비교·평가한 후 적용 전략을 제언한다.

사역 및 연구활동

한국과 해외에서 교회사역과 사목사역을 수행하였다. 국내에서는 주일학교와 청년부 전도사로 섬겼고, 이후 개척한 교회에서는 다문화 사역과 독거 어르신을 위한 무료 급식사역을 진행하였다. 국내와 해외를 오가며 사목으로서 회사 내 신앙문화 정착과 복음 전도, 성경공부 등을 지도하였다.

국내외 기업체에서 직원과 사목으로 근무한 경험을 선교신학적으로 연구하고 시대적 필요에 부응하는 선교 방향과 선교전략을 세우는 것을 지향하는 일터사역자이자 일터신학자이다. 이를 위해 일터를 중심으로 복음 전도를 펼친 선교 역사를 재조명하고, 특히 교회와 평신도를 선교 주체로 인식하고 그들의 협업과 사역이 복음 전도와 사회 발전에 미친 영향을 연구한다. '신앙과 일의 통합'이라는 일터사역의 목적을 시대적 상황 속에서 성경적으로 발전시키는 것이 주요 연구 주제이다.

유용욱

柳鏞郁, Yong-Ouk You, 1966년 8월 17일 -

학력

1992. 원광대학교(치과대학, D.D.S.)
1994. 서울대학교 대학원(치의학, M.S.D.)
2000. 서울대학교 대학원(치의학, Ph.D.)
2009. 미국 University of Southern California (Post-Doc.)
2018. 전주대학교 선교신학대학원(선교학 전공, Th.M.)
2024. 전주대학교 대학원(신학, 선교학 전공, Ph.D.)

경력

2019. 06. - 2019. 11. 한국세계선교협의회(KWMA) 교수선교사 훈련생
2000. 03. - 2024. 현재. 원광대학교 치과대학 교수
2000. 03. - 2024. 현재. 원광대학교 한국누가회(Christian Medical Fellowship, CMF) 지도교수
2015. 01. - 2024. 현재. 한국선교아카데미 회원
2016. 03. - 2024. 현재. 한국누가회 전북지부 이사
2018. 03. - 2024. 현재. 원광대학교 한국대학생선교회 지도교수
2019. 11. - 2024. 현재. 전국대학교수선교회(KUPM) 교수선교사
2020. 01. - 2024. 현재. 한국누가회 선교부 감사
2021. 03. - 2024. 현재. 전주사랑의교회(해외선교위원회) 협동목사

논문

"코로나 팬데믹 상황에서 대면 예배의 회복." 「누가들의 세계」 210(2021)
"팬데믹과 기독교 선교." 「신앙과 학문」 26/1(2021)
"선교의 원동력이 되었던 전염병." 「누가들의 세계」 208(2020)
"존 콜린스의 관점으로 본 디아코노스 예수: 요한복음을 중심으로." 「신앙과 학문」 25/4(2020)

전공 분야

이주민/다문화 선교, 복음주의 선교신학, 에큐메니컬 선교신학, 의료선교, 디아코니아 신학

박사학위 논문

"디아코니아의 본질과 선교적 함의."(지도교수: 김은수)

디아코니아가 변화해 온 과거와 현재를 조명해보고, 신약성서에서 바울과 교회 역사에서 이해한 디아코니아의 본질적 의미를 찾은 후 그 본질적 의미를 디아코니아의 실천에 적용함으로써 현대 선교에 기여하고자 한 논문이다. 연구방법은 문헌연구를 사용하였다.

디아코니아의 의미는 시대적 상황에 따라 변화하였다. 고대 헬라 문헌에서 디아코노스의 본질적 의미는 중재자, 대리자 또는 메신저였다. 신약성서에서 바울은 디아코니아의 본질적 의미를 '하나님으로부터 위임받은 사명을 수행하는 하나님의 대사의 역할'이라고 이해했다. 예수의 디아코니아는 하나님과 인간의 중재 사역이며, 하나님의 대리자 사역이자 메신저 사역이다. 예수의 디아코니아는 그리스도의 직무를 통하여 설명할 수 있는데, 아버지로부터 위임받은 직무는 선지자적·제사장적·왕적 직무였다. 예수 디아코니아는 성령을 통하여 사도들에게 승계되며, 사도들의 디아코니아는 성령을 통하여 하나님의 백성인 교회 위에 승계된다.

하나님의 백성인 교회의 디아코니아는 하나님이 교회에 위임하신 사명으로서 '하나님 나라의 선포', '헤세드의 실천', '하나님의 정의 구현', 그리고 '피조세계 돌봄'의 수행 등으로 확장될 수 있다.

이 논문의 공헌은 첫째, 디아코니아의 확장성이다. 둘째, 디아코니아의 역동성이다. 셋째, 바울의 디아코노스로서의 정체성에 대한 새로운 발견이다. 넷째, 예수 그리스도의 디아코니아에 대한 재발견이다.

사역 및 연구활동

대학을 다니면서 선교단체인 한국누가회(Christian Medical Fellowship, CMF)에서 신앙의 훈련을 받았다. 2000년부터 원광대학교에 교수로 후배들을 가르치고 있다. 한국대학생선교회(CCC)와 한국누가회의 지도교수를 맡아서 학생들에게 말씀을 전하고 있다. 2006년에 한국누가회 전북지부 회장으로 봉사하였고, 지금은 한국누가회 전북지부 이사와 한국누가회 해외선교부 감사로 봉사하고 있다. 2019년 한국세계선교협의회(KWMA)에서 주관하는 교수선교사 훈련과정을 이수하고 전국대학교수선교회(KUPM)의 교수선교사로 임명받아서 외국인과 대학선교 사역을 하고 있다.

전문적인 사역을 위하여 전주대학교 선교신학대학원에서 선교학을 전공하고 전주대학교 대학원 신학과에서 선교학을 전공하여 신학박사 학위를 취득하였다. 전주사랑의교회에서 제자훈련과 사역훈련을 받았으며, 현재는 해외선교위원회 담당 협동목사로 해외 선교사들을 돌보고 외국인 유학생과 외국인 노동자들을 섬기고 있다.

유은혜

劉恩惠, Grace You, 1981년 1월 15일 -

학력

2003. 연세대학교(정치학/신학, B.Sc./B.Th.)
2009. 영국 University of Edinburgh(M.Th.)
2019. 영국 University of Oxford 신학박사 과정 수학
2023. 연세대학교(신학, Ph.D.)

경력

2001. 03. – 2006. 02. 고신교회 전도사
2006. 03. – 2008. 07. 연세대학교 대학교회 전도사
2008. 08. – 2009. 08. 영국 에딘버러한인교회 교육목사
2009. 09. – 2010. 08. 영국 옥스퍼드한인교회 교육목사
2010. 09. – 2020. 06. Lord's Glory Church 담임목사
2020. 07. – 2024. 현재. 고신교회 담임목사
2024. 03. – 2024. 현재. 연세대학교 강사

번역서

Relocating World Christianity: Interdisciplinary Studies in Universal and Local Expressions of the Christian Faith(Brill, 2017, CLC, forthcoming)

논문

"원형과 모형(Image and Figure): '복음전도'와 '사회참여'의 관계를 이해하기 위한 하나의 해석학적 구조." 「복음과 선교」 65(2024)
"급진정통주의 내의 '통제적 매개성' 비판과 '빛을 옷 입은 창조론'을 통한 세계기독교의 대안적 가능성." 「신학논단」 112(2023)
"급진정통주의를 통해 본 포스트모더니즘이 가진 중세로의 회귀(回歸)성 비판과 세계기독교의 포스트모더니즘과의 동행에 관한 하나의 반론과 제언." 「선교와 신학」 59(2023)
"포스트모더니즘과 기독교의 자유의 문제(Postmodernism and the problem of Christian Liberty)." 「ACTS 신학저널」 58(2023)

전공 분야

Cross-cultural Communication, 세계기독교 (World Christianity), 포스트-포스트모더니즘 (post-postmodernism), 해석학적 접근(hermeneutical approach)

박사학위 논문

"Figural Ontology over Analogical Returning: A Critical Study on the Genealogy of 'Difference of Christendom', and the 'Similarities in Univocity' in the Context of World Christianity, via the Discourse of Liberalism."(지도교수: Samuel Y. Pang)

모더니즘의 동일성 기반을 전체주의의 원인으로 지목하며, 차이, 다름, 해석, 상황 등의 가치를 대두시켜 모더니즘을 해체하려던 20세기 후반 포스트모더니즘을 고찰한다. 모더니즘의 '동일성'을 '전적인 차이'로 대체하였던 포스트모던 해석학은 차이로 인한 분열을 극복하기 위해, 결국 매개에 기초한 해석경찰을 등장시켰고, 마침내 매개의 유비적 패러다임을 만드는 중세의 로마 가톨릭 세계로의 퇴보 현상을 만들어내고 있음을 폭로한다.

이러한 현상에 대항하고자 이 논문은 포스트모더니즘의 가정, 즉 전체주의를 이끄는 동일성을 벗어나기 위해서는 오직 다름과 차이만이 유일한 출구라는 전제를 비판하고 그 오류를 밝힌다. 포스트모던 신학 유형들의 분석을 통해, 모더니즘의 전체주의적 동일성을 해체하고자 추구한 포스트모더니즘의 전적인 차이의 강조는 결국 내부적으로 공통점이 없는 다른 것들을 관계 맺게 하기 위해, 외부로부터의 매개를 필연화시킨다는 것을 보인다. 이뿐만 아니라 전체주의적 동일성을 빠져나가는 길은 다름만이 아니라 유사성에도 존재한다는 것을 제안함으로써 포스트모더니즘의 전제를 반증한다.

이 논문은 중세 가톨릭 기독교 제국의 기반을 흔들었던 데카르트를 소환하여 모더니즘의 '동일성'을, '동일성 내 유사성'(similarity within univocity)이라는 구조로 갱신(renew)한다. 안셀름에 이어 데카르트를 거쳐 칼뱅에 이르는 계보는 하나님의 확실성과 우리 '존재의 확실성' 사이의 '유사성'을 확립하였는데, 이 논문은 이를 확장하여 우리 피조물은 '존재의 확실성'(being)을 가지는 동시에 우리의 근원이며 원형이 되시는 '예수 그리스도의 이미지에 참여하는 모형'(figure)임을 말하는 'being and figure'의 연합으로 구성된 '모형 존재론'(figural ontology)이라는 새로운 동력을 중세의 유비적 존재론(analogical ontology)에 대항하여 제안한다. 모형 존재론은 단순한 동일성이 아니라 유사성과 동일성이 함께 동시에 존재하는 해석학이다. 결국 여기에는 독특한 관계성이 도출된다. 스콜라 철학 이후, 우리가 알아왔던 오직 세 가지의 길, 전적 다름(equivocity), 전적 같음(univocity), 다름 가운데 유사함(analogical) 외의 새로운 길, 즉 동일성 내의 유사함(figural)을 제시하는 것이다. 또한 하나님의 절대적 대변자이시며 하나님의 이미지 그 자체이신 예수 그리스도를 제외하고 이 땅의 모든 피조물은 자신의 이미지에 참여하여 그와의 유사성을 늘리며 그 이미지를 대변하여서 그 이미지와 같다고 '인정받는' 모형임을 주장함으로써, 결국 이 땅 위의 그 어떤 피조물도 이미지 자체가 될 수 없으며, 우리로 하여금 그 피조물 이미지에 무릎 꿇게 할 수 없음을 외치는 신앙의 자유의 기반이 된다고 주장한다.

이 논문은 한 분 그리스도 안에서의 가족적 유사성을 태생적으로 지닌 세계기독교로 하여금 그 '모형 존재론'을 기반으로 한 신앙의 자유의 구동자가 되어서, 20세기 후반 이래 또다시 귀환하고 있는 매개적 기독교 제국과 자신 안으로 모든 것을 흡수하고 자신을 천국의 이미지 자체, 혹은 하나님의 정확한 대리자로 수립하려는 중세의 메커니즘을 대항하고 미래를 향하여 교회와 신학을 이끌 것을 제안한다. 세계기독교는 '모형 존재론'(being and figure)이라는 엔진을 취할 때 선교는 곧 'being and figure'의 증가를 의미하며, 따라서 선교는 교회의 단순한 수적 존재성(being)의 증가만이 아니라 모형(figure)의 늘어남도 이루게 되기에 모형들이 더욱 함께 대변하고 증거하는 이미지, 바로 천국의 하나님 나라의 이미지를 이 세상에 점점 확실히 드러나게 할 것이며, 기독교 제국의 회귀 현상을 압도할 수밖에 없을 것임을 주장한다.

이를 통해 이 논문은 포스트모던 신학, 세계기독교, 유사성의 신학 등의 영역을 교차하며, 모형 존재론이라는 새로운 해석학적 접근법을 개발함으로써 위의 각 분야에 기여하고자 하였다.

사역 및 연구활동

성경에 나타난 원형(image)과 모형(figure)의 관계성 모델에 따른 해석학에 기반하여, 그동안 포스트모던 해석학의 영향 아래 왜곡되어 있던 다양한 선교신학적 주제를 재해석한다. 원형과 모형의 관계는 동일성 내의 유사성이라는 새로운 관계성을 나타내는데, 이는 스콜라 철학 이후 다름(equivocal), 같음(univocal), 혹은 다름 내의 유사성

(analogicla)이라는 세 가지 길 외의 새로운 해석학적 길을 제시하는 것이다. 따라서 figural(동일성 내의 유사성)은 그동안의 이분법적 갈등의 영역들, 예를 들어 선교 역사에서는 사실과 해석 사이의 관계를, 선교전략과 관련하여서는 복음전도와 사회참여 사이의 관계를, 선교인류학적인 측면에서는 하나님과 인간과의 관계 등을 원형과 모형의 해석학을 통해 재해석할 수 있다.

또한 '다름'을 절대화하는 포스트모던 해석학이 결국 '매개'를 기반으로 종교 권력화하여 중세의 로마카톨릭적 패러다임으로 퇴행하고 있음을 폭로하면서, '같음'과 '다름', 혹은 매개체를 통한 다름 사이의 유사성 추구를 모두 피해가는 '동일성 내의 유사성'에 기반한 신학, 그리고 그 기반의 모델인 figure(모형)와 image(원형), 그리고 figural ontology(모형 존재론)을 통해, 포스트모더니즘 아래 가둘 수 없는 세계기독교(한 분 예수 그리스도 안에서의 가족적 유사성)의 선교신학적 해석과 적용을 풍부하게 하는 것에 관심한다.

유종필

柳鍾弼, JongPil Yoo, 1962년 5월 9일 -

학력

1988. 안양대학교(신학, B.Th.)
1992. 아세아연합신학대학원(목회학, M.Div.)
1994. 아세아연합신학대학원(조직신학, Th.M.)
2004. 미국 Central Michigan University(영어, ESL)
2005. 미국 Western Theological Seminary(조직신학, Th.M.)
2009. 미국 Concordia Theological Seminary(선교신학, Ph.D.)

경력

1983. 09. - 1985. 12. 15X 수색대대 진중교회 담임군종
1986. 03. - 1990. 12. 선린교회 교육전도사
1991. 03. - 1992. 12. 갈릴리교회 전임강도사
1993. 09. 대한예수교장로회(대신) 한남노회 목사 임직
1993. 08. - 2002. 03. 한국신학교 교수
1993. 08. - 2003. 05. 서울중앙교회 개척 담임목사
1999. 03. - 2003. 03. 안양대학교 겸임교수
2004. 01. - 2005. 07. 미국 세기노장로교회 교육목사
2006. 01. - 2009. 05. 미국 포트웨인한인교회 교육목사
2015. 01. - 2021. 12. 죠이선교회 이사
2018. 03. - 2023. 06. 대신총회신학연구원 교수부장
2009. 06. - 2024. 현재. 동산교회 담임목사
2015. - 2024. 현재. 샬롬나비 공동대표
그 외 아프리카, 유럽, 아시아선교사대회, 2016 선교한국 및 중국신학교 강의 다수

논문

"동성애와 W.C.C." 한국신학교(2023)
"선교적 교회의 도전과 응전 7가지." 제18회 중아선선교대회(2022)
"문화적 상황화와 신학적 상황화."「대신개혁정론」3(2021)
"이슬람과 기독교의 유사성과 차이점을 통한 선교."「샬롬나비」(2021)
"이슬람의 지하드에 대한 선교적 대안."「샬롬나비」(2021)
"코로나19 시대의 선교적 대안." 중아선선교대회(2021)

"개혁주의 세계관 이해." 한국신학교(2019)
"신학이 있는 목회, 목회가 있는 신학." 「대신개혁정론」 2(2019)
"개혁주의 상황화에 대한 이해."「대신개혁정론」 1(2018)
"A Study on Jonathan Edwards' Approach to Revivalism in the Great Awakening of America." 석사학위 논문(2005)
"위르겐 몰트만의 유일신론(Monotheism) 비판에 있어서의 하나님의 정체성 문제 연구." 석사학위 논문(1995)

전공 분야 키워드

복음주의 선교신학, Cross-cultural Communication, 상황화/토착화, 선교현장 연구,

박사학위 논문

"Preaching the Gospel in Korea: A Critical Analysis of the Contextual Theologies of Shamanism and Minjung."(지도교수: Klaus Detlev Schulz)

선교에서 상황화, 토착화, 혼합주의는 어떻게 다른가. 선교는 절대진리로서 불변하며 초문화적인 복음을 상대적이며 변하는 문화 속에 정착시키는 행위이다. 복음의 상황화는 두 가지 방식에서 실패한다. 기독교와 기존 문화 사이의 평행선으로 복음의 고립화 현상이거나, 기독교의 정체성을 상실하면서까지 상황적 문화 속에서 교리적 혼합주의로 흔들리는 것이다. 불변적 복음을 가변적 문화 속에서 분리되지 않으면서도 고유의 정체성을 지키는 방법이나 원리 혹은 기준은 '바른 복음의 상황화' 몫이다. 바른 복음의 상황화는 '교리적 혼합주의'(doctrinal syncretism)와 '문화적 혼합주의'(cultural syncretism)를 구분한다. 교리적 혼합주의를 피하면서 문화적 혼합주의를 수용할 수 있는 원칙은 '문화 중심의 선교'(culture-oriented mission)와 '복음 중심의 선교'(Gospel-oriented mission)의 균형이다.

이러한 연구를 위하여 한국 교회의 샤머니즘적 기독교와 민중신학은 좋은 사례가 된다. 한국 교회에서 샤머니즘적 기독교는 한국 문화의 문화적 상황화와 교리적 혼합주의로 겹친다. 그 이유는 기독교와 샤머니즘 사이의 이질성과 유사성 때문이다. 또 다른 사례는 민중신학이다. 그것을 개혁주의 신학적 입장에서 한국 기독교의 상황화 실패이다. 이유는 교리적 혼합주의라는 토착화 신학이기 때문이다. 이 연구는 복음의 상황화 과정에서 나타나는 교리적 혼합주의를 피하면서 문화적 고립에 빠지지 않는 길이 무엇인지 제시한다.

윤광희

尹光熙, Peter Kwang-Hee Yun, 1975년 1월 22일 -

학력

2001. 경희대학교(경영학부, B.B.A.)
2006. 합동신학대학원대학교 신학대학원(신학, M.Div.)
2009. 미국 Palmer Theological Seminary(M.T.S. in Christian Faith and Public Policy)
2015. 미국 Trinity International University(Ph.D. in Intercultural Studies)

경력

2012. 02. - 2023. 02. 방글라데시 선교사
2019. 07. - 2020. 06. 미국 Midwest University 방문교수
2023. 02. - 2023. 08. 합동신학대학원대학교 선교학 교수
2023. 09. - 2024. 현재. 방글라데시 선교사

저서

Journeys to New Life, Identity, and Community: Empowering Jesus Followers and Jamaats in Bangladesh(Langham Monographs: UK, 2021)
『내 직업을 소개합니다 2』(숨, 2021, 공저)
7 Steps of Empowerers: Leadership That We Can Stand Together(AIM Bangladesh Press, 2018)

논문

"An Investigation of the Social Identity of Muslim Background Believers(MBBs) in Bangladesh in Light of the Set Theory, Critical Contextualization, and Self-Theologizing Teachings of Paul Hiebert(Part II)." *Global Missiology*(2021)
"An Investigation of the Social Identity of Muslim Background Believers(MBBs) in Bangladesh in Light of the Set Theory, Critical Contextualization, and Self-Theologizing Teachings of Paul Hiebert(Part I)." *Global Missiology*(2020)

전공 분야

이슬람, BAM, 한국 교회의 타문화권 선교, 이주민/다문화 선교, 상황화/토착화

박사학위 논문

“An Exploration of the Social Identity of Muslim Background Believers(MBBs) in a Muslim Majority Community in Bangladesh.”(지도교수: Harold Netland)

무슬림 배경의 신자들(MBBs)의 사회 정체성을 다루고 있다. MBB들이 어떻게 예수를 믿고 회심하게 되었는지, 회심 후에는 어떠한 사회 정체성으로 자리매김하게 되었는지, 이들의 세계관은 어떻게 변화게 되었는지, 이들의 공동체는 4가지 셀프(자전, 자치, 자립, 자신학화)에 어떠한 관점을 가지는지를 다루고 있다. 연구에는 질적 연구방법론은 썼으며, 48명의 MBB를 인터뷰하고 1년 가까이 연구관찰을 하였다.

이 논문은 무슬림 상황화에 대한 현장 중심의 실제적인 연구 결과물로, 기존의 이론과 논의들을 종합하고, 성경적이며 비판적 상황화에 대한 복음주의적인 관점으로 평가하고 대안을 제시한다.

사역 및 연구활동

이슬람이 주 종교를 이루는 방글라데시 선교지에서 11년간 사역과 더불어 연구한 경험이 있으며, 현장에서 무슬림 배경 신자들을 동역자이자 사역자로 함께하면서 이들을 키우고 세우는 사역을 하였다. 상황화·토착화에 대한 관심으로 현지인들이 중심이 되어 자립하는 교회를 세우고자 관찰하고 시도하였다. 자립 선교에 대한 지향점을 가지고 몇 가지 비즈니스, 전문인 선교로의 시도를 하였는데, 이런 경험이 BAM에 대한 더 깊은 연구와 실천으로 이어지고 있다. 한국의 필요에 따라 방글라데시 이주민들이 한국에 더 많이 오고 있는 상황에서 이주민·다문화 선교에 대해서도 연구하려고 한다. 현재 다시 방글라데시에 현장에서 선교활동을 하면서 창의적 지역에 비즈니스 선교로의 적용과 시도를 이어가고 있다.

윤승범

尹升凡, Yun Seung Beom, 1975년 9월 1일 -

학력

1998. 성결대학교(신학, B.Th.)
2004. 성결대학교 신학대학원(목회학, M.Div.)
2006. 성결대학교 신학전문대학원(선교신학, Th.M.)
2012. 성결대학교 일반대학원(선교신학, Ph.D.)
2020. 서울사회복지대학원대학교(사회복지학, M.S.W.)
2020. 남서울대학교 일반대학원(물리치료학, Ph.D.cand.)

경력

2008. 06. - 2013. 12. 성문태권도세계선교회 지도목사
2008. 12. - 2009. 12. 사단법인 세계스포츠선교회 교회협력위원회 부위원장
2016. 12. - 2019. 11. 한국개혁주의선교신학회 임원(회계)
2020. 12. - 2021. 11. 한국복음주의선교신학회 서무이사
2017. 03. - 2022. 08. 경민대학교 교양학과 시간강사
2021. 12. - 2022. 11. 한국복음주의선교신학회 재무이사
2022. 03. - 2022. 12. 경민대학교 인성교육 지원사업 연구원
2022. 12. - 2023. 11. 한국복음주의선교신학회 협동총무
2009. 09. - 2024. 현재. 성결대학교 문화선교학 전공 객원교수
2011. 03. - 2024. 현재. 선교교회 담임목사
2023. 12. - 2024. 현재. 한국복음주의선교신학회 총무

저서

『사회복지상담』(부크크, 2023)
『비즈니스 선교』(부크크, 2022)
『인생을 바꾸는 진로 코칭』(부크크, 2022)
『레포츠선교신학』(부크크, 2020)
『선교신학의 이론과 실제』(부크크, 2020)
『전문인 선교학 개론』(부크크, 2018)
『선교훈련 이론과 실제』(부크크, 2018)
『다문화 선교』(CLC, 2015, 공저)
『변화하는 선교전략』(CLC, 2015, 공저)
『알기 쉬운 논문 작성법』(부크크, 2015)

전공 분야

선교훈련, 선교전략, BAM

박사학위 논문

"태권도 선교 교육 모델 개발에 관한 연구."(지도교수: 손석원)

선교전략의 접촉점에 있어서 태권도는 매우 우수한 복음의 도구이다. 이에 태권도 교육의 효과, 교육방법 개발, 교육 프로그램 개발, 선교전략 모델, 교육 모델을 제시하였으며, 질적 연구방법을 통해 태권도 교육을 통한 다양한 선교전략을 제시하였다. 이 논문은 태권도 선교에 있어서 태권도 교육이 창의적 접촉점에서 우수한 선교전략임을 드러내 보였다는 데 의의가 있다.

사역 및 연구활동

국내에서 태권도 선교사로 파송될 사역자들을 양성하는 사역과 함께 스포츠 지도자들 가운데 선교에 헌신할 수 있는 잠재된 모든 자원을 발견하고 개발하며 동원하여 훈련시키는 사역을 하고 있다.

이광순

李光順, Lee Kwangsoon, 1946년 1월 20일 -

학력

장로회신학대학교(기독교교육학, B.A.)
미국 Southeastern Bible College(기독교교육학, B.A.)
미국 Reformed Theological Seminary(기독교교육학, M.C.E.)
미국 Reformed Theological Seminary(선교학, M.Miss.)
미국 Fuller Theological Seminary(교역학, M.Div.)
미국 Fuller Theological Seminary(선교학, Ph.D.))

경력

장로회신학대학교 선교신학 교수
장로회신학대학교 세계선교연구원 원장
장로회신학대학교 세계선교대학원장, 대학원장
장로회신학대학교 총장 직무대리
주안대학원대학교 총장
미국 조지아 허드슨테일러대학교 총장
세계선교연구회 설립 초대회장
한국선교신학회 설립 초대총무 및 제3대 회장
더라이트미션(The Light Mission) 설립 이사장
TASU(Transnational Association of School and University) 설립 이사장
한국로잔위원회 임원 및 의장
아시아로잔위원회 부의장
에딘버러세계선교사대회 100주년 기념 2010 한국대회 대회장·조직위원장
세계기독교방송협회(WCBA) 인터넷분과 위원장
세계선교교육센터(CWME) 원장
도서출판 미션아카데미 설립 대표
서울동남노회 이동교회(현 둔촌동교회) 담임전도사
서울영락교회 전도사, 권사, 시무 장로 및 협동목사
미국 앨라배마한인교회(버밍햄, 몽고메리, 에니스톤) 개척
대한예수교장로회 총회세계선교부 실행위원 및 교육분과장
대한예수교장로회 서울노회 세계선교부 실행위원 및 선교부장
대한예수교장로회 서울노회 세계선교후원회 회장
몽골 선교복지재단 '사랑의 동산' 이사장
「선교와 신학」 창간, 발행인

「선교와 현장」 창간, 발행인
「선교신학」 창간, 발행인
「선교의 특수성과 보편성」 창간, 발행인

저서

『하나님의 선교전략』(한국장로교출판사, 2011)
『선교의 특수성과 보편성』(미션아카데미, 2008)
『한국교회의 성장과 저성장』(미션아카데미, 2005)
『선교학개론』(한국장로교출판사, 1993)

번역서

『하나님의 선교전략』(한국장로교출판사, 2011)

논문

「미션네트워크」(주안대학원대학교) 창간, 발행인
「선교신학」(한국선교신학회) 창간, 발행인
「선교와 신학」(장로회신학대학교) 창간, 발행인
「선교와 현장」(장로회신학대학교) 창간, 발행인

사역 및 연구활동

2022년 5월 제12회 한국기독교학술상 시상식에서 한국기독교학술원장 이종윤 박사는 수상자인 이광순 교수를 "한국교회의 선교신학과 선교사의 모퉁이돌(Conerstone)"이라고 소개하였다. 선교학자로서 학교와 학회, 선교사와 선교운동에 크게 기여한 공적과, 보수와 진보를 연결하는 한국연합선교회(KAM) 창립, 국제로잔지도자대회의 공동회장으로서 업적, 복음의 불모지인 무슬림권과 공산권, 불교권과 유교권 온 세계의 동서남북을 잇는 인터넷 방송의 연결고리를 통하여 펼쳐온 선교활동을 격찬하며 이 상을 수여하게 된 이유를 설명하였다.

실제로 이광순 교수의 학술연구와 활동은 그의 저서와 50여 편의 연구 논문에 국한되지 않는다. 한국선교신학회의 「선교신학」과 장로회신학대학교 세계선교연구원의 학술지 「선교와 신학」을 창간하고, 한국학술연구재단(현 한국연구재단)의 학술지 등재는 많은 후학들로 하여금 학문 연구에 전념할 수 있는 계기를 마련하였다. 미션아카데미 출판사의 설립과 운영으로 「선교와 현장」, '선교신학연구 시리즈' 등 선교학 관련 도서만 50권 이상을 편집하여 출판하였다.

1910년 에딘버러세계선교사대회 100주년을 기념한 2010년 한국대회의 대회장인 이광순 박사는 100년 전에 발표된 고문서를 번역하여 10권의 장서로 편집, 출판하였으며, 한국선교신학회와 복음주의선교신학회, 한국로잔과 한국기독교학술원 등의 선교기관 연합으로 '한국연합선교회'를 조직하여 이끌면서 102명의 신학자가 참여한 10권의 논문집을 펴내게 하였다.

이광순 교수의 사역은 학문적인 연구나 학교 행정에 국한되지 않았으며, 교회 개척과 대한예수교장로회(PCK) 총회와 교단 산하의 서울노회, 서울영락교회에서의 활동도 탁월하다. 총회선교부의 중앙실행위원은 물론 노회의 세계선교부장을 역임하였으며, 선교지인 몽골의 사회복지재단인 '사랑의 동산' 이사장을 역임하였다.
이광순 교수가 평생 저축하며 모은 전 재산을 바쳐 설립한 더라이트미션(The Light Mission)은 후학들을 위한 선교장학금을 지원하고 선교학술연구를 후원하는 봉사단체이기도 하지만, 해마다 훌륭한 선교사를 선발하고 선교상(Light Mission Award)을 시상하여 선교사들의 활동을 격려하고 있다. 또한 선교사 양성을 위한 훈련과 교육에 그치지 않고 현지 선교사들의 사역을 지원하며 격려하고, 미래지향적인 선교전략을 연구하는 활동가로서의 역할을 멈추지 않고 있다.

이광주

李光周, Yi, kwang joo

학력

2010. 연세대학교(국어국문학), 동 대학원(국어국문학, 석·박사)

2012. 서울성경신학대학원대학교(구약학, 신학박사 과정 수료)

2014. 백석대학교 신학전문대학원(선교학, 철학박사)

경력

2010. – 2018. 연세대학교 근대문학연구소 연구원

2014. – 2021. 조은선교회 미얀마 랑군 선교사

2017. – 2023. 현재. 연세대학교 기획재정부 상임이사(摠同)

2018. – 2023. 현재. 인도네시아 Harapan Indah University 한국어 및 선교신학 교수

전공 분야

복음주의 선교신학, 선교전략, 선교인류학, 상황화, 타문화권 교회 개척

박사학위 논문

"John Stott의 설교에 나타난 선교 사상연구."(지도교수: 장훈태)

오늘날 선교현장은 다양한 문화의 복합체라고 할 수 있다. 여기서 올바른 선교의 지향점을 찾기란 쉬운 문제가 아니다. 기독교 선교는 성서의 내용을 바탕으로 하여야 하고, 그 방법 또한 기독교적 전통을 벗어나서는 안 될 것이다. 그렇다면 어디에서

선교의 지향점을 찾을 것이냐 하는 문제에 봉착하게 된다. 이에 로잔언약을 기초하고 하나님께 영광이 되는 선교사상과 방법을 자신의 목회적 삶 전체를 통해 보여준 존 스토트의 설교에서 그것을 찾고자 하였다.

존 스토트의 선교사상은 먼저 말씀 중심의 선교사상으로 하나님을 존귀케 하는 내용이고, 둘째는 효율성 있는 선교 방안이다. 즉 통전적 선교이다. "배고픈 자에게는 귀가 없다."라는 아프리카의 속담에서 보듯이 피선교자의 의식에 침투할 수 있는 선교사상과 방법은 먼저는 성령에 이끌리는 선교이고 그다음 역시 선교사의 전폭적인 희생, 십자가의 삶이라고 할 것이다.

선교에 관련된 정책명제를 기술하는 구성적 특질은 제1장 서론으로 비롯하여, 존 스토트에 대한 전기적 고찰, 설교의 유형 분석, 세계 복음화의 거족, 21세기 선교현장에서 적용될 수 있는 효과적인 적용점, 결론 등으로 구성되었다. 통사적(統辭的) 특징으로는 한국어의 서술어 중심의 특질을 살려 가설에 준한 연역적 추론 방식을 따르도록 하였다.

사역 및 연구활동

이슬람 지역을 중심으로 사역하고 있다. 이들의 포교 방법은 크게 세 가지로 대별하여 볼 수 있는데, 먼저는 어린아이 포교이다. 이이들에게 사탕이나 간단한 물품을 제공하고 아이들의 선심을 산다. 두 번째는 오일머니인데, 1리터의 휘발류를 넣을 때마나 120원 가량의 OPEC 회원국 기금을 모아 이슬람 세력을 확장하는 데 사용한다. 세 번째는 시장 점거이다. 시장에서 목돈을 빌려주고 이자를 받지 않으면서 Day By Day 방식으로 상환하게 하고, 이후에는 아주 큰 돈을 빌려주고 자신들의 진영으로 끌어들인다. 이후 결혼 방법으로 문화적인 접근 및 현상적인 생활에서의 이슬람을 구체화시킨다.

어린아이들의 선교 집중 방안을 연구 중이다. 3-5세의 어린이들에게 집중적으로 선교하여 그 효율을 높여 나가야 한다. 어린이 교육 및 치위생에 대한 장점이 있는 기독교 선교의 특장을 잘 살려가되 선교사 중심에서 현지인 중심의 선교가 이루어져야 한다. 일방적으로 주는 선교에서 참여 선교로 전환해야 하고, 표현 중심의 선교에서 선교지 사람들의 의견이나 방안 등을 수집 정리하여 자료화하는 작업이 필요하다. 특히 한국어 문화권 선교사들은 동남아시아나 서남아시아 아프리카까지도 언어적 효과를 발휘할 수 있다. 즉 한국어의 특징인 도상성을 이용한 방안이다.

이길용

李吉鎔, Lee, Kil-Yong, 1964년 12월 21일 -

학력

1987. 서울신학대학교(신학, B.A.)
1989. 서강대학교(종교학, B.A.)
1991. 서강대학교 대학원(종교학, M.A.)
2004. 독일 University of Marburg(신학, Dr. theol.)

경력

2004. 03. - 2023. 현재. 한국종교학회 총무이사/연구이사/감사
2005. 04. - 2023. 현재. 대연성결교회 협동목사
2009. 03. - 2023. 현재. 서울신학대학교 신학전문대학원(선교학부) 교수
2009. 03. - 2023. 현재. 한국선교신학회 정회원

저서

『루터: 근대의 문을 연 최후의 중세인』(아르테, 2020)
『이야기 종교학』(종문화사, 2018)
『신인류와 문화 콘텐츠, 그리고 대중문화』(종문화사, 2016)
『종교로 읽는 한국 사회』(꽃자리, 2016)
『이야기 세계종교』(지식의 날개, 2015)
『에바 오디세이』(책밭, 2014)
『뇌과학과 종교 연구』(늘품플러스, 2013)
『고대 팔레스타인의 종교세계』(프리칭아카데미, 2008)
『종교학의 이해』(한들출판사, 2007)
『문화 비평집: 똥을 밥으로』(책 읽는 사람들, 2003)

논문

"위드 코로나 시대를 맞는 교회의 대응 전략." 「신학과 선교」 61(2021)
"4차 산업혁명시대 교회의 대응 전략." 「신학과 선교」 57(2019)
"한국의 신학교육의 현황 분석과 대안 제시." 「기독교와 교육」 24(2019)
"사이버 공간과 종교 공동체: 미래 사회 새로운 교회 모델을 위한 대안 모색." 「신학과 선교」 54(2018)
"소통으로 본 루터와 수운의 종교 운동." 「동학학보」 45(2017)
"대중문화와 영성." 「삶과 영성」 1(2014)
"영화 〈명량〉(2014) 분석적 읽기." 「학생생활연

구소」 8(2014)
"주자의 귀신 이해." 「중국연구논총」 1(2014)
"한국 종교학 방법론의 과제와 전망." 「종교연구」 70(2013)
"수양론으로 본 한국 신종교의 구조적 특징: 동학과 증산교를 중심으로." 「동학학보」 25(2012)
"뇌과학의 눈으로 본 홍수전과 최수운의 종교체험." 「동학학보」 15(2011)
"선교적 관점에서 본 한국 교회와 샤머니즘." 「선교신학」 28(2011)
"영화 미디어에 대한 한 이해." 「학생생활연구」 4(2011)
"해월의 욕망 이해." 「종교연구」 62(2011)
"〈The End of Evangelion〉의 구원관 연구: '인류 보완 계획'을 중심으로." 「만화애니메이션연구」 19(2010)
"하나님 나라와 시천주." 「동학학보」 13(2009)
"미디어 속의 한국 교회, 왜곡된 이미지 분석과 대안 제시를 위한 소고." 「복음과 실천신학」 20(2009)
"배아줄기 세포가 던진 생명 논쟁의 한 이해." 「에피스테메」 3(2009)
"근대 동아시아의 종교와 정치의 상관관계." 「동학학보」 12(2008)
"뇌과학과 종교 연구." 「종교문화비평」 15(2008)
"〈신세기 에반게리온〉에 대한 분석적 이해." 「철학사상」 13(2008)
"한국 신종교의 근본주의: 동학 계열 교단을 중심으로." 「한국종교연구」 9(2008)
"현대인을 위한 비신화화?: 〈하울의 움직이는 성〉에 대한 종교학적 이해." 「영상문화」 13(2008)
"신화, 그 원초의 이미지." 「영상문화」 12(2007)
"크리스텐센의 인간 이해에 비추어 본 동학의 인간관." 「동학학보」 13(2007)
"새로 쓰는 창세기: 〈네온 게네시스 에반게리온〉의 창세기 이미지 재활용에 대한 분석적 고찰." 「영상문화」 11(2006)
"수양론적 시각에서 바라본 동학의 신 이해." 「종교연구」 45(2006)
"致良知와 守心正氣에 대한 종교학적 이해." 「동학학보」 9(2005)
"태평천국과 동학." 「서울신학포룸」 1(2005)

전공 분야

선교 역사, 타종교, Cross-cultural Communication, 한국 교회의 타문화권 선교, 상황화/토착화

박사학위 논문

"Taiping Tianquo und Donghag: Eine Religionswissenschaftliche Studie über den Entshehungsprozess der beiden neuen religiösen Bewegungen."(태평천국과 동학: 두 종교 운동의 형성 과정에 관한 종교학적 연구)(지도교수: Rainer Flasche)

19세기 후반 중국과 한국에서 태동한 신종교 운동인 태평천국과 동학에 대한 종교학적 연구논문이다. 이 논문이 주목하고 있는 바는 이들 신종교 운동이 태동하게 되는 시대의 종교적 배경 속에서 각각 어떠한 특성을 띠고 이들 종교 운동이 창립되었는

지를 종교학적으로 이해하는 것에 있다.

연구를 통하여 정리된 태평천국과 동학의 유사점은 다음과 같다. (1) 두 종교 운동은 유사한 역사적 환경 아래 태동했고 농민계급의 지지를 받았다. (2) 서구 열강의 등장이 두 종교 운동 태동에 주요한 계기가 되고 있다. (3) 두 종교는 중국과 한국 사회를 변혁시키는 사회운동으로 전개되었다. 태평천국의 '천조전무제도'(天朝田畝制度)라 불린 토지개혁 운동과 주민자치 행정기구의 일종인 동학의 '집강소 정책' 등이 그러한 사회개혁을 위해 펼친 두 종교의 노력의 결과물이다. (4) 두 종교 태동에는 그리스도교가 적잖은 영향을 끼쳤다.

두 종교 운동의 차이점은 다음과 같다. (1) 기존 전통을 다르게 이해하고 평가한다. 태평천국은 유교 전통을 거부하고 기독교 교리를 주요 이념으로 삼았다. 이에 반해 동학은 기독교를 전통문화와 사회질서에 대한 위협으로 여겼기 때문에 적대적 태도를 취하였다. (2) 두 종교 운동의 봉기는 서로 목적이 달랐다. 태평천국은 만주 정부를 무너뜨리고 새로운 한족 왕조를 세우는 것이었고, 실제로 그들은 14년 동안 중국의 일부를 통치하였다. 이런 점에서 태평천국은 종교 운동이면서 동시에 민족 간 갈등 구조의 사회현상으로 볼 수도 있다. 반면 동학은 농민을 중심으로 한 계급투쟁 운동으로 전개되었다고 할 수 있다. 동학의 조직을 통해 부패한 조정에 반감을 지닌 지식인과 수탈의 대상이 되었던 농민은 이와 같은 사회적 부조리를 바로잡고자 하였다. 그러나 태평천국처럼 새로운 왕조를 세우려는 의도는 뚜렷하지 않았다.

두 종교 운동은 중국과 한국의 역사에서 근대의 길을 연 역사적 사건이었다. 두 종교 운동을 이해하기 위해서는 종교를 포함한 동아시아의 역사적 배경을 철저히 검토, 분석하는 것이 중요하고, 또 필수적이며 이 논문이 그 주요한 사례라 하겠다.

이 논문은 동아시아 지역의 신종교 형성 과정과 기독교의 상관성을 역사학적·현상학적으로 살핌으로써 이 지역에 관한 종교적·선교적 정보를 풍성히 제공했다는 평가이다.

사역 및 연구활동

서울신학대학교 신학부 소속 교수로 섬기고 있으며, 선교학부에서 '선교와 세계종교', '선교와 한국종교', '선교와 미디어', '선교와 사비버문화' 등을 강의하고 있다.

한국과 독일에서 종교학, 인류학, 사회학, 철학, 선교학 등 다양한 다문화·다종교 연구 훈련을 받았고, 이를 토대로 선교의 대상이 되는 타종교 연구와 문화선교 관련 연구를 진행하고 있다. 최근에는 사이버 문화와 4차 산업혁명 등으로 대표되는 미래 사회의 선교전략을 주요 연구 주제로 삼고 있다. 이를 토대로 갈수록 취약해지고 있는 한국 교회 2030 세대를 위한 선교 환경을 구축하고자 한다.

이동주

李東珠, Dong Joo Lee, 1947년 1월 10일 -

학력

1969. 이화여자대학교(기악)
1978. 독일 Heidelberg University(신학석사)
1986. 독일 University of Tübingen(신학박사)

교육 경력

1986. 09. - 1990. 02. 합동신학교 선교신학 조교수
1988. 03. - 1990. 02. 아세아연합신학대학 대학원 강사
1990. 03. - 1992. 02. 서울신학대학 대학원 강사
1990. 03. - 1993. 08. 협성대학교 선교신학 조교수
1993. 09. - 1997. 08. 협성대학교 선교신학 부교수
1994. 03. - 1994. 10. 장로회신학대학교 세계선교대학원 강사
1995. 08. - 1997. 06. 순신대학교 강사
1997. 09. - 2012. 02. 아세아연합신학대학교 선교신학, 복음과 타종교 담당 교수
1999. 09. - 1999. 12. 서울신학대학교 강사
2000. 03. - 2000. 06. 장로회신학대학교 세계선교대학원 강사
2012. 03. - 2013. 06. 한영신학대학교 대학원 선교신학 강사
2016. 03. - 2023. 현재. 한반도국제대학원대학교 종교신학 강사
2020. 06. - 2023. 현재. 독립교회연합 웨이크 사이버신학원 선교학 교수

선교 경력

1998. 07. - 2000. 06. 이화동창복음선교협회 초대 회장
2006. - 2008. 기독교대한감리회 세계선교협의회(WMA) 국제선교훈련원 원장
2011. 02. - 2014. 한국로잔운동 중앙위원 신학분과 위원장
2011. 05. - 2018. 10. 선교신학연구소 소장
2002. - 2023. 현재. 기독교학술원 연구위원
2018. 10. - 2023. 현재. 바이어하우스학회 초대 회장, 당연직 이사장

목회 경력

1993. 03. - 1996. 02. 기독교대한감리회 대명

교회 담임전도사
1996. 03. 기독교대한감리회 목사 안수
1996. 03. – 2010. 02. 기독교대한감리회 선교대명교회 소속 목사
1999. 05. – 2003. 06. 예수사랑선교회 협력목사
2002. 겨울 – 2009. 11. 독립교단 한소망교회 협력목사
2012. 02. – 2023. 현재. 세계로금란교회 교육목사

저서

『젠더 이데올로기 심층연구』(밝은생각, 2020, 공저)
『이슬람의 왜곡된 진리(IMT 시리즈 4』(CLC, 2017)
『WCC와 가톨릭의 종교연합운동 연구(IMT 시리즈 2』(CLC, 2015, 공저)
『WCC를 고발한다』(리폼드북스, 2013, 공저)
『WCC 선교신학 연구(IMT 시리즈 1』(CLC, 2013, 공저)
『한국 교회 미래는 있는가?』(한국신학회, 2013, 공저)
The Gospel and Religions(Asian Center for Theological Studies and Mission, 2006)
『몸, 죽음, 생명(한국개혁신학회 논문집 제11권)』(불과 구름, 2002, 공저)
"Study on Indian Indigenization Theology." *Kein anderer Name: Festschrift zum 70. Geburtstag von Peter Beyerhaus*(Nürnberg, 1999, 공저)
『아시아 종교와 기독교』(CLC, 1998)
『한국 교회 성장 둔화 분석과 대책』(숭실대학교 출판부, 1998, 공저)
『현대선교신학』(CLC, 1998)
『웨슬리 신학과 오늘의 교회』(기독교대한감리회 홍보출판국, 1997)
『기독교 신학과 영성』(도서출판 솔로몬, 1995, 공저)
Koreamischer Synkretismus und die Vereinigungskirche(Bad-Liebenzell, 1991)

번역서

『그가 보내신 말씀』(CLC, 2011, 개정판)
『그가 보내신 말씀』(CLC, 2008)
『무슬림과의 대화』(CLC, 2001)

논문

"성경적 여성 리더십의 실제와 여성 선교사로서의 역할과 적용: 이슬람권 여성 사역과 관련하여." 「신학과 선교」 10(2007)
"꾸란에 내재한 기독교 언어." 「기독교와 이슬람」(2002)
"존 웨슬리의 선교 연구." 「신학과 선교」(2001)
"21세기 이단의 교리적 특징: 기독론을 중심으로." 「신학과 선교」(2000)
"21세기 해체주의적 신개념과 기독론." 「기독교 언어문화논집」(2000)
"21세기 교회와 예배의 갱신." 「성경과 신학」 24(1998)
"복음의 토착화를 위한 불교 연구." 「신학과 선교」(1998)
"통일교와 애천교회." 「한국기독교연구논총 8」 (1995)
"복음의 인도 토착화를 위한 힌두교 연구." 「협성논총」 4(1994)
"종교 다원주의의 역사적 배경." 「웨슬리복음주의총서 2」(1994)
"유교 문화권에 대한 새시대의 선교적 도전." 「목회와 신학」(1993. 8월호)
"유교와 범신론." 「협성논총」 3(1993)
"웨슬리 선교신학의 배경." 「웨슬리복음주의총서 1」(1992)
"종교 다원주의의 역사와 한국 교회의 종교 다원주의." 「목회와 신학」 36(1992)

"종교 혼합주의에 관한 선교학적 연구." 「목회와 신학」 32(1992)
"현대 기독교 영상 이해." 「청엽 곽전태 감독회장 회갑기념 문집」(1992)
"유교와 조상숭배 문화권 선교." 「협성논총」 2(1991)
"종교 다원주의와 종교신학." 「목회와 신학」 26(1991)
"복음주의 선교개념과 Missio Dei." 「성경과 신학」 9(1990)
"동양종교와 기독교 선교 4." 「신학정론」 7/1(1989)
"사회적 책임에 관한 복음주의적 고찰." 「성경과 신학」 7(1989)
"혼합주의 특징과 발생 원인." 「신학정론」 6/2(1988)
"단군신화의 종교적 배경과 그 신관에 대하여." 「신학정론」 3/2(1985)
"변선환 박사의 '토착화 신학'의 문제점." 「신학정론」 2/2(1984)

박사학위 논문

"Koreamischer Synkretismus und die Vereinigungskirche."(지도교수: Peter Beyerhaus)

인간의 생명을 구원하는 생명의 말씀인 성경을 우리의 신앙과 삶의 척도로 인정하고 기독교 신앙의 정체성으로 인정하는 우리는 우리의 성경적 사상과 신앙을 후대에까지 흠 없이 보존하고 또 그대로 전달해야 할 것이다. 그러나 이 혼탁해져 가는 세대에서 일어나는 비성경적 이단적 신앙과 신학은 오는 세대에도 생명의 말씀이 변질되고 참 희망을 빼앗아 갈 것이 뻔하다.

연구자는 순수하고 모범적인 선교사들이 한국에 와서 희생적으로 심은 성경적 복음에서 왜 이단이 자라나는지 연구하고, 이러한 이단적 신학 속에 재래 종교 세계관과 사상이 기독교 복음과 혼합되어 있다는 것을 발견하였다. 복음이 순수한 것인지 아니면 혼합된 것인지의 문제는 인간의 생명이 구원을 받는지 멸망을 받는지의 문제이다. 그러므로 이러한 거짓되고 왜곡된 신학이 발생하지 않도록 반드시 막아야 할 것으로 알고, 비교적 문서가 많은 이단인 통일교를 연구함으로써 정통과 이단을 분별하는 하나의 샘플로 이 논문을 집필하였다.

이 논문은 독일에서 책[*Koreamischer Synkretismus und die Vereinigungskirche* (Bad-Liebenzell, 1991)]으로 출판되었다.

이명석

李明錫, LEE MYEONG SEOK, 1967년 12월 17일 -

학력

1989. 성균관대학교(화학공학, B.Eng.)
1997. 총신대신학대학원(목회학, M.Div.)
2000. 장로회신학대학교(청목과정 수료)
2012. 장로회신학대학교(선교신학, Th.M. in Miss.)
2019. Akrofi-Christaller Institute(Ph.D. in Theology)

경력

2002. 12. - 2007. 12. 영등포노회 & 수원성교회 총회 파송 선교사
2008. 01. - 2008. 12. 수원성교회 총회 파송 선교사/부목사
2009. 01. - 2019. 12. 영등포노회 & 수원성교회 총회 파송 선교사
2013. 11. - 2020. 12. 장로회신학대학교와 아크로피신학교의 협력 담당
2020. 12. - 2023. 12. 영국 Oxford Centre for Mission Studies Coordinator/Steering Committee, The Alliance of Researchers and Institutes
2020. 01. - 2023. 현재. 수원성교회 선교목사, 세계선교부 담당
2022. 03. - 현재. 아신대학교 국제교육원 조교수
2023. 01. - 현재. International Association for Mission Studies, General Secretary

논문

"Climate Change, Inequality, and Vulnerabilities in Pre-Modern Korea: Implications for Mission After COVID-19." *Transformation 40*/2(2023)
"거버넌스와 선교: 가나 IT선교를 중심으로." 「복음과 선교」 55(2021)
"초대교회 공동체의 선교신학이 코로나 시대 한국 교회에 주는 선교적 함의." 「복음과 선교」 53(2021)
"20세기 초 스페인 독감과 2020년 코로나19가 아프리카 지역에 끼친 영향에 대한 비교분석과 생태선교적 제언." 「선교와 신학」 52(2020)
"생태학적 신학의 발전에 대한 탐구와 선교적 적용." 「복음과 선교」 50/2(2020)

전공 분야

생태선교, 선교 역사, 에큐메니컬 선교신학, 타 종교.

박사학위 논문

"The Development of Ecotheological Thought in Korea: An Analysis of Primal and Christian Perspectives."(지도교수: Andrew F. Walls, Allison M. Howell)

역사학자 린 화이트(Lynn White Jr.)는 계몽주의 세계관의 영향 아래 들어온 서구식 기독교에서 유래한 인간중심적인 사고와 이원론적인 과학기술 사상이 1960년대 당시의 생태위기에 책임이 있다고 주장했다. 필자는 화이트가 주장하는 서구 기독교적 세계관이 존재하지도 않은 고대와 전근대 한국에서도 여러 가지 생태위기가 이미 존재하고 있었다고 논증한다. 오히려 기독교적인 세계관과는 연관성이 없는 당시 여러 정치, 경제, 사회적인 원인과 더불어 기존에 존재하고 있던 종교적 해법이 환경적 대응에 실패하여 생태위기가 일어났음을 역사적인 기록들을 통해서 논증한다.

한국의 생태사상을 이해하는 얼개로서 고유종교, 생태신학, 역사학과 같은 세 가지 학문 분야의 통찰을 적용해 고대로부터 현대에 이르기까지, 동아시아권에 속한 생태환경과 기후풍토에서 한국인의 생태사상이 역사적으로 변천되는 과정을 살펴보았으며 기독교적인 삼위일체 하나님 중심의 생태신학과 생명선교로의 재해석을 시도하였다. 또한 현시대의 다른 지역에서 형성되고 있는 생태신학과의 비교분석을 위해 아프리카와 아시아의 자료들도 정성적 분석방법을 통해 폭넓게 조사하였다.

선행연구들에서 서구의 생태중심주의 경향이 탈인간중심적인 가치에 지나치게 의존하거나, 신중심에서 벗어나 가이아 이론과 같이 범신론이나 범재신론적인 사상으로 치우치는 것을 비판한다. 이러한 서구적인 생태신학의 한계성을 올바로 인식하고 한국의 실정에 맞는 기독교적 생태 청지기 정신을 구현하면서도 창조세계의 보존과 피조물과의 평화로운 공존을 위한 생명에 대한 책임의식을 실현할 수 있는 구체적인 실천 방안을 제시한다.

사역 및 연구활동

현재의 전 지구적인 환경생태 위기과 감염병의 도전에서 기존의 서구 환경운동이나 생태신학과는 구별되는 관점을 가지고 남방교회의 전통사회가 가지고 있는 생태사상적인 요소를 기독교적으로 재해석하고 이를 통해 현시대의 남방교회들이 선교적으로 함께 협력할 수 있는 방안을 중심으로 연구하고 있다. 특히 아시아와 아프리카의 선교신학적이며 생태신학적인 연구주제를 역사적, 신학적인 안목으로 비교분석하고 선교적 공동 관심사를 도출하고 함께 실행해 나갈 수 있는 실천적 방안을 찾아 적용하는 데 관심이 있다.

이미정

李美靜, Lee Mi Jeoung

학력

1993 – 1994. 베이징사범대학교 어학연수
1995. 고려대학교(중어중문학, B.A.)
2007. 중국 톈진난카이대학교대학원(중어중문학, M.A.)
2016. ICS(International Cyber Seminary)(목회학, M.Div.)
2023. 백석대학교 기독교전문대학원(선교학, Ph.D.)

경력

1995. 02. – 1999. 03. 삼성그룹(중국시장 담당)
2003. 09. – 2009. 02. 중국 톈진, 베이징 거주
2011. 01. – 2019. 04. 평화교회(이주민 선교)
2019. 05. – 2021. 01. 암미선교회 전도사
2023. 03. – 2023. 07. 여명학교 재중 탈북민 청소년 중국어예배 담당 목사
2022. 12. – 2024. 현재. The 움직이는 교회 목사
2023. 06. – 2024. 현재. 수도국제대학원대학교 초빙교수(중국인 석박사생 지도)

논문

"일, 직업을 통한 복지선교와 이웃사랑의 실천 방안 연구." 「생명과 선교」 5(2021)

전공 분야

선교전략, 한국 교회의 타문화권 선교, 이주민/다문화 선교, 상황화/토착화, 선교현장 연구

박사학위 논문

"한국 교회 이주민 선교의 효과성 증대를 위한 예배와 양육의 상황화 방안 연구."(지도교수: 손동신)

한국 교회 이주민 선교사역 30여 년의 과정을 '영혼 구원'과 예수 그리스도의 '제자 삼기'라는 사역의 본질 측면에서 성찰하였다. 연구를 위해 문헌 고찰 및 이주민 사역 단체를 방문하여 주일 예배 참석 및 사역자 인터뷰를 진행하였고, 정기 이주민 선교 포럼 자료집과 사역현장 자료들을 수집하여 연구를 수행하였다. 이를 통해 국내 이주민 사역의 가장 큰 난제는 이주민 예배와 양육의 어려움에서 기인함을 확인할 수 있었다.

한국 교회 이주민 선교의 효과성 증대를 위한 예배와 양육의 상황화 방안 연구를 위하여 먼저 '이주민'과 '이주' 그리고 '다문화'에 대한 개념 정리와 이주민 선교의 성경·신학적 근거를 살펴보았다. 신·구약 성서와 선교신학에서 나타난 이주민과 관련된 내용을 고찰한 후, 이주민 선교의 가치와 당위성에 대해 논의했으며, 전반적인 국내 이주민 현황 파악을 위해서는 정부 기관의 통계를 사용하고 이를 활용하여 이주민 선교와 관련된 통계표를 작성하고, 이주민 사역 현황별 비율을 산출하여 연구에 적용하였다. 이러한 이론적 토대와 분석을 바탕으로 한국 교회 이주민 예배와 양육의 상황화 방안을 모색하였다.

이주민 예배의 상황화를 위해서 예배 유형의 상황화, 예배 요소의 상황화, 소그룹 예배의 상황화 그리고 이주민의 주체화에 대해 연구하였다. 이주민 양육의 상황화를 위해서 이주민 언어로 된 성서, 찬송가집 및 양육 교재의 출판 현황 조사, 이주민을 위한 기독교 온라인 콘텐츠 및 이를 위한 인적자원 개발, 이주민 성도 양육체계 강화, 그리고 이주민 사역자 양성 관련 내용을 연구하였다. 이러한 내용의 실행은 전문 인적자원과 시간 그리고 재정이 필요한 작업으로, 지역교회나 선교단체가 단독으로 담당하기에는 무리가 있어 한국 교회와 교단의 초교파적 연합과 지원이 필요하다.

한국 교회가 그동안 이주민 선교를 위해 추진한 다양한 형태의 사역과 이를 위해 구성한 여러 모임 및 연합체는 한국 교회 이주민 선교에 기여한 바가 크다. 그럼에도 이주민 선교의 지속성과 효과성을 위해 인적자원 부족, 재정 부족, 장소 문제, 다문화 수용성 문제, 이주민 관리의 연속성 문제, 이주민 사역자 관련 사항 그리고 예배와 양육 관련 문제는 해결해야 할 과제이다. 이 가운데 이주민 예배와 양육의 상황화는 이주민의 주체화, 이주민 교회 자립 운영, 그리고 접근 제한 지역 선교를 위한 사역자 양성을 위해서 반드시 이루어져야 한다. 이주민 선교를 위한 예배와 양육의 상황화는 이주민 신앙의 내실화 측면에서뿐만 아니라 이주민 신앙의 자발성과 지속성, 그리고 일상에서 선교 사역자로서의 역할 감당이라는 차원에서도 중요한 요건이다. 이주민의 언어와 문화를 고려한 상황화된 예배와 체계적인 양육 과정은 한국 교회 이주민 선교의 보편화에 기여할 수 있으며, 이러한 여건에서 잘 양성된 이주민은 세계선교의 동역자와 가교(bridge) 역할을 수행할 수 있다.

사역 및 연구활동

2011년부터 출석 교회 다문화센터에서 다양한 나라에서 온 이주민들을 섬기며 교제하였다. 법무부 사회통합프로그램(KIIP) 한국어 강사 활동 및 각종 프로그램 진행을 통해 주로 결혼이민자와 외국인 노동자들을 전도하고 양육하였다. 경기도 교육청 위탁형 다문화 대안학교 교사 활동을 통해서는 재중 탈북민 자녀와 다문화 가정 중도입국 청소년들을 대상으로 교육과 상담을 진행하였다. 외국인 선교단체에서는 필리핀과 페루, 온두라스 등 남미 출신 이주민들을 양육하고 상담하며 신앙 성장을 도모하였다.

2021년 초교파 독립교단에서 목사 안수를 받고, 코로나 팬데믹 기간 대면 예배의 어려움을 겪으며 'The 움직이는 교회'를 시작하게 되었다. 이 교회는 여러 가지 이유로 교회 출석이 어려운 이주민 성도를 찾아가고, 비기독교인 이주민을 만나 전도한다. 현재 교회의 예배당은 없으며 사역자나 이주민의 집, 일터에서 예배와 상담을 진행하거나 온라인 매체를 활용하기도 한다. 또한 이주민 성도에게 적합한 교회(언어, 거주지, 가족 구성원 등 고려)를 찾아서 함께 예배드리고, 그 교회 사역자와 연결하여 교회 정착과 공동체성 회복을 돕고 있다.

2023년부터 시작한 대학원 교수 사역을 통해 중국인 유학생들에게 복음을 전하고 예배의 자리로 인도하고 있다.

이병문

李炳文, Lee Byung Moon, 1960년 9월 5일 -

학력

1983. 한양대학교(경제학, B.A.)
1998. 한국침례신학대학교 신학대학원(M.Div.)
2014. KGLI/MBTS(D.Miss.)

경력

1995. 03. - 2000. 02. 서울제일침례교회 교육전도사
2000. 06. - 2024. 현재. 기독교한국침례회 해외선교회(FMB) 중국선교사
2014. KGLI/MBTS(선교전략분야, D.Miss.) 박사학위 취득
2015. 06. 15. - 19. 한국침례신학대학교 선교대학원 강사(집중강의: 중국선교)
2016. 07. 12. - 15. 말레시아 침례신학교(MBTS) 강사(집중강의: 중국선교전략)
2018. 08. - 2024. 현재. 침례교세계선교훈련원(WMTC) 부원장

저서

『청년단기선교 A to Z』(죠이선교회, 2008, 필명 이충성)

논문

"새로운 선교 상황에 대비한 미래지향적 선교사 훈련." 「미시오데이」 77(2019)
"선교지 현지인 선교교육." 「현대선교」 21(2018)
"선교 현지 교회의 선교 동원과 참여." 「현대선교」 19(2016, 필명 이충성)

전공 분야

선교훈련, 선교전략, 선교현장 연구, 타문화권 교회 개척

박사학위 논문

"중국 대도시의 선교적 교회 모델."(지도교수: 문상철)

중국 교회에 주어진 시대적 사명을 감당할 수 있는 교회 공동체의 모델을 찾고자 한 연구이다. 이를 위해 선행 문헌 조사와 함께 15년 중국 대도시에서 교회 개척 사역의 경험을 살려 중국의 대도시 가정교회 현황을 파악하고, 리서치를 통해 중국 대도시의 신자 및 비신자의 신앙의식을 조사하여 이에 근거한 중국 교회의 방향을 모색하고, 그 중국 교회의 사명을 감당할 수 있는 적합한 교회 공동체 모습을 찾도록 연구를 진행하였다.

제1장에는 연구 배경, 목적 및 질문이 있고, 제2장에서는 각종 문헌을 통한 선행자료를 조사하였으며, 제3장에서는 조사방법을 기술하였다. 제4장에서는 교회의 내부와 외부 인원 467명을 대상으로 한 중국 대도시의 기독교 및 신앙에 대한 의식조사에 대한 결과 분석이 있고, 제5장에는 중국 교회 지도자 14명과 개별 인터뷰한 결과와 도시 청년 그리스도인 24명과 포커스 그룹 인터뷰에 대한 분석 결과가 정리되었다. 제6장에서는 선행 문헌연구와 양적 질적 조사의 결과를 토대로 중국의 선교적 교회 모델을 위한 지표를 제시하고, 두 개의 교회를 그 지표에 비추어 평가해보았으며, 제7장에서 결론과 제안을 하였다.

리서치의 결과로 중국은 기독교에 대한 인상이 매우 좋고, 열매가 맺혀지는 '추수지역'이다. 하지만 아직 선교적 교회의 지표에 근접한 교회가 출현하지 않았으며, 여러 난점이 있는 것으로 조사되었다. 미래의 중국 교회가 시대적인 사명을 감당하기 위해 선교적 교회화할 것을 제안하였다.

사역 및 연구활동

대학생 때 선교사의 소명을 받고 10년의 직장생활과 신학교(한국침례신학대학교, M.div.)와 교회 사역의 경험을 쌓았다. 그 후 2000년 기독교한국침례회 해외선교회(FMB) 소속으로 중국으로 파송되어 A도시(3년)와 B도시(15년)에서 사역하였다. 선교지에서 캠퍼스 사역을 통해 미래의 인재들에게 복음을 전하고, 지도자를 양성하여 현지에 자립할 수 있는 신앙공동체를 세우는 것을 목표로 하였다. 사역이 궤도에 오르자 (1) 고학력자 전도, (2) 대도시의 모범적 교회 공동체 설립, (3) 중국 선교사 파송으로 방향을 정했으며, 어느 정도 달성한 후 준비된 사역자를 세워 현지 공동체를 이양하고 2018년 귀국했다.

귀국 후 한국 선교사 훈련을 위해 세계선교훈련원(World Missions Training Center, WMTC) 부원장으로 침례교 선교사 훈련을 맡고 있다. 향후 선교사 훈련과 중국 선교에 대한 사역, 특히 선교사의 일생 주기에 맞는 선교사 훈련 시스템을 완성하고, 중국 교회가 선교사를 파송하도록 돕는 사역을 감당하고자 한다.

이병성

李秉成, LEE BYUNG SUNG, 1968년 7월 4일 -

학력

1993. 서울신학대학교(신학, B.A.)
1996. 서울신학대학교 신학대학원(실천신학, M.Div.)
2003. 서울신학대학교 일반대학원(선교신학, Th.M.)
2007. 인도 University of Pune Fergusson College(사회학, B.A.)
2009. 인도 University of Pune 대학원(사회학, M.A.)
2019. 서울신학대학교 일반대학원(선교신학, Ph.D.)
2022. 고려대학교 경영정보대학원(경영학, M.B.A.)
2023. 전북대학교 대학원(법학, Ph.D.) 입학

경력

2011. 09. - 2024. 현재. 국제사회학회 회원
2011. 10. - 2024. 현재. 한국사회학회 회원
2011. 11. - 2024. 현재. 인도사회학회 평생회원
2015. 07. - 2024. 현재. 하리교회 담임목사
2017. 02. - 2024. 현재. 맘스이민자지원센터 대표
2019. 10. - 2023. 현재. 한국선교신학회 회원
2020. 07. - 2023. 현재. 선교전략연구소 대표
2022. 08. - 2024. 현재. 서울신학대학교 강사
2023. 11. - 2024. 현재. 한국경영학회 평생회원

저서

『선교는 기쁨이다』(CLC, 2021)
『인도 선교 전략』(CLC, 2020)

전공 분야

복음주의 선교신학, 선교전략, 힌두교, 상황화/토착화, 선교현장 연구, 사회학, 경영학, 법학

박사학위 논문

"인도 선교 전략에 관한 연구: 인도 성결교회를 중심으로."(지도교수: 박영환)

인도 성결교회는 시대별, 유형별 선교전략으로 성장했으며, 또한 문화와 시대를 반영한 현지인 중심의 선교전략으로 성장하였다. 이 논문은 문헌연구방법으로 현지 교단의 총회보고서와 통계자료 그리고 월간지, 한인 선교사들의 보고자료, 파송 교단의 선교백서 등의 자료를 주로 참조하였다. 그리하여 인도 교회의 역사와 선교전략을 시대별로 구분하여 인도 선교의 전략과 한계를 연구하고, 기성 교단을 포함한 한국교회의 인도 선교 역사와 선교전략을 분석하였으며, 인도 성결교회의 독특한 선교전략의 이행과 결과를 평가하고 앞으로의 선교전략을 제안하였다.

사역 및 연구활동

인도에서 인도복음주의교회(인도성결교회)와 함께 교회 개척과 건축, 신학교 사역을 담당하였다. 개별적으로 기독교 학교 사역과 뿌네한인교회 사역을 감당하면서 한국-인도 문화교류와 발전을 위한 코인문화센터를 세워 운영하였다.

연구 영역에서는 선교신학을 중심으로 상황화 신학과 선교정책과 전략에 관한 연구를 계속하고 있으며, 사회학과 경영학, 그리고 법학을 전공하면서 현대 사회와 문화의 흐름을 목회현장과 선교현장에 융합하여 적용하는 연구를 계속하고 있다.

이병수

李秉洙, Lee, Byung Soo, 1957년 2월 27일 -

학력

1985. 고신대학교(B.Th.)
1988. 고신대학교 신학대학원(M.Div.)
1990. 미국 Reformed Theological Seminary (Th.M.)
1996. 미국 Reformed Theological Seminary (D.Miss.)

경력

1996. 03. - 2022. 01. 재송동교회, 영주동교회, 김해중앙교회 협동목사
1997. 03. - 2022. 01. 고신대학교 선교학과 교수
1997. 03. - 2022. 01. 한국복음주의선교학회 및 한국선교학회 회원

저서

『평화로 통일을 논하다』(올리브나무, 2022, 공저)
『난민선교』(GMF Press, 2019, 공저)
『선교학 개론』(대한기독교서회, 2001, 공저)

전공 분야

복음주의 선교신학, 이슬람, 이주민, 다문화 및 난민선교

박사학위 논문

“The Korean Revival, 1907-1910: A Korean Missio-Theological Perspective.”(지도교수: John MackIntosh)

한국 개신교의 부흥이 어떻게 세계선교에 영향을 미쳤는지를 살핀 연구이다. 문헌연구방법을 사용하여 부흥이 가지는 전도적, 사회적 및 선교적 영향을 연구하였다. 이를 통해 부흥이 가지는 총체적 성격을 조명하였다.

사역 및 연구활동

부산·울산·경남 지역에서 이주민 선교 사역을 진행하고 있으며, 중동 및 북아프리카와 유럽의 난민 사역을 지원하고 있다.

연구 영역은 이주민, 이슬람, 난민, 통일 및 조직신학과 선교적 신학의 통섭 연구, 그리고 레슬리 뉴비긴과 칼 바르트의 선교적 신학을 연구하고 있다.

이삼열

李三烈, Lee Samuel, 1980년 1월 9일 -

학력

2002. 서울신학대학교(선교영어, B.A.)
2007. 연세대학교 교육대학원(조기영어, M.Ed.)
2011. 미국 Wesley Theological Seminary(M. Div.)
2013. 미국 Asbury Theological Seminary (Theological Studies, M.A.)
2019. 미국 Asbury Theological Seminary (Historical-theological Studies, Ph.D. in ICS)

경력

2019. 07. – 2024. 현재. 미주성결교회 미얀마 선교사 및 글로벌비전 미얀마지부장, America Evangelical University 논문지도 교수

저서

Faith in the Marketplace: Measuring the Impact of Church Based Entrepreneurial Approaches to Holistic Mission(Pickwick Publications, 2021)

번역서

『일터교회 개척』(CLC, 2024, 공역)
『교회의 새로운 표현들 101』(다리빌더스, 2018, 공역)

논문

"Living Out Being a Public Church in Selma, Alabama." *International Journal of Public Theology*(October 2019)
"Transformative Metrics for Holistic Ministry in the Marketplace." *Missiology*(April 2019)
"A Holistic Framework for Measurement of Entrepreneurial Church Planting." *Great Commission Research Journal*(Winter 2018)
"Development and Religion." *The SAGE Encyclopedia of Sociology of Religion* (December 2018)
"From Orphan to Child of God: Pentecostal Theologizing as a Channel of Social Transformation in Mozambique." *Spiritus: ORU Journal of Theology*(February 2018)

“An Eschatological Framework for Assessing the Effectiveness of Business as Mission Companies.” *The Asbury Journal* (Spring 2017)

“Comparing the Contributions of William Cameron Townsend and Eugene Nida to the Modern Bible Translation Movement.” *The Korean Society of Mission Studies* (May 2017)

“Kazakh Muslim Background Believers' Response to Ancestor Practices: Contextual Approach.” *Asian American Theological Forum*(June 2017)

“Assessing the Success of Business as Mission: A Case Study from Central Asia.” *Evangelical Missions Quarterly* (January 2016)

“Can We Measure the Success and Effectiveness of Entrepreneurial Church Planting?” *Evangelical Review of Theology* (October 2016)

“Conceptualization of the Relational Proximity Framework in Christian Missions.” *Journal of Asian Mission*(June 2016)

“The Interpretative Inconsistencies in the Korean Evangelical Holiness Church's Doctrine of Holiness.” *World Christianity and the Fourfold Gospel*(April 2016)

전공 분야

선교 역사, 복음주의 선교신학, BAM, 공공선교학, 타문화권 교회 개척

박사학위 논문

“Faith in the Marketplace: Measuring the Impact of Church Based Entrepreneurial Approaches to Holistic Mission.”(지도교수: W. Jay Moon)

현대 선교는 보내는 나라에 상관없이 종교적·사회경제적인 차원을 포함하는 경우가 많다. 한 예로 사업가적 교회 개척(ECP)이 있다. ECP는 평신도와 목사 등 비즈니스 기업가를 활용하여 영적·경제적으로 통합된 신앙 공동체를 창립하는 데 사용된다. 그렇다면 경제적, 영적인 성공을 측정하는 세계에서 ECP 노력은 어떻게 성공을 측정하고 있을까? 한동안 선교 활동과 교회 개척을 포함한 재정 관리나 세례자 수, 제자의 수 같은 종교적 열매가 선교 효과를 평가하는 유일한 기준으로 충분하다고 여겨져 왔다. 그러나 재정적인 압박과 같은 증가한 경제적 요구로 인해 우리는 영적 화해나 경제적 번영과 같은 측정 가능한 요소뿐만 아니라 사회적 변화의 결과를 평가하고 책임져야 한다는 필요성을 깨달았다. 이에 ECP의 평가를 수행하기 위해 사례 연구방법을 사용하여 ECP의 독특한 특성이나 추세를 조사하고자 하였다.

미국 내의 세 곳(Redeemer Community Church, Blue Jean Church, Meridzo Ministries)을 대상으로 ECP의 목표, 활동 및 결과 평가 지표를 조사하여 세 가지 주요 결과를 도출하였다. (1) 관계성에 대한 초점, (2) 특정 결과 추적을 위한 특정 조치의 사용은 적지만 성장과 발전에 대한 강조, (3) 종합적 변형을 위한 종합적 사역에 대한 관심이다. 이 연구 결과는 ECP의 목표가 종합적 변형과 관련이 있으며, 이론적인 성공과 효과의 정의가 관계적이며, 운영적인 성공과 효과의 정의가 종교적, 경제적 및 사회적 관계의 변화에 기초한다는 것을 보여주었다.

이 사례 연구는 또한 ECP 활동과 평가가 작용하는 네 가지 경계(인격, 중간성, 기업가정신, 경제)를 제시하였다. 신학적으로, 인격은 하나님의 내부 생활과 하나님의 세상적인 선교 움직임을 의미하며, 중간성은 아들의 대사도로서의 역사적 역할을 반영한다. 기업가 정신은 창조 계명에서의 하나님 아버지의 역할을 반영하며, 경제(oikonomia)는 크게 나눔에서의 성령의 역할과 교차한다. 이 네 가지 요소는 종합적인 사역의 성공과 개인 및 공동체의 긍정적인 주체로서 하나님이 원하는 모습으로 성장하기 위한 정체성 지표로 작용한다.

이러한 결과를 바탕으로 개념적인 틀을 구축했다. 개념적인 종합적 틀은 기업가적인 교회 개척자들이 자신의 성과를 측정할 수 있는 이론적 및 선교적 지표를 제공하려는 시도였다. 이러한 지표는 교회 개척자들이 전통적인 수치 중심 모델에서 관계적인 틀로, 정적인 수치에서 동적인 관계로 전환하는 데 도움을 줄 것이다. 요약하면, 이 연구는 종합적인 기독교 사역의 결과와 영향을 측정함으로써 성공과 효과의 정의를 새롭게 정립하는 데 기여할 것이다.

사역 및 연구활동

지금까지 교회 기반의 기업가 정신을 통한 종합적인 선교를 중점으로 한 선교사역과 연구에 적극적으로 참여해왔다. 현재는 미얀마 양곤에 위치한 Myanmar University of Leadership Development의 학장으로 재직하면서 신학 연구의 글로벌 교육과 훈련을 촉진하고 있다.

연구 영역은 신앙, 시장, 그리고 선교의 교차점을 다루며, 교회가 사회적 기업 활동에 효과적으로 참여하여 사회적 전환을 이루는 방법을 탐구하는 것이다. 또한 사회봉사와 사역에도 적극적으로 참여하고 있다. Grace Family Mission과 Global Vision, E3Empower라는 비정부 기구의 대표로 활동하여 미얀마 지역사회에 봉사하고 사회정의에도 힘쓰고 있다. 또한 현지 교회에서 목회자로 섬기며 다양한 연령층에 사역을 하고 있다.

연구 주제는 교회 기반의 기업가 정신을 통한 종합적인 선교이다. 교회가 기업적인 방식을 적극적으로 활용하여 지역사회에 종합적인 변화를 가져오는 방법을 연구하고 있다. 이를 통해 신앙, 시장, 사회의 상호작용과 그 영향력을 탐구하고, 기업가적인 교회 개척 선교와 사회적인 변혁에 대한 측면을 연구하는 것이다.

또 따른 연구 분야는 평화와 정의를 위한 삼위일체적 공공선교학이다. 이는 신앙, 정의, 평화가 상호작용하며 사회적 변화를 이루는 데 중요한 역할을 하는 선교학적인 접근 방식이다. 이를 통해 교회와 사회가 협력하여 평화와 정의를 실현하는 데 기여할 수 있는 방법을 탐구하고 있다. 이러한 연구를 통해 공공선교학의 이론과 실천을 연결하여 긍정적인 변화를 이루는데 기여하고자 한다. 연구와 경험을 통해 교회와 사회에 대한 비전적이고 효과적인 접근 방식을 개발하고 이를 실제 현장에 적용하는 데 도움이 되기를 소망하고 있다.

이상태

李相泰, LEE SANGTAE, 1957년 11월 6일 -

학력

2004. 백석대학교 신학대학원(M.Div.)
2010. 백석대학교 기독교전문대학원(선교학, Ph.D.)

경력

2010. 06. – 2013. 06. 백석대학교 신학대학원/기독교전문대학원 선교학과 강의
2018. 03. – 2022. 12. 웨스트민스트신학교 선교학 교수
2015. 03. – 2024. 현재. World Dream Missions 대표
2016. 03. – 2024. 현재. 대한예수교장로회 창대교회 담임목사
2019. 03. – 2024. 현재. 인도장로회신학교 신학대학원 대학원장

저서

『요한계시록』(WDM, 2021)
『전방개척선교의 전도방법 효율성 연구: 방글라데시를 중심으로』(WDM, 2017)
『선교인류학』(백석대신대원, 2010)
『선교와 영적 전투』(백석대신대원, 2011)
『교회 성장』학(백석대신대원, 2011)
『기독교윤리학』(백석대기독전문대학원, 2012)
『영성신학』(백석대기독전문대학원, 2012)

전공 분야

선교인류학, 타문화권 선교, 선교현장 연구, 선교전략

박사학위 논문

"베드로 설교에 나타난 선교방법과 선교전략 연구: 사도행전 2:14-42 중심으로."(지도교수: 김은홍)

복음 증진의 효과적인 선교를 지속하고 세속화 방지와 종교문화 다원화 및 포스트모던 시대에 대응하며 영육 구원의 한쪽 면에 치우친 편중된 선교를 극복하기 위한 연구이다. 이를 위해 사도행전 2:14-42 베드로의 선교적 설교를 통해서 성경적 원리의 선교방법 발견과 성경적 원리의 효과적 선교전략과 선교 모델을 제시하고자 하였다.

이 연구는 베드로의 선교적 설교에 근거하여 성경적 원리의 12가지 선교방법을 도출하였다. 그리고 성경적 원리의 5가지 선교전략과 14가지의 선교 모델을 제시하였다. 본 연구의 선교전략과 모델은 성경적 선교사 파송 모델을 제시하였고, 성경적 상황화 모델인 차용화 모델을 제시하였다. 그리고 성령 주도 모델, 수평적 리더십 모델을 제시하였고, 소그룹과 대그룹의 성경적 모델을 제시하였다.

사역 및 연구활동

World Dream Missions(세계를 꿈꾸는 선교회)에서 사역하고 있으며, 선교학교(선교사 양성), 선교워십학교(한류 등 문화적 접근을 통한 순회 선교 목적), 선교지 전도를 위한 장학 후원(아프리카 우간다 등, 인도, 방글라데시 등), 선교지 신학교 강의 지원, 선교사 후원 사역을 펼치고 있다.

연구 영역은 전방개척 선교전략이며, 전방개척선교에 관해 꾸준히 연구하고 있다.

이선영

李宣瑩, SunYoung, Lee

학력

1988. 이화여자대학교(건강교육)
1993. 이화여자대학교 대학원(보건정책)
2001. 한양대학교 대학원(교육공학 박사과정 수료)
2012. 호서대학교 대학원(테크노경영, 경영학 박사)
2020. 주안대학원대학교(선교학, 석사 졸업)
2022. 주안대학원대학교(선교학, 박사과정 중)

경력

2008. 01. - 2010. 08. 중소기업중앙회 부동산 자산컨설팅조합 이사장
2010. 09. - 2019. 02. 구미대학교 마케팅경영과 교수
2016. 01. - 2010. 08. 그라시아랜드 대표
2019. 03. - 2023. 현재. 호서대학교 글로벌창업대학원 창업경영학과 교수

전공 분야

선교훈련, 선교전략, BAM, 선교현장 연구

석사학위 논문

"미셔널 스타트업 역량 개발 교육 모델과 지속 가능 생태계 연구."(지도교수: 유근재)

창업·창직 시대를 맞이하여 스타트업을 양성하는 세상의 교육 훈련 프로그램만으로는 선교적 스타트업을 양성하기가 어렵다는 것을 인식하고 선행연구와 창업교육 및

BAM 교육 사례 등을 분석하여 미셔널 스타트업(Missional Start-up)의 개념과 이들이 보유하여야 할 역량과 성공 요인을 파악하였다. 성공적인 미셔널 스타트업의 역량을 개발하기 위하여 창업 단계를 예비 창업자, 창업 초기, 창업 후기 등으로 구분하고, 부문별로는 영적(Spiritual), 경제적(Economic), 환경적(Environment), 사회적(Social) 등으로 분류하여 미셔널 스타트업 역량 강화를 위한 '3 step-SEES' 교육 모형을 제안하였다. 나아가 미셔널 스타트업의 지속 성장을 위한 생태계 모형으로 6MC 모델을 제시하여 이들의 지속 성장과 선교적 기업으로서 사명을 다할 수 있도록 지원하는 체계와 관련 기관들의 협력 방안, 교육운영 방법, 활성화 방안 등에 대한 함의와 향후 연구 방향을 제안하였다.

이 연구는 비즈니스와 선교가 따로 분리되어 있는 것이 아니라 모든 삶, 일, 기업이 선교라는 인식을 가지고 스타트업을 준비하도록 하는 동기 부여와 운동을 일으켰다. 선교와 스타트업 모두 전문적 소양이 길러져야 하는데 이의 융합된 교육과정을 개발하는 기반을 마련하였다.

사역 및 연구활동

한국CBMC 양화진지회 회장으로 섬기고 있다.

이선이

李宣伊, Seonyi Lee, 1966년 3월 11일 -

학력

1991. 서울대학교(농가정학, B.S.)
1994. 장로회신학대학교 신학대학원(교역학, M.Div.)
2004. Florida Center for Theological Studies (목회학, D.Min.)
2007. 장로회신학대학교 대학원(선교신학, Th.M.)
2012. 장로회신학대학교 대학원(선교신학, Th.D.)

경력

2012. 08. 한국선교신학회 회원 및 임원
2015. - 2023. 현재. 필리핀 Asia Pacific Christian College and Seminary 선교사 및 객원교수
2018. 08. - 2023. 현재. 호남신학대학교 선교신학과 조교수

저서

『한국교회 전도의 새로운 방향』(대한기독교서회, 2023, 공저)
Women in Christianity in the Age of Empire (1800-1920)(Routledge, 2022, 공저)
Trends and Reflections of Korean missions and missiology(Kenosis Books, 2021, Young-Dong Kim ed.)
『코로나19와 포스트 코로나 시대의 전도』(한들출판사, 2021, 공저)
『아시아 선교신학의 모델』(브엘북스, 2019)
『대한민국을 빛낸 기독교 120인』(쿰란출판사, 2017, 공저)
『부부행전』(쿰란출판사, 2014)

번역서

『손잡이 없는 십자가: 십자가 정신에 대한 아시아인의 묵상』(브엘북스, 2020)

논문

"Missiological Evaluation of the Relations between CWME and Korean Church for a Century(1921-2021)." 「선교신학」 70(2023)
"Mongolian Migrants in a Korean Missional Church: The Case of Nasom Community."

Ecclesial Futures 4(2023)
"판소리를 통한 예술 선교: 박동진의 〈예수전〉을 중심으로." 「선교신학」 72(2023)
"한국 여성 선교사의 정체성과 방향성 제언." 「신학과 사회」 37(2023)
"상처입은 세상에서의 평화의 소녀상: 일본군 '위안부' 피해 고발과 연대의 요청." 「선교와 신학」 58(2022)
"한국적 선교신학의 가능성 모색: 서구중심주의 극복을 위한 선교신학 담론." 「선교신학」 68(2022)
"Missiological Perspective of Church Leadership: Restoring Missional Leadership." 「선교신학」 46(2017)
"선각자 김마리아에 대한 선교적 조망." 「선교신학」 44(2016)
"한국 선교단체들의 전도 유형과 방법에 대한 연구." 「선교신학」 40(2015)
"추수감사절의 상황화에 대한 고찰." 「선교신학」 35(2014)
"마포삼열과 한석진의 선교신학 비교연구." 「한국장로교역사학회」(2013)
"아시아 선교신학 정립을 위한 십자가 신학 연구." 「선교와 신학」 32(2013)

전공 분야

아시아신학, 상황화, 선교역사, 여성리더십

박사학위 논문

"아시아 선교신학 정립을 위한 십자가 신학 연구."(지도교수: 김영동)

아시아 선교신학의 정립은 시대적 요청이자 아시아 선교를 위한 기초작업이다. 기독교는 일찍이 아시아에 전래되었고, 근대에 이르러 아시아 선교에 대한 서구의 본격적인 노력이 있었다. 그럼에도 왜 아시아에 뿌리내리지 못했는지에 대한 선교신학적 반성과 아시아 선교신학의 방향성을 모색하고자 하는 것이 이 논문의 출발점이다.

서구 선교의 신학적 반성은 제2차 세계대전 이후 시작되었으며 전통적인 선교에 대한 근본적인 수정을 하게 되었다. 그 결과 하나님 선교(*missio Dei*)가 등장하면서 선교의 출발점이 교회가 아닌 삼위일체 하나님이 되었다. 하나님이 아닌 인간이 선교의 주체가 될 때 역사적 과오가 나타난다는 것이다. 십자가 신학은 개인 또는 사회, 세계가 위기를 겪을 때마다 재발견되어 해답의 역할을 담당하였다. 그러므로 십자가 신학은 아시아 선교신학의 중심이라는 논지로 전개하고자 한다. 기독교 신앙의 위기와 서구 교회의 쇠퇴와 아시아 중심으로서의 선교학적 대응은 바로 십자가 신학의 본래 의미에 대한 회복이다. 십자가 신학의 아시아 선교적 이해로서 십자가에서 삼위일체적 하나님의 선교를 기반으로 다양한 의미가 발견된다. 서구 중심주의에서 벗어나 아시아를 품는 보편적 사랑의 십자가, 헬라 철학의 이분법적 사고에서 벗어난 영혼 구원과 사회적 책임으로서의 통전적 선교를 추구하는 구속의 십자가, 식민주의나 제국주의와 같은 힘과 무력에 의한 선교가 아닌 아시아 고난을 함께하는 고난의 십자가, 경제적·정치적으로 열악한 상황으로부터 인간화로의 해방과 죄로부터 해방의 십자가, 문화적 사회적 정치적 갈등으로부터의 화해의 십자가, 아시아의 희망이며 하나님 나라의 궁극적 승리를 의미하는 승리의 십자가이다.

아시아 십자가 선교신학의 모델은 아시아 선교신학의 중심에 십자가신학을 중심으로 그 토대를 구축하는 것이다. 십자가 선교신학의 근거는 삼위일체 되신 하나님의 사랑에 의한 구속의 뜻이다. 동기는 십자군이 아닌 십자가 사랑의 정신이다. 방법은 십자가에서 보여준 사랑의 행위로 온전한 복음화를 이루는 통전전 선교와 아시아의 모든 영역에 하나님의 나라를 세워가는 상황화이다. 목표는 초림과 재림 사이의 역사의 도상에서 하나님 나라를 건설하는 것이다. 아시아 선교신학은 십자가 신학을 중심으로 정치, 경제, 문화, 사회 각 방면에서 전개되어야 한다.

사역 및 연구활동

광주광역시에 있는 호남신학대학교에서 선교신학을 가르치고 있으며, 연구의 핵심 주제는 아시아, 여성, 선교이다. 이 세 가지를 각각 독립된 주제로 연구하지만, 아시아 여성, 아시아 선교, 여성 선교라는 교집합으로도 연구하고 있다. 아시아에 기독교가 뿌리내리기 위해서는 선교신학 측면에서 아시아의 상황화가 필수적인 작업이라고 생각한다. 아시아는 다종교성과 다문화성의 특징으로 기독교인의 비율이 가장 낮은 대륙이며, 한국 선교사들이 가장 많이 파송된 곳이기도 하다. 그러므로 한국을 비롯한 아시아에 서구 중심주의를 벗어나 각 민족과 나라의 상황에 뿌리를 내릴 수 있는 신학의 상황화가 되기 위한 연구가 주된 주제가 된다. 그리고 아시아의 절반을 차지하는 여성들이 경제적, 사회적, 문화적, 종교적 어려움을 극복하고 잠재된 역량을 발휘하도록 돕는 여성 리더십 개발에 기여하고자 한다. 아시아 현장에서 사역하는 선교사들을 돕기 위한 아시아 문화, 정치, 경제, 종교 등의 상황을 연구하여 타문화권 선교에 필요한 선교전략 연구를 통하여 선교신학적인 측면에 기여하고자 한다.

이성곤

李聖坤, Song Kon Lee, 1972년 11월 22일 -

학력

2020. 영국 University of Birmingham(선교신학, Ph.D.)

경력

2008. 06. - 2014. 09. 한소망교회 전도사, 부목사
2014. 09. - 2020. 12. 영국 Felixstowe International College 교육목사(PCK 파송 선교사)
2021. 01. - 2022. 02. 잠실교회 부목사
2022. 03. - 2024. 02. 호남신학대학교 기독교사회복지학 조교수
2022. 01. - 현재. 한국선교신학회, 세계선교연구회, 한국실천신학회 회원
2023. 03. - 현재. 기독교사회복지실천학회 이사
2024. 03. - 현재. 장로회신학대학교 선교신학 조교수

논문

"행복취약계층에 대한 디아코니아 실천을 통한 선교." 「선교신학」 70(2023)
"Understanding Diakonia in World Christian Churches: Focusing on Methodist Baptist and Reformed Church."(세계기독교회의 디아코니아 이해: 감리교, 침례교, 개혁교회를 중심으로) 「신학과 실천」 80(2022)
"디아코니아 관점에서 본 한국의 오순절/은사주의 운동: 순복음, 온누리, 광림교회를 중심으로." 「선교와 신학」 54(2021)
"복음주의에 비추어 본 오순절주의의 디아코니아 이해와 특성." 「신학과 실천」 77(2021)
"Diakonia As Christian Mission: With Particular Reference to Pentecostal and Charismatic Movements in Korea."(기독교 선교로서의 디아코니아: 한국의 오순절/은사주의 운동을 중심으로) 박사학위 논문(2020)
"Pentecostal and Charismatic Movements from the Diakonia Perspectives."(디아코니아 관점에서 본 오순절/은사주의 운동 연구) 「선교신학」 60(2020)
"기독교 사회복지시설 종사자들의 직무 만족 영향 요인에 관한 연구." 「교회와 사회복지」 24 (2014)

전공 분야

선교와 디아코니아, 다문화 선교, 오순절/은사주의 운동

박사학위 논문

"Diakonia As Christian Mission: With Particular Reference to Pentecostal and Charismatic Movements in Korea."(기독교 선교로서의 디아코니아: 한국의 오순절/은사주의 운동을 중심으로) (지도교수: Allan Heaton Anderson)

오순절/은사주의 운동에서 나타난 디아코니아의 이해와 특징들을 연구하여 이 운동의 디아코니아 실천이 기독교 역사에서 기독교와 사회에 어떤 영향을 미쳤는지를 규명한다. 나아가 오순절/은사주의 운동의 디아코니아가 사회적 변혁의 가능성이 있는지를 살펴보고, 디아코니아 실천을 통한 오순절/은사주의 운동의 발전 방향을 논의한다.

이 연구는 역사적, 신학적, 선교적 방법론을 사용한다. 기독교 선교로서의 디아코니아의 개념과 이해를 연구하기 위해서 각 교회의 디아코니아 이해를 살펴보았다. 로마가톨릭, 복음주의 및 에큐메니컬 교회, 오순절/은사주의 운동의 디아코니아에 대한 이해에 중점을 두고 연구하였다. 특히 한국 오순절/은사주의 운동의 시기를 한국의 초기 오순절/은사주의 운동(1900-1950년대)과 후기 한국 오순절/은사주의 운동(1950-2010년대)의 두 시기로 구분해서 분석했다.

결론은 첫째, 대부분의 오순절/은사주의 운동은 시작부터 빈곤층과 소외된 자들을 위한 운동이었다. 둘째, 성령의 역사와 능력에 개방된 오순절/은사주의 운동은 성별과 인종의 경계를 허물 수 있는 가능성을 보여주었다. 셋째, 오순절/은사주의 운동의 디아코니아를 다른 기독교 운동과 비교하여 설명할 때 가장 두드러지는 것은 성령에 대한 강조이다. 성령은 개인의 영적 해방과 사회의 구조적 불의로부터 해방으로 이끄는 디아코니아의 주체이다.

사역 및 연구활동

2006년부터 2008년까지 중국 운남성 곤명에서 국제학교 학생들과 가정교회를 섬기는 선교 사역을 하였다. 귀국 후 한소망교회에서 5년 6개월간 교육부서와 장애인부서, 교구 사역을 하였다. 섬김에 대한 신학적인 고민과 함께 교회에서 사회봉사 사역을 담당하며 숭실대학교 일반대학원에서 사회복지를 전공하고, 석사논문 "기독교 사회복지시설 종사자들의 직무 만족 영향 요인"을 「교회와 사회복지」에 요약하여 게재하였다.

대한예수교장로회(통합) 총회 파송 선교사로 영국에 있는 Felixstowe International

College에서 선교사로 섬겼다. 선교적 관점에서 성령과 디아코니아의 관계에 관심을 갖던 중 버밍엄대학교에서 성령 운동의 권위자인 앨런 히튼 앤더슨 교수의 지도 아래 논문 "기독교 선교로서의 디아코니아: 한국의 오순절/은사주의 운동을 중심으로"로 박사학위를 받았다.

코로나19로 인해 선교지에서 사역을 지속할 수 없는 상황이 되어 귀국 후에 잠실교회에서 교구 사역과 섬김 사역을 담당했다. 2022년 3월부터 2024년 2월까지 호남신학대학교에서 기독교사회복지학과 조교수로 가르쳤으며 2024년 3월부터 장로회신학대학교 선교신학 조교수로 섬기고 있다. 「선교와 신학」, 「선교신학」, 「신학과 실천」, 「교회와 사회복지」 등의 학술지에 논문을 게재하였다.

이수환

李秀煥, Lee, Soo Hwan, 1970년 10월 30일 -

학력

1995. 성결대학교(신학, Th.B.)
1997. 총신대학교 대학원(선교학, M.A.)
2000. 한세대학교 신학대학원(선교학, M.Div.)
2001. 계명대학교 연합신학대학원(선교학, Th.M. 수학)
2006. 성결대학교 신학전문대학원(선교신학, Th.M.)
2011. 성결대학교 일반대학원(선교신학, Ph.D. in ICS)

경력

1992. 09. - 1994. 12. 고천교회 교육전도사(의왕)
1995. 01. - 1995. 12. 샘물교회 전도사(인천)
1996. 01. - 1996. 12. 효민교회 전도사(안양)
1997. 01. - 1999. 12. 군자중앙교회 전도사(시흥)
1997. 08. - 1999. 12. 한세대학교 연구조교
1999. 12. - 2002. 05. 울산수암교회 전도사
2002. 05. - 2003. 12. 동산교회 부목사(인천)
2004. 01. - 2006. 12. 복된교회 수석 부목사(인천)
2005. 08. - 2024. 03. 성결대학교 선교학 객원교수
2007. 01. - 2014. 10. 고천교회 수석 부목사(의왕)
2014. 11. - 2024. 03. 수지더사랑교회 담임목사(용인)
2015. 03. - 2015. 12. 한세대학교 대학원 외래교수
2022. 05. - 2024. 02. 한국실천신학회 회계
2023. 02. - 2024. 02. 서울강남지방회 부회장(예성)
2024. 02. - 2024. 현재. 한국실천신학회 감사(이사)

저서

『탈기독교시대 평화』(드림북, 2024)
『세계사를 바꾼 선교 이야기』(드림북, 2023)
『치유 수업』(드림북, 2023)
『카페지기 신학박사의 인문학 토크』(드림북, 2023)
『포스트 팬데믹 시대, 목회와 선교』(드림북, 2022, 공저)
『인문학으로 기독교 톺아보기』(세움북스, 2020)
『진화하는 이단 종교』(CLC, 2019)
『선교문화인류학』(부크크, 2018)
『선교적 교회성장학』(부크크, 2018)
『다문화 선교』(CLC, 2015, 공저)
『변화하는 선교전략』(CLC, 2015, 공저)
『한국교회와 선교신학』(도서출판 목양, 2013)

『일본에서 한국을 선교한 이수정 선교사 이야기』(도서출판 목양, 2012)
『21세기 선교와 종교 현상학』(한국학술정보, 2011)
『상황화 선교신학』(한국학술정보, 2011)
『전문인 선교론』(한국학술정보, 2009)
『성경을 보면 선교가 보인다』(한국학술정보, 2008)
『선교와 영적 전쟁』(한국학술정보, 2006)

논문

"멀티태스킹 중독 예방과 회복을 위한 목회적 방안." 「신학과 실천」 88(2024, 공동연구)
"선교사를 위한 문화인류학에 대한 통합적 시각 연구의 필요성." 「선교신학」 71(2024, 공동연구)
"스마트폰 중독 체계 원인에 따른 목회적 방안." 「신학과 실천」 83(2023, 공동연구)
"사이버 중독에 대한 실천 신학적 접근." 「신학과 실천」 79(2022, 공동연구)
"가정사역을 통한 선교방안 연구." 「신학과 실천」 74(2021, 공동연구)
"기독교 역사에서 나타난 감염병에 대한 교회의 반응." 「ACTS 신학저널」 47(2021)
"포스트 코로나 시대, 셀 목회를 통한 선교 방안 연구." 「신학과 실천」 73(2021, 공동연구)
"제자훈련을 통한 선교 방안 연구." 「신학과 실천」 72(2020, 공동연구)
"다음 세대 신앙교육을 통한 선교 방안." 「신학과 실천」 68(2020, 공동연구)
"이미지 전도를 통한 선교적 교회성장에 대한 연구." 「신학과 실천」 (2019, 공동연구)
"복지선교를 통한 선교적 교회성장에 대한 연구." 「신학과 실천」 58(2018)
"포스트모던 시대에 선교 발전을 위한 선교적 멘토링 리더십에 대한 연구." 「신학과 실천」 51(2016)
"치유상담을 위한 선교적 교회의 역할." 「복음과 선교」 34/2(2016)
"선교사를 위한 선교적 영성에 대한 연구." 「복음과 선교」 33/1(2016)
"한국 오순절 신유를 통한 치유상담 선교방법론." 「영산신학저널」 35(2015)
"다문화 이주민을 위한 선교적 목회의 역할." 「복음과 선교」 30/2(2015)
"한국 개화기 시대에 이수정의 한인 디아스포라 활동." 「다문화와 평화」 8/3(2014)

전공 분야

선교 역사, 선교신학, 선교전략, 선교 문화인류학, 상황화 신학, 영적 전쟁, 종교현상학, 다문화 선교, 치유 상담 선교, 선교적 교회성장학, 선교적 리더십, 이단 종교, 북한선교

박사학위 논문

"영적 종교현상의 형태론과 성경 선교신학적 평가."(지도교수: 노윤식)

영적 종교현상에 대해 연구하는 것은 효과적인 복음을 전달하기 위해 종교현상을 이해하려는 겸손한 태도라고 할 수 있다. 선교사나 목회자는 이러한 영적 종교현상의 형태론을 관찰하여 그들이 무엇을 믿고 있는지, 또 어떻게 신앙생활을 표현하고 있

는지에 대한 객관성을 가지고 기술할 필요가 있다. 그래서 영적 종교현상에 대한 종교 현상학적 연구를 통하여 그들에게 복음이 전파될 때, 그들에게 효과적으로 적합하고 의미 있는 복음의 전달이 가능하게 될 것이다. 이러한 연구의 목적을 가지고 효과적인 영적 종교현상을 위해 성경 선교신학적으로 평가하는 것이 필요하다.

연구자는 영적 종교현상의 형태론과 성경 선교신학적 평가에 대한 논문을 마치면서 몇 가지 제언을 하였다. 첫째, 영적 종교현상의 형태론에 대한 바른 이해는 신비주의로 나가면 안 될 것이다. 둘째, 영적 종교현상의 형태론은 성경과 계시, 그리고 진리가 중심이 되어야 할 것이다. 셋째, 예언이나 입신 등 영적 현상에 대하여 지도 방법론을 제시해야 할 것이다. 마지막으로, 교회는 영적 체험을 경험한 사람들에게 성결의 복음을 삶의 진리와 세계를 향하여 복음을 전하는 선교로 연결할 수 있도록 기도해야 할 것이다. 21세기 영적 종교현상에서 세계를 선교하는 한국 교회는 이러한 성경 선교신학적인 평가를 통해 기독교의 영성, 곧 성결의 복음을 온 세계로 전파하는 위대한 하나님의 지상 대명령을 잘 감당해야 할 것이다.

오늘날 지역교회 안에서 혹은 선교현장에서 일어나고 있는 영적 종교현상의 형태론에 대해서 성경 선교신학적 관점에서의 형태로 분류하고, 그 이후에 성경 선교신학의 관점에서 평가한 이 연구는 선교현장에서 하나님의 나라를 위한 선교사와 목회자들의 명확한 복음 진리의 증거 활동에 기여할 수 있을 것이다.

사역 및 연구활동

세계 선교 역사: 구약성서와 신약성서에서부터 시작하여 세계 선교 역사와 초기 한국 기독교의 선교 역사에 이르기까지 주요 인물, 지역, 이슈를 중심으로 과거와 오늘의 선교 역사와 미래 기독교 선교 역사를 위한 교훈과 방향을 제시하는 것이 세계 선교 역사이다. 세계 선교 역량의 거대한 전환에서 한국 교회의 역할과 책임은 더욱 중요해지고 있다. 그러한 책임을 감당하기 위해서 한국 교회 내에 세계 선교에 대한 이해의 저변이 넓어져야 하기에 길잡이로서 안내하는 논문과 도서를 출판하였다.

평화 신학과 북한 선교: 인류뿐만 아니라 한반도의 분열과 갈등을 넘어 조화로운 공동체 가치를 구체화하고 한반도 평화와 통일 및 미래의 한인 디아스포라 선교를 준비하기 위해서 다양한 평화와 통일을 위한 방안과 선교전략을 연구하는 중이다.

다문화 시대 선교: 다문화 시대에 한국 사회와 한국 교회의 다문화 선교는 선교신학의 핵심 주제이다. 다문화 선교를 모색하는 것은 하나님 선교의 주요한 일이다. 특

히 전 세적으로 분포된 800만 한인 디아스포라는 예수 그리스도의 복음을 다문화 시대에 펼쳐가야 할 선교 동원이다. 현재 다양한 인종과 문화가 공존하기에 다문화 이론들에 대해 학습하고, 더 나아가 국내외 다문화 현장의 효과적인 사역 방법론과 과제들을 연구하고 있다.

이순희

李順嬉, Soon Hee, Lee, 1961년 11월 3일 -

학력

2012. 서울신학대학교 대학원(M.Div.)
2021. 서울신학대학교 대학원(선교학, Th.M.)
2024. 서울신학대학교 대학원(선교학, Th.D.)

저서

『보라! 행복한 주의 종들을』(국민일보사, 2024)
『보라! 하나님의 일하심을』(국민일보사, 2023)
『복음과 가족치유』(나침반, 2023)
『복음과 내적 치유』(나침반, 2022)
『복음과 인생 설계』(나침반, 2022)
『복음과 영적 전쟁』(나침반, 2021)
『영혼을 살리는 찬양 6』(CCM2U, 2024)
『영혼을 살리는 찬양 5』(CCM2U, 2024)
『영혼을 살리는 찬양 4』(CCM2U, 2023)
『영혼을 살리는 찬양 3』(CCM2U, 2022)
『영혼을 살리는 찬양 2』(CCM2U, 2022)
『영혼을 살리는 찬양 1』(CCM2U, 2021)

전공 분야

선교훈련, 선교전략, 타문화권 교회 개척

박사학위 논문

"영적 전쟁을 통한 선교와 목회에 관한 연구: 백송교회 영적 전쟁을 중심으로."(지도교수: 박영환)

교회와 성도가 변화하는 세상 속에서 사명을 감당하기 위해서는 영적 전쟁이 필수적이다. 그리스도인은 마땅히 성령의 능력을 받아 하나님을 대적하는 영들과 싸우며 예수 그리스도의 진리가 내면 세계와 외면 세계에서 실현되도록 해야 한다. 영적 전쟁에 승리할 때 나타난 치유와 변화는 전도의 강력한 원동력이 된다. 세상 의학으로 해결할 수 없는 병을 치료하시는 하나님의 능력이 나타날 때, 굳은 마음으로 교회를 불신하는 사람들이 복음에 관심을 가질 수 있다. 사회적으로, 정신적으로 연약했던 사람들이 고침 받아 건강하고 선한 삶을 살아갈 때, 교회에 등 돌린 사람도 마음을 열고 예수 그리스도를 간절하고 절실하게 영접하게 된다.

초기 한국 교회는 영적 전쟁을 통한 부흥과 성장을 이루었지만, 어느 순간부터 '말씀 중심'이라는 명목 아래에서 영적 활동을 배제하기 시작했고, 영적 전쟁에 대해 색안경을 끼고 편견을 갖기 시작했다. 극단적 신비주의를 좇아서 영적 전쟁을 왜곡시킨 부류도 나타났다. 이제 한국 교회는 영적 전쟁에 대한 바른 이해와 균형 잡힌 적용을 이루어야 한다. 감정이나 현상에 집중할 것이 아니라 말씀에 집중해야 하고 성령의 역사와 악령의 역사를 분별해야 한다. 극단을 경계하고 균형 잡힌 영성을 회복해야 한다. 영적 전쟁을 통해 변화된 삶을 살고, 세상 속에 들어가 빛과 소금의 사명을 감당해야 한다. 나아가 영적 전쟁을 통해 제자화를 이루고 지속성을 확보함으로 기독교의 본질과 정체성을 찾아야 한다. 그리하여 영적 전쟁을 일회성으로 이해할 것이 아니라 일평생의 과제로 삼아야 한다. 그리스도인이 영적 전쟁을 통해 일꾼 사역자로 세워져서 삶 전체가 영적 예배가 되게 함으로 미래 교회의 목회와 선교가 나아가야 할 길을 찾아야 한다.

백송교회의 영적 전쟁은 자아 포기와 성령 충만, 균형의 영성, 복음적인 삶으로서의 영성으로 나아가는 일련의 과정이다. 그래서 백송교회는 성령으로 말미암은 치료의 역사가 예수 그리스도의 성품을 닮고 성령의 열매를 맺는 삶으로 이어지도록 하는 데 지대한 관심을 쏟고 이를 위해 복음적인 말씀 선포에 중점을 둔다. 치료의 완성은 삶의 회복으로 드러나기 때문이다. 그뿐만 아니라 치료된 영혼이 예수 그리스도의 제자가 되어 받은 사명을 감당하며 또 다른 영혼을 치료하는 삶을 살도록 해준다. 회복의 열매가 사명적 삶이 되게 하는 것이다. 365일 쉬지 않고 이어지는 백송교회의 예배는 치유사역과 제자 양성의 사역을 위한 영적인 장(場)이다. 매일 선포되는 설교와 찬양은 성도들의 영을 깨우고 아픔을 치료하며 제자로서의 훈련을 받게 하는 통로가 된다. 백송교회 영적 전쟁은 이러한 예배의 행진을 날마다 이어가며 전 세계에 700개의 성전을 세우고, 기드온의 300 용사와 같은 용사 700명을 세울 비전을 향해 달려가고 있다. 올바른 영성의 방향을 제시하는 선교의 지평을 세계적으로 넓히고자 하는 것이다.

사역 및 연구활동

전 세계를 다니며 찬양 치유 부흥사로 활동하던 중 2001년에 일산과 대구에 '영혼의 샘 세계선교센터'를 설립했다. 병든 영혼을 살리고 참된 주의 종을 세우는 일에 집중하던 2013년 인천 남동구에 백송교회를 개척하고, '영혼 구원'과 제자 양성'이라는 목표를 세워 목회하였다. 그 결과 성장을 거듭하여 2018년에 충남 보령에 1만여 평의 땅을 구입해 백송수양관을 건립했다. 또한 미국 LA백송교회(김성식 목사)와 캐나다 토론토백송교회(김지환 목사), 대구백송교회(배지희 목사), 대구혁신백송교회(김미리 목사)를 지교회로 설립해 복음사역에 열중하고 있다.

사역 핵심은 말씀을 기반으로 한 영적 전쟁에 있다. 예수께서 이 땅에 오셔서 천국 복음을 전파하며 백성 중의 모든 병과 모든 약한 것을 고치신 것처럼 성령의 검, 말씀의 검을 들고 영·혼·육에 병든 자를 고치는 사역에 집중하고 있다. 특히 가난한 자, 소외된 자, 마약, 알코올 중독·컴퓨터 게임 중독 등의 중독자, 불치병에 걸린 자들을 VIP로 여기며 그리스도의 사랑으로 사랑하며 치료하는 일에 전심전력하고 있다. 더불어 예수께서 병을 고치신 후에 그들에게 사명을 맡기신 것처럼 치유사역과 제자 양성의 사역을 병행하고 있다. 치유받은 성도들 안에 내재되어 있는 달란트를 개발하여 찬양사역자, 간증자, 복음전도자, 치유사로서 하나님의 사역을 담당하는 종으로 만들어가는 것이다. 결국 전인적 치유사역이 주의 종을 양성하는 사역으로 완성된다.

이러한 사역 중 주된 관심은 삶에서 열매를 맺게 하는 영성훈련과 365일 쉬지 않고 이어지는 예배에 있다. 그리스도인의 삶에서 가장 중요한 것은 마음의 정원을 가꾸는 것이고 이를 통해 성령의 열매를 맺는 삶을 사는 것이다. 그러므로 매일의 예배를 통해 내면 치유에 집중하여 성결한 내면을 겸비하게 하여 삶에서 열매를 맺는 성도로 양성해가는 것을 중요하게 여긴다. 하나님의 선교와 목회를 위해서 주의 종으로 양성시킬 인재들에게 장학금을 주어 훈련시키는 일에 집중하고 있다. 세계 선교사역에 집중하여 선교의 장을 열고 현장에서 성도들이 주님께 쓰임받는 길을 적극적으로 열어가고 있다. 특별히 목회자의 영성을 바로잡아 세계의 영혼들이 바른 영의 양식을 먹고 올바른 인도를 받을 수 있도록 목회자 세미나, 목회자 콘퍼런스 등의 사역을 준비하고 있다.

이승병

李昇炳, SEUNG BYOUNG LEE, 1975년 4월 11일 -

학력

2000. 한국침례신학대학교(신학, B.A.)
2008. 한국침례신학대학교 신학대학원(신학, M.Div.)
2012. 영국 King's College London(M.A in Youth Ministry)
2019. 주안대학원대학교(Ph.D. in Intercultural Studies)

경력

2009. 12. - 2010. 07. 대전대흥침례교회 중등부 담당목사
2010. 09. - 2011. 08. 런던 구세군한인교회 청소년부 담당목사
2011. 09. - 2012. 08. 런던 윔블던한인교회 청소년부 담당목사
2013. 06. - 2016. 11. 믿음의승리교회 설립 및 담임목사
2016. 12. - 2023. 02. 금란교회 선교국장, 비서목사, 청소년부 담당
2019. 12. - 2021. 11. 한국선교신학회 서기
2020. 08. - 2023. 08. 한국침례신학대학교 실천신학 외래교수
2021. 12. - 2022. 11. 한국선교신학회 서기 및 부총무
2016. 12. - 2023. 현재. 믿음의승리교회 협동목사
2017. 03. - 2023. 현재. 오순절성령연구소 부소장
2021. 01. - 2023. 현재. 뉴마미니스트리 총제작자
2021. 12. - 2023. 현재. 한국선교신학회 총무
2022. 08. - 2023. 현재. 주안대학원대학교 선교학/전도학 겸임교수, 평생교육원장
2023. 04. - 2023. 현재. 금란교회 협동목사

저서

『선교하는 교회에서 선교적 교회로: 선교적 교회의 9가지 주제』(주원대학원대학교, 2021, 공저)

번역서

『Z세대, 폭풍을 위해 태어나다』(주안대학원대학교출판부, 2022, 공역)

논문

"성인 진입기(Emerging Adulthood)의 신앙정체성 확립을 위한 교회 내 양육 사역의 방향에 관한 연구: 신학적 성찰(Theological Reflection)을 통한 양육 사역." 「선교와 신학」 62(2024)

"전도의 접촉점으로서 오순절적 예배 연구: 호주 힐송 교회를 중심으로." 「피어선신학논단」 24(2024)

"우간다 선교에 있어서 교회당 건축의 필요성에 대한 연구: 유니온비전미션의 교회당 건축 운동을 중심으로." 「선교신학」 72(2023)

"코로나-19 시대의 Z세대 선교: 오순절 선교의 '세가지 대결'을 중심으로." 「선교신학」 66(2022)

"민족에서 세대로 보는 선교: 성령론적 선교신학을 통한 청소년 선교." 「선교신학」 55(2019)

"청소년 사역에 대한 선교학적 접근 연구." 「복음과 선교」 48(2019)

전공 분야

선교전략, 선교인류학, Cross-cultural Communication, 이주민/다문화 선교, 상황화/토착화, 선교현장 연구

박사학위 논문

"성령론적 선교신학을 통한 현대 청소년 선교 연구."(지도교수: 유근재)

현대 청소년 사역이 다양하게 있음에도 불구하고 청소년들이 교회에서 계속해서 이탈하는 현상은 그간의 기독교 교육학적이며 기독론 중심의 청소년 사역의 한계라고 규정하고, 이제는 교육학적이며 기독론적인 사역에서 벗어나 선교학적이며 성령론적인 청소년 사역으로 방향 전환을 해야 한다는 논지이다.

청소년 사역의 역사적인 흐름을 살펴본 후에 아모스 용(Amos Yong), 줄리 마(Julie Ma), 그리고 커스틴 김(Kirsteen Kim) 등 성령론적 선교신학자들을 소개한다. 제5장에서는 현장연구의 신뢰도를 높이기 위해 실질적인 사회과학적 방법론인 질적 연구를 실시하였다. 이 부분에서는 현재 성령론적 청소년 사역을 하고 있는 사역자들의 심층 인터뷰를 근거이론을 통해 코딩하여 그 결과로 나타난 핵심범주들을 통해 성령론적 선교신학의 타당성을 주장한다. 제6장에서는 지금까지의 연구의 결과로서 현대의 청소년 사역은 현재의 패러다임에서 '성령론적 선교신학을 통한 청소년 선교'의 패러다임으로의 변화를 제시한다. 그리고 청소년 사역의 선교적인 접근과 성령론적인 접근의 근거와 가능성에 대하여 논하고 있다. 마지막 제7장에서는 논문을 요약하고, 어떻게 성령론적 선교신학을 통한 청소년 선교를 시작할 것인지 제시한다.

결과적으로 성령론적 청소년 사역은 청소년들의 컴패션, 심층행동, 봉사활동, 긍정

적 정체성, 그리고 영성을 심화 발전시킴으로써 청소년들의 교회 이탈을 막아주며, 청소년 사역은 이제 성령론적 청소년 사역으로 변화할 시기라고 제언한다.

사역 및 연구활동

다음세대 선교전문가로서 20여 년간 교회현장에서 청소년 사역자로서 또한 담임목사로서 풍부한 현장경험을 가진 현장 목회자이자 선교학자이다. 현재 주안대학원대학교 선교학/전도학 겸임교수, 한국침례신학대학교 실천신학 외래교수, 한국선교신학회 총무, 뉴마미니스트리의 총 제작사역 등 현장사역과 교수사역을 활발히 병행하고 있으며, 최근까지 금란교회의 청소년부 담당과 선교국장을 역임하였다.

청소년을 포함한 다음세대들을 이제는 선교의 영역으로 연구하고 사역해야 한다고 주장하며 세계 복음화를 위해서는 '미전도 종족 선교'에서 '미전도 세대 선교'로 패러다임의 전환과 그 실제가 필요하다고 역설한다. 청소년 선교에서 전도와 음악의 중요성, 그에 대한 매뉴얼의 체계화 또한 성령체험의 중요성을 강조하며 예배 안에서 성령의 체험을 학적으로 구체화하여 다양한 목회현장에 접목시키려는 시도를 하고 있다.

주요 연구 분야는 전도, 청소년 사역, 도시선교, 오순절/은사주의 운동, 성령론적 선교신학, 선교적 다음세대 사역, 교회 성장, 예배와 문화 등이다.

이원중

李元重, LEE Wonjung, 1973년 2월 28일 -

학력

1995. 서울대학교(B.A.)
2003. 장로회신학대학교 신학대학원(M.Div.)
2010. 일본 도시샤대학교(同志社大学) 대학원 (Th.M.)
2011. 일본 도시샤대학교(同志社大学) 대학원 (Th.D.)

경력

2003. 01. – 2005. 12. 마포교회 전도사/부목사
2006. 01. – 2007. 12. 고척교회 교육목사
2008. 03. – 2012. 05. 재일대한기독교회 교토 동산전도소 협력목사
2012. 05. – 2017. 03. 재일대한기독교회 교토 동산교회 담임목사
2017. 04. – 2019. 03. 일본 도시샤대학교 연구원
2019. 04. – 2021. 03. 일본 도시샤대학교 시간강사
2011. 07. – 2023. 현재. 총회 세계선교부 일본 선교사
2021. 04. – 2023. 현재. 니지마학원단기대학 준교수, 교목

저서

『100年前のパンデミック』(新教出版社, 2021, 공저)
『민족과 함께한 우리 교회 이야기』(나눔사, 2019, 공저)

논문

"竹中勝男は日本のキリスト教をどのように理解したか."「キリスト教社会問題研究」70(2021)
"同志社大学における尹東柱詩碑建立の経緯と意義—ワンコリアの夢と新島精神の遭遇."「同志社談叢」39(2019)
"魚木忠一の『日本基督教』を再考する－挫折した土着化神学への試み."「キリスト教社会問題研究」69(2019)
"식민지 조선에 존재했던 일본 기독교회."「한국교회사학회지」50(2018)
"일제 말기의 기독교 합동 운동."「한국기독교신학논총」110(2018)
"戦前宗教関連法案をめぐる宗教界の対応－キリスト教界の対応を中心に."「キリスト教史学」71(2017)
"戦後朝鮮半島における日本人教会."「キリスト教

社会問題研究」65(2016)
"植民地朝鮮における日本基督教会: 朝鮮中会建設から15年戦争の開始まで."「基督教研究」76/1(2014)
"植民地朝鮮における日本基督教会 : 朝鮮伝道の開始から朝鮮中会の建設まで."「キリスト教社会問題研究」63(2014)

전공 분야

선교 역사, 한국 교회의 타문화권 선교, 선교현장 연구

박사학위 논문

"植民地朝鮮における日本基督教会."(식민지 조선의 일본기독교회)(지도교수: 하라 마코토, 原 誠)

일제 강점기 한반도에는 소수이기는 하지만 일본인 기독교인들 및 그들의 교회가 존재하였다. 식민지라는 상황 속에서 일본인 교회가 어떤 모습으로 존재하였고, 그들이 조선인들과 어떤 관계를 맺고 있었는지를 밝히는 것은 일본 및 한국의 기독교 역사에서 이제껏 관심의 대상이 되지 못했다. 그러한 일본인 교회, 특히 그중에서도 장로교 전통을 가졌던 일본기독교회(日本基督教会, 니혼기리스토교카이)가 어떻게 시작되었고 발전하였으며, 식민지 조선의 해방과 더불어 어떻게 종언을 고하였는지를 드러내는 연구이다. 이를 위해서 일본과 한국에 남아 있는 일제 강점기 시대의 다양한 문헌들, 교회의 기관지, 그리고 관계자들이 남긴 개인적인 기록들을 조사해서 통사의 형식으로 구성하였다.

그 결과 일본기독교회는 시작부터 재조선 일본인들을 대상으로 전도활동을 벌였으며, 일정한 성과를 남겨서 조선중회(朝鮮中会, 중회는 한국 장로교의 노회에 해당)가 성립할 수 있었다. 그 후로도 이 교회는 조선에 있었지만 조선인들의 교회와는 적극적으로 교류를 갖지 않는 식민자들의 교회였다. 이들이 조선인들과 본격적으로 관계를 맺게 되는 것은 일본이 중국과 전쟁을 일으키면서 조선에 대한 지배 체제가 더욱 강압적이 되고 조선의 교회에 대한 선교사들의 영향력이 상대적으로 약해지게 될 때였다. 일본의 모든 기독교 교회가 '일본기독교단'으로 통합됨에 따라 일본기독교회의 조선중회는 다른 재조선 일본인 교회와 더불어 '일본기독교단 조선교구'로 재편된다. 이 조선교구는 일제강점기 말기 조선의 교회가 총독부의 압력에 의해 통합되는 과정에 일정 부분 역할을 감당하게 되었다. 해방 후 일본인들 교회의 예배당은 일본인 기

독교인들과 친분을 갖고 있었던 한국인 기독교인들을 중심으로 인계되어서 몇몇 교회의 재건과 개척의 디딤돌이 되었다.

이 논문은 일제 강점기 일본 교회사에서도 한국의 교회사에서도 소외된 역사의 한 부분을 실증적으로 조명하였으며, 아시아의 식민지주의와 기독교의 관계에 대해서도 조명하였다.

사역 및 연구활동

2008년 도일 시점부터 재일대한기독교회 교토동산전도소(京都東山伝道所)라는 작은 무목교회에서 사역을 시작하였다. 재일대한기독교회(在日大韓基督教会, Korean Christian Church)는 1908년 일본에 유학한 학생들을 중심으로 시작되었으며, 110년이 넘는 역사를 지나면서 일본 전역에 약 100개의 교회로 성장했고, 일본에 거주하는 재외국민은 물론이고 일본에서 태어나서 자란 재일동포, 일본인, 그리고 그 외 재일 외국인이 함께 생활하는 다문화적 연합교회이다. 교토동산전도소가 성장해서 교토동산교회로 준자립의 기반이 마련된 후, 연구와 기독교 대학 사역에 뜻을 품고 도시샤대학의 연구원 및 강사를 거쳐서 지금은 군마현에 소재한 니지마학원단기대학에서 학생들에게 기독교를 가르치며 대학의 건학 이념과 기독교 교육 관련 책임을 맡고 있다.

일본의 개신교 역사에 대해서 복음의 총체적인 성격을 전제로 선교학적 관심으로 연구하고 있다. 그 첫 결과물이 일본의 개신교가 식민지 조선에서 어떠한 형태로 존재하였고 전도하였는지에 대한 연구인 박사 논문이다. 향후 일본기독교회뿐만 아니라 식민지 조선에 존재했던 다양한 교파 교회 및 일본인 YMCA 등에 대한 연구를 보완할 계획이다. 한편으로는 일본 개신교의 토착화 문제를 다룬 인물과 일본 기독교의 사회복지 역사와 관련된 논문을 집필했다. 군마현으로 사역지를 옮긴 이후에는 군마현의 기독교에 관심을 갖고 연구를 진행함과 동시에 현재 일본 내 최대 개신교회인 일본기독교단의 교세 추이에도 관심을 기울여 1945년 이후의 역사에 대해서 연구하고 있다.

이유경

李留京, LEE YOUKYUNG, 1968년 12월 24일 -

학력

2001. 연세대학교(목회상담학, Th.M.)
2001. 연세대학교 연합신학대학원(상담코칭학, Ph.D.)

경력

1990. - 2014. 한국대학생선교회 대학캠퍼스 책임간사 및 상담실 멤버케어 책임간사
2015. - 2018. 서울기독대학교 전임교수
2019. - 2024. 현재. 숭실사이버대학교 전임교수
2019. - 2024. 현재. 생명문화학회 이사
2019. - 2024. 현재. 한국상담심리학회 주슈퍼바이저
2020. - 2024. 현재. GP선교회 전문이사
2021. - 2024. 현재. 한국기독교상담심리학회 임상위원장/감독

논문

"부인 선교사의 스트레스 경험과 적응 경험 연구." 「아세아신학연구」 47(2021)
"20대 청년의 심리적 특성과 문제에 관한 Larry Graham의 체계론적 연구: 청년 문화 이해를 바탕으로." 「대학과 선교」(2020)
"손자녀 양육에 참여하는 조모와 성인 자녀의 갈등 경험과 적응 경험에 관한 연구: 조모의 경험을 중심으로." 「한국기독교상담학회지」 30(2019)
"대학생 선교단체 남성 사역자(간사)의 스트레스 경험과 적응 과정에 대한 연구." 「한국기독교상담학회지」 28(2017)
"선교사 부부갈등과 극복 경험 연구." 「한국기독교상담학회지」 27(2016)
"40세 이상 미혼 여성 사역자의 스트레스 경험 연구." 「한국기독교상담학회지」 25(2014)
"선교사의 스트레스와 탈진 경험 연구." 연세대학교 석사학위 논문(2001)

전공 분야

선교훈련, 선교전략, 선교현장 연구

박사학위 논문

"선교사 부부의 갈등 경험과 극복 경험 연구."(지도교수: 유영권)

선교사 부부 갈등 경험과 극복 경험에 관한 의미와 본질을 밝히고 선교사 부부를 위한 기독상담과 돌봄의 방법을 제공하는 데 목적을 둔 연구이다. 이를 위해 2년 이상 선교 경험이 있는 선교사 부부 12명을 연구 참여자로 선정하였다. 연구를 위한 자료 수집은 심층면접을 통해 2011년 9월부터 2013년 10월까지 이루어졌다. 그리고 선교사 부부 갈등과 극복 경험에 살아 있는 목소리를 드러내기 위해 질적 연구 가운데 현상학적 연구방법을 사용하였다.

연구의 결과는 선교사 부부 갈등과 극복 경험의 특성으로서 선교사 갈등 경험 요인과 대처 경험, 영향으로 분류하였다. 선교사 부부 갈등 경험 요인으로 원가족의 영향으로 '욕구와 기대', 부부 체계의 변화로 '고립과 밀착', 이웃 체계의 변화로 '혼돈된 경계선', 환경체계의 변화로 '적응 스트레스', 문화체계의 변화로 '적응 속도와 방식의 차이'로 나타났다. 또한 선교사 부부 극복 경험은 개인적, 관계적, 조직적, 영적으로 나타났으며 전 체계를 통해 부부 갈등을 극복해가고 있었다. 선교사 부부 갈등 경험의 영향으로 심리적, 육체적, 관계적, 사역적인 전반에 걸쳐 영향을 받고 있었다.

사역 및 연구활동

한국대학생선교회의 멤버 케어 책임간사로서 2001년부터 선교사 멤버 케어를 담당하였다. 중국을 비롯한 20여 곳의 선교지를 방문해서 선교사 개인 및 부부, 팀의 상담과 교육 사역을 하였다. 선교사들이 안식년과 은퇴 이후 귀국 시 디브리핑과 상담을 하였다. 선교지에 위기 상황이 생겼을 때 즉각적으로 선교지를 방문하여 위기의 문제를 돕고 상담과 돌봄의 역할을 하였다. 이후 한국대학생선교회를 사임하고 대학교의 전임교수로 섬기면서 지속적으로 선교사 관련 연구와 개인 및 부부 상담, 강의를 하고 있다.

현재 숭실사이버대학교에서 온라인 교육의 장점을 활용하여 선교사들을 재교육하고 있고, 선교케어 상담 과목과 선교케어 상담사 자격 과정을 마련하여 섬기고 있다. 연구는 선교사 멤버 케어를 위한 선교사뿐 아니라 사모, 선교사 가정에 관한 연구를 지속하면서, 선교의 가장 중심인 선교사를 위한 연구를 지속하고 있다. 특히 선교사가 경험하는 스트레스와 대인관계의 어려움, 부부 갈등 등을 연구하며 선교사가 건강하게 사역할 수 있는 다양한 연구를 하고 있다.

이은주

李恩珠, Eun Joo Lee, 1971년 2월 21일 -

학력

1994. 이화여자대학교(기독교학, B.A.)
1997. 이화여자대학교(구약학, M.A.)
2005. 미국 Asbury Theological Seminary (M.Div.)
2014. 미국 Asbury Theological Seminary(Ph.D. in ICS)

경력

1998. 02. – 2024. 현재. 기독교대한감리회 선교사
2016. 03. – 2024. 현재. 러브월드 필리핀 지부장
2019. 08. – 2024. 현재. Asia Graduate School of Theology Philippines 교수

전공 분야

선교 역사, 복음주의 선교신학, 선교훈련, Cross-cultural Communication, 상황화/토착화

박사학위 논문

"Arthur Delbert Rice, Jr.: Pursuit of Shalom, Encompassing Care of Creation in Mission in the Philippines."(지도교수: Arthur G. McPhee)

1956년부터 2014년까지 필리핀에서 사역한 미국연합감리교회 선교사인 아서 델버트 라이스 주니어(Arthur Delbert Rice, Jr.)에 대한 연구로, 창조세계 보호를 포함하는 그

의 통전적 선교 사역을 다루었다. 라이스 선교사는 1965년 누에바비스카야 지방, 산타페의 이무간으로 이주하여 그곳에서 2014년까지 산족인 이칼라한(Ikalahan) 공동체와 함께 살며 사역하였다. 그들의 언어와 문화를 습득하였고 그들의 문화에 대한 존경과 사랑을 표현하고 자신의 자녀들을 그곳 전통을 따라 양육하였다. 그들의 문화를 더 잘 이해하고 더 효과적으로 선교하기 위해서 실리만대학교(Silliman university)에서 문화인류학 석사과정을 마쳤으며, 이는 그가 후에 문화인류학뿐 아니라 다른 분야에서도 필리핀 정부의 산족 대상 전략과 계획에 영향을 미칠 수 있게 해주었다.

이칼라한 공동체의 세 가지 문제인 교육, 토지소유권, 경제적 문제를 해결하기 위해서 그들과 함께 Kalahan Educational Foundation(KEF)과 Kalahan Academy(KA)를 설립하였다. KEF를 통하여 환경친화적 통전적 공동체 개발을 시행하여 공동체의 삶의 질을 향상시켰으며, KA을 통해서는 이칼라한인들의 자긍심을 고취하고 미래세대 자원을 육성하였다. 토지소유권 분쟁을 성공적으로 해결하여 1974년 필리핀 국토자연자원부와 역사적인 합의각서를 체결하였는데, 이 합의각서는 이후 다른 산족들의 토지소유권 분쟁에 선례를 제시하였다. KEF의 환경친화적 통전적 공동체 개발 프로그램과 KA의 자신들의 문화에 대한 자긍심을 고취시키는 교과과정은 다른 산족들의 개발 계획과 교육 방침 설립에 영향을 끼쳤다. 또한 라이스 선교사는 필리핀 정부의 환경친화적 개발 계획 설립 과정에 참여하였으며 이를 통해서 창조세계 보호를 포함하는 통전적 선교를 행하였다. 그는 환경친화적 창조세계 보호 사역을 선교의 일부분으로 보는 새로운 시각을 제공함으로써 통전적 선교 이해의 지평을 넓혔다.

사역 및 연구활동

현지 목회와 신학교 사역을 통해서 창조세계 보호를 담아내는 통전적 선교를 진행하고 있다.

이재범

李宰範, Lee, Jaebum, 1945년 7월 13일 -

학력

1975. 한신대학교(신학, B.Th.)
1977. 서울신학대학교 신학대학원(신학, M.A.)
1979. 영국 WCC College(Dip. Missiology)
1982. 미국 Fuller Theological Seminary(Th. M. in Missiology)
1986. 미국 Fuller Theological Seminary(Ph.D. in ICS)
1994. 총신대학교 신학대학원(M.Div. Eq.)

경력

1971. 04. – 1978. 04. 안디옥교회 담임전도사/담임목사
1883. 03. – 2024. 02. 기독교학술원 창립, 창립이사/현 연구위원
1984. 03. – 1992. 02. 한세대학교 교수/교무처장
1988. 04. – 1989. 04. 한국복음주의신학회 부회장
1991. 04. – 1994. 04. 한국복음주의선교학회 부회장
1999. 09. – 2019. 02. 예명대학원대학교 선교학, 리더십 교수/교학처장/총장대행
2006. 06. – 2024. 현재. 삼성장로교회 설교목사
2019. 03. – 2024. 현재. 수도국제대학원대학교 부총장/글로벌리더십 설립원장

저서

『선교의 모판 지역교회』(퍼플, 2022)
『선교학 개론』(퍼플, 2022)
『영성신학 이해』(퍼플, 2022)
『이렇게 기도하라』(퍼플, 2022)
『하나님 나라와 능력 사역』(퍼플, 2022)
『교회 성장 신학』(퍼플, 2021)
『비저너리 리더십』(퍼플, 2021)
『선교인류학』(퍼플, 2021)
『한국대학의 미래』(퍼플, 2021)
『리더십 개론』(퍼플, 2018)
『서번트 리더십』(퍼플, 2018)
『모든 그리스도인을 위한 성령의 은사』(킹덤북스, 2015)
『성장하는 교회는 이렇게 다르다』(신망애, 1996)
『어떻게 선교하는 교회가 될 것인가』(보이스사, 1992)
『성령과 선교』(보이스사, 1990)
『성령체험의 비결』(보이스사, 1988)

『영적 전투』(나단, 1988)
『성령운동의 역사』(보이스사, 1985)

번역서

『예수님의 치유』(나단, 2011)
『오순절 신학의 전망』(나단, 2011)
『리더의 함정』(나단, 2010)
『부흥케 하옵소서』(나단, 2010)
『성령의 능력과 교회 성장』(나단, 2010)
『능력 목회비전』(나단, 1999)
『능력 은사』(나단, 1999)
『능력 전투』(나단, 1999)
『능력 치유』(나단, 1999)
『능력 그리스도교』(나단, 1998)
『능력 기도』(나단, 1998)
『교회 성장학 개론』(나단, 1995)
『선교신학의 성서적 기초』(나단, 1991)

논문

"Full Gospel Central Church, Seoul, Korea. Pentecostal Type Discinctives Korean Protestant Church Growth(Fuller Theological Seminary, School of World Mission, Ph.D. in Intercultural Studies)." Ann Arbor, MI: University of Michrofilms International (1986)

"Full Gospel Central Church, Seoul, Korea: A Church Growth Analysis(Fuller Theological Seminary, School of Word Mission, Th. M. in Missiology)." Ann Arbor, MI: University Microfilms International(1982)

"한국 교회의 윤리 행태에 관한 연구." 서울신학대학교 신학대학원 M.A. in Theology(1977)

전공 분야

글로벌 리더십, 복음주의 선교신학, 선교훈련, 선교전략, 선교인류학, 한국 교회의 타문화권 선교, 타문화권 교회 개척

박사학위 논문

"Pentecostal Type Distinctives and Korean Church Growth."(지도교수: C. Peter Wagner)

1975-85년까지 오순절 특징들과 한국 대형교회 성장과의 관계를 연구한 것이다. 한국 대형교회의 고성장은 오순절 특징을 떠나서는 설명할 수 없다고 논쟁한다. 예비가설은 교단 소속과 관계없이 대형교회는 그들의 목회철학에서 오순절 특징과 연관되어 있다고 주장한다. '오순절 특징들'이란 성령세례와 치유, 기적, 방언 말함, 예언, 축사, 철야기도회 등에서 나타나는 영적 은사들을 말한다.

교회 성장은 복합적인 것으로 한 요소만으로는 성장하기 어려우나, 이 연구에 의하면 오순절 특징과 교회 성장은 밀접한 관계가 있음을 발견할 수 있다. 오순절 특징

들은 한국 교회뿐만 아니라 하나님 나라의 성장을 위해 세계교회가 그 특징들을 강조하여 건강하게 성장하는 교회가 되기를 소망한다.

사역 및 연구활동

1977-2019년까지 신학교와 신학대학원대학에서 한국 학생들에게 선교학, 리더십, 영성신학을 주로 가르치고 연구하였다. 2019년 3월 이후 현재는 국제신학대학원대학교에 글로벌 리더십 분야를 설립하여 외국인 학생들을 가르치고 있다.

이재한

李在漢, Jae Han Lee, 1968년 10월 15일 -

학력

1994. 장로회신학대학교 신학과(Th.B)
1998. 장로회신학대학교 신학대학원(M.Div.)
2004. 장로회신학대학교 대학원(신약신학, Th.M.)
2015. 주안대학원대학교(선교학, Ph.D.)

경력

1991. 12. - 1993. 12. 포도원교회 교육전도사
1993. 12. - 1994. 12. 경기영락교회 교육전도사
1995. 01. - 1995. 12. 총회 파송 단기선교사(인도)
1995. 12. - 1997. 12. 초원교회 교육전도사
1998. 01. - 1999. 12. 대현교회 교육전도사
2000. 01. - 2001. 12. 주안장로교회 교육목사
2001. 12. - 2005. 06. 제일영광교회 부목사
2005. 10. - 2024. 현재. 총회 파송 선교사(인도)

논문

"인도 달릿의 정체성 문제와 효과적인 선교 방법 연구." 「선교와 신학」 50(2020)

"코로나-19 세계적 대유행으로 인한 선교 상황과 선교사 위기관리: PCK의 사례를 중심으로." 「미션네트워크」 8(2020)

"인도에서의 선교사 추방 문제와 효과적인 선교 방법 모색." 「선교와 신학」 47(2019)

"선교사 멤버 케어 연구: PCK의 멤버 케어를 중심으로." 「선교와 신학」 45(2018)

"제자훈련을 통한 인도 힌두권 선교." 「미션네트워크」 3(2013)

전공분야

선교전략, 힌두교, 상황화/토착화, 선교훈련, 선교현장 연구

박사학위 논문

"인도 기독교 신학의 교회론에 대한 비평적 연구: 그리스도의 몸으로서의 교회론을 중심으로."(지도교수: 김종성)

인도 기독교 신학의 교회론을 그리스도의 몸으로서의 교회라는 기준을 가지고 비평적으로 연구하였다. 그리스도의 몸으로서의 교회론은 바울의 본문들에서 언급되고 있다. 바울의 교회론에 영향을 준 유대교, 헬라 세계, 그리고 성경적 배경의 몸의 개념을 살펴보았다. 그리고 인도 기독교 신학자들의 교회론에 영향을 준 힌두교 철학과 사상, 그리고 서구 선교사들의 선교와 교회 개척을 연구하였다.

이 연구에는 인도 신학자 토마스(M. M. Thomas), 사마르타(S. J. Samartha)와 파니카(R. Panikkar)의 교회 공동체 이해를 바울의 그리스도의 몸으로서의 교회론의 기준으로 하여 긍정적인 면과 부정적인 면을 다루었다. 인도 신학자들은 기독교가 서구의 종교로 여겨지는 현실을 직시하면서 인도의 종교와 문화에 맞는 기독교 공동체를 세워야 한다고 주장하였으며, 구원은 기독교에만 존재하는 것이 아니라 타종교를 따르는 사람들에게도 주어진다고 주장하였다. 이러한 주장이 과연 그리스도께서 원하셨던 교회의 모습인지를 성찰하면서 기독교 선교와 교회 개척의 본을 보여준 바울의 교회론을 기준으로 인도 기독교 신학의 교회론적 오류를 지적하고자 하였다.

이 논문은 힌두교의 영향 아래 있는 사람들, 힌두교도들을 전도하는 사람들에게 회심과 개종을 통한 그리스도와의 진정한 만남, 가정교회를 통한 복음의 확장, 상황화된 신앙으로써 박띠 신앙을 수용해 성령께서 함께 일하시는 기독교 영성을 개발하고 확장하는 일에 공헌할 것이다.

사역 및 연구활동

2008년부터 시작한 신학교 사역을 통해 인도 가정교회 목회자들을 재훈련하고, 성경 및 신학교육을 통해 평신도 지도자와 목회자를 양성하는 사역을 하고 있다. 인도 선교현장의 특성상 엘리트화된 신학교육보다는 선교현장에서 복음을 증거할 현장사역자가 더욱 필요하다. 또한 개종한 후 기독교 교회와 성경, 신학 등을 제대로 알지 못하고 교회를 개척하는 평신도들이 많아서 그들을 위한 교육이 시급하여 신학교를 시작하게 되었다. 앞으로도 이러한 사역을 지속적으로 진행할 계획이다.

인도 교회는 기존의 교단들과 더불어 수많은 선교 연합체와 독립교회 연합체가 존재한다. 기존의 조직화되고 경직된 교단이 아닌 복음의 열정을 가지고 전도하는 가정교회와의 연합과 협력을 도모하고 있다. 그리고 억압받는 인도 교회를 위한 선교 방법, 특별히 박해받는 기독교인 달릿들과 가정교회를 위한 연구를 계속하고 있다. 또한 힌두교와 인도 사회·정치 등을 연구하여 시대의 변화에 맞는 인도 선교 방법이 무엇인지를 모색하고 있다.

이정순

李廷順, Lee, ChungSoon, 1952년 1월 -

학력

1976. 한남대학교(외국어교육, B.A.)
1989. 영국 WEC International의 선교훈련원(MOC) 졸업(Dipl. Miss.)
1995. 아세아연합신학대학교(현 아신대학교) 국제대학원(AIGS)(M.Div./영어과정)
1998. 아세아연합신학대학교 대학원(선교학, Th.M.)
2002. 아세아연합신학대학교 대학원(선교학, Ph.D.)

경력

1976. 03. - 1980. 08./1983. 03. - 1987. 02. 계의돈 박사와 한남대학교 캠퍼스 사역
1980. 09. - 1982. 06. OM(Operation Mobilization) 국제선교회 선교선 로고스(M.V. Logos)호 승선 순회사역
1989. 06. - 1990. 02. 독일OM국제선교회 선교선 본부 및 둘로스호 승선 순회사역
1990. 03. - 1992. 03. 한국OM국제선교회 초대 부대표
1999. 08. - 2004. 12. 백석신학교 외래교수
2000. 03. - 2002. 12. 서울장신대학교 외래교수
2001. 08. - 2004. 12. 아세아연합신학대학교(현 아신대학교) 외래교수
2003. 03. - 2004. 12. 그리스도대학교(현 KC대학교) 외래교수
2003. 03. - 2017. 02. 백석대학교 기독교학부(선교학) 교수(은퇴)
2003. 03. - 2017. 02. 한국복음주의신학회 및 한국복음주의선교학회 회원
2006. 여름호 - 2011. 겨울호. 「한국선교KMQ」 편집위원
2007. 08. - 2007. 12. 한국성서대학교 대학원 외래교수
2009. 01. - 2009. 01. 미국 New Orleans Baptist Theological Seminary(Korean Program Intensive Course) 방문교수(선교학)
1980. 09. - 2024. 현재. 전 세계 95개국 순회 선교사역 및 연구 방문
2014. 02. - 2024. 현재. 한국OM국제선교회 중앙이사/자문위원
2014. 11. - 2024. 현재. 「선교타임즈」 편집위원
2017. 03. - 2024. 현재. 아신대학교 세계지역연구소 중동연구원 수석연구원

저서

『과학자 계의돈 박사의 한국 선교 이야기』(서울: CLC, 2016)

『21세기 한국 이슬람의 어제와 오늘』(도서출판 대서, 2012)

『세계선교와 한국 여성 선교사들』(CLC, 2009)

『이슬람문화와 여성』(CLC, 2007)

『무슬림 여성과 베일』(CLC, 2002)

『하나님을 향해 홀로선 여인들』(죠이선교회출판부, 2000)

번역서

『선교학 사전』(CLC, 2014, 공역)

논문

"카타르 사회에서 여성의 지위 발전 과정에 관한 연구." 「중동연구」 7(2023)

"중동 무슬림 여성과 민속 이슬람에 대한 연구." 「중동연구」 6(2022)

"이슬람 말라키 학파와 UAE 여성의 지위·역할 연구: 아부다비와 두바이 중심으로." 「중동연구」 5(2021)

"이란 역사에서 종교 문화가 이슬람에 미친 영향." 「중동연구」 4(2020)

"한국 여성 선교사의 타문화권 사역 역사와 당면과제의 연구." 「현대선교」 23(2020)

"한국에서의 이슬람, 역사적 고찰." 「부경교회사연구」 73(2018)

"현대 사우디아라비아 여성의 지위 변모 양상 요인 분석 연구." 「중동연구」 2(2018)

"이슬람 상징의 의미에 관할 고찰." 「중동연구」 3(2019)

"한국전쟁 이후 선교사 괴테(Dr. Robert L. Goette) 박사의 사역과 삶(1960-1987)에 대한 고찰." 「복음과 선교」 29/1(2015)

"기독교 선교 관점에서 본 국내 모슬렘 여성." 「목회와 신학」 293(2013)

"한국에 온 서양 여성 선교사들(1886-1955)의 삶과 사역에 관한 고찰." 「복음과 선교」 18/2(2012)

"1970년대 이후 한국인의 이슬람 개종 요인 연구." 「복음과 선교」 16/3(2011)

"The Current Trends of Korean Missions and Its Future." OM EAP Meetings at ILM (International Leader's Meeting) 2011 in Malaysia(2011)

"이슬람 모스크의 상징성과 그 역할." 「한국선교 KMQ」 10/4(2011)

"중국 후이(Hui)족 여성 모스크와 여성 아홍의 역할." 「복음과 선교」 13/2(2010)

"한국 선교와 여성 선교사들의 사역." 제5차 세계선교전략회(2010)

"한국 여성 선교사의 은사 및 자기 개발." 제1회 감리교회 여성선교사선교대회(2009)

"21세기 이슬람 사회 속의 기독교 선교에 대한 이론 정립." 제8차 KWMA 한국선교지도자포럼(2008)

"세계 선교에서 한국 여성 선교사 활성화를 위한 방안에 관한 고찰." 「여성리더십개발」(2007)

"중동과 터키 이슬람 가정에서 무슬림 여성의 역할과 지위." 「복음과 선교」 6/1(2006)

"한국선교 미래와 선교학자의 역할." 「한국선교 미래포럼: 세계선교대회 NCOWE IV. 주제발표 자료집」(2006)

"무슬림 여성의 자폭 테러의 동기와 지하드의 관계 연구." 「진리논단」 13(2005)

"무함마드의 많은 부인들과의 결혼 목적." 「복음과 선교」 5(2005)

"Traditions of Muslim Women's Circumcision." 「복음과 선교」 4(2004)

"무슬림 여성의 베일 상징성에 관한 연구: 터키 이스탄불을 중심으로." 박사학위 논문(2002)

전공 분야

선교 역사, 복음주의 선교신학, 이슬람, 한국 교회의 타문화권 선교, 선교현장 연구

박사학위 논문

"무슬림 여성의 베일 상징성에 관한 연구: 터키 이스탄불 여성을 중심으로."(A Study on the Symbols of Women's Veil in the Muslim World)(지도교수: 이동주)

전 세계 무슬림 여성들이 다양한 종류의 베일 또는 히잡(Hijab)을 착용하는 것은 지역, 기후, 문화, 사회, 종교, 정치, 경제적 현실이 상호 작용하는 복잡한 현상이다. 고대와 현대의 역사적 자료에 의하면 이슬람이 베일을 소개한 것은 아니다. 그러나 이슬람은 약 1,000년 동안 무시되고 있던 베일의 존재를 체제화시켰다. 베일이 이슬람에서 채택된 것은 아랍인들이 정복으로 접촉하게 된 비잔틴 제국과 페르시아 관습의 영향을 받아 이슬람의 정체성을 나타내는 상징으로 만들었다고 할 수 있다. 외모를 중요시 여기는 무슬림들이 이 땅에 존재하는 한 무슬림 여성의 베일 착용이 사라질 가능성은 희박하다. 이러한 상황에 있는 무슬림 여성들을 위하여 선교적 접근법을 제안하였다.

이 논문은 무슬림 여성들에게 다가가기 위하여 이슬람의 전통과 사회에 대한 올바른 이해가 필요하다고 주장한다. 무슬림 여성들의 베일 착용에 관한 이차적인 문제에 매달려서 논쟁하지 않고, 복음의 본질은 변하지 않도록 하되 복음의 전달 방법은 다양해야 한다는 것을 인식하도록 하였다.

사역 및 연구활동

1980년 이후 전 세계 95개국을 방문하였으며, 순회 사역 참여 및 선교현장 조사, 한국 교회의 타문화권 선교 사역을 연구하였다. 또한 이슬람 세계에 대하여 논할 때 중요한 이슈들에 대해 올바른 이해와 균형 잡힌 시각을 갖도록 현장조사 및 학문적 연구를 하고 있다.

이종만

李鍾萬, Jong Man Lee, 1961년 2월 14일 -

학력

1987. 호서대학교(신학, B.Th.)
1989. 협성대학교(신학, B.Th.)
1991. 감리교신학대학교 신학대학원(상담학, Th.M.)
1995. 싱가폴 Haggi Institute(수료)
2001. 미국 Oral Roberts University(선교학, D.Min.)
2011. 한국평생교육원 행정학사(사회복지학, 사회복지사)

경력

1983. - 1988. 천안 하늘중앙교회 교육전도사
1988. - 1990. 천안동지방 광덕교회 담임전도사
1991. - 1998. 필리핀 가가얀 지방 주재 원주민 선교사
1998. - 2013. 논산 등화교회, 은진교회, 강화 삼성교회, 아산 인주교회 담임목사
2000. - 2001. 목원대학교 선교훈련원 설립, 초대 전임교수
2000. - 2008. 호서대학교 신학과 겸임교수 및 연합신학대학원 외국학생디렉터
2001. - 2012. 충청신학원, 배재대학교, 협성대학교 선교훈련원 강사
2004. - 2013. 인천세계선교훈련원 전임교수, 감리교신학대학교 선교훈련원 강사
2014. - 2015. 글로벌사이버대학교 실버복지학과 초빙교수
2013. - 2023. 현재. 아산 봉재교회 담임목사
2019. - 2023. 현재. 협성대학교 선교훈련원 강사
기독교대한감리회 본부선교국 선교사인준위원 및 교육위원
기독교대한감리회 세계선교협의회총무
기독교대한감리회본부 장학재단이사
기독교대한감리회 충청연회 부흥단장

논문

"Howard Climbell의 부부위기 상담 연구."(석사학위 논문)
"한국 감리교회의 효과적인 필리핀 선교에 대한 방안."(박사학위 논문)
"필리핀 개척교회와 교회 건축에 대한 연구."

박사학위 논문

"한국 감리교회의 효과적인 필리핀 선교에 대한 방안"(A Proposal for the Effecitive Korean Methodist Missions in the Philippines)(지도교수: 임열수)

필리핀 선교지에서 겪은 한국 감리교 선교사들의 어려움과 문제들을 후배 선교사들은 시행착오를 거치지 않도록 좋은 훈련 프로그램과 선교전략, 정책이 세워질 수 있는 방법을 모색하여 제안하였다. 2장에서는 선교에 대한 성서적, 신학적, 역사적 배경을 살펴보고, 3장에서는 유사 논문과 선교이론을 토대로 실제 선교사역에서 적용된 사례를 알아본다. 4장에서는 선교사역에서 겪는 어려움과 문제점 및 그것의 해결방안을 연구하기 위한 방법론을 제시한다. 5장에서는 설문지에 대한 빈도분석과 교차분석을 통해 얻은 결과를 진술하였다. 마지막 6장에서는 진술된 결과를 해석하고 선교사들이 겪는 어려움을 해결할 수 있는 방안을 제시하였다.

선교사가 선교지에서 만나는 문제점과 어려움은 무엇이며 가장 좋은 해결책은 무엇인지를 찾아 제안한다면, 동일한 경험을 하고 있는 동역자나 훗날 후배 선교사들의 사역에 지혜와 힘을 줄 것이다. 그런 의미에서 이 논문이 기여하는 바가 크며, 연구자가 선교사역을 마치고 선교사의 경험을 연구 논문으로 작성한 시도가 다른 선교사들의 앞길에도 격려와 도전을 줄 수 있을 것이다.

사역 및 연구활동

대학원을 졸업하면서 선교사로서의 소명을 받고 1990년도에 필리핀 최북단 가가얀 지방에 파송되어 1998년까지 사역하였다. 사역을 마치고 귀국하여 1998년도부터 기독교대한감리회 남부연회 논산지방 등화감리교회에서 목회활동을 시작하여 현재 충청연회 아산지방 봉재감리교회를 담임목회하고 있다.

선교사역을 마치고 귀국하여 목회활동을 하고 있지만 선교에 대한 일을 중단하지 않고 계속하고 있다. 귀국하면서 후임으로 선교사를 파송하여 후원하고 있으며, 목원대학교 선교훈련원 교수로 활동하면서 선교사를 양성하는 일도 하고 있다.

한국 교회와 협력하여 필리핀 목회자를 포함한 세계 각지의 현지 지도자를 초청하여 호서대학교 연합신학대학원에서 신학석사, 박사과정을 공부하도록 하고 있다. 이 일을 위해 호서대학교에 국제선교신학교류협력센터 디렉터와 호서대학교 겸임교수로 선교학과 한국 교회 성장 및 교회 실습을 가르치고 있다. 또한 기독교대한감리회 본부선교국 선교사후보생 교육 및 선교사 재교육을 담당하고 있다.

이충웅

李忠雄, LEE CHUNG UNG, 1969년 5월 10일 -

학력

1995. 경상대학교(전산학, B.A.)
2006. 한세대학교 영산신학대학원(M.Div.)
2008. 한세대학교 일반대학원(Th.M.)
2011. 한세대학교 일반대학원(Ph.D.)

경력

1997. 03. - 2002. 10. 한국대학생선교회 전임 간사
1998. 03. - 2002. 10. 한국대학생선교회 인도 켈커타 선교사
2003. 05. - 2010. 02. 영동순복음방주교회 담임목사
2009. 03. - 2023. 현재. 김천대학교 신학대학원 주임교수

논문

"여성 사역자를 통한 교회 성장에 관한 연구: 바울과 조용기를 통해." 「영산신학저널」 55 (2021)
"A. B. 심슨과 영산 조용기 목사의 치유선교신학 비교 연구." 「영산신학저널」 42(2017)
"조용기 목사의 능력 대결." 「영산신학저널」 38 (2016)
"인도 선교 역사를 통해 본 인도 선교 전략." 김천대학교(2016)
"유대교 개종자 운동과 초대교회 선교를 통해 본 다문화선교 연구." 「복음과 선교」 30/2 (2015)

전공 분야

선교 역사, 힌두교, 타문화권 교회 개척, 복음주의 선교신학, 타종교, 상황화/토착화

박사학위 논문

"크리스천 요가에 대한 복음주의 선교신학적 비판."(지도교수: 조귀삼)

크리스천 요가에 대한 비판을 담은 논문으로, 연구방법은 문서연구를 사용하였다. 크리스천 요가는 종교 혼합이이라는 결론에 이르며, 크리스천 요가에 대한 비판을 통해 성도들에게 요가에 대한 올바른 인식을 하게 했다는 평가를 받는다.

사역 및 연구활동

인도 콜카타(캘커타)에서 1998년부터 2002년까지 선교활동을 하였다. 자연스럽게 타문화권 선교와 상황화 그리고 토착화에 관심을 가지게 되었다. 힌두교에 대한 논문을 발표하였고, 크리스천 요가에 대한 비판으로 박사학위를 받았다.

2003년 충북 영동에 교회를 개척하여 2010년까지 담임목사로 사역하였다. 이때 농촌의 아픔을 알게 되었고, 있는 대로 구제와 선교 교육에 힘썼다. 본래 한국대학생선교회(CCC) 전임간사로 사역을 하였기 때문에 대학생 청년 사역에 관심이 많다. 김천대학교 교수로 있으면서 유학생 사역을 하고 있으며, 지금까지 30명이 넘는 유학생들을 7개국으로부터 받아 훈련시켰다. 이미 한국 유학을 마치고 고국으로 돌아가 교회를 개척하고 각자의 사역을 감당하고 있는 사역자가 여럿 나왔다. 이들을 실질적으로 돕기 위해 김천대학교 신학대학원 출신들을 모아 열방선교회를 설립하고 대표로 사역하고 있다.

이태희

李泰熙, Lee Tae Hee, 1973년 5월 11일 -

학력

2021. 주안대학원대학교(선교학, Ph.D.)

경력

2017. 09. - 2024. 현재. 프라미스교회 담임목사

2022. 03. - 2024. 현재. 주안대학원대학교 비상임연구원

2023. - 2024. 현재. 주안대학원대학교 인문사회학술 연구교수(B유형)

논문

"전도서의 세계관을 통한 청소년 선교." 「선교신학」 65(2022)

전공 분야

복음주의 선교신학, 선교전략

박사학위 논문

"전도서의 세계관을 통한 청소년 선교."(지도교수: 구자용)

청소년들이 직면한 다양한 문제, 특히 과학적 세계관의 강한 영향 아래 있는 청소년의 미정립된 세계관에 대한 문제의식에서 출발하여, 청소년 선교의 올바른 방향을 제시하되 그것을 전도서의 세계관을 통해 드러내고자 하는 연구이다. 세계관 형성이 아직 온전히 이루어지지 않은 청소년들은 세계관의 혼란을 겪는다. 이는 교회 내의

청소년도 마찬가지이다. 특별히 '복층식 기독교'의 개념은 교회 내의 청소년과 교회 밖의 청소년이 세계를 이해하는 방식에 그리 큰 차이가 없음을 단적으로 보여준다. 그러므로 청소년 선교의 근본적인 방향은 성서적 기독교 세계관의 정립을 통해 제시되어야 한다.

연구자는 이 기독교 세계관을 전도서에서 도출하되, 그 핵심 사상을 헤벨, 하나님 경외, 헬레크로 제시한다. 이 사상은 한계 속의 때를 살아가는 인간에게 모든 판단의 교만을 멈추게 하고, 그 한계 너머의 창조주 하나님을 인식하게 하며, 그로부터 모든 인간에게 주어지는 몫을 통하여 삶의 의미를 참되게 발견하게 한다. 헤벨, 하나님 경외, 헬레크의 세계관은 인생의 방향을 창조주에게 맞추고, 그로부터 주어지는 무한한 가능성을 통하여 문제들의 대안과 소망을 발견할 수 있게 한다.

사역 및 연구활동

초시대에 AI와 메타버스, 챗GPT라는 매력적 도구를 통해 그릇된 세계관적 장치가 내부에서 작동하여 인류는 그릇된 쾌락의 탐닉에 빠져들 가능성이 농후하다. 그것은 가상자아와 현실자아의 개념인데, 모든 결과의 절망에서 전도자가 그것을 극복할 수 있는 단초를 하나님 경외에서 찾은 것처럼, 현실 자아를 마주한 가상 자아의 헛됨 역시 그것을 통해 극복될 수 있다. 두 자아, 즉 가상 자아와 현실 자아 모두에게서 헛됨을 극복하게 될 자아는 하나님을 경외하게 된 자아이다. 헛됨은 가상 자아의 절망이고 하나님 경외는 현실 자아의 시작점이다. 이미 왕으로서 가장한 전도자의 체험과 깨달음, 즉 '헤벨, 하나님 경외, 그리고 헬레크'의 세 요소를 담은 성서신학적 연구를 통해 초시대에 역설적 세계관인 전도서의 세계관을 제시할 것이다. 이 개념을 통시적 관점에서 분석하고 또한 대안적 세계관을 전달하는 연구 과정은 문화를 긍정적으로 수용하는 동시에 비판적 상황화의 입장으로 대안적 세계관이 전달될 것이다.

초현실의 시대를 신학적으로 고찰, 분석하고 대안적 세계관 제시를 통해 현대의 초시대라는 사조를 관통하는 세계관 전달을 시도할 것이다. 초시대에 지혜문학인 전도서의 세계관을 전달하는 일은 쉬운 일은 아니지만 그 안의 지혜사상은 AI, 메타버스, 챗GPT의 세계관과 융합되어 긍정적인 방향으로 나아갈 수 있음을 증명해 보려 한다.

현실부정과 현실도피를 선택한 죽음이라는 부정적 돌파구가 아니라 '죽음(헛됨)'이라는 한계를 발견하여 '죽음(헛됨)'이 끝이 아닌 새로운 시작이라는 긍정적이고 역설적인 세계관을 연구, 제시함으로써 자신만을 바라보았던 존재인 인간이 하나님을 발견하여 경외하게 되는 순간에 인생의 참된 의미를 깨달아 죽음, 즉 끝이 아닌 허무의 바닥을 딛고 일어서는 용기를 부여받는다.

이는 새로운 시작과 동시에 하나님이 부여하는 인생의 최선의 헬레크(몫)를 발견하게 된다는 회복의 단초를 제시한다. 그리고 초현대시대를 바라보는 신학적 고찰과 반성 또한 AI, 메타버스, 챗GPT의 개념과의 융합과 정립을 통해 선교의 발전에 기여하고, 혹여 부정적 인상을 주었던 교회와 신학에 대한 성찰의 한 부분이 되기를 기대한다. 또한 전도서의 세계관을 새롭게 제시함으로써 전도서의 여러 불확실하고 모호한 개념이 정립되고 초시대의 AI, 메타버스, 챗GPT와 고전적 지혜문학인 전도서의 상호 융합을 통하여 더욱 건강한 자아의 모습을 발견하고 발전하게 하는 단초로 작동하기를 기대한다.

이현모

李賢謨, Timothy Hyunmo Lee, 1957년 10월 9일 -

학력

1980. 서울대학교(핵공학, B.S.)

1987. 침례신학대학교 신학대학원(신학, M.Div.)

1992. 미국 Southwestern Baptist Theological Seminary(Ph.D. in Missions)

경력

1993. 01. - 2019. 06. 대전대흥침례교회 협동목사

1993. 01. - 2023. 02. 한국침례신학대학교 선교학 교수(정년퇴임)

1999. 01. - 1999. 12. 미국 Southwestern Baptist Theological Seminary 교환교수(National Guest Professor)

1994. 03. - 2003. 07. 세계선교훈련원(WMTC) 원장

2010. 02. - 2022. 09. Asia Pacific Baptist Federation(APBF) Mission Comm. Chairman

2015. 07. - 2021.07. Baptist World Alliance (BWA) Mission Commission Vice-chairman

1993. 05. - 2023. 02. 한국복음주의선교신학회 회원

2019. 06. - 2023. 현재. 대전 마중물침례교회 협동목사

저서

La Mision Cristiana Contemporanea(Impreso en Grancharoff Impesores, 2016)

『와이 미션?』(두란노, 2015, 공저)

『현대선교의 이해』(침례신학대학교출판부, 2012)

『기독교 영성, 더 깊고 넓게』(침례신학대학교출판부, 2011, 공저)

『인생의 후반전은 시니어 선교사로』(죠이선교회, 2007)

『한국 침례교의 신학적 특성』(침례교신학연구소, 2003, 공저)

『미래, 교회, 목회: 21세기 교회 목회 모델』(침례신학대학교출판부, 2001, 공저)

『선교학 개론』(침례신학대학교출판부, 2000)

번역서

『월드 미션: 선교의 신학, 전략, 현안들』(요단출판사, 2022)

『퍼스펙티브』(예수전도단, 2010, 공역)

『하나님 나라를 위해 전력하라』(요단출판사, 2006)

『21세기 글로벌 선교학』(CLC, 2004, 공역)

『선교학 대전』(CLC, 2003, 공역)

『잃어버리기에는 너무 소중한 사람들』(죠이선교회, 1998, 공역)

『선교와 문화인류학』(죠이선교회, 1996, 공역)

『미전도 종족 이렇게 접근하라』(죠이선교회, 1994)

『나의 감정을 어떻게 다룰까?』(요단출판사, 1991)

『현대과학의 성서적 기초』(요단출판사, 1989, 공역)

『달을 밟은 명성보다 더』(요단출판사, 1985)

『너 자신을 사랑하라』(생명의말씀사, 1983)

논문

"피조세계도 선교의 대상인가?: 복음주의 선교신학 관점에서 바라본 생태신학." 「복음과 선교」 49(2020) 외 60여 편

전공 분야

복음주의 선교신학, 선교훈련, 선교전략, 이슬람, 상황화/토착화

박사학위 논문

"A Missiological Appraisal of the Korean Church in Light of Theological Contextualization."(지도교수: Daniel Sanchez)

신학적 상황화라는 선교학적 개념에 비추어 한국 교회를 분석하고, 한국 복음주의 상황신학의 발전 모델을 제시하기 위해 수행되었다. 주요 연구방법론은 한국 교회와 관련된 상황화, 역사, 전통, 최근의 신학적 이슈에 관한 영어와 한국어 문헌을 분석하는 것으로 구성되었다.

제1부에서는 한국 교회에 대한 평가를 위한 전제적 고려사항을 살펴본다. 이 부분에서는 신학적 상황화의 의미, 주요 쟁점, 모델, 기준과 한국 교회의 맥락을 분석한다. 이러한 고찰을 통해 신학적 상황화라는 선교학적 개념에서 한국 교회를 분석하기 위한 이론적 틀을 정립한다.

제2부에서는 한국 교회의 상황적 특성에 대한 분석적 연구로서 특별히 세 가지 영역에 주목한다. 첫째, 전통 종교와 세계관에 대한 기독교적 대응의 주요 쟁점을 논의한다. 초기 기독교 사역자들이 한국 전통문화의 핵심 요소를 고려했다는 사실은 한

국 땅에 기독교를 심는 데 크게 기여하였다. 그러나 샤머니즘의 영향은 부분적으로 위험한 혼합주의 현상을 낳았다. 전통문화와 관련된 상황신학을 향한 몇 가지 시도는 효과적이지 못한 것으로 평가된다. 둘째, 사회 정치적 현실에 대한 기독교의 대응을 분석한다. 한국 교회는 역사 전반기에 효과적인 상황화 작업을 수행했다. 그러나 후반기에는 사회정치적 상황에 대한 대응이 효과적이지 못했다. 셋째, 한국 교회의 정책과 방법을 살펴본다. 초기에 한국에 적용된 주요 정책들은 효과적으로 상황화되었다. 그러나 이후에는 한국적 상황의 변화를 통합하는 데 실패하였다. 필자는 한국 문화를 진지하게 고려한 효과적인 상황신학이 아직 정립되지 않았다고 결론짓는다.

제3부에서는 한국 복음주의 교회의 신학적 상황화 모델을 제안한다.

신학적 상황화라는 개념이 복음주의에서 아직 온전하게 수용되지 않았던 시기에 한국복음주의 교회들에게 이미 신학적 상황화가 이루어졌음을 제시한 것 자체가 공헌이다. 또한 한국 교회가 신학적 상황화에서 긍정적 결과를 얻은 부분과 부정적 영향을 만든 부분을 구분해서 평가한 것도 공헌으로 본다.

사역 및 연구활동

한국침례신학대학교에서 선교학 교수로 30년간 봉직하며 신학과 학과장, 목회대학원장, 기획실장 등의 보직을 역임하였다.

한국기독교침례회의 해외선교사 훈련원(WMTC)을 설립하고 원장으로 12년간 봉직하였다. 현재 한국기독교침례회에서 파송되는 모든 선교사는 이곳에서 훈련을 수료해야 한다. 1994년부터 2003년까지는 Baptist Vision이라는 침례교 청년선교대회를 이끌었다.

아시아태평양침례교연맹(APBF)에서 선교분과 위원장으로 12년간 봉직하였다. 이 기간 중 아시아태평양 지역의 회원국가들(33개국)을 지속적으로 방문해서 지역 총회의 선교 관심을 고취시키고 필요시 현지 선교대회와 선교특강, 선교지도자 교육 제공, 선교훈련 커리큘럼 개발 지원, 선교사와 지역 총회 간의 갈등 조정 등의 사역을 하였다. 2022년에는 이들 국가들과의 관계를 좀 더 긴밀한 협력관계로 발전시키기 위해서 Asia Pacific Baptist Mission Partners라는 조직을 발족시켰다. 2020년 1월에는 아시아태평양 지역의 침례교 선교 담당자들이 모여서 T.E.A.M. Consultation을 개최해서 아시아태평양권 침례교 선교학자들의 발굴과 등용, 논문 발표 등의 기회를 제공하는 모임을 이끌기도 하였다.

세계침례교연맹(BWA)의 선교분과에서 부위원장으로 5년간 봉직했다. 매년 열리는

Annual Gathering에서 선교 분야 논문 발표를 인도하고 협력을 도모하는 사역을 수행하였다.

연구활동은 주로 상황화 신학과 이슬람 연구, 선교신학, 선교전략 등에 대한 연구를 통해서 국내외 학술모임에서 논문을 발표하고, 학술지 논문 게재와 저술 발간 등의 사역을 수행하였다.

이혜욱

李惠旭, Lee Hye Wook

학력

1996년. 명지대학교(일본어학, B.A.)
1999년. 명지대학교 교육대학원(일본어학, Master)
2020년. 백석대학교 기독교전문대학원(선교학, Ph.D.)

전공 분야

타종교, 이슬람, 선교인류학, 상황화/토착화

경력

1998. 02. - 2001. 10. 맥어학원 일본어 강사
1999. 03. - 2000. 12. 언주중학교 방과후교실 일본어 강사
2018. 07. - 2023. 현재. 평촌 새중앙교회SMTC 러시아 블라디보스토크

박사학위 논문

"선교사 부부갈등 해소를 위한 선교사 멤버 케어 활성화 방안."(지도교수: 장훈태)

선교사 중도 탈락의 원인 중에서 부부갈등의 문제가 적지 않음을 염두에 두고, 이 문제를 해결하기 위해 파송국과 선교현장 속에서 어떻게 멤버 케어를 활성화할 수 있

는지에 대해 살펴보았다.

분석 결과 선교사 부부간의 갈등 양상은 연령대, 결혼 기간, 월 소득, 선교 동기, 사역 기간, 선교사역 만족도, 언어구사 능력, 파송 전 부부갈등 경험, 자녀문제, 현지 동료 선교사와의 관계 문제 등으로 인해 부부갈등이 발생한다는 사실을 확인하였다. 이러한 갈등을 경험한 부부들의 경우 멤버 케어 프로그램을 매우 필요하며, 멤버 케어 프로그램을 통해 긍정적인 언어사용과 배우자에 대한 애정표현 및 배우자의 사고방식과 가치관의 이해 증가로 인해 부부갈등 해소에 긍정적 영향을 받게 되었다는 사실 또한 확인하였다.

이에 선교사 부부들의 갈등으로 야기된 위기를 극복하고 파송교회와 선교단체의 멤버 케어를 통해 이를 해소할 수 있는 8가지 방안을 제안하였다. 이는 연령과 결혼 주기에 따른 부부 교육 및 정기점검, 선교 후원 재정비 및 구조 조정, 선교 관련 집회 참석 및 단기선교 실시, 선교사 계속 교육 및 부부의 여가활동 지원, 언어 스쿨 및 전문 언어훈련 코스 강화, 자녀교육 전문가 배치, 파송 전의 예방적 멤버 케어, 멤버 케어 프로그램 홍보 강화이다.

선교사의 멤버 케어는 국제정치 변화와 선교현장의 상황에 따라 선교사 부부관계도 영향을 받을 수 있을 것으로 보이지만, 이를 계기로 새로운 조사 도구를 통하여 지속적인 연구가 이어지고 적용할 때 효과적인 선교사역이 가능하게 된다. 결국 선교사 부부관계에 대한 케어는 선교현장을 건강하게 할 수 있는 토대가 될 뿐 아니라 변화하는 사회에 대처할 수 있는 방법이 될 것이다.

사역 및 연구활동

평촌 새중앙교회 구역장(2009-2016), 여전도회 회장, 전도학교 스태프로 섬겼다. 모퉁이돌 북한 선교 중보팀 스태프(2015)와 온누리교회 키비 이스라엘 선교훈련 스태프(2016)로 일했으며, 서울김포영광교회 미디어 사역(2022)에 이어 에스더기도운동 중보팀(2022-현재) 기도 헌신자로 섬기고 있다.

이홍정

李鴻政, LEE HONGJUNG, 1956년 11월 9일 -

학력

1980. 서울대학교(B.Ed.)
1987. 장로회신학대학교(M.Div.)
1996. 영국 Birmingham University(Ph.D. in Theology)
2019. 북한대학원대학교(정치통일 전공, 박사과정 수료)

경력

1989. 01. - 1990. 08. 대한예수교장로회 총회 전도부 간사
1995. 01. - 1998. 01. 영국 셀리옥대학교/버밍햄대학교 선교대학원(School of Mission and World Christianity) 소속 동북아시아 선교학 연구소(Center for North East Asian Mission Studies) 소장
1995. 05. - 1998. 02. 대한예수교장로회 총회 파송 선교사 및 세계선교협의회(CWM) 선교사
1998. 02. - 2003. 12. 대한예수교장로회 총회 기획국장
2004. 01. - 2006. 06. 아시아기독교교회협의회(CCA) 정의, 국제문제, 개발과 봉사 담당 총무(Joint Executive Secretary for Justice, International Affairs, Development and Service)
2006. 08. - 2010. 12. 필리핀 Asia-Pacific Christian College and Seminary 총장(총회 파송 선교사)
2011. 03. 한일장신대학교 선교학 전임교수(비정년)
2012. 09. - 2016. 09. 대한예수교장로회 총회 사무총장
2017. 11. - 2023. 04. 한국기독교교회협의회(NCCK) 총무
복음선교연대(EMS) 실행위원
세계교회협의회 세계선교와 전도위원회(WCC/CWME) 상임위원
실천신학대학원 고위과정(선교학), 서울여자대학교, 장로회신학대학교, 연세대학교(원주), 한일장신대학교, 한신대학교 선교학 강사

저서

『그리스도인의 슬기로운 시민생활』(한국기독교교회협의회, 2021, 공저)
『21세기 한국과 중국의 교회와 신학』(도서출판

한민족과 선교, 2001, 공저)
『선교학개론』(대한기독교서회, 2001, 공저)
『하나님의 나라와 성령』(한국장로교출판사, 2001, 공저)
"한국장로교선교의 협력." 「선교와 신학」 8(2001)
『인류의 소망이신 예수 그리스도』(한국장로교출판사, 1999, 공저)

논문

"전(全) 교회가 전(全) 복음을 전(全) 세계에: 세계교회협의회 제10차 부산총회로 가는 여정에서." 「농촌과 목회」 48(2010)
"On the Way outside the Gate." *CCA News* 44/3(Chiang Mai: CCA, September 2009)
"Healing and reconciliation as the basis for the sustainability of life: an ecological plea for a 'deep' healing and reconciliation." *International Review of Mission* 94/572(Geneva: WCC publication, January 2005)
"Beyond Partnership towards Networking." *International Review of Mission* XCI-I/365(Geneva: WCC publication, October 2002)
"The Stories of God's People: An Autobiographical Missiological Reflection on Korean Churches-in-Mission." *Weltmission hueute* 42(Hamburg: EMW, 2002)
"Fragments and Links in an Unjust World." *Christian Mission in Western Society* (London: CTBI, 2001)
"'I am at the Mercy of the Rats': Christological Images in Korean Folklore." *Studies in the Intercultural History of Christianity* 121(Frankfurt am Main: Peter Lang, 2000)
"Minjung and Pentecostal Movements in Korea," *Journal of Pentecostal Theology Supplement Series* 15(Sheffield: Sheffield Academic Press, 1999)
"Gospel as Culture, Culture as Gospel: A Missiological Reflection on the CWME, Salvador, 1996." presented at the Ecumenical Evening of Selly Oak Colleges (1997)
"Labour and Love of the Korean Minjung as Seen in the Minyo(Folksongs): A Missiological Implication for Liberating Life." *Mission Matters, Studies in the Intercultural History of Christianity* 103(Frankfurt am Main: Peter Lang, 1997)
"The Web of Mission: A Korean View of People-Centred Missio Dei." *CCT Bulletin* XV/1(Hong Kong: CCA Publication, 1997)
"Reconstructing a Korean-Ecumenical Missiology in the Plurality of the Oikoumene: a Ph.D. Thesis, the Department of Theology." Birmingham University, England (1995)
"The Minjung Behind the Folktale: An Example of narrative Hermeneutics." *Asia Journal of Theology* 8/1(1994)

전공 분야

에큐메니컬 선교신학, 20세기 에큐메니컬 선교 역사, 상황화/토착화

박사학위 논문

"Reconstructing a Korean-Ecumenical Missiology in the Plurality of the Oikoumene: a Ph.D. Thesis, the Department of Theology." Birmingham University, England, 1995(지도교수: Werner Ustrof)

하나님께서 해방과 구원의 역사를 펼치고 계시는 세계의 다양성 속에서 에큐메니컬하게 하나님의 선교를 이해하고 참여하기 위한 한국 교회의 선교해석학적 성찰을 다루고 있다.

민중신학의 합류의 해석학적 방법론과 서구 철학사의 지평융합론을 기반으로 한국 교회와 한국 민중의 해방과 구원의 역사, 서구와 제삼세계 기독교의 해방과 구원의 역사의 전통이 오늘의 상황에서 어떻게 합류하며 하나님의 선교를 전개하고 있는지를 선교신학적으로 성찰하였다.

이회훈

李會勳, lee, hoe hoon, 1968년 2월 21일 -

학력

1993. 총신대학교(신학, B.A.)
1998. 한세대학교 영산신학대학원(M.Div.)
2000. 성산효대학원대학교(효학, M.A.)
2006. 총신대학교 선교대학원교(교회성장, Th.M.)
2014. 한세대학교 일반대학원(선교학, Ph.D.)

경력

2011. 01. - 2024. 현재. 순복음영광교회 담임목사
2011. 03. - 2024. 현재. 한세대학교 영산신학대학원 선교학과 강사
2014. 09. - 2024. 현재. 한국복음주의선교신학회 정회원, 국제문화교류지도사 수퍼바이저
2017. 03. - 2024. 현재. 세계다문화진흥원 이사
2020. 03. - 2023. 현재. 성산효대학원대학교 효교육학과 조교수

저서

『선교적 교회와 교회 성장』(CLC, 2017, 공저)
『변화하는 선교전략』(CLC, 2015, 공저)

논문

"칼빈과 영산의 영적 전쟁론 비교 연구." 「오순절신학논단」 20(2017)
"영산의 영적 전쟁론." 「영산신학저널」 33(2015)
"성경의 하나님을 아버지로 섬김의 효." 「성산논총」 21(2020)
"성경의 부모·어른·스승공경의 효." 「성산논총」 22(2021)
"성경의 어린이·청소년·제자사랑의 효." 「성산논총」 22(2021)
"성경의 가족사랑의 효." 「성산논총」 23(2022)
"성경의 나라사랑·국민사랑의 효." 「성산논총」 23(2022)
"성경의 자연사랑·환경보호의 효." 「성산논총」 24(2023)
"성경의 이웃사랑·인류봉사의 효." 「성산논총」 24(2023)

전공 분야

복음주의 선교신학, 선교전략, 영적 전쟁, 신유사역, 타문화권 교회 개척

박사학위 논문

"영산의 영적 전쟁론 조망."(지도교수: 조귀삼)

현대 선교 사역현장 가운데 찬·반 논란이 많았던 목회와 선교를 위한 영적 전쟁에 대해서 오순절 선교신학의 관점에서 연구한 논문이다. 연구방법은 문헌연구를 중심으로 했으며, 현대 영적 전쟁 운동의 흐름을 크게 '전도를 위한 영적 전쟁'과 '성화를 위한 영적 전쟁'으로 나누었다. 전도를 위한 영적 전쟁을 위해 '능력전도', '기도전도'로 나누었으며, 성화를 위한 영적 전쟁을 위해 '축귀치유사역', '성화사역'으로 구분해서 연구하였다.

성경적이고 체계적인 영적 전쟁 신학과 사역 원리를 위해 영산 조용기 목사의 영적 전쟁론을 신론, 인간론, 기독론, 구원론, 성령론, 교회론을 중심으로 정리했으며, 이를 근거로 실제 사역의 현장 가운데 사용된 영산의 5가지 영적 전쟁 사역 원리를 정리하였다. 그것은 '성경 중심의 원리', '예수 중심의 원리', '성령 중심의 원리', '기도 승리의 원리', '내면 강화의 원리'이다.

본 연구의 공헌점은 현대 영적 전쟁 운동의 흐름을 좀 더 명확하게 분별할 수 있는 안목을 제시한다는 점, 세계 최대의 교회와 세계 선교의 현장에서 탁월한 사역을 이룬 영산 조용기 목사의 영적 전쟁론을 처음으로 정리한 점이다. 그동안 조용기 목사를 연구한 많은 주제들에서 소외된 영산의 영적 전쟁론이 실제로는 그의 목회와 선교 사역에서 결코 간과할 수 없는 중차대한 역할을 했다는 것을 확인할 수 있다.

사역 및 연구활동

오순절 선교신학을 중심으로 '총체적 선교신학'에 관심을 가지고 있다. 복음주의 선교와 에큐메니컬 선교를 총체적 선교신학의 관점에서 균형 있게 연구하고 있으며, 이는 현재 임한 하나님의 나라를 확장하기 위한 선교전략에 관심을 갖게 하였다.

하나님 나라 확장을 위한 선교전략으로 '선교 사역의 영적인 차원'에 대해 우선적인 관심을 가지고 연구하고 있다. 즉 선교를 위한 성령 사역, 영적 전쟁, 치유 사역, 교회 개척과 교회 성장 전략 등에 관심을 가지고 연구하고 있다.

또한 하나님 나라의 '사회변혁적 차원'에 대해서도 관심이 있다. 세상에 파송된 교회를 통해 나타나는 하나님 말씀의 통치에 관심을 가지고 교회의 제자도, 사랑 실천, 세상에서의 리더십, 사회변혁을 중요하게 생각하고 가르치고, 연구하고 있다.

임한중

林漢重, LIM HANJUNG, 1967년 5월 7일 -

학력

1988. 전남대학교(철학, B.A.)
1995. 장로회신학대학교 신학대학원(M.Div.)
1999. 장로회신학대학교 대학원(기독교와 문화, Th.M.)
2018. 미국 Grace Theological Seminary(문화교류학, D.ICS)

경력

1995. 01. - 2007. 12. 목포복음교회, 광천교회, 희성교회 전임전도사/부목사
2008. 02. - 2021. 09. 총회 세계선교부 인도 편잡주 선교사
2020. 06. - 2023. 현재. 월드미션대학교 겸임교수
2021. 10. - 2023. 현재. 총회 세계선교부 콩고민주공화국 선교사

저서

『박띠의 다리를 건너 그리스도께로』(CLC, 2018)
『한국 교회의 힌두권 선교 40년』(세움북스, 2002, 공저)

번역서

『인도 기독교 사상』(CLC, 2020)
『인도교회사』(CLC, 2019)

논문

"아프리카에서의 오순절주의 운동의 확산 요인과 쟁점들.", "아프리카에위서의 오순절주의 운동의 확산 요인과 쟁점들." 한국외항선교회 50주년 심포지엄 자료집 「아프리카 선교, 어떻게 할 것인가?」(2024)
"선교적 관점에서 본 남아시아 권역의 정치외교적 이슈들." 「전방개척선교」(2020. 7-8월호)
"도마 전승과 인도 시리아교회의 역사에 대한 선교학적 고찰." 「미션인사이트」(2021. 5월호)

전공 분야

힌두교, Cross-cultural Communication, 상황화/토착화, 선교현장 연구

박사학위 논문

"힌두 박따들을 향한 복음 전도의 접촉점으로서의 박띠 신앙에 대한 연구."(Using the Bakhti Faith as a Contact Point of Evangelism to the Hindu Bakhtas, 지도교수: 김의원)

인도의 주류 종교인 힌두교 안에는 다양한 유형의 신앙이 존재한다. 그 가운데서도 오늘날 대중 힌두교의 주류를 형성하는 유형은 바로 박띠 신앙을 가진 이들, 즉 박따들이다. 박따들은 베다와 우파니샤드를 중심으로 형이상학적이고 관념적인 신관을 가진 철학적 힌두교도들과 달리 인격적인 신을 숭배하며, 신과 인간 사이의 교차인 격적인 사랑의 상호관계를 추구함으로써 신과 연합하기를 열망한다. 이 논문에서는 이들이 가진 복음의 수용성에 주목하여, 복음으로 소통하기 위한 하나의 접촉점으로서 박띠 신앙의 내용과 타당성을 검토하고, 인도의 기독교 역사에서 힌두 박따들과 소통하고자 시도했던 다양한 모델을 찾아 연구함으로써 오늘의 선교현장에 말씀과 문화에 적합한 복음전도의 모델을 제시하고자 한다.

먼저 힌두 박띠 신앙의 정의와 목적, 형성 및 변천 과정을 살펴보고 상황화의 자리로서 박띠의 가능성을 검토하였다. 또한 역사적으로 인도의 선교사와 기독교 지도자들이 박띠 신앙에 대해서 어떤 태도를 취해왔는지를 살펴보고, 박따들을 향한 복음 전도의 내용과 메시지, 전달 방법을 찾아본 후 박띠적 관점에서 본 예수 그리스도의 이미지를 인도 기독교 사상가들의 글들을 통해 정리하였다. 나아가 혼합주의의 위험을 피하기 위해 박띠신앙과 기독교 신앙의 동질성과 차별성을 고찰하고, 인도 교회사에서 힌두 박따들을 향해 상황화된 복음전도를 시도한 대표적인 사례를 몇 가지 모델로 분류하였다.

오늘날 전 세계 8억 명 이상으로 추정되는 힌두 박따들의 복음화는 가장 우선적이고 긴급한 과업이다. 이 과업의 수행을 위해 복음 전도자들은 스탠리 존스가 추구했던 것처럼 박따들의 가장 절실하고 중요한 필요가 무엇인지를 이해하고, 그들의 필요에 응답하시는 예수 그리스도를 '필요지향적인 접근'(a need-oriented approach)을 통해 소개함으로써 그들이 온 세상의 구주 되신 더 높은 차원의 그리스도를 경험하고 영접하도록 도와야 할 것이다.

임희모

任喜模, Hee-Mo Yim, 1950년 12월 22일 -

학력

1976. 서울대학교(독일어학, B.A.)
1987. 장로회신학대학교 신학대학원(교역학, M.Div.)
1986. 미국 Louisville Presbyterian Theological Seminary(종교학, M.A.R./Exchange Program)
1989. 장로회신학대학교 대학원(기독교사회윤리, Th.M.)
1995. 독일 Erlangen 대학교(에큐메닉스 & 선교학, Dr.theol.)

경력

1989. - 1990. 독일 하이델베르크한인교회 담임목사
1995. - 2016. 한일장신대학교 선교학 주임교수(신학부장, 교목실장, 기획개발처장, 대외협력처장 등 역임)
1996. - 2016. 한일장신대학교 제3세계선교연구소 소장
1997. - 2023. 전주 평화생명교회(구 새온고을교회) 은퇴목사
2009. - 2016. 한일장신대학교 전문인선교아카데미 원장
2012. - 2014. 한국선교신학회 부회장/회장
2013. - 2017. 총회 세계선교부 선교연구위원회 위원장
2013. - 2023. 현재. 서서평(Miss Elisabeth J. Shepping, R.N.) 연구회 회장
2016. - 2023. 현재. 한일장신대학교 명예교수

저서

『전남 동부 기독교 문화유산과 지역사회』(선인, 2024, 공저)
『간호선교사 서서평(Elise J. Shepping, R.N.)의 한국사회에 미친 영향』(서서평연구논문 10집)(학예사, 2023, 공저)
『예언자 신학자 김용복의 생명 사상과 삶』(동연, 2023, 공저)
『미국 남장로교 한국선교회의 여성·의료선교사: 선교학적 관점의 활동 연구(1892-1940)』(도서출판 동연, 2022)
『예언자선교사 서서평과 사회변혁예언자 신학자 김용복』(서서평연구논문 9집)(학예사, 2022, 공저)
『세미레치예 연구소 연구백서: 고대 실크로드와

동진한 기독교 연구』(주안대학원대학교출판부, 2021, 공저)

『'주를 공경하는 자'로서 서서평의 삶과 사역』(서서평연구논문 8집)(학예사, 2021)

『한국교회역사복원 논총 2』(대한기독교서회, 2021, 공저)

『서서평 선교사의 섬김의 영성과 실천가들』(서서평연구논문 7집)(학예사, 2020, 공저)

『서서평 선교사의 통전적 영혼구원 선교: 20세기 선교와 21세기 한국 교회의 선교신학』(도서출판 동연, 2020)

『서서평 선교사의 사회 선교와 영성』(서서평연구논문 6집)(학예사, 2019, 공저)

『한국교회역사복원 논총 1』(대한기독교서회, 2019, 공저)

『동백(冬柏)으로 살다: 서서평 선교사』(서서평연구논문 5집)(학예사, 2018, 공저)

『'헬조선'에 응답하는 한국 교회 개혁』(동연, 2018, 공저)

『서서평, 예수를 살다』(케노시스, 2017, 개정증보판)

『예수 그리스도의 제자도 선교』(케노시스, 2017)

『행함 있는 믿음으로 본·여성주의적 관점에서 본 서서평 선교사』(서서평연구논문 4집)(학예사, 2017, 공저)

『다양한 얼굴을 지닌 서서평 선교사』(서서평연구논문 3집)(학예사, 2016, 공저)

『협동조합·교회·선교: 한일의 역사와 협동조합, 신학적 성찰과 선교적 과제』(학예사, 2016, 공저)

『생명봉사적 통전선교: 이해와 전망』(케노시스, 2015, 공저)

『서서평 선교사의 통전적 선교의 다양성』(서서평연구논문 2집)(학예사, 2015, 공저)

『서서평, 예수를 살다』(케노시스, 2015)

『서서평 선교사(Miss Elisabeth J. Shepping)의 섬김과 삶』(서서평연구논문 1집)(케노시스, 2014, 공저)

『성경으로 본 북한 선교』(올리브나무, 2013, 공저)

『지역교회 선교와 목회의 구체화 및 미래 방향』(장로회신학대학교 연구지원처, 2013, 공저)

『한국 교회 생명선교신학과 통전 선교 전략』(케노시스, 2013)

『문화와 사회: 1910년 에든버러 세계선교사대회 100주년 기념 논문집』(미션아카데미, 2011, 공저)

『생명봉사적 통전선교: 동·동남아 중심』(케노시스, 2011)

『아프리카 독립교회와 토착화 선교』(한국학술정보, 2007)

『동시대 생명선교론』(한일장신대학교출판부, 2006)

『이야기와 신학이 있는 생명선교: 현장·예배·일치』(한일장신대학교출판부, 2006)

『한국 교회의 일치·갱신·선교』(한들출판사, 2003)

『한반도 평화와 통일 선교』(다산글방, 2003)

논문

"미국 남장로교 한국선교회의 간호선교사 활동: 1905-1940." 「선교와 신학」 61(2023)

"미국 남장로교 한국선교회의 성경학원 정책: 1946-1961." 「선교신학」 72(2023)

"미국 남장로교 한국선교회의 전도부인 양성 정책: 1902-1925." 「선교신학」 71(2023)

"미국 남장로교 한국선교회의 의료선교사 제임스 로저스(James McLean Rogers M.D.)의 자선적 의료선교 활동 연구." 「장신논단」 54/1(2022)

"미국 남장로교의 첫 한국 입국 선교사 리니 데이비스 해리슨 부인(Mrs. Linnie F. Davis Harrison)의 선교 활동 연구." 「선교와 신학」 55(2021)

"미국 남장로교 한국선교회의 순천선교부 개설 배경 연구: 1892-1912년을 중심으로." 「장신논단」 53/1(2021)

"식민주의 시대의 정치적 동일화 선교 비교 연

구: 메리 슬레서(Mary Slessor)와 엘리자베스 쉐핑(Elisabeth J. Shepping).” 「장신논단」 53/5(2021)
“하나님 나라를 세우는 한국 교회의 성육신적 제자도 선교.” 「선교신학」 63(2021)
“미국 남장로교 선교사 야곱 패터슨(Jacob Bruce Patterson)의 군산 예수병원 의료사역 연구(1910-1924).” 「장신논단」 52/3(2020)
“미국 남장로교 의료선교사 오긍선 연구: 1907-1937년의 활동을 중심으로.” 「한국기독교신학논총」 118(2020)
“서서평 선교사의 생명살림의 하나님 나라 선교: 섬김의 영성과 주변부인들의 변혁 선교.” 「대학과 선교」 46(2020)
“토착화 선교사 서서평(Elisabeth J. Shepping)의 사역.” 「선교와 신학」 48(2019)
“환대의 선교사 서서평의 무조건적 환대.” 「장신논단」 51/1(2019)
“마요셉빈(Mrs. Josephine Hounshell McCutchen) 선교사의 사역.” 「장신논단」 50/3 (2018)
“남북한 분단체제와 평화통일운동으로서 선교.” 「선교와 신학」 35(2015)
“서서평 선교사의 성육신적 선교.” 「선교와 신학」 36(2015)
“선교적 그리스도인으로서 서서평 선교사의 선교사역.” 「선교신학」 38(2015)
“한국의 다문화적 상황과 다중다문화선교 리더십.” 「신학논단」 81(2015)
“캄보디아 종교문화 상황에서 한국과 미국의 종교단체들의 활동 분석: 설문조사 분석.” 「장신논단」 46(2014)
“전문인 선교사 서서평(Elisabeth J. Shepping, R.N.)의 통전적 선교 전략과 영성.” 「신학논단」 74(2013)
“캄보디아 종교문화 상황에서 한국과 미국의 종교단체들의 사회봉사와 종교문화에 대한 이해.” 「선교신학」 33(2013)
“The Eco-Lifegiving Holistic Mission of the Korean Churches.” 「선교신학」 29(2012)
“지역사회를 섬기는 생명봉사적 통전선교.” 「선교신학」 31(2012)
“한국과 미국의 종교단체들의 해외사회봉사 활동과 문화이해: 캄보디아 중심.” 「선교신학」 30(2012)
“몽골 ‘은총의 숲’ 생태선교: 북한 산림녹화 생태선교에 주는 함의.” 「선교와 신학」 27(2011)
“에든버러 세계선교대회와 한국 교회의 선교신학 정립.” 「선교신학」 27(2011)
“몽골의 사막화 방지 생태선교: 기독교 환경운동연대의 ‘은총의 숲’ 프로젝트를 중심으로.” 「한국기독교신학논총」 71(2010)
“존 모트와 1910년 에든버러 세계선교대회.” 「선교신학」 24(2010)
“지구화와 다문화 상황에서 한국 교회의 선교적 과제.” 「신학과 선교」 37(2010)
“한국의 국제개발협력에 대한 한국 교회의 역할.” 「신학과 선교」 36(2010)
“베트남 사회주의 상황에서 통전적 선교 전략.” 「선교신학」 21(2009)
“가난과 지역사회개발 선교: 캄보디아 상황 중심.” 「선교신학」 19(2008)
“생명봉사적 통전선교.” 「선교와 신학」 22(2008)
“타자와 환대의 선교: 레비나스 철학과 선교신학의 만남.” 「한국기독교신학논총」 56(2008)
“중국 기독교 NGO의 사회봉사적 역할: 북한에 주는 함의.” 「선교신학」 14(2007)
“제3세계 사회봉사적 통전선교: 베트남을 중심으로.” 「선교신학」 12(2006)
“통일정책과 북한 선교정책의 변천 연구.” 「선교와 신학」 15(2005)
“생명살리기 선교의 과제: 예장통합을 중심으로.” 「신학과 사회」 18(2004)
“조선족 선교의 과제와 전망.” 「선교신학」 9 (2004)
“한민족 디아스포라 선교.” 「신학과 사회」 17 (2003)
“한반도 상황에서 기독교 평화교육.” 「대학과 선교」 5(2003)
“남북평화와 통일을 위한 선교.” 「신학과 사회」

16(2002)
"상황화의 개념의 발전과 양상." 「선교신학」 6(2002)
"한국전쟁과 남북화해의 선교." 「한국기독교신학논총」 25(2002)

전공 분야

선교 역사와 선교사, 통전 선교신학, 선교전략, 선교현장 연구

박사학위 논문

"Unity Lost – Unity To Be Regained in Korean Presbyterianism: A History of Divisions in Korean Presbyterianism and the Role of the Means of Grace."(European University Studies: Series 23, Theology: Vol. 553: Erlangen, Nürnberg, Univ., Diss., 1995. ISBN 3-631-48738-X, US ISBN 0-8204-2959-7. Peter Lang GmbH)(지도교수: Niels-Peter Moritzen)

사역 및 연구활동

2016년 2월 정년퇴임 이후 선교 역사와 선교사 연구에 집중하고 있다. 특히 한국 교회 형성과 성장에 한 축을 담당했던 미국 남장로교 선교사들 중 서서평(쉐핑, Elise J. Shepping, R.N.) 관련 단행본 3권을 출판했고, 연구 네트워크인 사서평연구회를 구축하여 지속적으로 선교사들을 연구하고, '성공이 아니라 섬김'(Not Success but Service)을 실천한 기독인을 시상(Shepping Award)하고 있다. 2023년 말 그는 집필 중인 한일장신대학교 100년사(1922-2022)를 출판할 예정이다. 또한 줄곧 통전선교(Integral Mission, Holistic Mission) 연구에 집중하였다. 한국 교회의 분열상을 보면서 에큐메니컬 선교와 복음주의 선교를 연구하여 기독교인이 삶으로 실천적으로 선교를 행함으로써 통전하는 통전선교신학을 강조하였다.

이러한 관점은 바로 선교전략과 마주하는데, 임희모는 한국의 남북분단과 정치적 사회경제적 갈등 상황에서 평화통일선교를 중심으로 탈북민과 이주민 등 다문화 선교 연구에 천착하였다. 또한 이러한 전략연구는 반드시 선교현장, 즉 지구적, 지역적 상황 연구와 모든 기독교인의 선교사화, 즉 전문인 선교사의 동력화를 수반한다. 이

를 위하여 아프리카, 동남아시아, 동북 및 중앙아시아의 가난과 빈곤, 질병, 생태환경의 파괴와 위기 심화로 생명 멸절을 향하여 치닫는 개발도상국의 현장을 연구하고, 지구적 관점의 선교와 NGO의 통전 가능성을 분석하여 몽골 나무심기 생태선교와 캄보디아 국제개발협력 NGO선교 등을 선진적으로 연구하였다. 오늘날 한국 교회 선교의 영적 능력이 급격히 수직 하강하는 상황에서 예수 그리스도의 제자도와 성육신 선교를 연구하고 있다.

장성배

張聖培, Chang Sung Bae, 1962년 6월 12일 -

학력

1986. 감리교신학대학교(신학, B.Th.)
1992. 감리교신학대학교 대학원(선교학, Th.M.)
1997. 미국 United Theological Seminary(선교학, D.Miss.)

경력

1986. 03. – 1987. 03. 새순교회 담임전도사
1987. 03. – 1990. 07. 육군 군종장교
1990. 08. – 1992. 02. 경인교회 부목사
1992. 03. – 1993. 02. 부평제일교회 부목사
1998. 03. – 2023. 현재. 감리교신학대학교 선교학 교수

저서

『메타버스 선교로 사역을 확장하라』(kmc, 2022)
『예수님처럼 사역하라』(CLC, 2018)
『우리가 교회다: 시즌 3』(새로운길, 2018, 공저)
『우리가 교회다: 시즌 2』(새로운길, 2017, 공저)
『우리가 교회다: 시즌 1』(새로운길, 2016, 공저)
『사명 리더십으로 바로 세워라』(KMC, 2009)
『사명을 다하는 교회로 바로 세워라』(KMC, 2009)
『글로벌시대의 교회, 문화, 그리고 사이버스페이스』(성서연구사, 2001)

전공 분야

에큐메니컬 선교신학, 복음주의 선교신학, 선교훈련, 선교전략, 다문화 선교, 메타버스 선교

박사학위 논문

"Local Church Models for Mission in Korea: Past, Present, and Future."(지도교수: Norman Thomas)

한국 상황에서 여러 교회가 협력하여 하나님의 선교를 감당해갈 수 있는 새로운 지역교회 구조의 모델을 제시하고자 하였다. 이러한 모델적 접근은 한국의 지역교회 구조의 패턴을 분석하는 데 유용할 뿐만 아니라 효과적인 선교를 감당할 수 있는 지역교회 구조를 제시하기에도 효과적이다.

이 연구는 세 가지 주요 방법을 사용했다. 문헌연구에 의한 역사적 분석, 사례연구를 위한 관찰, 인터뷰 및 문서 수집, 그리고 개신교 7개 교단의 목회자 212명을 대상으로 한 서베이 리서치가 그것이다.

논문의 1부에서는 한국 기독교의 역사 속에 나타난 다양한 형태의 지역교회 구조 모델들을 파악하는 데 할애하였다. 2부는 지역교회 구조의 현재 모델들을 파악하는 데 집중하였다. 그리고 3부는 교회의 협력 네트워크 구축에 기여할 수 있는 새로운 지역교회 구조 모델들을 제시하였다.

사역 및 연구활동

1998년부터 감리교신학대학교에서 선교학 교수로 재직하면서 복음주의와 에큐메니컬 선교신학을 아우르는 통전적, 웨슬리적 선교에 대해 연구하고 가르쳐왔다. 특히 선교적 교회 모델과 그 교회를 이끌 그리스도인들을 양성하는 데 관심이 많다. 감리교신학대학교에서는 2004년부터 감신선교훈련센터의 책임을 맡아 20년 동안 선교사 후보생들을 훈련시켜 왔다.

대외적으로는 2000년대 초부터 M-Center를 운영해오면서 다양한 선교 주제에 대해 연구하고 활동해왔다.

장은혜

張恩惠, Eunhye Chang, 1961년 2월 16일 -

학력

1984. 이화여자대학교(영어교육, B.A.)
1990. 이화여자대학교 교육대학원(종교교육, M.Ed.)
1996. 영국 University of Birmingham(M.A. in Mission Studies)
2015. 미국 Trinity International University(Ph.D. in Inter Cultural Studies)

경력

1995. 09. - 1999. 06. Jima Bible College of Ethiopia 신학교수
2002. 08. - 2004. 06. Board member of Evangelical Theological College of Ethiopia
2015. 09. - 2018. 08. State University of New York, Korean Campus 객원교수
2018. 01. - 2020. 08. 한국대학사회봉사협의회 에티오피아 역사, 문화 오리엔테이션 강사
2000. 08. - 2020. 07. Evangelical Theological College of Ethiopia 선교학, 기독교교육학 교수
2020. 01. - 2023. 08. Addis Ababa University, College of Development Studies 교수
1994. 03. - 2024. 현재. GMS(Global Mission Society)/SIM(Serving In Mission) 소속 에티오피아 선교사
2016. 01. - 2024. 현재. Korean International Cooperation Agency(KOICA) 에티오피아 역사, 문화 오리엔테이션 강사
2016. 08. - 2024. 현재. Ethiopian Graduate School of Theology 선교학 교수

논문

"Dilemma in Relations?: A Socio-historical Approach to Ethiopian Orthodox Attitudes towards Protestant Christianity." *Ethiopian Orthodox Christianity in a Global Context*(Netherlands: Brill. 2022)

"에티오피아 문화 속에서 발견한 구전 전통의 복음 전달법." *Korean Missions Quarterly* (2022)

"Becoming Pente: The factors influencing the conversion to Protestant Christianity among urban Ethiopian Orthodox young adults." Ph.D. Dissertation(Trinity International University, 2015)

"에티오피아 정교회와 서구 선교의 갈등." *Korean Missions Quarterly*(2013)

"에티오피아 복음주의 교회 성장 운동: 생명의 말씀 교단(Ethiopian Kale Hywort Church: 1927-2010)." *Korean Missions Quarterly* (2011)

"Paul G. Hiebert and Critical Contextualization." *Trinity Journal* 30/2(Fall 2009, 공동연구)

전공 분야

선교 역사, 선교인류학, Cross-cultural Communication, 상황화, 선교현장 연구

박사학위 논문

"Becoming a Pente: Factors influencing the conversion to Protestant Christianity among urban Ethiopian Orthodox young adults."(지도교수: Craig Ott, Robert Priest)

수세기 동안 에티오피아 정교회는 국교로서 사회 각 영역에 영향을 주었지만 1990년대 이후 에티오피아에 개신교회 성장 운동이 일어나고 있다. 수도권에 거주하는 정교회 청년들이 개신교로 개종하는 요인을 분석하여 에티오피아 내 종교의 변화를 파악하고 선교방법을 모색해 보았다.

질적 연구방법을 사용하여 정교회에서 개신교로 개종한 수도권 32명의 청년을 인터뷰한 내용을 NVivo 프로그램을 이용하여 개종과 관련된 사회, 정치, 종교, 선교적 요인을 분석하였다.

정교회 청년들이 예수 그리스도의 복음을 들을 수 없도록 방해한 요인은 정교회 안에서 가르치는 구원의 메시지가 마리아 중심이며, 개신교인과 접촉할 수 없도록 형성된 부정적인 이미지 때문이었다. 예수 그리스도를 믿는 자는 '펜테'(Pente)라고 불리며 배교자, 정교회의 원수, 마리아의 적으로 낙인찍혀 지역사회에서 단절된다. 그럼에도 정교회 청년들은 개신교인들이 전하는 예수 그리스도의 구원의 메시지를 노래, 이야기, 시각적·경험적 방법을 통해 반복적으로 들었을 때 개신교의 부정적 이미지가 상쇄되고 저항감 없이 예수 그리스도를 구세주로 받아들였다. 또한 급격한 현대화로 인한 사회적·정치적 변화는 다른 종교를 선택할 수 있는 기회를 제공하였다. 수도권으로 이주한 정교회 청년들이 형성한 다양한 소셜 네트워크는 고향의 정교회 지역사회와의 연대감을 약화시켰고, 공교육과 대중매체의 영향으로 두 종교를

비교하게 됨으로써 개신교에 대한 적대감이 감소하였다. 마지막으로, 개신교회는 영적인 공동체를 형성하여 격변하는 현대화의 과정에서 파생된 삶의 어려움을 극복할 수 있도록 하였고, 말씀훈련과 제자화, 목회적 돌봄을 제공하여 예수 그리스도를 믿는 신앙 안에서 새로운 가치관을 형성할 수 있도록 하였다.

이 논문은 현대화가 종교의 쇠퇴를 초래한다는 사회학자들의 이론과 다르게 오히려 종교 다원주의는 개종의 기회를 제공한다는 사례가 되었다. 또한 구전문화권에서 복음을 제시할 때는 Oral Communication 방법이 효과적임을 제안하여 세계교회가 지금까지의 복음전도 방법과 선교전략을 평가하고 변화를 모색하는 데 공헌하였다.

사역 및 연구활동

동부 아프리카에 위치한 에티오피아 수도 아디스 아바바를 중심으로 (1) 에티오피아 복음주의 신학대학(ETC)과 신학대학원(EGST)에서 30년간 교수 선교사로 섬기고 있다. 선교학과 관련된 과목들을 가르치며 학생들의 영적인 멘토 역할을 해왔다. 현지 교단과 교회협의회와 협력하여 에티오피아 교회가 해외 선교사를 파송할 수 있도록 선교부(Global Mission & Church of Korea)를 설립하고 선교사 후보생 발굴, 훈련, 파송할 수 있도록 컨설팅과 훈련을 하고 있다. (2) 아디스 아디바 국립대학교(AAU) 개발연구대학원 겸임 교수로 섬기고 있다. 에티오피아의 종교, 문화, 여성에 관심을 갖고 연구방법론 강의 및 논문지도를 하고 있다. 대외 협력 디렉터로 섬기며, 아프리카에 관심이 있는 한국의 대학들과 교류를 넓히고 교환교수, 교환학생, 학술 및 프로젝트 협력을 도모하고 있다. (3) Ethiopian Studies Institute 학회에서 정기적으로 에티오피아 종교에 대해 연구하고 논문을 발표하면서 에티오피아 학자들과 국제 학자들과 학술 교류 및 출판을 도모하고 있다. (4) 대학 캠퍼스 내 전도를 위해 기독학생회를 조직하여 제자화 훈련, 전도집회, 성경 배포를 하고 있다.

에티오피아 종교와 문화 영역에 관심을 갖고 연구하고 있으며, 특별히 에티오피아 기독교 역사, 에티오피아 정교회와 서구 선교와의 관계, 개신교회 성장 운동, Cross-Cultural Communication, 선교인류학, Contextualization과 관련된 논문을 쓰고, 신학, 역사학, 인류학, 사회학, 선교학 등 여러 학제를 접목하여 Interdisciplinary study method로 연구하는 것을 좋아한다. 대외적으로 아프리카 이슈에도 관심을 갖고 한국의 세미나 및 콘퍼런스에 여러 주제를 발표, 소개하고 있다.

장훈태

張勳泰, CHANGHUNTAE, 1956년 7월 4일 -

학력

1978. 대한신학교(현 안양대학교)(신학, B.Th.)
1980. 대한신학교 대학원(현 안양대학교 대학원)(신학, M.A. 과정)
1992. 한국방송통신대학교(법학, B.A.)
1992. 한양대학교 교육대학원(교육심리학, M.Ed.)
1994. 총회신학교 신학원(현 백석대학교 신학대학원)(M.Div.)
1996. 아세아연합신학대학교 대학원(선교학, Th.M.)
2001. 아세아연합신학대학교 대학원(선교학, Ph.D.)

경력

1982. 06. 바울의 집(조동진목사) 선교사 훈련
1982. 10. - 1991. 12. 대한예수교장로회 신현교회 개척 시무
1984. 03. 총회신학교 교수
1988. 03. 한국복음주의신학회 회원(총무 역임)
1992. 01. 총회신학교 교수 임명
1994. 03. - 2021. 08. 백석대학교(구 천안대학교) 선교학과 교수 및 정년퇴임
1999. 03. 한국중동학회 정회원 (충청지부장/자문위원 역임)
2000. 07. 미국 크리스타선교회 한국 보어드 멤버
2010. - 2012. 한국연합선교회 부회장, 한국로잔교수연구회 2대 회장
2016. 대한예수교장로회(백석) 경안노회 노회장
2020. 03. - 2023. 12. 한국연구재단 인문학단 전문위원
2021. 03 - 2023. 02. 부산외국어대학교 「아프리카학연구」 편집위원
2021. - 2022. 06. 아세아연합신학대학교 선교대학원 시간강사(아랍지역학)
2023. 04. 대한예수교장로회(백석) 아프리카 순회선교사 임명
1994. 03. - 2023. 현재. 한국복음주의선교신학회 정회원(회장 및 「복음과 선교」 편집위원장, 편집위원)
1998. 03. - 2023. 현재. 한국선교신학회 회원
1998. 09 - 2023. 현재. 대한예수교장로회(백석) 세계선교위원회 선교훈련원 천안지부장 및 훈련원 부원장
2001. 03. - 2023. 현재. 한국아프리카학회 평생회원(「한국아프리카학회지」 편집위원 역임)

2009. 04. – 2023. 현재. 개혁주의생명신학회 정회원(회장/편집위원 역임)

2010. – 2023. 현재. 한국기독교학술원 회원 및 기독교학술원 회원

2013. – 2023. 현재, 선교단체 WEC 국제동원 이사

2018. 07. – 2023. 현재. 아프리카미래협회 대표 및 아프리카 순회선교사

2019. 12. – 2023. 현재. 아프리카미래학회 창립 및 회장

2021. 09. – 2023. 현재. 은혜의언덕채플 담임 목사

2023. 02. – 2023. 현재. 아프리카미래학회 「아프리카와 미래」 학술지 편집위원

2024. 01. – 2025. 현재. 한국칼빈학회 회장

저서

『지중해문명교류사전』(지중해지역원, 2020, 공저)

『서부 아프리카 통으로 읽기』(채움북스, 2018)

『생명을 살리는 땅 코트디부아르 (장훈태 교수의 선교 여행기 10)』(누가, 2017)

『로잔운동과 선교신학』(한국로잔위원회, 2016, 공저)

『로잔운동과 선교동향』(한국로잔위원회, 2015, 공저)

『국제정치 변화 속의 선교』(혜본, 2014)

『로잔운동과 선교』(한국로잔위원회, 2014, 공저)

『선교를 위한 문화인류학』(이레서원, 2013, 공저)

『성경으로 읽는 북한 선교』(올리브나무, 2013, 공저)

『한국 교회와 선교의 미래』(도서출판 대서, 2012)

『선교적 관점에서 본 다문화 사회』(도서출판 대서, 2011)

『최근 이슬람의 상황과 선교의 이슈』(도서출판 대서, 2011)

『스리랑카에서 희망을 보다(장훈태 교수의 선교 여행기 9)』(누가, 2010)

『예수 신인가 인간인가?』(예영커뮤니케이션, 2009, 공저)

『우즈베키스탄에 가다 (장훈태 교수의 선교 여행기 8)』(누가, 2009)

『(칼빈 탄생 500주년 기념 2) 칼빈, 그 후 500년』(두란노아카데미, 2009, 공저)

『상트페테르부르크에서 와인잔을 깨다 (장훈태 교수의 선교 여행기 7)』(누가, 2008)

『방글라데시 (장훈태 교수의 선교 여행기 6)』(누가, 2007)

『우루무치에서 카스까지 (장훈태 교수의 선교 여행기 5)』(누가, 2007)

『북경에서 내몽고까지 (장훈태 교수의 선교 여행기 4)』(기독교연합신문사, 2006)

『북경에서 티벳까지 (장훈태 교수의 선교 여행기 2)』(기독교연합신문사, 2005)

『이슬람 선교 여행 파키스탄 (장훈태 교수의 선교 여행기 3)』(기독교연합신문사, 2005)

『북서 아프리카 선교기행 (장훈태 교수의 선교 여행기 1)』(기독교연합신문사, 2004)

『최근의 칼빈 연구』(대한기독교서회, 2001, 공저)

『아시아 선교 전략』(개혁주의신행협회, 1999)

『칼빈 신학 해설』(대한기독교서회, 1998, 공저)

『초대교회 선교』(솔로몬, 1996)

『선교학의 이론과 실제』(솔로몬, 1995)

『유대인의 풍습』(규장, 1992)

번역서

『변화하는 기독교 문화』(CLC, 2009)

『타문화 상담과 선교』(혜본, 2004)

『선교학 대전』(CLC, 2003, 공역)

『가난한 자와 함께하는 선교』(CLC, 2001)

『선교신학의 21세기 동향』(이레서원, 2001, 공역)

『선교의 새로운 영역』(CLC, 2001)

『변화하고 있는 선교』(CLC, 2000, 공역)

『당신의 은사를 교회에서 활용하라』

논문

"부르키나파소공화국 티에포족의 전통 노래에 나타난 신과의 소통·문화 정체성 고찰을 통한 선교." 「복음과 선교」 41/1(2018)

"가나공화국 아딘크라 상징주의(Adinkra Symbolism)에 나타난 신념체계 문화 이해와 선교 모색." 「복음과 선교」 38(2017)

"종교개혁 500주년과 한국 교회 선교: 정의와 화해." 「ACT 신학저널」 34(2017)

"종교개혁자 칼빈의 선교." 「복음과 선교」 40/4(2017)

"서부아프리카 코트디부아르 야오부 마을의 전통적 샤머니즘 문화 상황에서의 선교전략." 「복음과 선교」 35/3(2016)

"서부아프리카 토고공화국 낭가부 지역 선교를 위한 까비예족 문화의 가치체계 연구." 「성경과 신학」 79(2016)

"서부아프리카 토고공화국 꼬따마꾸 지역 땀뻬르마족의 문화적 다양성과 선교." 「복음과 선교」 34(2016)

"세계 난민 문제와 선교." 「성경과 신학」 77(2016)

"서부아프리카 코트디부아르 한인 디아스포라 역할과 선교: 아비장한인교회를 중심으로." 「성경과 신학」 76(2015)

"코트디부아르 기독교와 이슬람의 정착 요인." 「복음과 선교」 31/3(2015)

"요한 칼빈의 교회개혁과 선교." 「성경과 신학」 51(2009)

"수단의 기독교와 이슬람의 정착 요인 연구." 「한국이슬람학회논총」 9/1(1999) 외 120편

전공 분야

선교 역사, 복음주의 선교신학, 선교전략, 타종교, 이슬람교, 선교인류학, Cross-cultural Communication, 상황화/토착화, 선교현장 연구, 타문화권 교회 개척, 아프리카와 지정학, 국제정치와 선교

박사학위 논문

"마그레브 지역의 무슬림 선교를 위한 기독교 교회의 상황화에 관한 연구."(지도교수: 정흥호)

마그레브 지역의 무슬림 선교를 위한 기독교 교회의 상황화에 관한 연구로서, 이슬람권에서 보기 드물게 기독교 복음이 전해진 북아프리카의 마그레브 지역에 대한 관심이 발생한 이래, 몇 차례 걸친 마그레브 지역의 순방과 단시간의 거주를 통해서 얻어진 이 지역의 역사와 지역주민과의 면담, 종교 문화에 관한 관련 자료 수집, 관찰, 제1, 2차의 문헌조사 및 관련된 학자들의 연구 논문과 작품들을 참고하여 교회와 예배, 메시지, 지도자들, 특수한 이 지역 상황에서 사용되는 성경해석 등을 연구 분석하였다.

총 7장으로 구성되어 있으며, 들어가는 말에는 논지, 연구목적, 연구방법 범위를 다룬다. 제1장에서는 마그레브 지역의 배경과 종족의 역사와 문화 및 정치를 논한다.

제2장에서는 마그레브와 이슬람의 특성을 통하여 이슬람의 유래, 북아프리카의 이슬람과 베르베르 왕조와 이슬람의 관계, 이븐 투마르트의 사상과 아랍왕조의 이슬람을 고차함으로 어떻게 마그레브에 이슬람이 전파되었는지를 연구한다. 제3장에서는 마그레브의 종교 간의 분쟁을 통하여 유대인과 그리스도인, 무슬림과 타종교와 어떤 분쟁이 있었는지를 조사하면서 이슬람교의 선교전략을 살핀다. 제4장에서는 이 논문의 핵심은 교회의 상황화에 대한 부분을 살핀다. 제5장에서는 예배의 상황화로서 무슬림을 위한 예배의 상황화가 무엇인지를 다룬다. 제6장에서는 메시지의 상황화로서 무슬림을 향한 메시지는 무엇이며, 마그레브 상황에서 메시지는 하나님의 계시이며 진리의 성경을 붙잡아야 한다는 것을 강조한다. 제7장에서는 지도력의 상황화로서 영적인 지도력과 현장 사역자의 비전과 선교 모델, 지도력을 통한 교회 성장과 교회 생존의 전략으로서의 이슬람권에서의 기독교 상황화의 선교의 모델을 확인한다. 마지막 결론에서는 다양한 상황화의 모습을 구체적인 선교전략을 제시함으로 결론을 맺는다.

이 연구를 통하여 마그레브 베르베르족 연구를 위한 활성화와 마그레브 이슬람교 선교의 중요성을 부각하고, 현대사회의 마그레브 선교사역을 위한 교회 개척, 제자 양육, 파송을 위한 토대를 마련하게 되었다.

사역 및 연구활동

아프리카미래협회와 아프리카미래학회에서 활동하면서 아프리카 종족, 지정학적 연구와 민간종교 등을 선교인류학적으로 접근하고 조사 분석 및 논의하는 일에 집중하고 있다. 그 외에 북아프리카와 중동, 이슬람교 지역의 복음화를 위한 전략 개발에 전심을 다하고 있다.

중동, 유럽, 아프리카 대륙에 관한 집중적인 연구와 순회선교사로 활동하고 있으며, 한국연구재단 인문학단 전문위원 3년차 비상근자로 일하고 있다.

연구 주제는 아프리카 각 국가별 민족지학적 연구와 지정학적, 종교인류학적 접근을 위한 연구에 집중하고 있다. 특히 아프리카 순회선교사로서 아프리카의 쟁점과 현황에 집중적으로 연구하는 중이다.

전경옥

全敬玉, Jeon Kyoung Ok, 1963년 11월 17일 -

학력

1986. 경북대학교(B.A.)
1990. 총신대학교 신학대학원(Diploma)
2006. 총신대학교 선교대학원(국제사역, Th.M.)
2024. 총신대학교 일반대학원(선교신학, Ph.D.)

경력

1988. - 2024. 현재. 상도제일교회, 서부교회, 소래교회, 영은교회, 하나교회, 동문교회 새소식반 교사
1990. - 2024. 현재. 삼덕교회, 임마누엘교회, 소래교회, 영은교회, 하나교회, 동문교회 목회(사모) 사역
1990. 서현교회 교육전도사
1989. - 1992. 평리여중 교사
1990. - 1994. 삼덕교회 영아부 교사
1999. - 2001. 소래교회 유초등부 교육전도사
2002. - 2008. 영은교회 전도폭발 훈련자
2009. - 2012. 하나교회 유초등부 교육전도사
2007. - 2008. TIMA 선교훈련원 사역 봉사
2009. - AIM Korea 선교사 훈련(교사)
2017. - 2018. GMS 국내사역부 이주민 사역훈련원 영등포지부 총무
2024. - 2024. 현재. 동문교회 유초등부 교육전도사

박사학위 논문

"한국에서 탈북민의 기독교로의 회심에 관한 근거이론 연구."(지도교수: 김성욱)

탈북민의 회심에 관한 것으로서, 탈북민의 복음화에 중요한 회심의 요인을 찾아서 회심에 관한 이론을 제시하는 논문이다.

북한선교는 한국 교회가 오랜 기간 기도해 온 숙원이자 비전이다. 북한선교의 마중물이라고 할 수 있는 국내에 거주하는 탈북민의 복음화는 한국 성도들의 중요한 사명이라 할 수 있다. 현재 한국에는 68개 탈북민 교회가 약 1,400명 정도의 탈북민을 대상으로 사역하고 있다.

이 연구의 목적은 한국에 거주하는 탈북민이 기독교로 회심하게 된 요인과 과정에 따른 회심 이론을 생성하여 사역자들이 탈북민들에게 복음을 효과적으로 전하고 그들이 회심에 이르도록 돕기 위함이다. 연구 방법은 질적 연구방법의 하나인 근거이론을 사용하였다. 국내에서 회심한 탈북민 40명을 면담하여 전사한 분량은 387쪽이다. 질적 연구방법을 위하여 개발된 소프트웨어인 QSR-Nvivo 14를 활용하여 면담자료들을 분석하였다.

이 연구는 다음과 같은 이론을 제시한다. 북한에서 주체사상으로 세뇌된 탈북민들이 한국에서 여러 요인을 통해서 하나님을 만나게 되었을 때 기독교로 회심하는 경향이 있다. 하나님을 만남으로 변화가 일어나는 것이 회심 과정에서 공통으로 나타나며, 기독교로의 회심 이전에 삶은 하나님을 만나게 될 때 변화되며, 특별히 회심에 장애가 되었던 주체사상이나 하나님에 대한 불신이 더는 장애가 되지 않았다.

이상의 제시된 이론을 바탕으로 본 연구는 회심의 '만남-변화' 모델을 제시한다. 탈북민 회심의 핵심 요인은 '만남-변화'이다. 탈북민의 대부분은 가까운 사람들의 권유로 교회에 출석하였고, 교인들의 사랑과 섬김 속에서 경건의 훈련을 받았다. 그 가운데서 하나님을 만나는 체험적인 신앙을 갖게 되었다. 하나님을 만난 그들이 새사람으로 변화되고 새로운 삶을 경험하게 될 때 대다수가 하나님을 믿기로 결심한다.

이 연구는 탈북민 사역자들이 회심의 요인을 이해하고 현장에서 적용하도록 '만남-변화 방식' 접근법, '가족 같은 공동체 형성' 접근법, '소그룹 모임' 접근법을 권한다.

전석재

全錫載, Jeon, Seok Jae, 1967년 2월 24일 -

학력

1989. 서울신학대학교(신학, Th.B.)

1992. 연세대학교 연합신학대학원(이론신학, Th.M.)

2003. 미국 Asbury Theological Seminary (Christian Leadership, M.A. 수료)

2004. 미국 United Theological Seminary(선교학, D.Miss.)

경력

2004. 09. - 2017. 02. 서울신학대학교 대학원, 호서대학교 연합신학대학원 선교학 외래교수

2005. 03. - 2013. 02. 백석대학교 선교학 교수

2008. 10. - 2015. 10. 한국선교신학회 편집장/총무/부회장/회장

2010. 10. - 2023. 10. 한국선교신학회 「선교신학」 편집위원

2013. 10. - 2015. 10. 한국기독교학회 「신학논총」 편집장

2015. 03. - 2017. 02. 서울기독대학교 선교학 외래교수

2015. 10. - 2017. 10. 한국기독교학회 편집위원회 위원, 복지선교위원장

2019. 10. - 2021. 10. 한국선교신학회 윤리연구위원장

2021. 10. - 2023. 10. 한국선교신학회 「선교신학」 편집위원장

2017. 03. - 2024. 현재. 서울기독대학교 선교학 교수

2020. 12. - 2024. 현재. 신촌성결교회 협동목사

2022. 01. - 2024. 현재. 한국선교신학회 30주년 준비위원회 위원장

2023. 09. - 2024. 현재. 미국 United Theological Seminary 한국어 프로그램 Director, 목회학 박사과정 Mentor, 선교학 교수

저서

『다문화사회의 선교』(대한기독교서회, 2023, 공저)

『한국 교회 전도의 새로운 방향』(대한기독교서회, 2023, 공저)

『선교 리더십』(CLC, 2020)

『현대선교』(CLC, 2020)

『미래세대의 전도와 목회』(대한기독교서회, 2015, 공저)

『선교적 교회론과 한국 교회』(대한기독교서회, 2015, 공저)

『변화하는 현대 선교전략』(대한기독교서회, 2014)
『선교학개론』(대한기독교서회, 2013, 공저)
『성경으로 읽는 북한 선교』(올리브나무, 2013, 공저)
『21세기 세계 선교전략』(도서출판 대서, 2012)
『21세기 복지와 선교』(도서출판 대서, 2008)

번역서

『성령과 함께하는 역동적인 능력기도』(The Forest Books, 2023)
『선교적 교회의 리더십』(CLC, 2018)
『사도적 교회』(도서출판 대서, 2014, 공역)
『변화하는 내일의 선교신학』(도서출판 바울, 2008, 공역)

논문

"김홍도의 구령열에 대한 선교적 함의." 「선교신학」(2023)
"포스트코로나 시대 한국교회 선교의 과제," 「선교신학」(2022)
"사도행전에 나타난 바울의 상황화 선교." 「선교신학」(2021)
"로마서에 나타난 선교적 함의." 「선교신학」(2020)
"생태체계모형을 통한 난민 아동과 선교적 과제." 「신학과 사회」(2019)
"바울의 전도여행 관점에서 본 선교전략." 「선교신학」(2018)
"선교적 교회를 위한 목회 리더십." 「한국기독교신학논총」(2018)
"남북통일을 향한 한국교회의 선교 역사." 「선교신학」(2016)
"미래세대를 향한 전도전략." 「 한국기독교신학논총」(2015)
"소셜네트워크(SNS) 문화와 N세대 선교전략." 「선교신학」(2013)
"선교 2세기 한국교회와 평신도 선교 교육." 「복음과 선교」(2012)
"한국 교회의 이주민 선교." 「선교신학」(2012)
"한부모가족을 위한 복지선교적 실천 방안." 「선교신학」(2012)
"CCC가 한국 교회 성장에 미친 영향에 대한 연구." 「선교신학」(2011)
"조손 가정을 위한 사회적, 선교적 실천에 관한 연구." 「선교신학」(2011, 공동연구)
"에든버러 선교대회와 선교전략." 「선교신학」(2010)
"전문인 선교전략." 「선교신학」(2010) "
중국 교회와 선교전략." 「선교신학」(2009)
"노인복지 선교를 위한 실천적 모형 연구." 「선교신학」(2008, 공동연구)
"지구화 시대와 기독교 선교." 「선교신학」(2007)
"포스트모더니즘과 선교." 「선교신학」(2006)
"사이버 시대의 선교," 「선교신학」(2005)

전공 분야

선교학, 선교전략, Cross-cultural Communication, 이주민/다문화 선교, 상황화/토착화, 다음세대 전도, 성경적 선교신학

박사학위 논문

"Toward Effective Evangelism in Electronic Culture: A Focus on the New Generation in Korea."(지도교수: Norman Thomas)

오늘날 우리 사회는 전자 문화로 인하여 매우 빠르게 변화되고 있다. 이 전자 문화는 다양한 영역에서 우리 사회의 변화를 가져왔다. 커뮤니케이션의 형태에 변화를 주었고, 산업사회에서 정보화 사회로 더욱이 메타버스라는 변화를 가져오게 되었다. 컴퓨터, 인터넷, 사이버 공간, 월드 와이드 웹, 가상현실, SNS, 사물인터넷, 인공지능, 메타버스 그리고 정보의 혁명 등은 모두 전자 문화와 연결되어 깊은 관계를 맺고 있다.

마이클 슬래터(Michael Slaughter)는 이런 전자 미디어를 통해 온 전자 문화를 구텐베르크의 인쇄술 발견으로 인한 16-17세기 개혁과 같이 21세기 '개혁'으로 역설했다. 이러한 변화는 우리의 세계관, 가치관, 공동체, 생활 방식, 문화까지 변화시키게 되었다. 특히 SNS 공간에서 자란 MZ 세대들은 생활양식, 가치관, 세계관에 깊은 변화를 가져왔고, SNS 메타버스 문화를 생활의 중심에 두고 자연스럽게 받아들이고 다양한 방식으로 이용하고 있다.

MZ 세대는 누구이며 그들의 가치와 문화의 특징은 무엇인지, 또한 불신자 MZ 세대를 향하여 한국 교회와 그리스도인이 다가갈 수 있는 효과적인 방법이 무엇인지 알아보았다. 그리고 SNS, 4차 산업혁명 시대의 전도전략을 세워보았다. MZ 세대 관련 자료는 국내에서 인터뷰와 설문조사로 수집하였다. 이 논문은 현대 문화에 깊이 자리잡고 있는 소셜네트워크 속에서 한국 교회와 기독교인들이 MZ 세대를 향하여 어떠한 선교전략을 세워야 할지 제언하고 있다.

사역 및 연구활동

미국 United Theological Seminary 한국어 프로그램 디렉터로 봉직하며, M.Div, MACM 원우들에게 선교학을 가르치고 있다. 또한 목회학박사(D.Min.) focus group (Missional Church and Education for Korean Ministries) 멘토로 강의하며 박사과정 학생들을 지도하고 있다.

다음세대연구소를 설립하여 다음세대(Z세대) 선교와 전도를 위한 저서를 집필하고 있으며, 한국 교회의 다음세대 부흥과 교육 그리고 선교에 깊은 관심을 갖고 연구와 사역에 집중할 계획이다.

문서 선교를 위해 The Forest Books 출판사를 설립하고 2023년 10월 직접 번역한 『성령과 함께하는 역동적인 능력기도』를, 2024년 3월에 『성경으로 풀어가는 기독교 교리』(최승목)를 출간하였다. 앞으로 기도와 관련된 책들을 시리즈로 출간할 예정이다.

전재옥

全在玉, Chun, Chae-Ok, 1938년 10월 31일 - 2016년 4월 14일

학력

1960. 이화여자대학교(영어영문학, B.A.)
1961. 이화여자대학교 대학원(기독교학)
1965. 파키스탄 머리언어학교(Murree Language School)(파키스탄 국어, 우르드언어 전공)
1966. 영국 ANCC(All Nations Christian College, 전 Mount Hermon College)(Diploma)
1969. 영국 London Bible College(Dip. Th.)
1969. 영국 University of London(Dip. Th.)
1975. 미국 Fuller Theological Seminary(SWM, Th.M.)
1977. 미국 Fuller Theological Seminary(SWM, Doctor of Missiology)
2003. 영국 Brunel University(London School of Theology, D.D.)

수상

1987. 이화여자대학교 10년 근속상
1991. 미국 Fuller Theological Seminary SWM, Alumnus of the year 1991((1991년 풀러 동창상)
1997. 이화여자대학교 20년 근속상
2003. 영국 London Bible College/Brunel University 명예신학박사(Doctor of Divinity. D.D.)
2004. 대한민국 국무총리 훈장

경력(이화여자대학교)

1960. - 1974. 이화여자대학교 파키스탄 선교사
1970. 09. - 1971. 08. 이화여자대학교 기독교학과 시간강사
1977. 03. - 1978. 02. 기독교학과 전임강사
1978. 03. - 1983. 02. 기독교학과 조교수
1978. 03. - 1981. 02. 해외학생지도 교수실장
1978. 03. - 1981. 02. 학생지도위원회 위원, 학생생활지도연구소 운영위원회 위원
1981. 03. - 1982. 08. 기독교학과 과장
1981. 09. - 1984. 08. 국제하기대학 담당교수
1983. 03. - 1988. 02. 기독교학과 부교수
1984. 09. - 1988. 08. 기독교학과 과장
1988. 03. - 1990. 02. 교육대학원 학사지도교수
1988. 09. - 2004. 02. 기독교학과 교수
1990. 03. - 1992. 02. 교육대학원 학사지도교수(유임)
1989. 03. - 1993. 08. 기독교학과 과장

1995. 03. – 1996. 02. 학생지도연구소 상담교수
1996. 03. – 1997. 02. 신학대학원 설립준비위원회 위원
2000. 02. – 2004. 02. 신학대학원 원장
2002. 목사안수(전국신학대학원협의회 목사안수위원회 목사안수)
2004. 02. 이화여자대학교 명예교수

경력(국내)

1980. – 1997. OMF(Overseas Missionary Fellowship) 이사
1980. – 1999. KEF(Korea Evangelical Fellowship) 중앙위원
1986. – 2016. KIVCF(Korean Intervarcity Christian Fellowship) 이사
1986. – 2016. GMTC(Global Missionary Tranining Center) 실행이사
1989. – 1991. 한국복음주의선교학회 회장
1990. – 2014. 한국LCWE 위원
1991. – 1992. KAATS(Korea Accredited Association of Theological Seminaries) 회장
1992. – 2004. 한국이슬람연구소 이사장
1994. – 1997. 한국선교신학회 회장
1995. – 2014. 한국인터서브선교회 자문위원
1997. – 2016. 횃불트리니티신학대학원 이사
1997. – 2016. SIM(Society of International Mission) 고문
2002. – 2016. 전국신학대학교협의회 소속 목사
2002. – 2004. KWMA(Korea World Mission Association) 부회장
2004. – 2014. KWMA 공동회장
2004. – 2007. 한국이슬람연구소 소장
2006. – 2014. 한반도국제대학원대학교 석좌교수
2007. – 2004. 토취트리니티신학대학원대학교 한국이슬람연구소 소장

경력(국제)

1976. – 1979. Executive Secretary of the Mission's Commission, WEF(현재 World Evangelical Alliance 세계복음주의연맹 선교분과위원회 총무)
1979. – 1989. Member of the Mission's Commission, WEF(세계복음주의연맹 중앙위원)
1979. – 1986. Member of the Lausanne Committee of World Evangelization(로잔세계복음화위원회 국제중앙위원)
1988. – 1989. Visiting Professor, CSCNWW, Edinburagh University(영국 에딘버러대학교 선교연구소 연구교수)
1990. – 1996. Member of the Lausanne Committee of World Evangelization(로잔세계복음화위원회 국제중앙위원)
1996. – 2000. IAMS(International Association for Mission Studies, 국제선교연구협회) 회장
1996. – 2003. IFES(International Fellowship of Evangelical Students, 국제복음주의학생회) 실행위원
2003. – 2004. IFES(International Fellowship of Evangelical Students, 국제복음주의학생회) 부회장
2004. – 2004. 미국 Yale Divinity School 연구교수
2004. – 2004. OMSC(Overseas Ministries Study Center) 초빙교수
2005. – 2005. 미국 Midwest Theological Seminary 초빙교수

저서

Mission in a new Millenium(IAMS, 2000)
Press on toward the Goal(CMS, 1993)
Women in Theological Education(ATESEA, 1993)
Man and Women in God's Image(IFES, 1992)

Sufisim: Its Sources and Achievements(Korea Journal of Middle East Studies)
Women in Mission(AMC, 1990)
The Cross as Evangel in Mission(WEF, 1986)
The Principle of Team Approach in Healing Ministry: Missiological Perspective(ACTS, 1980)
The Third World Missions(WEF, 1980)
"An Exploration of Community Model for Muslim Missionary Outreach by Asian" (Fuller dissertation, Unpublished Dissertation, 1977)
"Asian Missionary Commenting on Asian Missions," *Readings in the Third World Missions*(William Carey Lib. 1977)
Asia Mission Societies(MARC, 1976)
All-Asia Mission Consultation(Fuller Thesis, 1975)
An Evaluation of the Third Word Missions Consultation(1973)

저서

『파키스탄 나의 사랑』(두란노, 1991, 개정판 예영커뮤니케이션, 2003)
『기독교와 이슬람』(이화여자대학교출판부, 2003)
『살람의 집』(예영커뮤니케이션, 2007)

번역서

『선교신학의 이해』(대한기독교서회, 1993)
『세계를 향한 증거』(두란노, 1993)
『교회의 선교적 본질』(한국장로교출판사, 1988, 공역)
『교회 성장 이해』(한국장로교출판사, 1987, 공역)
『가서 너도 이와 같이 하라』

편집

「이스마엘 우리의 형제」(격월간 소식지)
한국이슬람연구소의 저널(전5권)
- 『무슬림은 예수를 누구라 하는가?』(이슬람연구 1, 예영커뮤니케이션)
- 『이슬람의 이상과 현실』(이슬람연구 2, 예영커뮤니케이션)
- 『무슬림 여성』(이슬람연구 3, 예영커뮤니케이션)
- 『아시아의 무슬림 공동체』(이슬람연구 4, 예영커뮤니케이션)
- 『민속 이슬람』(이슬람연구 5, 예영커뮤니케이션)

논문

다수의 논문 및 칼럼

전호진

全浩鎭, Ho Jin Jun, 1940년 12월 29일 -

학력

1968. 고려신학교(M.Div.)

1977. 미국 Westminster Theological Seminary(Th.M.)

1979. 미국 Fuller Theological Seminary(D.Miss.)

2000. 영국 University of Wales(Ph.D. in Theology)

경력

1970. 04. - 1974. 08. 육군 군목

1978. 09. - 1981. 08. 고려신학대학 교수

1981. 09. - 1985. 04. 아세아연합신학대학 교수

1985. 05. - 1988. 02. 피어선신학교 학장

1988. 03. - 1992. 02. 고신대학교 교수 및 학장

1992. 03. - 1997. 02. 아세아연합신학대학 교수

1997. 03. - 2000. 08. 횃불신학대학대학원 교수

2000. 10. - 2004. 09. 장로교 고신교단 총무

2004. 10. - 2006. 12. 일본복음선교회 일본 선교

2008. 06. - 2014. 06. 캄보디아장로교신학교 총장

2014. 07. - 2018. 06. 미얀마개혁장로교신학교 학장

2018. 07. - 2022. 12. 인도차이나연구소 소장(태국 치앙마이)

2023. 01. - 2024. 현재. 캄보디아에서 인도차이나 연구소장으로 교육선교 봉사

2020. 10. - 2024. 현재. 에반겔리아대학 교수

2021. 01. - 2024. 현재. 미국 월리엄케리국제대학교 Adjunct professor

경력(활동)

1984. - 1988. 개혁주의신행협회 편집국장

1985. - 1987. 법무부 자문교수

1985. - 1987. 한국복음주의선교학회 창설 총무

1988. - 1990. 한국복음주의신학회 회장

1997. - 1999. 한국복음주의선교학회 회장

1991. - 1996. 한국세계선교협의회 초대 총무(Korea World Mission Association)

2001. - 2004. 기독교방송국(CTS) 교단대표이사

2006. - 2012. 한국군복음화후원회 민간목사훈련원장

2003. - 2004. 한국기독교총연합회 총무단 총무

2007. - 2024. 현재. 이슬람네트워크 이름으로 한국의 반이슬람화운동 시작(2 I's Network)

저서

Christianity is not a Western Religion(ISPCK, 2019)(태국어, 캄보디아어로 번역 출판)
『ISIS 정체와 야망』(글샘, 2016)
『기독교 박해 시대: 한국선교 방향』(선교횃불, 2016)
『한국 다문화 사회의 위기』(종교문화연구소, 2012)
『불교국가에 불교가 없다』(총회출판국, 2010, 공저)
『인종갈등시대와 미전도종족 선교』(영문, 2010)
『이슬람 원리주의의 실체』(한반도국제대학원, 2006)
『전환점에 선 중동과 이슬람』(SFC, 2005)
『문명충돌 시대의 선교』(CLC, 2003)
『인종갈등 시대와 선교』(CLC, 2003)
Religious Pluralism and Fundamentalism in Asia(USA, International Aademic Pub., 2002)
『아시아 기독교와 선교전략(영문, 1995)
『CIS를 바로 알자(횃불, 1994)
『한국교회 선교: 과거와 현재와 미래(성광사, 1993)
『종교다원주의와 타종교 선교전략』(개혁주의신행협회, 1992)
『교회성장론』(엠마오, 1986, 공저)
『한국교회와 선교』(엠마오, 1986, 공저)
『선교학』(개혁주의신행협회, 1985)

전공 분야

에큐메니칼선교, 복음주의 선교, 종교, 이슬람

박사학위 논문

선교학 박사학위 논문 "에큐메니칼 선교사상과 한국교회에 미친 영향."

제1부는 성경의 창세기부터 요한계시록까지 성경적 선교론을 논술하였고, 제2부는 1910년 에딘버러 선교대회부터 1975년 나이로비대회까지의 국제선교회 선교대회에서 발표된 논문들을 연구하였으며, 에큐메니칼 선교사상을 복음주의 관점에서 비판하였다.

성경의 선교사상은 성경학자들과 선교학자들의 저서를 중심으로 연구하였으며, 에큐메니칼 선교사상은 International Missionary Council 선교대회가 출판한 저서를 중심으로 연구하였다.

에큐메니칼 운동과 에큐메니칼 신학의 긍정과 부정적 영향을 강의, 저술, 세미나를 통하여 한국 교회에 알리게 되었다.

신학 박사학위 논문

서구 기독교와 신학은 기독교가 절대적 진리의 종교임을 포기하고, 모든 종교는 동일하여, 동일한 구원과 진리를 소유한다고 주장한다. 그러나 구원과 진리에 대한 정의가 정확하지 않다. 반면 아시아는 소수의 과격 종교 원리주의자들이 자기 종교만 진리라고 주장, 폭력으로도 자기 종교가 지배하는 국가와 사회를 시도한다. 종교를 군사적 절대주의(Militant absolutism)의 이데올로기로 변질시키어 테러를 한다.

연구 방법은 종교다원주의 신학과 힌두교, 이슬람, 불교 원리주의는 주로 저서와 많은 논문을 수집, 연구 분석하였으며, 힌두교, 이슬람, 불교 원리주의는 직접 인도, 이슬람 국가 및 동남아 불교 국가를 방문하여 정보를 얻었다.

두 주제에 대하여 강의와 세미나를 많이 하였으며, 저서를 출판한 바 있다. 2007년부터는 수년간 Two I's Network(Islam and Israel) 조직, 한국이 이슬람화되는 것을 막아야 한다는 취지의 세미나를 수차례 하였으며(외국 학자들도 초청하였다), 기독교 언론을 통하여 홍보하였으며, 관련 기관과 협력, 영상도 제작하였다.

사역 및 연구활동

캄보디아 선교 현지에서 현지인 사역자 대상으로 성경과 신학을 강의하고 있다.

캄보디아어를 지속적으로 공부하는 한편 저서 『기독교는 서양종교가 아니다』를 캄보디아어로 출간하기 위해 번역 중이다. 또한 캄보디아 역사를 연구하여 현지인 대상으로 세미나를 열 예정이며 관련 서적을 캄보디아어로 저술할 계획이다.

정경호

鄭炅昊, Jung Gyeong Ho, 1961년 6월 15일 -

학력

1985. 대구대학교(영어교육, B.A)
1998. 총신대학교 신학대학원(M.Div.)
2004. 총신대학교 일반대학원(선교신학, Th.M.)
2009. 총신대학교 일반대학원(선교신학, Ph.D.)

경력

2006. 03. - 2008. 02. 명지대학교 강사/사목
2009. 03. - 2011. 08. 대구대학교 강사
2009. 09. - 2019. 08. 총신대학교 신학대학원 강사
2014. 09. - 2015. 02. 대신대학교 강사
2017. 03. - 2018. 08. 총신대학교 선교대학원 강사
2020. 03. - 2022. 02. 총신대학교 신학대학원 겸임교수

저서

Paul's Theology of Mission(CLC, 2016)
『바울의 선교신학』(CLC, 2009, 개정증보판)

논문

"김성태 교수의 연구 업적과 선교신학사상." 「신학지남」 87/3(2020)
"유성 김준곤 목사의 신학세계로 본 한국교회의 세계선교와 전략." 「복음과 선교」 48/4(2019)
"변화하는 다문화 사회에서 한국교회 선교의 전략과 과제." 「성경과 신학」 81(2017)
"세계 종교의 흐름 속에서 본 중국교회의 선교 전략(서북지역을 중심으로)." 「신학지남」 84/1(2017)
"존 칼빈의 선교적 신학과 선교활동으로써 전방 개척 선교 이해." 「신학지남」 84/4(2017)
"한국 청년 그리스도인과 한국 교회의 통일선교 방안." 「신학지남」 84/2(2017)
"한국교회의 새로운 패러다임으로써 선교적 교회에 대한 연구." 「복음과 선교」 33/1(2016)
"단기선교의 전략적 교육과 훈련이 요청되는 오늘의 한국교회." 「성경과 신학」 70(2014)
"개혁주의 선교신학의 역할과 과제: 총신에서 선교신학 연구의 의미와 전망을 중심으로." 「신학지남」 80/2(2013)
"오늘날 복음전도와 사회참여의 관계에 대한 연구." 「교회와 세계선교」 13(2013)
"범교육론의 선교적 관점에서 청년기 교육 과정

"바울 선교 시대의 역사적 배경 연구." 「선교신학논총」 4(2008)
"바울 선교의 관점에서 이슬람 팽창에 대한 한국교회의 선교적 대응." 「복음과 선교」 10/2(2008)
"초대교회의 성육신적 전도 모델에 관한 연구." 「교회와 세계선교」 8(2007)
"귀납적인 관계 중심의 복음전도." 「교회와 세계선교」 7(2006)
"존 칼빈의 상황화에 관한 연구." 「선교신학논총」 2(2006)
"4자 정책(Four Self-method)을 통한 아시아 이슬람권 교회 개척 전략." 「선교신학논총」 1(2005)
"사도 시대의 선교전략으로써 단기선교에 관한 연구." 「논문집: 총신대학교대학원」 1(2004)

전공 분야

선교 역사, 선교전략, 선교인류학, 상황화/토착화, 선교현장 연구

박사학위 논문

"바울 사도의 선교신학 연구(지상명령 성취의 관점: 사도적 교회론, 상황화, 리더십 개발)."(지도교수: 김성태)

지상명령 성취의 관점에서 바울 사도의 선교신학을 사도적 교회론에 기초하여 상황화 전도와 리더십 개발을 통한 전략으로 지상명령을 성취할 수 있다는 것에 대한 연구이다.

제1장은 서론으로 문제 제기, 연구방법과 선행연구 및 연구 동향과 용어 정의를 다루었고, 제2장은 바울 사도 선교 시대의 역사적 배경으로 정치와 역사, 사회와 문화, 종교와 철학, 로마세계 내에서 초기 기독교의 현항과 사회적 영향에 대해 기술하였다. 제3장은 바울 사도의 선교 사상을 이해하기 위해 생애, 사상적 배경, 바울의 사도권에 대한 논증, 바울 선교에서 사도행전이 진술하는 특징과 바울의 선교 중심의 신학사상을 조직신학의 관점에서 논증하였다.

제4장은 바울 선교에서 사도적 교회의 본질을 다루면서 구약의 제사장적 교회론과 선지자적 교회론, 그리고 사도적 교회의 기초로서 예수님의 지상명령과의 관계에 대해 논증하였다. 예수님의 지상명령 관점에서 사도적 교회론에서 교회의 정의, 사도적 교회의 본질, 바울 선교 공동체에 나타난 교회론의 특징과 예수님의 지상명령과의 관계에 대해 논증하였다. 제5장은 바울 선교의 상황화 모델 이해에서 상황화의 정의

와, 제 모델, 필요성, 상황화 원리, 상황화의 실제, 그리고 바울의 상황화와 예수님의 지상명령과 관계에 대해 논증하였다. 제6장은 바울 선교의 리더십 개발 모델 이해에서 정의, 유형, 모델과 바울 선교에서 리더십 개발의 기본적인 패턴 그리고 리더십 개발의 원리로서 복음전도, 능력 부여, 사역훈련, 신앙 형성을 제시하였다.

제7장은 바울 선교신학의 현대 적용 가능성을 다루고 있다. 현대 선교의 신학적 이슈는 삼위일체 선교, 총체적 선교, 복음과 문화 변혁적 선교, 종말론적 선교에 관한 것이다. 바울의 선교신학을 현대에 적용함에 있어서 사도적 교회론에 기초한 선교적 교회와 성경적 상황화 선교, 교회 선교의 상생적 이중구조의 원리, 그리고 현대를 위한 바울 선교의 적절성에 대해 논증하였다. 제8장은 결론으로 요약과 과제를 다루었다.

사역 및 연구활동

한국대학생선교회(CCC) 전임간사로 1989년부터 현재까지 30여 년간 캠퍼스와 세계 선교현장에서 전도와 제자훈련를 실천하고자 노력하였다. 국내에서는 경주, 춘천, 용인, 대구에서 캠퍼스 사역에 참여하였고, 해외에서는 50여개 국가에 110회에 걸쳐 단기선교와 선교사 재교육과 훈련에 참여하였다. 또한 총신대학교 신학대학원에서 강의와 연구를 병행하였고 한국CCC 선교위원장으로서 선교정책과 개발에 참여하고 있다.

주님의 지상명령 성취의 전략적 방법으로서 단기선교를 신학적으로 정립하기 위해 신학석사 논문을 "사도시대의 선교전략으로서 단기선교에 관한 연구"에 대해, 그리고 바울의 사역을 성경적인 선교의 모델로 해서 사도적 교회론에 기초하여 상황화 전도와 리더십 개발을 주제로 "바울 사도의 선교신학 연구"라는 박사학위 논문을 완성하였다.

정교진

鄭敎鎭, Jung, Kyo Jin

학력

2001. 한국침례신학대학교(신학)
2011. 고려대학교 대학원(북한학, 석사)
2017. 고려대학교 대학원(북한학, 박사)

경력

2002. 05. – 2006. 07. 중국 내 북한 선교사
2006. 08. – 2008. 11. 기독교한국침례회 국내선교회 북한선교부장
2017. 03. – 2018. 06. 고려대학교 북한통일연구센터 연구교수
2017. 05. – 2018. 05. 서울신학대학교 현대기독교역사연구소 신진연구자
2018. 07. – 2020. 06. 서울대학교 통일평화연구원 박사후연구원
2020. 07. – 2023. 현재. 고려대학교 북한통일연구센터 객원연구위원
2021. 03. – 2023. 현재. 영남신학대학교 통일선교대학원 특임교수
2021. 11. – 2023. 현재. 기독교한국침례회 엘림세계교회 개척 담임목사
2022. 03. – 2023. 현재. 서울신학대학교 현대기독교역사연구소 연구교수

저서

『북한의 현실과 통일한국의 미래』(매봉, 2021, 공저)
『역사 위에 서다』(예수전도단, 2019)
『해방 후 한국 정치와 기독교인』(선인, 2019, 공저)

논문

"북한 최고지도자 헌법적 지위·권한 변동에 관한 연구." *Journal of North Korea Studies* 7/2(2021)
"북한 김정은의 정치 행위–지도자상 연동성 분석." 「국가전략」 26/1(2020)
"해방 전·후 월남 개신교 정치인, 김병연의 애국·애족운동 연구." 「신앙과 학문」 23/4(2018)
"북한 주체사상의 기독교적 신앙체계에 관한 연구." 「복음과 선교」 38/2(2017)
"북한 최고지도자의 이미지, '어버이' 성격 분석 연구." 「북학연구학회보」 21/1(2017)
"북한 최고통치자의 상징, '태양'의 성격에 관한 연구." 「종교연구」 77/1(2017, 공동연구)
"북한 김일성–김정일 우상화 전략 및 특성 비교 연구." 「통일인문학」 68(2016)
"북한 리더십 연구의 동향과 쟁점 및 과제."

Journal of North Korea Studies 2/1(2016)

"북한 독재정권의 정치적 상징조작 유형 연구." 「북한학보」 40/2(2015)

"남북한 종교 교류 활성화의 당위성 연구." 「북한학보」 36/2(2011)

전공 분야

선교 역사, 선교전략, 타종교, 이주민/다문화 선교

박사학위 논문

"북한 정권의 지도자 상징 정치 연구."(지도교수: 유호열)

이미지와 상징에 대한 이론적 검토를 통해 '이미지의 상징화'라는 개념을 도출하여 이 개념을 북한의 김일성, 김정일, 김정은 이 세 지도자에게 각각 적용시켜 비교 분석하였다. 또한 북한의 정치적·제도적 상징 조작 유형 및 전략을 심도있게 탐색하였다. 이를 통해 북한 정권의 '지도자 상징 정치'에 대해 밀도 있는 연구를 할 수 있었다.

논문의 중점 과제는 북한 통치자들의 '지도자 이미지의 상징화 과정'을 고찰하고 비교 분석하는 것이므로 연구 대상을 김정은뿐만 아니라 김정일, 김일성까지 포함시켰다. 연구 범위가 광범위해서 정밀성에 한계가 있을 수 있지만, 어느 한 정권만 천착하는 것은 연구방법으로 적절치 못할 뿐만 아니라 유의미한 결과도 도출해내지 못하게 된다. 왜냐하면 북한의 지도자 상징 정치는 북한 특유의 유훈통치 속성상 김씨 3대 부자가 매우 긴밀하게 연동되어 있기 때문이다. 지도자 상징 정치가 김정은 정권의 안정성 여부를 평가하는 주된 변인임을 제시하고, 표면적으로 잘 드러나지 않는 김정은 정권의 성격을 좀 더 균형적 시각으로 보게 해준다. 따라서 연구 자체의 가치뿐만 아니라 실효적인 대북정책, 통일정책을 수립하는 데 적지 않게 기여할 수 있을 것으로 기대한다.

이 연구는 기존의 북한 최고지도자 이미지 및 상징 연구를 이미지와 상징을 연계하고 지도자 상징을 통한 북한의 통치전략을 구체적으로 제시함으로 '지도자 상징 정치'라는 새로운 연구 영역을 만들어낸 것이 가장 큰 기여라고 할 수 있다. 또한 지도자 상징 정치에 관심을 갖게 된 북한 연구자들이 자연스럽게 지도자 우상화 연구에 접근하게 되어 이 분야 연구에 지평을 넓히게 하였다. 더불어 북한 정권의 안정성

여부를 평가하는 연구들이 본 연구의 주제를 주요 변인으로 대입시켜 연구하게 된 것이 큰 공헌이라 하겠다.

사역 및 연구활동

북한 정치체제가 신정체제(이교도 국가)임을 밝히는 연구를 계속 진행하고 있다. 김일성-김정일 영생론, 수령영생법전, 수령영생궁전, 태양상초상화 등 통치기제가 유신론적 유형이다. 또한 김일성-김정일-김정은의 우상화(신격화) 작업을 연구하고 있다. 김일성-김정일-김정은 삼위일체 논리와 김일성-김정일의 지도적 권위 및 주체사상의 기능이 기독교 신앙체계와 매우 유사하다.

북한 선교 및 조선족 선교현장 연구도 더불어서 하고 있다. '한국 사회의 국제화와 기독교'라는 주제로 이민과 선교에 대해 폭넓으면서 구체적으로 연구를 진행 중이다.

정기묵

鄭起默, Jung Kimook, 1961년 2월 14일 -

학력

1986. 경북대학교(B.Th.)
1999. 장로회신학대학교 신학대학원(M.Div.)
2003. 장로회신학대학교 대학원(Th.M.)
2010. 장로회신학대학교 대학원(Th.D.)

경력

2011. 09. - 2023. 현재. 장로회신학대학교 선교학과 교수

논문

"사회적 급변 시대의 교회와 선교." 「선교신학」 58(2020)
"가족을 교회로 인도하기 위한 전도 방안 연구." 「선교와 신학」 49(2019)
"교인들의 선교 이해에 관한 연구." 「한국기독교신학논총」 111(2019)
"4차 산업혁명 시대의 선교." 「선교신학」 48 (2017)
"협력 네트워크를 통한 한국 교회 선교의 방향: 과거의 교훈으로부터 배우는 미래의 전략." 「ACTS 신학저널」 31(2017)
"로잔운동의 관점에서 보는 젊은이 세대 전도: LOP No.52 '12/25 젊은이 세대 전도'가 제시하는 대안의 관점에서." 「복음과 선교」 35/3(2016)
"협력을 위한 선교 네트워크 소고." 「선교신학」 41(2016)
"사이버 세대를 향한 전도." 「선교신학」 40 (2015)

전공 분야

복음주의 선교신학, 선교훈련, 선교전략, BAM

박사학위 논문

"선교 대상으로서 사이버 자아에 관한 연구."(지도교수: 이광순)

사이버 공간은 인터넷 기술의 발달과 세계화, 전자상거래 등의 영향으로 점점 다양하게 활용되고 있으며 넓어지고 있다. 인터넷에 의하여 만들어진 사이버 공간은 복음을 전하는 선교의 대로(highway)이며 효과적인 만남의 공간이다. 선교를 위한 매체로서 사이버 공간은 사람과의 만남을 수평적인 동등한 관계로 이끈다. 사이버 공간에서 만남은 사회 조직의 틀 속에서 만남의 제한을 확대시킨다. 이것은 그만큼 선교대상과의 접촉점(contact point)이 넓어졌다는 것을 의미한다. 사이버 공간은 선교의 지역적 개념을 바꾸며 선교의 패러다임이 변하고 있다. 이러한 특수성을 이용한다면 지역 선교의 부족함을 보완하고 선교 제한 국가에서 여러 가지 장애를 극복함과 동시에 보다 효율적으로 복음을 전할 수 있다.

하지만 사이버 공간은 실제의 공간이 아니므로 여기에서의 만남은 몸을 가진 인간의 만남이 아닌 사이버 자아의 만남이다. 선교의 목적은 인간이므로 사이버 자아의 인격성을 밝히는 것은 반드시 전제되어야 할 조건이다. 사이버 자아는 독자적으로는 인격이 될 수는 없으나 개별적인 몸을 가진 본래 자아와 연관되어 있는 한 인격의 지위를 가질 수 있다. 즉 '본래 자아의 물리적 몸과 연결되어 있는 한' 사이버 자아는 책임 주체로서 인격이 될 수 있다. 그러므로 본래 자아와 연결된 사이버 자아에 대한 복음의 전달은 본래 자아에 영향을 미친다. 사이버 공간에서 만남과 대화를 통한 선교가 현실 세계의 선교에 영향을 미칠 수 있으며, 역으로 현실 세계에서 선교가 동일하게 사이버 공간에서도 적용된다고 볼 수 있다. 그리고 사이버 자아는 결국 본래 자아의 한 부분이므로 사이버 공간에서 삶은 현실의 삶과 연결되어야 한다. 사이버 공간에서 선교는 결코 현실 세계의 선교와 동떨어진 것이 아니라 현실 선교의 확장이다. 사이버 공간에서 성령의 역사하심으로 말미암아 예수 그리스도를 알게 된 자아는 현실 세계의 교회 공동체 교제로 초청되어야 한다.

정무성

鄭武成, Musung Jung, 1971년 2월 21일 -

학력

2005. 나사렛대학교(신학, B.Th.)
2008. 미국 Emory University(M.Div.)
2012. 미국 Asbury Theological Seminary(선교학, Ph.D. in Intercultural Studies)

경력

2013. 03. – 2019. 02. 나사렛대학교 기독교학부 강의전담 교수
2022. 07. – 2024. 01. 나사렛대학교 기독교학부 학부장
2020. 03. – 2024. 현재. 나사렛대학교 기독교학부 신학트랙 전임교수
2023. 01. – 2024. 현재. 나사렛대학교 교목실장

논문

"A Study on the Religious Landscape in Korea: Focusing on the Formation and Characteristics of Korean Religiosity." 「선교신학」 67(2022)

"An Exploratory Study on Threefold Contextual Theological Tasks of the Twenty-first Century Korean Church." 「선교신학」 61(2021)

"Economic Shalom: Biblical, Theological, Missiological Explorations of Economic Polarization." 「선교신학」 59(2020)

"An Exploratory Study on Korean Ancestral Theology: Focus on World-view Analysis." 「선교신학」 50(2018)

"Mission as Reconciliation: Meta-missiological Tasks of the 21st Century Korean Church." 「선교신학」 46(2017)

"Exploring a New Leadership Paradigm Contributive to Creating the Growth Momentum of the Asia-Pacific Region of the Church of the Nazarene." 「선교신학」 43(2016)

"A Critical Reflection upon Pyungyang Great Revival in Light of Howard Snyder's Five-fold Church-Renewal Dimension." 「선교신학」 40(2015)

"Wesleyan Sanctification Encountering Buddhist Enlightenment." *Renovating Holiness*(Nampa: SacaraSage, 2015)

“Missiological Trends and Tasks of the Church of the Nazarene: with Special Reference to Johannesburg 2014.” 「선교신학」 37(2014)
“선교적 교회와 상황화: 세계선교운동에서 상황화 패러다임으로의 전환과 전개를 중심으로.” 「선교신학」 36(2014)
“The Kingdom of God and Kingdom Evangelism: with Special Reference to Howard Snyder's Kingdom Models.” 「선교신학」 34(2013)

전공 분야

선교 역사, 복음주의 선교신학, 상황화/토착화

박사학위 논문

“Toward a Theology of Pareo Dei: Exploring a Contextual Theology of Missio Dei for the Missiological Reconciliation of the Korean Protestant Church.”(지도교수: Lalsangkima Pachuau)

로버트 슈라이터(Robert Schreiter)의 이론을 활용해 미시오 데이(*missio Dei*)의 신학적 상황화를 시도한다. 제1장은 연구의 배경, 문제, 질문, 논제, 그리고 방법론을 소개한다. 제2장과 제3장은 세계 교회와 한국 교회에서의 미시오 데이 전개 과정을 각각 다룬다. 제4장은 상황화의 의미, 모델, 방법을 신학적으로 탐구하고, 제5장은 미시오 데이와 효의 해석학적 담론을 통해 도출되는 파레오 데이(*pareo Dei*)를 선교학적으로 탐색한다. 끝으로 제6장은 통합적 요약과 함께 후속 연구를 제언한다.

이 연구의 자신학적 연구 결과, 파레오 데이가 미시오 데이와 효의 최고의 예로서 제시된다. 파레오 데이 관점에서 예수님은 관계적 샬롬을 지향하는 ‘신-인류-우주론적’ 대동 사회의 서막을 여신 최상의 효자였다. 미시오 데이의 구현으로서 성자 예수님은 성부 하나님의 구속적 뜻과 계획에 절대적으로 순종하며 예배, 교제, 제자화, 전도, 그리고 봉사의 5중적 효 선교를 모본으로 실천하셨다. 파레오 데이는 세상을 향한 미시오 데이의 통전성을 밝히 드러내준다. 그뿐만 아니라 파레오 데이는 교회를 향한 미시오 데이를 조명하면서 교회 내적 삶의 선교성을 분명히 나타내준다.

사역 및 연구활동

대한기독교나사렛성결교회 소속 선교학자로서 교단의 선교 이론과 실제를 다학제간 연구를 통해 정립해 나가고 있다. 첫째, 교단의 선교 정체성을 성결에 관한 성서적 탐구를 통해 규정한다. 이 교단은 성서적 성결 전파를 표방하며 탄생한 선교적 교단이다. 둘째, 교단의 선교 방향성을 미시오 데이에 관한 신학적 고찰을 통해 규명한다. 이 교단은 하나님 나라 확장을 지향하며 발전해온 국제적 교단이다. 셋째, 교단의 선교 통전성을 성결운동에 관한 역사적 탐색을 통해 조명한다. 이 교단은 복음의 총체성을 견지하며 실천해온 전인적 교단이다. 넷째, 교단의 선교 창의성을 상황화에 관한 문화인류학적 분석을 통해 제시한다. 이 교단은 문화의 다양성을 인정하며 활용해온 전략적 교단이다. 끝으로 교단의 선교 준거성을 다원주의에 관한 비교종교학적 접근을 통해 구축한다. 이 교단은 그리스도의 유일성을 고백하며 선포해온 복음주의 교단이다. 상기한 다학제간 연구의 결과, 교단의 선교 이론과 실제를 집대성한 '나사렛 선교학'(Nazarene Missiology)이 확립될 것으로 기대한다.

정세진

丁世眞, Jung, Sejin, 1962년 5월 29일 -

학력

1989. 한국외국어대학교(러시아문학, B.A. of Arts)
1997. 한국외국어대학교 대학원(러시아문학, M.A. of Arts)
2005. 러시아 Lomonosov Moscow State University(역사학, Ph.D. of History)

경력

2005. 09. – 2007. 08. 한국외국어대학교 러시아연구소 연구교수
2016. 01. – 2016. 12. 사단법인 한국슬라브·유라시아학회 총무이사
2016. 03. – 2020. 07. 사단법인 실크로드 희망교육개발연대 이사
2008. 03. – 2023. 현재. 한양대학교 아태지역연구센터 교수
2023. 09. – 사단법인 파키스탄국제대학(PGI) 발전회(가칭) 이사장(예정)
2024. 01. – 2024. 현재. 사단법인 한국슬라브·유라시아학회 회장

저서

『중앙아시아 국가 타지키스탄: 일반 개관·이슬람·국내 정치·국제 관계』(진인진, 2023)
『쉽게 읽는 중앙아시아 이야기: 역사·문명·이슬람』(민속원, 2022)
『코카서스 국가 조지아: 역사·종교·국내 정치·국제 관계』(진인진, 2022)
『러시아 이슬람: 역사·전쟁·이념』(민속원, 2014)
『중앙아시아 지역 연구와 인문학: 역사적 문화요소를 중심으로』(경제인문사회연구회, 2014)
『중앙아시아 민족 정체성과 이슬람』(한양대출판부, 2012)

논문

"중앙아시아 이슬람의 역사적 변천 과정과 기독교 선교와의 상관관계." 「복음과 선교」 61(2023)
"선교와 지역학 논증: 중앙아시아에서의 러시아의 역사적 영향력, 그리고 선교적 함의와 방향성." 「한국기독교신학논총」 123(2022)
"소연방과 중앙아시아: 지역 정체성과 결정화,

그 역사적 수렴과 발산.” 「중소연구」 46/2 (2022)

“유라시아 사회 변동과 혼돈, 그리고 그 담론에 관한 소고: 소련과 포스트소비에트 시기를 중심으로.” 「한국시베리아연구」 26/3(2022)

“소련의 1924–1929년 중앙아시아 국경 경계 획정과 민족 정체성 함의: 공동의 정체성에서 개별적 정체성으로.” 「슬라브학보」 36/3 (2021)

“시베리아횡단철도 건설을 둘러싼 역사적 쟁점 소고: 군사·전략적 가치와 경제적 가치와의 대립적 관점과 한반도와의 관련성을 중심으로.” 「한국시베리아연구」 25/3(2021)

“조지아 대외정책의 방향성: 조지아의 對 EU 및 러시아 관계, 나토 가입 이슈를 중심으로.” 「중소연구」 44/4(2021)

“러시아 역사 속 러시아정교 이해하기: 기독교 선교를 위한 접근과 함의.” 「복음과 선교」 49 (2020)

“타지키스탄 이슬람부흥당(IRPT)의 생성, 과정, 그리고 소멸.” 「슬라브학보」 35/4(2020)

“19세기 ‘중앙아시아철도’ 건설의 역사적 의미장: 러시아제국의 형성과 실크로드의 상업로적 함의를 중심으로.” 「슬라브연구」 35/1 (2019)

“조지아 친(親) 서방 정향성의 특성과 함의: 국제 관계 및 국내 정치적 상황을 중심으로.” 「러시아연구」 29/1(2019)

“중앙아시아 지역학을 통한 선교로의 접근: 몽골 문화의 유산과 러시아와의 역사적 관계를 중심으로.” 「복음과 선교」 45(2019)

“카자흐스탄 이슬람과 선교 관점: 전통성과 ‘생활 이슬람’ 특성을 중심으로.” 「한국기독교신학논총」 112(2019)

“19세기 북카프카스의 평화와 공존에 관한 연구: 쿤타 하지의 삶과 이슬람 이념을 중심으로.” 「슬라브학보」 33/4(2018)

“19세기 시베리아횡단철도 건설의 과정과 목적: 경제적, 산업적 가치를 중심으로.” 「한국시베리아연구」 22/2(2018)

“러시아제국의 권력에 맞선 저항의 이데올로기: 19세기 북카프카스의 이슬람 지도자인 이 맘 샤밀의 활동을 중심으로.” 「슬라브학보」 33/1(2018)

“북카프카스 지역의 피의 복수와 아다트 관습법.” 「중소연구」 42/1(2018)

“북카프카스 소수 민족의 ‘피의 복수’: 용서와 화해의 변증적 방식을 중심으로.” 「러시아연구」 27/1(2017)

“제정러시아의 철도 역사에 관한 소고: 시베리아 횡단철도와 중앙아시아 철도를 중심으로.” 「슬라브학보」 32/1(2017)

“중앙아시아에서 소비에트의 역사적 유산에 관한 고찰.” 「노어노문학」 29/4(2017)

“러시아–다게스탄 관계를 통해서 본 다게스탄 민족 그룹의 정체성 연구.” 「한국시베리아연구」 20/2(2016)

“북카프카스 민족의 대 러시아 저항의 기원: 18세기 이맘 만수르의 삶을 중심으로.” 「한국이슬람학회논총」 26/1(2016)

“타지키스탄 이슬람 원리주의: 정치적 세력과의 관계를 중심으로.” 「노어노문학」 28/4 (2016)

“‘좋은 사회’로서의 중앙아시아 권역권의 소통 문화와 정체성.” 「슬라브학보」 30/1(2015)

“러시아 북카프카스 지역의 독립운동과 지하드 이념: 체첸 전쟁에 대한 해석학.” 「슬라브학보」 29/2(2014)

“러시아 제국의 시베리아 확장: 제국의 정복 및 시베리아 이미지.” 「노어노문학」 26/2(2014)

“러시아연방 다게스탄공화국의 살라피 이슬람 요소 연구: 1990년대를 중심으로.” 「슬라브학보」 28/1(2013)

“러시아제국의 확장과 북카프카스: 이념, 정복, 그리고 저항.” 「동유럽발칸연구」 36(2013)

“우즈베크–타지크 민족 기원론 소고: 독립 이후의 역사 논쟁을 중심으로.” 「러시아연구」 23/1 (2013)

“체첸 민족의 정체성 형성에 관한 소고.” 「러시아어문학연구」 44(2013)

"제정러시아의 정교 이데올로기와 무슬림과의 관계." 「동유럽연구」 30(2012)
"그루지야 종교 문화 인식에 대한 소고: 그루지야 이슬람을 중심으로." 「동유럽발칸학」 13/2(2011)
"러시아 이슬람의 지역 정체성과 이슬람 단체 특성 연구." 「슬라브연구」 27/1(2011)
"러시아연방 타타르스탄공화국의 유로 이슬람 소고." 「노어노문학」 22/3(2010)
"러시아정교의 민족주의에 관한 소고: 모스크바 제3로마이론, 러시아정교와 이슬람의 관계를 중심으로." 「노어노문학」 21/4(2009)
"포스트소비에트 시기 러시아 이슬람 이념의 패러다임." 「슬라브연구」 25/1(2009)

"Religious and Spiritual Characters of the Imamate."(2023)
"The Idea and Action of Zikr in Suffism."(2023)
"The Function and Role of the Naib in the Era of Shamil."(2022)
"The Origin of Islam in North Caucasus."(2021)
"The Path of Sufi: Idea, Concept, and Meaning."(2021)
"The Bekovitch Cherkaski's Expedition to Khiva and the Russian Empire's Advance to Central Asia in 18th Century."(2020)
"Orientation and Formation of Muridism in the North Caucasus. People. Events. Facts."(2019)
"Religious Ideas and Practices in Sufi Orders."(2019)
"The Views of the Japanese Inteligentia on the Russia-Japan War."(2019)
"Historiography about the Caucasian War from Pre-revolutionary Times to the 1990s."(2018)
"Two Aspects in the Caucasian War: General Ermolov and Gazavat."(2018)
"General Religious Aspects of Mysticism in Sufi Tradition."(2017)
"Sharia in the Religious and Philosophical Conception of Sufism."(2017)
"The Causes and Course of the Caucasian War in the XIX Century."(2017)
"Ideas and Features of Sufism as Religious Conception."(2016)
"State Organization and Political System of the Shamil Imams."(2015)
"Ideology Muridism in the First Half of the XIX Century. North Caucasus."(2014)
"A Study on Ideology and Character of the Islamic Government in the North Caucasus in 19th Century."(2013)
"Sufism in Northern Caucasus in 19th Century."(2010)

전공 분야

선교전략, 이슬람, 한국 교회의 타문화권 선교, 선교현장 연구

박사학위 논문

"19세기 전반기 북카프카스의 카프카스 전쟁과 이슬람 요소 연구."(지도교수: A. A. Arutunov)

19세기 전반기 제정러시아의 북코카서스(북카프카스)를 점령하기 위한 코카서스 전쟁(카프카스 전쟁, 1816-65) 기간에 벌어진 러시아와 카프카스 민족의 전쟁을 둘러싼 이슬람에 대한 연구이다.

러시아와 소수 민족의 역사적 관계를 이슬람을 중심으로 규명함으로써 러시아 이슬람의 역사적 기원을 러시아와 소수 민족의 대립이라는 측면에서 분석하였고, 이슬람 신정국가 등 러시아 내 이슬람 요소를 중점적으로 분석하고 이를 러시아 제국주의론과 연관하여 해석했다는 점에서 학술적 의의를 지닌다.

사역 및 연구활동

연구 영역은 러시아 역사 및 지역학, 중앙아시아 역사 및 지역학, 코카서스 지역학 등 주로 역사 지역학이다. 러시아 및 중앙아시아 종교문화사, 특히 이슬람 연구에 중점을 두었다. 이 외에 유라시아 지역학을 기반으로 러시아 및 중앙아시아, 코카서스 지역 선교전략 및 이슬람 연구를 주로 시행해왔다. 이를 통해 러시아 및 중앙아시아 지역의 민족 정체성을 중점적으로 연구해왔다. 지역학을 선교전략, 타문화권 선교, 선교현장 연구, 이슬람 연구 등을 접목하여 분석하는 내용의 연구를 진행하고 있다.

정승현

鄭承鉉, Chung, Seung-hyun, 1970년 1월 21일 -

학력

1994. 충남대학교(수학, B.A.)
2001. 장로회신학대학원(신학, M.Div.)
2003. 미국 Fuller Theological Seminary(선교학, M.A. in ICS)
2007. 미국 Fuller Theological Seminary(선교학, Ph.D. in ICS)

경력

2008. 08. - 2010. 12. 자카르트타신학교(STFT-Jakarta) 선교학과 교수
2018. 12. - 2020. 06. 한국복음주의선교신학회 「복음과 선교」 편집장
2011. 03. - 2024. 현재. 주안대학원대학교 선교학과 교수

저서

『세계 이슬람 이해와 무슬림 선교: PCK 선교를 중심으로』(미션아카데미, 2023, 공저)
『무슬림을 향한 증인의 삶』(주안대학원대학교출판부, 2019)
『생명봉사적 통전선교 이해와 전망』(도서출판 케노니스, 2015, 공저)
『선교적 교회론과 한국 교회』(대한기독교서회, 2015, 공저)
『하나님의 선교와 20세기 선교학자』(주안대학원대학교출판부, 2014)

번역서

『무슬림들의 신앙과 실천』(CLC, 2022, 공역)
『세계 기독교 동향』(주안대학원대학교출판부, 2020)
『기독교 선교의 이해』(주안대학원대학교출판부, 2015, 공역)
『선교적 교회』(주안대학원대학교, 2013)
『선교현장의 교회』(KAM한국연합선교회, 2012)

논문

"기독교 NGO/CSO와 협력을 통한 지속가능한 선교 방안 연구." 「장신논단」 55(2023)
"카파도키아 세 교부의 생애와 삼위일체론 형성에서의 역할에 대한 연구." *Muslim-Christian Encounter* 16(2023)
"하나님의 선교와 창조신학의 관점에서 본 '은

총의 숲' 사역." 「선교신학」 67(2022)
"하나님의 선교에 동참하는 '선교적 문화읽기'에 대한 소고." 「선교와 신학」 56(2022)
"인도네시아 선교사 서정원의 삶과 사역 그리고 선교신학에 관한 소고." 「장신논단」 53(2021)
"선교적 교회의 현장성(contextuality)에 관한 소고: 블루라이트교회를 중심으로." 「선교신학」 63(2021)
"선교적 영성(Missional Spirituality)에 대한 소고: 대안 공동체로서, 일상에서, 하나님의 선교에 참여하는 영성." 「선교와 신학」 53 (2021)
"1942년 이후 인도네시아 기독교 동향 연구: 개신교와 오순절을 중심으로." *Muslim-Christian Encounter* 13/2(2020)
"윌버트 쉥크(Wilbert R. Shenk)의 선교적 교회론과 목회 선교학에 관한 연구." 「선교신학」 58(2020)
"하나님의 선교 내러티브의 구현과 성만찬의 선교적 재해석: 선교적 예배(Missional Worship)에 관한 소고." 「선교신학」 60(2020)
"케네스 크래그(Kenneth Cragg)의 이슬람 연구에 관한 소고." 「복음과 선교」 45/1(2019)
"샤리아와 순니 4대 법학파에 대한 선교학적 고찰." 「선교와 신학」 44(2018)
"순니 3대 신학파에 대한 분석과 선교적 성찰." 「선교신학」 50(2018)
"꾸란의 예수 이해와 하나님의 선교." 「복음과 선교」 38/2(2017)
"시아파의 기원과 핵심사상 그리고 선교적 함의." 「선교와 신학」 41(2017)
"이슬람에서 배교의 이해와 선교적 함의: 개종, 신성모독, 그리고 이단을 중심으로." 「선교신학」 47(2017)
"로잔운동을 통한 이슬람 선교 연구." 「장신논단」 48/4(2016)
"무슬림 상황화 연구: 다섯 기둥의 재사용." *Muslim-Christian Encounter* 10/2(2016)
"수피즘의 동향 연구: 인도네시아를 중심으로." 「복음과 선교」 33/1(2016)
"이슬라모포비아의 이해와 선교학적 함의." *Muslim-Christian Encounter* 9/2(2016)
"'이슬람을 향한 사도' 사무엘 즈웨머의 선교이론 탐구." 「선교와 신학」 38(2016)
"크리스텐덤의 이해와 선교적 교회론." 「선교신학」 43(2016)
"우드베리의 이슬람 선교 이론 연구." 「복음과 선교」 31(2015)
"교회 성장학의 태동: 도날드 맥가브란의 인도 선교 연구." 「미션네트워크」 4(2014)
"대럴 구더의 선교적 신학과 교회론." 「선교신학」 36(2014)
"랄프 윈터(Ralph D. Winter)의 선교학 재탐구." 「복음과 선교」 25(2014)
"성문 밖에서 고난받으신 예수 그리스도: 올란도 코스타스의 선교신학 연구." 「신학논총」 29(2014)
"죄인들의 교회, 갱신하는 교회, 그리고 일치하는 교회." 「선교신학」 34(2013)
"하나님의 선교의 기원과 발전." 「복음과 선교」 24(2013)
"보쉬(David J. Bosch)의 선교, 전도, 그리고 교회의 상관관계 연구." 「복음과 선교」 18 (2012)
"서구에서 선교적 교회론의 태동 및 발전." 「선교와 신학」 30(2012)
"선교의 성경연구 동향 분석: 1980년대 이후 영미권을 중심으로." 「미션네트워크」 1(2012)
"헨드릭 크래머(Hendrik Kraemer)의 선교신학 재조명: 인도네시아 상황을 중심으로." 「선교신학」 30(2012)
"현대문화와 하나님의 선교: 세계화와 매스미디어에 대한 선교적 응답." 「선교와 신학」 27 (2011)
"하나님의 선교, 세상, 그리고 샬롬: 요하네스 호켄다이크의 선교신학." 「선교와 신학」 24 (2009)
"하나님의 선교와 선교적인 교회: 빌링겐 IMC를 중심으로." 「선교와 신학」 20(2007)

전공 분야

선교적 교회, 에큐메니컬 선교신학, 복음주의 선교신학, 이슬람

박사학위 논문

"The Missional Ecclesiology in Contemporary Hyperreal Culture."(지도교수: Wilbert R. Shenk)

사람들은 시뮬레이션된 이미지와 제품을 추구하는 초현실적 현대문화에 살고 있으며, 현실과 초현실을 구분하는 것에는 거의 관심이 없고 오히려 가시적이고 유형적이며 재현 가능한 인기 있는 제품을 얻고 이를 통해 다른 사람들과 소통하려고 한다. 프랑크푸르트학파(The Frankfurt School)는 수십 년 동안 이런 종류의 문화적 경향에 대해 경고했지만 불행히도 현대의 초현실적 문화에 건설적인 제안을 제공하지 않았고, 주로 문화 생산자와 문화 산업의 의도를 비판한다. 한편 영국문화연구(British Cultural Studies)에는 청중과 맥락의 중요한 역할을 지적하는 몇 가지 긍정적인 접근 방식이 있다. 세계화 시대에 초현실은 전 세계로 퍼져 동서양 사이에서 서로에게 영향을 미치고 있다. 이러한 세계적 경향은 문화제국주의, 동질성, 혼종화 등 많은 이슈를 불러일으킨다.

이러한 이해를 바탕으로 예수 그리스도의 생애와 사역을 탐구하여 초현실 세계에 사는 실존 인물의 롤모델을 찾았다. 그분은 1세기 팔레스타인의 유대 문화 가운데 살았는데, 그곳은 하나님의 나라에 대한 초현실적 개념에 사로잡혀 있었다. 그러나 예수 그리스도는 그의 동시대 문화를 무시하거나 그것을 제거하려고 하지 않았고, 오히려 그분은 그것들을 채택하여 하나님의 나라를 구현했다.

이것이 우리가 현대의 초현실 문화에서 따라야 할 방식이다. 비록 우리의 문화가 아직 구원받지는 못했지만 중요한 의미가 있다. 이는 삼위일체 하나님께서 편재하시고 이미 전 세계에서 그분의 선교를 시작하셨기 때문이다. 이런 의미에서 기독교인의 공동체는 반드시 선교적이어야 한다. 선교적 교회는 초현실 세계에서 안에서 하나님의 선교에 동참해야 한다.

사역 및 연구활동

2022년 국제선교학회(IAMS)에서, 2019, 2022, 2023년에는 미국선교신학회(ASM)에서 발제하였으며, 2023년 3월부터 3개월간 햇불트리니티신학대학원대학교 객원교수로 재직했다.

현재 주안대학원대학교 선교학 교수이며, 「선교와 신학」, 「장신논단」, *Muslim-Christian Encounter* 편집위원으로 사역하고 있다.

정재우

鄭載佑, Jeong Jaewoo, 1969년 6월 2일 -

학력

1994. 영남대학(경제학, B.Th.)
2001. 홍콩 Lutheran Theological Seminary (M.Div.)
2008. 미국 Fuller Theological Seminary(선교학, M.A.)
2017. 미국 Concordia Theological Seminary (선교학/철학, Ph.D. in Missiology)
2024. 미국 Western Theological Seminary(구약학, Th.M. in Biblical Studies)

경력

1989. 09. - 1992. 01. 군대 중대군종
1993. 01. - 1994. 12. 대학생 선교단체(IVF) 리더
1995. 01. - 1996. 12. 대구동부교회 청년부 선교부장
1995. 01. - 1996. 12. 장애인 병원 사역
1996. 01. - 1996. 12. 컴퓨터 프로그래머
1997. 01. - 1997. 12. 바레인 옷가게 메니저 (전문인 선교)
1998. 01. - 2001. 12. 홍콩제일교회(통합) 중고등부 담당 전도사
2002. 01. - 2005. 12. 무슬림 회족 사역(중국 선교사)
2010. 01. - 2013. 07. 중국인 선교훈련(말레이시아 선교사)
2017. 01. - 2028. 07. 미국 톨레도한인교회(통합) 청소년 담당 목사
2018. 08. - 2019. 12. 인도 Evangelical College of Theology 외래교수
2020. 06. - 2024. 현재. 말레이시아 Sabah Theological Seminary 선교학과 전임교수

논문

"코로나(COVID-19) 이후 말레이시아 선교환경의 변화." *Asia Missions Journal* 1(2022)
"Partnership with the Local Church and Mission Agencies from the Lutheran Perspective." *Mission & Mission*(2021)
"불편한 이웃: 화교와 말레이." *Muslim-Christian Encounter* 14/2(2021)
"Communicating With Muslims: The Hui In China." *Muslim-Christian Encounter* 13/1 (2020)
"A Study on the Worldview Allegiance After Conversion of Overseas Chinese in

Malaysia." *Asian Missions Advance* 63 (2019)

전공 분야

복음주의 선교신학, 상황화, 타문화 커뮤니케이션, 이슬람, 선교인류학

박사학위 논문

"The Study of the Post Conversion Worldview Allegiance Among Overseas Chinese Converts with a Special Reference to Ancestor Worship."(지도교수: Robert H. Bennett)

This research attempts to examine how overseas Chinese who have a traditional worldview of religions convert to Christianity. This study has attempted to gain an emic (insiders) perspective on the spiritual experiences of overseas Chinese who have converted to Christianity.

The Western Church does not believe in ancestor worship; though there has been–and continues to be–a discussion in the veneration of saints. The protestant argument is that saints should not be involved or prayed to. However, they should be remembered for their exemplary lifestyle to serve as an inspiration for other believers. Thus, whatever is being said about ancestor worship would invite a discussion on Saints.

The literature research, which includes biblical, cultural, and Hiebert's "The Flaw of the Excluded Middle." provides a theoretical framework of the study. The field research data were gathered from overseas Chinese in Malaysia and Taiwan. The media that conducted the field research are qualitative. The data collection occurred through phenomenological methods of interviewing. Grounded theory research methodology was adapted and used for analyzing the data.

The findings of this research seek to explain the spiritual experience, which tells a conversion to the Christianity. The majority of respondents described of having a spiritual struggle at some time during their lives. The most common response expressed by the converts was an experience of inner peace, freedom of evil spirits and a fear of death, and relief from the burden of ancestor worship. Many of them confessed that ancestor worship is a major obstacle to conversion to Christianity. However, my research has shown that while it is an impediment at first, at post-conversion overseas Chinese in Malaysia and Taiwan are not battling with the issue of ancestor worship as much as conveyed in literature. Therefore, I concluded that the issue of ancestor worship among converted overseas Chinese in Malaysia is no longer a chief problem in their religious life. They also recognized the importance of fellowship with other Christians and an ability of pastors in local churches to provide an answer to their quests.

This research is useful for a cross-cultural mission for overseas Chinese because it demonstrates the necessity of relevant messages to Chinese culture dealing with ancestor worship and spirits. Recommendations include further research in the area of mission outreach of overseas Chinese.

사역 및 연구활동

2017년 미국 컨콜디아신학교에서 선교학 철학박사 학위를 받고 2018년에 다시 말레이시아로 돌아왔다. 처음에는 인도 신학교에 가서 외래교수로 사역을 시작하였다. 인도 동북부 지역은 인구의 대부분이 기독교인이라 타문화 선교의 필요성이 많았다. 그래서 2년간 선교학 석사 과정의 학생들을 대상으로 선교학을 가르칠 수 있었다. 2020년 말레이시아 사바신학교(Sabah Theological Seminary)에서 선교학 전임교수 사역을 시작하였다. 말레이시아는 이슬람 국가임에도 불구하고 화교 교회, 인도 교회, 그리고 기타 소수민족 교회가 많이 있으나 타문화 선교에 대해서는 아직 걸음마 단계에 있다고 볼 수 있다. 이들 현지 교회 지도자들에게 선교의 이론과 실제를 가르치며 선교를 동원하고 있다.

신학교에서 선교와 전도, 커뮤니케이션, 기독교 문화인류학, 리서치 방법론, 기독교 변증학, 세계종교, 제자도와 리더십 등을 가르쳤다. 특히 복음주의적 '하나님의 선교'(미시오 데이) 관점에서 선교신학을 현장에 맞는 비서구적 상황화 신학에 관심이 있다. 선교는 인간이 계획하는 것이 아니라 하나님께서 주도권을 잡고 역사 가운데 행하셨으며 교회는 그 하나님의 선교에 겸손하게 동참하는 것임을 깨달았다. 저명한 선교학자인 구스타프 바르넥(Gustav Warneck)은 선교에 대해 하나님이 선교의 근원이라는 확신(objective existence of mission)뿐만 아니라 우리의 주관적인 순종(subjective obedience to mission)을 동반한다고 말했다.

교수로서의 비전은 비서구 선교사들이 현장에서 가르치는 사역을 할 수 있도록 돕고, 선교지뿐만 아니라 주위의 이웃들을 내 몸과 같이 사랑하고 복음전파와 사회참여가 같이 일어나는 전인적 사역(Holism)을 하는 것이다.

정혜원

鄭惠媛, JUNG HYEWON, 1976년 12월 31일 -

학력

2019. 총신대학교 목회신학전문대학원(목회학과 선교학 전공. Th.D.)

경력

2007. 01. – 2008. 01. KICC 다문화 이주민 전도사

2008. 02. – 2022. 11. 우리교회 청년부 전도사, 협력선교사(국내 이주민 사역)

2005. 03. – 2024. 현재. 빛세계선교회(LWM) 선교사, 교재연구개발팀장, 자국인(현지인) 선교사훈련팀

2008. 03. – 2025. 현재. 빛세계선교회(LWM) 파송 선교사(서울 도시 개척, 유학생 선교, 청년 선교)

2020. 01. – 2025. 현재. 한국선교신학회 회원

2020. 03. – 2025. 현재. 한국문인협회 회원(시인)

2022. 12. – 2025. 현재. 성진교회 고등부 전도사, 협력선교사

2023. 04. – 2025. 현재. 한국복음주의선교신학회 회원

저서

『그리스도와의 동행(리더용)』(LWM Press, 2023, 공저)

『다문화 사회의 선교』(대한기독교서회, 2023, 공저)

『그리스도와의 동행(학생용)』(LWM Press, 2021)

『2020, 올해에 선정된 시인들』(책나라, 2020, 공저)

『어유카, 유학왔습니다!』(네이버 웹소설, 2020–2021)

『세계관 한글공부(리더용)』(LWM Press, 2019)

『세계관 한글공부(학생용)』(LWM Press, 2019)

논문

“국내 무슬림 유학생 선교전략.” 「복음과 선교」 62(2023)

“선교 목적 한국어 교재개발과 이주민 선교의 적용: 『세계관 한글공부』의 외국인 유학생 전도 활용을 중심으로.” 「선교신학」 57(2020)

전공 분야

선교전략, 선교인류학, Cross-cultural Communication, 이주민/다문화 선교, 선교현장 연구

박사학위 논문

"한국의 외국인 유학생을 위한 융합선교 전략."(지도교수: 고광석)

이주민은 유형별, 국적별로 한국에 입국한 목적과 필요 등이 다르므로, 선교적 대응 또한 이주민 유형에 따라 전략적으로 이뤄져야 한다. 한국의 외국인 유학생 선교를 전략적으로 이뤄가기 위해서는 단일문화에서 다문화사회로 급격하게 전환되고 있는 한국 사회와 한국의 캠퍼스 상황과 함께, 오늘날의 혁신적인 시대 변화를 고려하고, 외국인 유학생 사역의 장기적인 전망을 근거로 한 실천적인 선교전략 연구가 이뤄져야 한다. 이러한 배경하에 한국 교회의 선교 패러다임의 전환을 도움으로 외국인 유학생 선교에 동참하게 하고, 외국인 유학생 선교 사례연구를 통해 한국의 외국인 유학생을 위한 선교 과제와 방향을 모색하고, 외국인 유학생 사역을 위한 융합선교 전략을 제안하여, 장기적 안목의 외국인 유학생 선교 로드맵과 실천적 적용 방안을 제시하였다.

이 논문은 외국인 유학생 선교를 장기적으로 전망하고 쓴 선교 연구의 개척적 논문이다. 먼저 외국인 유학생 선교의 큰 그림을 갖고 선교의 처음부터 귀국 이후까지를 염두에 둔 연구 자료로서 유학생 선교현장에 꼭 필요한 논문이라는 점에서 의미가 크다. 둘째, 외국인 유학생 선교현장의 사례연구를 중심으로 한 실제적 현황 파악과 외국인 유학생 선교의 나아갈 방향을 제시하였다. 셋째, 오늘날 시대적 상황, 한국 상황, 캠퍼스와 유학생의 상황을 고려한 융복합적 연구로서 선교의 경계를 허무는 광범위한 학제적 연구를 통해 융합선교 전략을 선교 대안과 전략으로 제시하였다. 외국인 유학생이 가진 이주의 관계적, 유동적, 초국가주의적, 다문화적 특성을 포괄하는 선교전략 개발과 사역을 위해서는 학문 분파 내의 연구의 경계를 뛰어넘는 학제적 연구가 필요하며, 여러 영역을 융합한 형태의 전략으로 선교적 시너지를 낼 수 있기 때문이다.

사역 및 연구활동

국내에서는 이미 절실한 선교 대상이 되어버린 한국 교회 청년들, 특히 캠퍼스와 일터의 청년들을 중점적으로 선교하고 있다. 한국 대학의 한 부분으로 자리잡고 있는 외국인 유학생 선교도 일반선교로 접근하여 선교하고 있다. 전도, 제자화하는 데 가장 중요한 부분인 교재 연구개발을 병행하고 있다. 전도와 제자훈련으로 캠퍼스, 일터, 가정 등 여러 영역을 제자 삼고 재생산하여 삶의 터전에서 모두가 선교하도록 돕고 있다.

4차 산업혁명의 시대적 흐름을 따라 온·오프라인을 하이브리드 형식으로 교차해 가며 사역현장에 적용하여, 전도와 제자훈련과 국내외 선교를 융합적 형태로 진행하고 있다. 대면과 이동이 제한된 로코나 팬데믹 상황에서 온라인 영역의 개척 선교라 할 수 있는 선교웹소설을 쓰고, 코로나 블루로 힘들어하는 사람들을 위로하고 선교 접촉점으로 삼기 위해 SNS에 시를 수록하며 섬겼다.

해외 사역으로는 해외 자국인(현지인) 선교사 훈련생 및 선교사들의 훈련과 교육, 그리고 파송 선교사들의 연장 교육으로 섬기고 있다. 선교사들의 리더십 개발 및 제자사역을 교육하고 훈련하여, 선교현장의 교회가 선교적 교회로 나아가도록 섬기고 있다.

연구 활동으로는 이주민의 전도와 양육을 위해 타문화 종교권에서 온 이들을 선교하는 교재를 연구개발하고 있다. 외국인 유학생들의 세계관을 파악하고 이해하면서, 그들의 가장 절실한 현실적 필요인 한국어 공부를 접목하여 전도하는 『세계관 한글 공부』 교재를 만들었다. 교재를 만들고 사용하며 실제 회심하고 세례받은 외국인 유학생들의 사례와 그들의 필요를 반영하여 실제적인 선교에 도움이 되는 교재를 만들고자 노력하고 있다. 이주민의 상황에 적합한 교재를 위해 후속 교재로, 기존 종교와 세계관을 깨뜨리며 성경적 세계관으로 전환할 수 있도록 돕는 기초양육 교재를 연구개발하는 중이다. 타종교, 문화권에서 온 유학생들은 각 세계관을 더 깊이 이해하고 예수 그리스도가 하나님이심을 확신하고 믿을 수 있도록 돕는 교재가 필요하기 때문이다.

국내외 삶의 현장을 선교 터전으로 이해하고 청년들과 일터의 선교자원을 동원하기 위해 영역선교의 활성화 전략을 연구하고 있다. 타문화권 그리고 미디어, 교육, 가정, 기업, 예술 등 여러 영역의 선교 리더십 개발을 위한 교재인 『그리스도와의 동행』 교재(학생용, 리더용)를 공동으로 개발하였다. 선교 비전과 리더십 재생산을 위해 영어 번역 작업을 준비 중에 있다.

조귀삼

曺貴三, Cho, Gwi Sam, 1950년 8월 30일 -

학력

1988. 성결대학교(지역사회개발학, B.Th.)
1992. 필리핀 International Graduate School of Leadership(M.Div.)
1995. 아세아연합신학대학교 대학원(Th.M. in Missiology)
2002. 아세아연합신학대학교 대학원(Ph.D. in Theology of Mission)

경력

1982. 05. - 1992. 06. 한국대학생선교회(CCC) 간사
1988. 12. - 1992. 06. 한국대학생선교회 파송 필리핀 선교사
1990. 09. - 1992. 06. 필리핀 St. Mesa New Life Alliance Church 담임목사
1995. 08. - 1998. 05. 세계로선교교회 담임목사
1995. 08. - 2003. 02. 세계로선교연구원 원장
1998. 08. - 1999. 01. 미국 Alliance Theological Seminary 선교연구원
1999. 03. - 2002. 12. 성결대학교, 아신대학교 외래교수
2008. 03. - 2009. 03. 한국복음주의선교신학회 회장
2003. 03. - 2015. 08. 한세대학교 교수
2015. 09. - 2019. 08. 한세대학교 초빙교수
2010. 09. - 2023. 현재. 세계사이버대학 겸임교수
2015. 09. - 2023. 현재. 세계다문화진흥원 원장
2022. 03. - 2023. 현재. 웨스터민스터대학원대학교 겸임교수

전공 분야

선교 역사, 복음주의 선교신학, 이주민/다문화 선교, 타문화권 교회 개척, 선교현장 연구.

박사학위 논문

"A Study on the Mission Theology of Albert Benjamin Simpson."(지도교수: 정흥호)

뉴욕의 나약대학(연합신학대학교)과 연합신학대학원(Alliance Theological Seminary)에서 논문을 연구하던 1998년 9월부터 약 4개월 동안 드루대학교와 시카고트리니티대학교, 풀러신학대학교 등에서 심슨에 대한 문헌을 찾았다. 그때 심슨이 발행한 낡은 책들을 수집하였다. 즉 『사중의 복음』(*The Four Fold Gospel: Christ Our Saviour, Christ Our Sanctifier, Christ Our Healer, Christ Our Coming Lord*), 『신유』(*Gospel of Healing*), 『온전한 성화』(*Wholly Sanctified*), 『성경주석』(*The Christ in the Bible Commentary*) 등을 신학적 관점에서 분석해 나가면서 글을 엮었다.

제1장에서는 심슨의 생애와 목회 사역 속에 나타난 선교의 내적 동기와 외적 동기가 무엇인지를 찾았다. 제2장에서는 심슨의 신학 형성의 역사적인 배경을 논의하였다. 제3장에서는 단순한 구원의 복음 선포 선교를 연구하였다. 제4장에서는 '성화의 삶을 통한 현존과 봉사 선교'에 대해서 연구하였다. 제5장에서는 '신유의 능력 선교'에 대해서 연구하였다. 제6장에서는 '왕의 재림을 기대하는 열정적 선교'에 대해서 논증하였다. 제7장에서는 '소달리티 구조의 신앙 선교'에 대해서 다루고 있다. 이는 기독교연합선교회가 소달리티 구조로 시작하여 당시에 선교신학의 열정적 적용인 '믿음 선교'로 꽃을 피웠기 때문이다.

이 논문은 제2의 심슨과 같은 선교 동력가(動力家)가 한국의 선교 역사 가운데서 나오기를 기대하게 하였다.

사역 및 연구활동

한국대학생선교회(CCC) 소속으로 필리핀에 선교사와 신학 수학 요원으로 파송되어 International Graduate School of Leadership에서 M.Div. 과정과 St. Mesa New Life Alliance Church를 개척하여 사역하였다. 이후 귀국하여 아세아연합신학대학교 대학원에서 Th.M. in Missiology 학위를 취득하였고(논문 제목: "사도 바울 선교의 원리와 방법에 관한 연구"), Ph.D. in Thology of Mission(논문 제목: "Albert Benjamin Simpson의 선교신학")으로 학위를 취득하였다. 이후에 한세대학교에서 선교학 교수로 재직하는 동안에 한국복음주의선교신학회 회장직을 수행하였다.

한세대학교 퇴직 이후 한세대학교 초빙교수, 세계사이버대학과 웨스터민스터대학원대학교의 겸임교수로 재직 중이며, 세계다문화진흥원 원장으로 사역하고 있다.

조정자

趙貞子, Jungja Cho(Julie Ma), 1955년 8월 3일 -

학력

1977. 한세대학교(신학, B.A.)
1982. 필리핀 Asia Pacific Theological Seminary(기독교교육학, B.A.)
1983. 필리핀 Asia Pacific Theological Seminary(기독교교육학, M.A.)
1993. 미국 Fuller Theological Seminary 신학대학원(선교학, M.A.)
1994. 미국 Fuller Theological Seminary 신학대학원(신학, M.A.)
1996. 미국 Fuller Theological Seminary 신학대학원(선교학, Ph.D.)

경력

1980. 01. - 2006. 06. 기독교대한하나님의성회 필리핀 주재 선교사
1983. 03. - 1985. 08. 필리핀 Bethel Bible College 선교학 교수
1996. 09. - 2006. 08. 필리핀 Asia Pacific Theological Seminary 선교학 교수
2006. 09. - 2016. 06. 영국 Oxford Center for Mission Studies 선교학 교수
2000. 05. - 2024. 현재. Asia Pacific Theological Association
2010. 01. - 2024. 현재. Society for Pentecostal Studies
2016. 08. - 2024. 현재. 미국 Oral Roberts University 선교학 교수
2018. 03. - 2024. 현재. American Society of Missiology

저서

When the Spirit Meets the Spirits: Pentecostal Mission to an Animistic Tribe of the Northern Philippines(Frankfurt: Peter Lang, 2000)

Mission Possible: Biblical Strategies in Reaching the Lost(Oxford: Regnum Books, 2005 for 1st edition; 2016 for the 2nd edition)

Mission in the Spirit: Towards a Pentecostal/Charismatic Missiology(Oxford: Regnum Books, 2010, 공저)

Asian Church and God's Mission: Studies Presented at the International Symposium on Asian Mission, Manila, January

2002(Manila: OMF Literature, 2003, 공동편집)

논문

"Empowered by the Holy Spirit to Serve the Least: Hawaii (Korean) Cedar Church in the Lost Paradise." *International Bulletin of Mission Research*(2021, 공동연구)

"Three Unique Theological Themes of Oral Roberts' Preaching." in *Spiritus* 6/1(2021)

"Influence of Pentecostal Spirituality to Asian Christianity." *Asian Journal of Pentecostal Studies* 23/2(2020)

"Miraculous Divine Activity and Religious Worldviews." *Sapientia*(2020)

"Women at Yoido Full Gospel Church: Pentecostalism in a Confucian Society." *Journal of Asian Mission* 19/1(2018)

"Evangelism and Church Planting: A Strategy for the Growth and Mission of the Korean Church." *Journal of Asian Mission* 18/1(2017)

"Touching Lives of People through the Holistic Mission Work of the Buntains in Calcutta, India." *International Bulletin of Mission Research* 40/1(2016)

"The Holy Spirit in Mission." *Dialog* 54/2(2015)

"Challenges, Contributions and Commitment of Pentecostals in Missionary Work Among Other Faith." *International Journal of Pentecostal Missiology* 2/1(2014)

"Significant Role of Asia Pacific Theological Seminary and Missionary Training Institute for Equipping Asian Church for Mission." *Asian Journal of Pentecostal Studies* 17/1(2014)

"The Role of Christian Women in the Global South." *Transformation: An International Journal of Holistic Mission Studies* 31/3(2014)

"A Critical Appraisal of Korean Mission Movements: Challenges for Western Mission." *Encounter Mission Ezine*(2009)

"Eschatology and Mission: Living the 'Last Days' Today." *Transformation: An International Journal of Holistic Mission Studies* 26/1-4(2009)

"Spiritualität in der Mission: gelernt vom einheimischen Missionar Tito." in *Mission Erfüllt? Edinburgh 1910 – 100 Jahre Weltmission: Jahrbuch Mission 2009*(Hambrug: Missionshilfe Verlag, 2009, 공동연구)

"North-East Asia." in *Christianity Worldwide: A.D. 1800 Onwards*(London: SPCK, forthcoming)

"Growth of Christianity in Asia and Its Impact on Mission." *Encounter Mission Ezine*(2007)

"Korean Mission in Global Leadership." *Korean Mission Quarterly* 6/4(2007)

"Pentecostalism and Asian Mission." *International Review of Mission* XXXV/1(2007)

"Asian Religious Worldviews and Their Missiological Implications." *Journal of Asian Mission* 7/1(2005)

"Jesus Christ in Asia: Our Journey with Him as Pentecostal Believers." *International Review of Mission* 94(2005, 공동연구)

"Korean Pentecostal Spirituality: A Case Study of Jashil Choi." *Asian Journal of Pentecostal Studies* 5/2(2002). Also in *The Spirit and Spirituality: Essays in Honor of Russell P. Spittler*(London: T. & T. Clark, 2004)

"Light: Missiological Implication." *Journal of*

Asian Mission 1/2(1999)

"Santuala: A Case of Pentecostal Syncretism in the Northern Philippines." *Asian Journal of Pentecostal Studies 2:2* (1999)

"Growing Churches in Manila: An Analysis." *Asian Journal of Theology*(1996)

전공 분야

상황화/토착화, 선교 역사, 복음주의 선교신학, 선교인류학

박사학위 논문

"필리핀 칸카나이 부족들을 위한 하나님의성회 선교: 신학적인 교전의 역사."(Ministry of the Assemblies of God Among the Kankana-ey Tribe in the Northern Philippines: A History of a Theological Encounter)(지도교수: Paul Pierson)

하나님의성회 선교사들을 중심으로 필리핀 칸카나이 부족들 사이에서 이뤄진 선교를 신학적 관점에서 연구한 것이다. 칸카나이 부족은 조상신을 돈독하게 섬기는 사람들로서 어떠한 외부의 종교를 철저히 배격해왔기에 여러 기독교 선교의 시도가 크게 성공하지 못하였다. 그러나 하나님의성회의 오순절적인 선교사들의 시도는 현저한 차이를 보이며 칸카나이 부족의 복음 수용도가 월등히 높았다. 이들의 선교사역은 정기적으로 초자연적인 능력이 나타나 병 고침과 악령을 물리치는 등의 역사가 일어났다. 결과적으로 이러한 선교에 접한 많은 부족원이 기독교로 개종하여 전통적인 조상신 숭배를 버리게 되었다.

이 연구는 칸카나이 교회 지도자들과 평신도 지도자들을 인터뷰하고 동시에 이들의 문화와 종교, 그리고 역사에 대한 문헌을 조사하였다. 동시에 연구자가 여러 해 동안 칸카나이 부족 사이에서 경험한 내용도 포함하였다.

이 연구는 크게 세 가지 방향에서 접근하였다. 첫번째는 역사적 고찰이다. 20세기 중반에 캘리포니아에서 온 여성 독립선교사인 엘바 반더바우트(Elva Vanderbout)로 시작된 오순절 선교는 여러 동네에서 초자연적인 기적을 행하여 부흥이 일어나고 교회가 설립되었다. 이는 20세기 초반에 선교를 시작한 성공회, 루터교와는 확연한 차이를 보인다. 두 번째는 문화인류학적 고찰이다. 특히 칸카나이 부족의 세계관과 오순절 세계관을 비교한 결과 초자연적인 세계에 대한 인지, 건강, 부유함, 악귀로부터

의 보호 등 종교적 관심, 그리고 신이나 영들을 통한 능력의 기대 등에서 유사함을 발견하게 되었다. 또 부족원 중에서 젊은 크리스천들을 훈련하여 오순절적 메시지를 전하면서 더 넓은 지역에서 복음화가 이뤄졌다. 마지막은 칸카나이 문화, 종교 세계관 안에서 오순절 신학의 주제를 정립한 상황신학을 수립하였다. 특히 신(하나님)에 대한 개념, 구세주인 그리스도에 대한 이해, 그리고 능력을 베풀고 부족 종교의 상황에서 증인으로서 부르심을 이루게 하시는 성령에 대한 신학을 칸카나이의 개념과 이해를 활용해 시도하였다.

이 논문은 전형적인 서구의 세계관에 바탕을 둔 복음에 대한 접근이 비서구의 부족들에게는 큰 호응을 얻기가 힘들다는 것을 세계관을 비교함으로 증명하였다. 이는 계속 성장하는 비서구 교회의 선교운동이 서구 교회의 선교의 패러다임을 답습하는 것으로는 미비하다는 사실을 학문적으로 주장하는 근거가 되었다. 특히 오순절 신앙이 제시하는 통전적인 세계관이 선교에 큰 강점이 될 수 있음도 알게 한다. 이는 초대교회의 선교의 행태와 맥을 같이하고 있기도 하다.

사역 및 연구활동

27년 동안 남편과 함께 필리핀에 있는 아시아태평양신학대학원에서 가르치면서 부족 사역을 하였고, 이를 바탕으로 교회 개척에 관한 글들을 썼다. 많은 선교사가 교회 개척 사역에 동참하고 좋은 결실을 보는 반면 그렇지 않은 경우도 많을 것이기에 부족들 동네에 교회를 개척한 경험을 글로 쓰면 선교사들에게 도움을 줄 수 있을 것 같아서이다.

교회를 개척하면서 재정적 지원은 3분의 2만 할 것이기에 나머지 3분의 1은 스스로 해야 한다고 부족들과 약속을 하였다. 그리고 교회가 자리를 잡으면 지교회를 반드시 세워야 한다는 다짐을 받았다. 이것을 '곱하기(multipulication) 선교'라고 부른다. 교회가 성장하자 지교회를 세웠고, 얼마 후 이 지교회는 교회가 없는 곳에 다시 교회를 세웠다. 그리고 새로운 지교회는 교회가 없는 또 다른 곳에 교회를 세웠다. 그렇게 해서 5대 교회가 세워졌고, 교회가 왕성하게 커가는 모습을 보았다.

조주옥

趙柱玉, Ju Ok, Jo, 1974년 6월 14일 -

학력

2016. 협성대학교 신학대학원(선교학, Th.M.)
2020. 서울신학대학교 신학대학원(M.Div.)
2024. 서울신학대학교 신학전문대학원(선교학, Th.D.)

전공 분야

선교훈련, 선교전략, 타문화권 교회 개척

박사학위 논문

"크리스토퍼 라이트의 선교적 해석학."(지도교수: 최형근)

하나님의 말씀을 바르게 이해하기 위해서는 올바른 성경해석이 필수이다. 해석학은 성경의 바른 이해를 돕기 위한 지침과 방법론을 제공한다. 선교적 해석학은 여러 해를 통해 선교의 성경적 기초의 토대를 세우기 위하여 여러 학자의 끊임없는 노력을 통해 꾸준히 발전해왔다.

선교적 해석학은 성경을 하나의 거대서사(meta-narative)로 보며 성경을 선교적으로 읽는 것이다. 라이트는 "선교적 해석학은 성경을 하나님의 이야기로 인식하면서 성경 전체를 관통하는 주요 선교학적 주제들을 발견하고 묵상하고 논의하면서 성경 읽기를 시도하는 것이다."라고 말한다. 그러나 선교적 해석학에는 다양한 해석이 존재한다. 왜냐하면 우리는 다양한 환경과 문화 속에서 살고 있으며, 성경의 독자들은 자신이 처한 상황과 이해관계에 따라 성경을 자신에게 유리하도록 해석할 수 있기 때문이다.

조지 헌스버거는 선교적 해석학의 흐름(stream)을 강조점에 따라 네 가지로 분류하였다. 첫째, 라이트는 성경 전체의 주제를 하나님 선교에 대한 보편적인 내러티브로 이해하며 성경 전체를 하나님의 거대 서사로 바라본다. 둘째, 성경의 저술 목적은 하나님의 선교를 증언하기 위해 교회를 준비시키는 것으로 이해한다. 특별히 신약성경은 이 세상에서 선교를 수행하기 위하여 교회를 형성하고 준비시키고 갱신하기 위해 기록되었다고 말한다. 셋째, 성경을 해석하는 것은 결국 서로의 상황이 다른 공동체의 몫이라고 본다. 넷째, 선교적 해석학은 성경과 다양한 문화적 요소들이 역동적으로 비평적 대화를 지속할 때만 올바른 방향으로 나아갈 수 있다고 본다. 이 네 가지의 서로 다른 흐름과 강조점은 서로 배타적이거나 경쟁적인 것이 아니라 각기 다른 강조점들이 서로에게 필요한 상호의존적인 유형으로 보아야 한다. 이러한 서로 다른 강조점은 선교적 해석학의 발전에 중요한 토대를 제공하게 될 것이다.

최근에 성경을 선교적으로 해석하려는 관심이 높아지고 있다. 선교와 성경을 연관시키는 훌륭한 방법들이 등장하고, 성경 전체를 선교적으로 읽으려는 시도가 나타나고 있다. 바로 선교적 성경읽기(missional bible reading)이다. 또한 한국 교회에 공동체적으로 성경 읽기, 로잔의 사도행전 읽기와 성경을 선교적으로 읽을 수 있는 다양한 프로그램이 신학교 내에서 소개되고 있다.

선교적 해석학은 쉽게 말해 성경을 선교적으로 읽고 이해함으로써 하나님의 선교를 이해하고 하나님의 선교에 동참함으로써 하나님의 백성으로서 부름에 합당한 삶을 살아가는 것이다. 그렇게 함으로써 우리의 삶이 변화되고 형성될 수 있다. 성경의 선교적 읽기 실천을 통해서 우리의 삶이 변화될 뿐만 아니라 한국 교회가 다시 한번 부흥하고 성장하는 좋은 계기가 되길 바란다.

사역 및 연구활동

2016년 감리교 신학대학원을 졸업하고 남편이 목회하는 물댄동산교회에서 교육목회를 도우며 복음을 전하는 전도사역을 담당하고 있다. 목회사역 초창기 아이의 영적 아픔을 통해서 2012년 하남에 있는 영혼의 샘 찬양 세계선교센터(백송교회의 모체)에서 이순희 목사(당시 이순희 선교사)를 만났다. 영혼의 샘 집회에 참석한 것을 시작으로 "나는 죽고 예수로 살자."라는 백송의 모토가 나의 모토가 되었다.

이곳에서 가장 중요한 훈련은 예배 훈련이다. 살아 있는 예배는 먼저 자신을 부인하게 하고, 하나님의 말씀에 순종하여 십자가의 도를 따르게 한다. 그래서 백송교회 사역은 말씀 중심으로 삶에서 복음적 열매 맺는 것을 가장 중요하게 여기며 먼저 나 자신의 자아를 깨뜨리고, 속사람을 은혜와 진리로 충만케 하는 것을 우선으로 한다. 그리고 영혼을 살리며 하나님 나라를 확장하는 일을 주역으로 하기에 나는 이 사역에 기꺼이 동참하게 되었다.

2015년부터 영혼의 샘 세계선교센터와 백송교회에서 매일 예배를 드리며 선교적 훈련을 받았고 현재까지 제자로서 훈련을 받고 선교사역을 하고 있다. 이순희 목사의 제자인 동시에 동역하는 평일 사역자(전도사)로서 영혼이 곤고하고 내면 치료를 받기 원하는 수많은 영혼을 위해 기도사역과 말씀사역을 담당하고 있다. 그리고 상담사역과 치유사역에 동역하고 있으며, 각종 부흥집회와 콘퍼런스에서는 간증자, 복음전도자로서 사역을 감당하고 있다.

백송교회 사역은 기드온의 300 용사처럼 두렵고 떨리지 않는 용사, 700명의 제자를 양성하는 교회이다. 그래서 모든 제자에게 지성과 영성을 갖추도록 끊임없는 잠재력 개발에 주력하도록 모든 환경을 열어준다. 특별히 예수님의 3대 사역인 가르치고 치유하고 선포하여 가난한 자와 병든 자, 소외된 자에게 그리스도의 사랑과 복음을 전한 것처럼, 모든 말씀의 권위에 순종하여 열매 맺는 선교사역을 하도록 먼저 철저하게 자아를 내려놓는 훈련을 우선으로 한다. 앞으로 백송교회의 배움과 훈련으로 제자 양성, 영혼 구원, 교회 개척으로 확장되어 하나님 나라를 이루게 하는 사역에 동참하고자 한다. 학위논문의 주제인 '크리스토퍼 라이트의 선교적 해석학'의 지평을 발전시켜서, 저서를 집필하고 논문을 발간하고 하나님의 선교를 목회와 선교 현장에 적용하며 이루어가려고 한다.

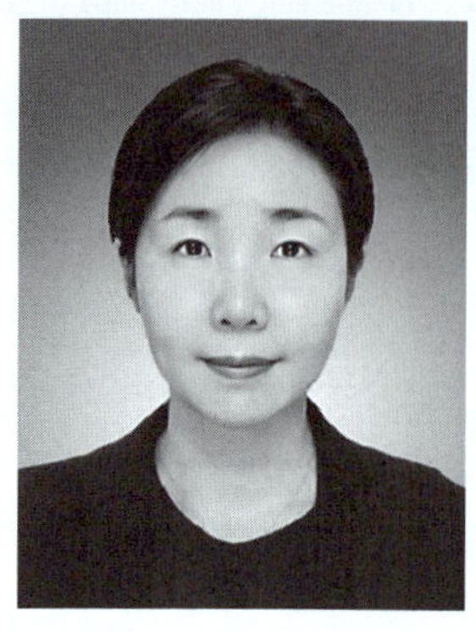

조혜경

趙惠卿, Jo, Hae-Kyung, 1967년 3월 4일 -

학력

2010. 이화여자대학교 대학원(정신간호학, Ph.D. in Nursing)
2023. 전주대학교 선교신학대학원(선교신학, Th.M.)

경력

2012. 03. - 2015. 08. 두원공과대학교 간호학과 교수
2015. 09. - 2023. 현재. 전주대학교 간호학과 교수
2018. 03. - 2023. 현재. 한국선교학회 정회원

논문

"하워드 스나이더(Howard A. Snyder)의 선교적 교회와 돌봄 선교." 「선교신학」 55(2019)
"칼빈의 교회론이 돌봄(caring) 개념에 주는 선교적 함의." 「선교신학」 53(2019)
"서서평 선교사의 간호사역의 특성." 「선교신학」 51(2018)
"간호 선교사 변마지의 생애와 선교사역의 특징." 「선교신학」 70(2013)

전공 분야

선교학(돌봄 선교), 간호 선교 역사, 에큐메니컬 선교

박사학위 논문

"간호사의 입원환자 자살 체험."(지도교수: 이광자)

입원환자가 자살을 수행하였을 때 간호사가 체험하는 세부 경험의 본질적 주제를 문학자료, 예술자료 등을 토대로 밴 매넌의 현상학적 반성을 통하여 규명하였다 최종적으로 해석학적 현상학적 글쓰기를 통하여 간호사의 체험에 대해 주제 분류를 바탕으로 논의하였다.

이 논문은 간호사가 입원환자의 자살사고를 경험하고 그 사건이 일어난 후 어떤 변화를 겪었는지에 대한 의미의 본질을 임상 현장에 적용함으로써 PTSD에 해당하는 간호사의 어려움을 해결해줄 수 있는 중재의 기초자료를 제공하였다는 의의가 있다.

사역 및 연구활동

선교 역사 중 의료선교의 주제 아래 오랫동안 드러나지 않았던 간호 선교의 역사를 하나님의 선교(*missio Dei*) 관점에서 연구하고자 하며, 간호의 중심 주제인 '돌봄'이 가진 선교적 함의를 간호 선교사와 간호 선교 역사를 통해 탐구하고 성찰하고자 한다.

주상락

朱相樂, Sang Rak Joo, 1977년 2월 6일 -

학력

2017. 미국 Asbury Theological Seminary(Ph. D. in ICS)

경력

2015. 05 – 2018. 07. 미연합감리교회 교회개척부 위원, Fresh Expressions 지도위원

2019. 03. – 2023. 현재. 서울신학대학교 선교학 강사

2020. 03. – 2023. 현재. 명지대학교 교목, 교수

논문

"Missional Church Leadership in the Pneumatological Perspective." 「신학과 실천」 75(2021)

"포스트 코로나 시대 공공선교학의 가능성: 뉴비긴, 그리고 오케슨 중심으로." 「대학과 선교」 46(2021)

"포스트 코로나 시대의 전도와 선교: 총체적 공간선교, 전도." 「신학과 실천」 73(2021)

"한국형 선교적 교회 연구: 현상학적 질적 연구 중심으로." 「선교신학」 64(2021)

"미래 선교, 전도를 위한 미국연합감리교회 교회 개척 연구." 「신학과 실천」 69(2020)

"Re-imagining Peace and Reconciliation between South and North Korea in the Missiological Perspective." 「신학과 실천」 70(2019)

"선교적 교회 모델인 교회의 새로운 표현들(Fresh Expressions of Church)의 사회학적 함의: 일터 교회 개척(Entrepreneurial Church Planting)의 질적 연구 중심으로." 「선교신학」 54(2019)

"인구 절벽 시대에 대안적 교회 개척." 「신학과 실천」 66(2019)

전공 분야

선교적 교회, 전도학, 교회 개척, 문화선교학, 공공선교학, 교회의 새로운 표현들

박사학위 논문

"Entrepreneurial Church Planting (ECP) as a Model of Fresh Expressions in the South Korean Context: Case Studies Exploring Relationships between Church Planting and Social Capital"(한국 상황에서 교회의 새로운 표현들 모델로서 '선교적 기업가정신 교회 개척': 교회 개척과 사회적 자본 관계 연구)(지도교수: W. Jay Moon)

'교회의 새로운 표현들 운동'(Fresh Expressions Movement)은 영국 교회가 낸 보고서인 2004년 「선교형 교회」(*Mission-shaped Church*)를 기반으로 발전된 용어이며, 영국 감리교회와 성공회가 처음 시작한 선교적 교회 운동(the Missional Church Movement)이다. 이 운동은 후기 기독교, 탈교회 시대를 기반으로 다양한 국가, 다양한 교단에서 발전되고 있다. '교회의 새로운 표현들'을 단 한 가지의 모델로 정의할 수 없다. 수많은 교회의 새로운 표현들(Fresh Expressions)은 하나님의 선교(*Missio Dei*)와 제자 삼는 삶(making disciples)을 위해 문화, 정치, 경제, 비지니스, 교육, 보건, 예술 등 다양한 공공의 영역(Public sphere)에서 선교적 표현들을 실천하고 있다. 새로운 표현들은 교회 안에만 머물면서 기다리는 사역이 아니라 복음이 필요한 사람들이 있는 다양한 공공 영역(the public)으로 나아가 그들의 음성을 경청하는 성육신적 선교 운동이다. 이 논문은 이 다양한 새로운 표현들 운동의 영역 중에서 '일터'에서 선교적, 문화적 소통을 통해 사역하는 'Entrepreneurial Church Planting'(선교적 기업가정신 교회 개척) 모델들을 연구 주제로 삼았다.

진기영

陳起英, Jin, Kiyoung, 1962년 8월 25일 -

학력

1984. 고려대학교(사학, B.A.)
2002. 총신대학교 신학대학원(신학, M.Div.)
2004. 영국 University of Edinburgh(인도 선교, M.Th.)
2008. 영국 University of Edinburgh(인도 선교, Ph.D.)

경력

1984. 01 - 2003. 02 국제대학선교회(CMI) 전임간사(고려대학교 지부장)
2003. 03 - 2008. 08 영국 University of Edinburgh(M.Th./Ph.D.) 수학
2008. 09 - 2011. 07 로뎀나무교회 위임목사
2011. 08 - 2018. 12 인도 CMI/Union Biblical Seminary 선교사/선교학 교수
2019. 01 - 2021. 07 독일 Damit Menschen Gott Begegnen 선교사
2021. 08 - 2024. 현재. 한동대학교 선교학 객원교수
2022. 09 - 2024. 현재. 아릴락(아시아언어문화연구원) 원장

저서

『힌두권 선교 가이드』(아릴락, 2023)
Rethinking William Carey's Approach to Missions: The Search for Modern Alternatives(Arilac, 2021)
『힌두교에 대한 기독교 메시지, 선교 방식』(아릴락, 2020)
『서양식 선교 방식의 종말』(CLC, 2017)
『인도 선교의 이해 II: 인도 문화에 적합한 선교 방식의 탐구』(CLC, 2016)
『인도 선교의 이해』(CLC, 2015)

논문

"Three Models for Christian Message to Shaivism" *Union Biblical Seminary Journal* 9/2-10(2016)
"힌두 선교와 예수 박타 모델." 「복음과 선교」 32/4(2015)
"인도 박띠 신앙에 대한 개혁주의 선교적 접근." 「선교신학」 25(2011)
"1910년 에딘버러 선교신학의 재발견." 「선교신학」 24(2010)
"한국 교회의 인도 선교 패러다임 전환." 「선교

신학」 23(2010)
"힌두교에 대한 기독교 메시지: 어제와 오늘." 「2010년 에딘버러 한국대회 논문집: 선교와 타종교」(2010)
"인도 오릿사 기독교인 박해와 향후 선교적 과제 - 2008년 사건을 중심으로." 「선교신학」 20(2009)

전공 분야

힌두교, 한국 교회의 타문화권 선교, 상황화/토착화

박사학위 논문

"힌두교에 대한 선교사 메시지: 인도에서 성취신학에 기여한 토마스 슬레이터(Thomas E. Slater) 선교사의 공헌에 대한 비판적 연구."(지도교수: James L.Cox)

토마스 슬레이터(1840-1912)는 1866년부터 1905년까지 인도의 교육받은 힌두인들에게 그들이 오랜 세월 갈망하던 구원이 그리스도 안에 성취되었다는 메시지를 전한 영국 선교사이다. 이 논문은 슬레이터의 모든 저작을 분석함으로 (1) 힌두 사상과 연결지어 기독교 복음을 소개한 그의 공헌을 살펴보고, (2) 19세기 개신교 성취신학의 발전에 대해 어떤 기여를 하였는지 과학적 평가를 시도하였다.

이 논문은 다음의 세 가지를 주장하고 있다. 첫째, 슬레이터는 성취신학 발전에 단순한 선구자에 불과한 것이 아니라, 그 신학의 형성과 보급에 결정적 역할을 하였다. 둘째, 슬레이터는 개신교 선교사 가운데 힌두교의 베단따 사상에 기독교의 로고스 교리를 적용함으로 힌두교에 대한 기존의 공격적 메시지 대신에 평화적이고 토착적인 기독교 신학을 처음으로 제시한 개척자이다. 셋째, 슬레이터의 신학은 1910년 에든버러 선교대회의 제4위원회(비기독교 종교에 관련한 기독교 메시지) 준비에 큰 영향을 미쳤다.

제1장에서는 19세기 영국의 힌두교에 대한 태도, 특히 관용적인 태도가 나타난 시기를 살펴본다. 제2장에서는 성취론적 신학적 사유를 이해하는 데 필수적인 슬레이터의 생애와 그의 지적, 종교적 배경을 다루었다. 제3장에서는 슬레이터의 사역의 대상이 되는 힌두들, 그리고 그들에게 접근하기 위한 방법론을 상세히 다룬다. 이 논문의 핵심 내용이 담긴 4장은 슬레이터의 힌두교에 대한 견해와 힌두교에 대한 메시지, 힌두교 안에 발견되는 신적 로고스, 성취자로서 그리스도, 그리고 동양 종교로서 기독교에 초점을 맞춘다. 제5장에서는 성취신학과 관련된 회중교회 원리, 회중교회

사상가들을 다뤘다. 6장은 에든버러 선교대회 제4위원회에 미친 영향을 조사하였다. 제7장에서는 J. N. 파커, A. G. 호그, H. 크레머, R. 파니까, 그리고 달릿 신학자들이 성취신학에 대해 가한 비판을 다루었다. 마지막으로 슬레이터의 유산을 제시하고 마무리 짓는다.

이 논문은 19세기 말 20세기 초반 인도에서 성취신학의 발전과 무관한 존 파커에 의해 그동안 가려져 있던 토마스 슬레이터의 기여가 발굴되어 개신교 선교운동 역사를 새로 쓰게 되었다. 또한 기존의 공격적/부정 일변도의 선교사 메시지의 범주에서 벗어나 힌두인들에게 호소력 있는 선교사 메시지를 만드는 데 기여할 수 있는 로고스 신학의 가치를 재발견하게 하였다.

사역 및 연구활동

사역 지역은 인도이다. 인도에서 대학생 제자양육과 신학교 교수로서 사역하였다. 주된 연구 영역은 힌두권 문화에 적절한 선교사 메시지와 선교 방식을 탐구하는 것이다. 이와 관련된 선교사상으로서 성취신학, 로고스신학사상을 연구하였다. 또한 힌두인들이 이해할 수 있는 기독교 메시지, 힌두 문화에 상황화된 선교 방식을 제시하기 위한 토대로서 힌두교 역시 주요 연구 분야 중 하나이다. 힌두 사회에 적절한 선교 방식으로는 힌두 내부자 운동이라 할 수 있는 예수 박타 방법에 대한 연구를 이어가고 있다.

연구의 주된 주제는 타종교인/힌두인들이 이해할 수 있도록 그들의 사상과 용어로 기독교 복음 메시지를 만드는 것이다. 이를 위해서는 타종교, 특별히 힌두교의 전부가 다 마귀적이며 거짓이 아니라 일부 기독교와 공통된/유사한 진리가 있음을 인정하고 그 선교신학적 근거로서 알렉산드리아 교부들과 토마스 슬레이터의 로고스신학/성취신학 사상을 제시한다. 기독교의 독특한 가치를 지키면서도 현지 문화에 의미 있고 받아들일 수 있는 기독교 메시지와 선교 방식의 개발이 선교의 결실을 맺는 데 중요한 요인이 됨을 밝히는 데에 주력해왔다.

이후 독일로 선교지를 옮기면서 68운동 등 독일의 문화 및 후기 기독교 시대 독일인의 문화에 적합한 기독교 메시지를 만드는 연구를 하고 있다. 『인도 선교 가이드』에 이어 독일 선교 가이드 및 국가별 문화 연구와 해당 문화에 적절한 선교 가이드를 연구하고 만드는 일에 힘쓰고 있다.

진희근

陳熙根, Jin, Hee Keun, 1955년 4월 3일 -

학력

1978. 장로회신학대학교(기독교교육학, B.A.)
1983. 장로회신학대학교 신학대학원(교역학, M.Div.)
1989. 장로회신학대학교 대학원(신학, S.T.M.)
1994. 샌프란시스코신학대학(목회학, D.Min.)
1996. 미국 Fuller Theological Seminary(선교학, D.Miss.)

경력

1983. 02. - 1986. 02. 정의여자중·고등학교 교목실장
1986. 03. - 1993. 06. 소망교회 부목사
1997. 03. - 2010. 11. 장로회신학대학교 선교학 겸임교수
2010. 03. - 2013. 02. 장로회신학대학교 이사
2012. 01. - 2013. 01. 고양시기독교총연합회 고양시기독교총연합회 회장
2013. 11. - 2014. 10. 서울서북노회 노회장
1997. 03. - 2024. 현재. 승리교회 원로목사

저술

『날마다 천국을 향해』(두란노, 2020)
『천국 가는 외길』(예영, 2006)

전공 분야

contextualization

박사학위 논문

"Preaching in the Korean Presbyterian Church with Insights from a Shamanistic World-view."(지도교수: Dean S. Gilliland)

샤머니즘은 한국 문화의 근본적 기초를 형성하고 있는 중요한 종교 현상의 하나이다. 이러한 문화적 맥락에서 샤머니즘의 영향을 많이 받고 있는 한국 그리스도인들의 신관, 축복관, 내세관을 바로 잡을 수 있는 설교의 모델로 '역동적-대화적 설교'를 제시한다. 청중들의 필요욕구에서 설교가 출발하지만 조금씩 그들의 세계관을 바로 잡는 데 힘써야 하고, 세계관의 변화의 추이를 관찰하면서 점진적으로 설교의 강조점과 방법을 수정해 나가야 한다.

문헌연구를 위주로 하였고, 바람직한 설교의 모델을 개발하기 위해서는 성경연구와 한국의 중요한 설교자들의 설교를 사례로 연구하였다.

한국의 그리스도인들은 대체로 일주일에 한 번 예배당에 나가서 예배드리는 것이 신앙생활의 중심이다. 그러므로 이들에게 가장 큰 영향을 주는 것은 설교이다. 이 논문은 설교를 통해 성도들의 세계관을 성경적 세계관으로 정립하게 하는 데 통찰력을 제공할 것이다.

사역 및 연구활동

장로회 신학대학교에서 겸임교수로 일하면서 고양시 일산신도시에서 목회와 외국인 근로자 선교를 해왔으며, 은퇴 후에는 승리다문화사역연구소를 설립하여 다문화 가족의 전도에 힘쓰고 있다. 이 땅의 다문화 가족의 상당수는 경제적인 이유로 나이 차이가 많이 나는 배우자와 가정을 이루고 있다. 다문화 가족의 배우자는 대부분 불교권이나 회교권에서 온 사람들이다. 이들에게 복음을 전하기 위해서는 선교적인 통찰력을 가지고 전도에 임해야 한다. 단순하게 선교나 전도라는 단어에 이 개념을 다 담을 수 없다면 '전교(전도+선교)'라는 표현도 가능하리라고 본다.

채법관

蔡法官, Chae Bup Gwan, 1962년 8월 15일 -

학력

1987. 장로회신학대학교(B.Th.)
1989. 장로회신학대학교 신학대학원(M.Div.)
2007. 미국 Fuller Theological Seminary(D.Min.)
2014. 주안대학원대학교(Th.M.)
2019. 주안대학원대학교(Ph.D. in ICS)

경력

1989. 11. - 1991. 11. 부항중앙교회 담임목사
1991. 12. - 1995. 05. 북아현교회 부목사
1999. 06. - 2023. 현재. 가나안농군학교 교장
1999. 06. - 2023. 현재. PCK 동말레이시아 사바 타문화 선교사
2021. 08. - 2023. 현재. 사바신학교 겸임교수

저서

『선교하는 교회에서 선교적 교회로: 선교적 교회의 9가지 주제』(주원대학원대학교, 2021, 공저)

논문

"선교사의 부르심과 사역에 관한 연구: 동말레이시아 사바를 중심으로."(풀러. D. Min) 「선교신학」 59(2020)

전공 분야

선교전략, BAM, Cross-cultural Communication, 이주민/다문화 선교, 상황화/토착화.

박사학위 논문

"복민주의에 대한 선교신학적 고찰: 김용기의 사상과 실천을 중심으로."(지도교수: 김종성)

교회는 세상 속에 있는 빈곤한 자들을 향하여 열려 있고 세상의 빈곤 문제에 적극적으로 관심을 가질 때 세상에 복음을 전할 기회를 얻게 된다. 복민주의에 대한 선교신학의 연구는 빈곤의 고통 속에 있는 사회에 다양한 적용을 통하여 오늘날 교회가 비난받고 있는 반사회적인 모습과 개교회주의와 지역주의에 빠져 있는 모습을 반성하고, 비기독교 세계를 향하여 열린 시각을 갖고 나아가는 기회를 제공해줄 수 있다. 가나안의 복민주의 운동은 우리나라 빈곤 극복과 국민 의식의 개혁에 영향을 주었고 지금도 세계 12개국 15곳의 농군학교를 통해서 실제적인 변화의 열매들이 나타나고 있으며 국내와 세계 각지로부터 보고되고 있는 실증 모델이다. 그러므로 이런 복민주의와 가나안 운동에 대한 연구는 개인의 변화는 물론 국가와 세계의 빈곤 문제를 해결하는 커다란 원동력이 될 수 있으며 복음전파의 새로운 패러다임이 될 수 있다.

먼저 선행연구를 통하여 복민주의 연구는 복민주의가 구성되기까지 우리 민족의 역사에 기록된 일가 김용기의 개척자로서의 삶과, 그가 주장한 개척 정신, 복과 복민, 복민주의의 3대 이념과 의식에 관한 내용을 그의 경험적 현장과 강연 등을 통해 문헌연구를 하였다. 김용기의 사상과 빈곤 문제에 대해서는 사회학자들과 복음주의 에큐메니컬 신학자들의 논점을 통해 복민주의가 복음주의 신학과 에큐메니컬 신학의 각기 다른 차원의 시각과 해석에 대한 조화를 시도하였다. 또한 기독교 신앙의 핵심인 성육신과 십자가의 희생 그리고 기독교의 영성을 복민주의 신학의 관점에서 파악하고 수행 공동체를 통해서 변화의 원인과 그리스도인의 공적 책임과 선교적 의미를 숙고하려 하였다.

논문의 내용은 복민주의에 나타난 김용기의 사상, 빈곤을 해결하는 복민주의의 신학적 이해와 복민주의에서 유추한 선교신학사상으로 복민 삼자주의, 복민주의의 성육신적 동일화와 영성, 복민주의 공동체의 내용을 담고 있으며 복민주의 선교신학사상의 프락시스(Praxis)를 통해서는 자립선교, 경제윤리와 지역사회 개발과 공동체 운동, 세계관의 변화와 선교적 삶을 다루고 있다. 이 논문은 빈곤의 삶을 살고 있는 사람들을 하나님의 복 받는 백성으로 살도록 하는 핵심적 방안이 그리스도인의 신앙을 정신과 의식으로 변화로 바꾸고 복민주의를 이론적, 신학적, 선교신학적으로 정립하고 국내외 현장에 적용하고 실천하는 것이라고 보고한다.

선교학 논문으로서 이 연구는 최근에 부각되는 빈곤 문제에 대한 실제적 대안을 제시하였고, 선교현장에서도 적용 가능하며 한국의 지역사회 운동과 새마을 운동에도 영향을 끼친 가나안의 복민운동을 이론으로 발전시켰다는 점에서 가치와 의미가 있다.

사역 및 연구활동

동말레이시아 사바 지역에서 비즈니스 선교, 가나안농군학교를 통한 지역사회 개발, 이주민 자녀 학교를 통해 사역하고 있다.

연구 영역은 농촌지역, 교회 자립 모델, 정신교육, 세계관 변화, 토착화, 이주민 학교와 다문화 등이며, 연구 주제는 크게 세 가지이다. 첫째, 비즈니스 선교는 선교사에게 비자 문제와 선교지의 자립 문제에 이어 점점 폐쇄되어 가는 타문화 선교현장에서 합법적이고 효율적으로 복음을 전할 수 있는 중요한 도구이다. 그러나 선교사들은 기업가정신의 결여, 사역자와 비즈니스맨으로서 정체성의 균형을 유지하지 못하기 때문에 비즈니스 선교에서 실패하거나 열매를 맺지 못하는 경우가 많다. 둘째, 가나안농군학교를 통해 지역사회를 개발함으로써 지역 공동체가 정신훈련과 생활훈련으로 전통적 세계관을 기독교적 세계관으로 바뀌면 삶에 변화가 일어나고 지역사회에 복음이 증거된다는 것을 실증하였다. 셋째, 다문화 사회인 말레이시아에 스며들어온 인도네시아 필리핀 이주 노동자들과 그들의 자녀들을 위해 교육하고 사역하면서, 단일 문화권에서 파송된 한인 선교사의 관점에서 다문화 사회에서 이방인으로 살아가는 이들을 위해서 사역하고 관찰하며 연구하는 것도 흥미로운 일이다.

채수용

蔡洙龍, Soo Yong Chae, 1957년 5월 24일 -

학력

1985. 장로회신학대학교(신학, Th.B.)
1988. 장로회신학대학교 신학대학원(신학, M.Div.)
1997. 장로회신학대학교 세계선교대학원(선교신학, Th.M.)
2010. 장로회신학대학교 목회전문대학원(목회와 선교, Th.D.)

경력

2000. 03. - 2004. 07. 군산남부교회 위임목사
2011. 02. - 2013. 12. 전주대학교 강사
2004. 07. - 2024. 현재. 복된교회 담임목사
2016. 01. - 2024. 현재. 한국선교교육재단 & 총회세계선교대학 교수
2018. 01. - 2024. 현재. 분재신학연구소 소장

저서

『한 그루의 분재가 되어: 하나님이 만들어 가시는 삶, 신앙, 교회 그리고 목회』(예영커뮤니케이션, 2017)

전공 분야

목회와 선교, 구약선교신학, 분재신학, 교회 개척, 평신도 사역구비, 지상명령과 교회성장 원리

박사학위 논문

"평신도 사역구비를 통한 선교지향적 교회 만들기."(지도교수: 손윤탁)

교회 공동체의 구성원들인 평신도 그리스도인들에게 관심을 가지고 그들을 주님의 몸 된 교회를 위한 선교지향적 사역자로 만들어가는 구비(具備)의 일은 우리 모두에게 주어진 예수 그리스도의 지상명령이요 감당해야 할 사명이다. 이를 위하여 평신도 그리스도인으로서 확고한 신앙관과 교회관의 영성 훈련, 예수 그리스도의 제자로서 확고한 책임감의 성품 훈련, 리더로서 확고한 리더십 훈련이 필요하다. 이러한 훈련을 통하여 주님의 몸 된 교회는 평신도 그리스도인들을 하나님을 섬기는 성도 공동체로, 세상을 섬기는 제자 공동체로, 제자 삼는 리더 공동체로 세워야 한다.

이러한 목적을 달성하는 방편으로 평신도 사역 구비를 위한 실천 방안을 다섯 가지로 설정하여 제시하였다. 성도의 제자화 훈련, 제자의 리더화 훈련, 전도 훈련, 지역사회 봉사 훈련, 세계선교 훈련이다. 이 다섯 가지의 실천방안을 좀 더 구체적으로 연구하고 계획하고 실천하는 것이 우리 모두가 추구해 나가야 할 목회와 선교의 패러다임이요 과제이다.

사역 및 연구활동

소도시 군산에서 기성교회 사역과 교회 개척을 경험하면서 목회와 선교를 접목하고 적용해 나가는 훈련을 계속하고 있다. 교단 총회세계선교대학을 위하여 구약선교신학을 필요할 때마다 강의하고 있다. 특별히 하나님이 만들어가시는 삶, 신앙, 교회, 목회에 대하여 관심을 가지고 연구하고 집필하고 있다.

목회와 선교와 그리스도인의 삶은 하나님이 만들어가시는 섭리와 역사하심 속에 있다. 이것을 '분재신학'[Bunjae(Bonsai) Theology]이라고 명명하였다.(롬 8:28-30, 엡 3:7-11) 분재신학은 하나님이 만물을 원하시는 모습으로 만들어가시며 하나님 나라를 확장시켜 나가시는 섭리와 역사하심을 총칭하는 표현이다. 또한 하나님의 백성을 새 하늘과 새 땅, 즉 새 예루살렘인 천국으로 이끌어가시는 성화의 과정을 의미한다. 하나님 나라의 확장과 하나님 나라의 친백성의 거룩한 모습으로 만들어가시는 하나님의 계획하심과 부르심과 역사하심과 손길이 분재신학 안에 함축되어 있다. 신앙생활과 교회생활과 목양사역의 모든 것이 다시금 분재신학적인 관점에서 이해되고 적용되고 실천되어야 한다고 확신한다.

채수일

蔡洙一, Sooil Chai, 1952년 2월 5일 -

학력

1974. 한국신학대학(현 한신대학교)(신학, B.A.)
1976. 연세대학교 연합신학대학원(조직신학, Th.M.)
1991. 독일 Heidelberg University(선교학, Dr. theol.)

교육 경력

1991. 09. – 1995. 12. 한국신학연구소장
1997. 08. 한신대학교 신학대학 신학과 조교수 임용
1998. 08. – 2001. 08. 한신대학교 신학대학 신학과장
2001. 09. – 2003. 09. 한신대학교 신학대학장
2001. 09. – 2003. 09. 한신대학교 학술원 신학연구소장
2003. 09. – 2005. 08. 한신대학교 신학전문대학원장
2007. 09. – 2009. 08. 한신대학교 학술원 신학연구소장
2008. 03. – 2009. 08. 한신대학교 평화와 공공성 센터장
2009. 09. – 2016. 01. 한신대학교 총장
2022. 09. – 2024. 현재. 한신대학교 석좌교수

선교와 목회 경력

1977. 04. 한국기독교장로회 전북노회에서 목사 안수
1977. 04. – 1978. 03. 크리스천아카데미 간사
1978. 04. – 1981. 08. 군목(8사단 16연대, 제2방공포여단)
1981. 09. – 1982. 08. 크리스천아카데미 간사
1982. 09. – 1988. 08. 독일 뷔르템베르크 주교회 '선교와 외쿠메네'(Dienst fuer Mission und Oekumene)에서 한국기독교장로회 파송 선교사
1988. 09. – 1991. 08. 독일 함부르크대학 선교아카데미(Missionsakademie an der Universitaet Hamburg) 연구실장
1993. 02. – 1995. 02. 천안YMCA 이사
1995. 09. – 2000. 09. 한국기독교장로회총회 선교위원회 위원
1996. 02. – 1999. 02. 참여연대 국제인권센터 소장
1998. 09. – 2000. 09. 한국기독교장로회 교회와 사회위원회 위원

2000. 08. – 2006. 08. 세계교회협의회(WCC), 정의, 평화, 창조질서의 보전위원회(JPIC) 위원
2004. 09. – 2005. 09. 민주평통 상임위원 및 수원지역 자문위원
2005. 03. – 2009. 03. 기독교방송(CBS) 시청자 위원
2006. 03. – 2009. 02. 사랑의장기기증운동본부 이사
2006. 09. – 2013. 08. 세계교회협의회(WCC) 국제위원회(CCIA) 위원
2008. 09. – 2009. 08. 한국종교인평화회의(KCRP) 사무총장(비상근)
2009. 03. – 2013. 03. 기독교방송(CBS) 자문위원
2009. 09. – 2015. 12. 경기종교인평화회의 회장
2016. 01. – 2022. 04. 경동교회 제6대 담임목사
2019. – 2023. 재단법인 푸르메 이사
2020. 09. – 2023. 09. 민주화운동기념사업회 부이사장
1999. 08. – 2024. 현재. 인권과 평화를 위한 국제민주연대 이사
2017. 08. – 2024. 현재. 민주통일평화포럼 이사장
2019. 04. – 2024. 현재. 사랑의장기기증운동본부 이사

학회 경력

1994. 10. – 1996. 10. 한국선교신학회 총무
1996. 03. – 2000. 03. 동남아시아신학대학원 한국지역 위원
1996. 10. – 1998. 10. 한국선교신학회 부회장
1998. 10. – 2000. 10. 한국선교신학회장
2010. 09. – 2015. 09. 한국신학교육연구원 이사
2011. 09. – 2013. 09. 한국기독교학회 회장
2014. 09. – 2015. 09. 전국신학대학협의회(KAATS) 회장
2014. 09. – 2016. 09. 한국기독자교수협의회 회장
2002. 01. – 2024. 현재. 「기독교사상」 편집위원(편집위원장 역임)
2011. 04. – 2024. 현재. 한국기독교사회문제연구원 이사
2017. 09. – 2024. 현재. 한국기독교역사연구소 이사
2022. 02. – 2024. 현재. 한국기독교연구소 이사

에큐메니컬 활동

1993. 02. – 1995. 12. 사회복지법인 한국디아코니아 자매회 이사
1993. 11. – 2000. 11. 한국기독교교회협의회(KNCC) 신학연구위원회 위원
1994. 11. – 1996. 11. 한국기독교교회협의회(KNCC) 평화통일위원회 위원
2000. 11. – 2002. 11. 한국기독교교회협의회(KNCC) 통일위원회 위원
2002. 11. – 2016. 11. 한국기독교교회협의회(KNCC) 교회일치위원회 위원
2006. 02. – 2019. 02. 재단법인 대한기독교서회 감사
2013. 09. – 2021. 09. 한독협회(ADEKO) 이사
2015. 10. – 2021. 12. 사단법인 지구촌사랑나눔 이사장
2016. 02. – 2022. 02. 사단법인 월드네이버스 이사
2019. 03. – 2022. 03. 한국기독학생회총연맹(KSCF) 제37대 이사장
2020. 11. – 2021. 11. 한국기독교교회협의회(KNCC) 제69회기 부회장
2013. 02. – 2024. 현재. 재단법인 여해와함께 이사
2014. 02. – 2024. 현재. 크리스천아카데미 이사장
2016. 02. – 2024. 현재. 푸른꿈학원 이사
2016. 02. – 2024. 현재. 사단법인 지구촌구호개발연대 이사
2020. 02. – 2024. 현재. 재단법인 대한기독교

서회 이사(이사장 역임)

2020. 02. – 2024. 현재. 재단법인 한국기독교 역사문화관 감사

2020. 11. – 2024. 현재. 한국기독교교회협의회 (KNCC) 국제위원회 위원

2022. 03. – 2024. 현재. 한국기독학생회총연맹 (KSCF) 이사

2023. 11. – 2024. 현재. 한국기독교교회협의회 (KNCC) 실행위원

저서

『생명의 하느님! 우리를 정의와 평화로 이끄소서!』(대한기독교서회, 2012)

『하나님의 아름다움』(도서출판 동연, 2011)

『신학의 공공성』(한신대학교출판부, 2010)

『누구인가, 나는: 본회퍼 묵상집』(대한기독교서회, 2005)

『에큐메니칼 선교신학』(한신대학교출판부, 2002)

『함께 읽는 신학독일어』(다산글방, 2000, 개정증보판 2002)

『21세기의 도전과 선교』(대한기독교서회, 1998)

『역사의 양심, 양심의 역사』(다산글방, 1997)

편저

『희년 신학과 통일 희년 운동』(한국신학연구소, 1995)

『기독교 신앙과 경제문제』(한국신학연구소, 1993)

번역서

『미술과 신학』(한신대학교출판부, 2007)

『그리스도교와 이슬람: 실패한 관계의 역사』(심산문화, 2005, 공역)

『선교학사전』(다산글방, 2003, 공역)

『선교신학의 유형과 과제』(대한기독교서회, 1999)

『하나님께 돌아오라, 소망 중에 기뻐하자』(대한기독교서회, 1998)

『그리스도가 계신 곳에 생명이 있습니다』(대한기독교서회, 1997)

An dem Abend, als die weissen Pfirsichblueten herabfiel: Holzschnitte von Lee Chul Soo(문학동네, 1996)

Ein Klang: Holzschnitte von Lee Chul Soo(문학동네, 1996)

『고난』(한국신학연구소, 1993, 공역)

『진리와 평화를 위한 교회의 투쟁』(한국신학연구소, 1991)

『기독교 위인들의 회심』(대한기독교서회, 1979)

『전쟁, 평화, 기독교』(대한기독교서회, 1978)

전공 분야

선교의 역사, 에큐메니컬 운동과 신학, 종교들의 대화

박사학위 논문

"Die messianische Hoffnung im Kontext Koreas."(지도교수: Theo Sundermeier)

'한국 콘텍스트에서의 메시아 희망'은 유대-그리스도교 메시아 대망 사상과 한국의 역사에서 등장했던 메시아 운동들(미륵불 신앙, 동학혁명, 신흥종교, 북한의 주체사상, 민중신학 등)을 비교, 연구하는 데 목적이 있다. 메시아 대망은 절망적인 역사적 파국의 시기에 등장하고 카리스마적 인물과 결부되어 있으며 새로운 세상에 대한 희망을 추구한다는 공통점이 있지만, 메시아로 고백되고 추앙받는 인물의 삶과 사상에 의해 그 운동의 방향이 달라진다. 유대-그리스도교 전통에서 형성된 메시아니즘은 '고난받는 종'이라는 매우 독특한 메시아상과 메시아 희망을 발전시켰는데, 이는 카리스마적 인물의 우상화와 폭력적 전복을 통한 변혁을 지향하는 세속적 메시아니즘과 근본적으로 다른 유형의 메시아니즘이라고 하겠다.

자칭 메시아라고 주장하는 카리스마적 인물들과 그들의 추종자들에 의해 발흥한 신흥종교가 대부분 사이비 기독교적 배경을 가지고 있는 현실은 제도 기독교에게 큰 도전이 되고 있다. 진정한 메시아를 사이비 메시아와 구별하는 신학적 기준을 제시하는 것이 논문의 기여일 수 있다.

사역 및 연구활동

2022년 4월 경동교회에서 정년퇴임 후 2024년 현재 크리스천아카데미 이사장, 한신대학교 석좌교수로 활동 중이다. 유튜브 채널에서 채수일의 '기고만장'(기독교 고전 만장 읽기)을 진행하고 있다.

채현석

蔡鉉錫, Chae hyun seok, 1952년 12월 13일 -

학력

1976. 건국대학교(사학, B.A.)
1982. 단국대학교 대학원(사학, M.A.)
2009. 세종대학교 대학원(역사학, Ph.D.)

경력

1979. 06.-2009. 02. 건국대학교 박물관 학예직원/학예실장
2009. 03.-2012. 08. 건국대학교 박물관 관장
2015. 03.-2018. 03. 온누리교회 선교본부 튀르키예 선교사
2015. 03.-2023. 현재. 한국기독교역사연구소 부설 아카데미 원장
2018. 05.-2023. 현재. 온누리교회 선교본부 선교역사연구실

저서

『의정부제일교회 50년사』(의정부제일교회, 1996)
『동신교회 35년사』(동신교회, 1992)
『한국 기독교의 역사 1』(한국기독교역사연구소, 1989, 공저)

논문

"기독교 사회주의자 이대위 선생의 생애." YMCA (2014)
"대학 박물관의 사회교육활동." 한국대학박물관협회(2012)
"한국의 문화유적 발굴조사 현황과 과제." 아세아지역연구논문집(1999)
"한국 기독교회 군소 교파의 일례." 박영석 교수회갑기념논문집(1997)
"만주 지역의 한국인 교회사." 한국기독교역사연구소(1994)
"이대위(李大偉)의 생애와 활동." 한국기독교역사연구소(1992)
"대한인정교보(大韓人正教報)." 한국기독교역사연구소(1987)
"이수정(李樹廷) 론(論)." 한국기독교역사연구소(1987)
"이광수(李光洙)의 기독교 시비론." 한국기독교역사연구소(1985)
"재만주 한국인 교회에 관한 연구." 한국기독교역사연구소(1985)

전공 분야

선교 역사

박사학위 논문

"한강 본류역의 유적층위 형성 과정 연구."(지도교수: 최정필)

사역 및 연구활동

대학과 대학원에서 역사학을 전공하고 고고학 관련 주제로 박사학위를 취득하였으며, 건국대학교 박물관에서 30여 년 학예직원, 학예실장, 박물관장을 역임하였다. 한국 기독교 역사에도 관심을 가져 한국독교역사연구소의 연구회원 등으로 활동하면서 관련된 글을 다수 발표하였다. 2015년에는 출석하는 온누리교회의 평신도 선교사로 튀르키예에 파송되어 사역하였고, 2018년에 귀국하여 현재까지 온누리교회 선교본부의 선교역사연구실에서 온누리교회의 선교 역사 자료를 수집, 정리하여 자료집으로 발간하는 일을 하고 있다. 선교학 전공자는 아니지만 한국 교회의 선교 역사에 관심을 가지고 활동하고 있다.

2015년 3월부터 이듬해 2월까지 튀르키예의 부르사라는 도시에서 섬겼고, 2016년 5월부터 이듬해 7월까지는 튀르키예 이스탄불에서 선임 선교사 부부와 그들이 인도하는 열방부흥교회를 섬겼다. 열방부흥교회에는 젊은 한국인 단기 사역자들이 많이 있었는데 그들을 물질로, 교제로 격려하였다. 2017년 8월에는 튀르키예 북동부에 있는 트라브존이라는 도시로 옮겨 이듬해 3월까지 이란, 아프가니스탄에서 이주해온 사람들을 대상으로 사역하는 선임 선교사 부부와 함께 예배, 복음 전하기, 세례 베풀기, 말씀 나누기, 심방과 물질로 돕기 등 사역에 동역했다.

관심 분야는 선교현장과 기독교 선교 역사에서 타종교와의 관계(갈등, 대화) 등이며, 앞으로 온누리교회 선교 역사 단행본 등을 집필할 예정이다.

최성일

崔成一, Sung Il Choi, 1954년 12월 12일 -

학력

1978. 한국신학대학(Th.B.)
1980. 한국신학대학(실천신학, Th.M.)
1986. 영국 University of Edinburgh(실천신학, M.Th.)
1992. 영국 University of Edinburgh(선교신학, Ph.D.)

경력

1992. 01. - 1994. 01. 한국기독교장로회 해외 선교국장
1994. 03. - 1995. 02. 한국기독교장로회 총회 교육원 교수
1995. 03. - 2020. 02. 한신대학교 선교신학 교수
2015. 02. - 2023. 현재. 경건과신학연구소 소장

저서

『만우송창근전집 III』(경건과신학연구소, 2020)
『성풍회 희년사』(한국기독교성풍회, 2020)
『만우 송창근의 신앙과 신학세계: 만우 송창근 박사 연구논문집』(경건과신학연구소, 2015)
『하늘에 가득찬 영광의 하나님: 만수 김정준 박사 찬양곡집』(경건과신학연구소, 2015)
『성서 인물의 기도』(경건과신학연구소, 2010)
『한국기독교장로회 해외 관계 역사 자료집』(한국기독교장로회, 1994)

번역서

『복음전파에 관한 성서적 전망』(한신대학교출판부, 2007)
『나는 나다: 이것이 나의 이름이다』(한신대학교출판부, 2003)
『선교신학사전』(다산글방, 2003, 공역)
『선교의 성서적 기초』(다산글방, 2003)
『존 로스의 중국 선교 방법론』(한신대학교출판부, 2003)
『선교신학개요』(한국신학연구소, 1995)

논문

"켈트 교회의 영성." 「신학연구」 73(2018)
"한국기독교장로회 신앙고백의 신학적 기초." 「신학연구」 70(2017)

"만우 송창근의 선교적 교회론." 「신학연구」 49(2012)
"존 녹스 신학사상의 선교신학적 이해." 「선교신학」 31(2012)
"구약의 선교." 「선교신학」 25(2010)
"로스역 신약성서의 특징과 저본에 관한 소고." *The Canon & Culture* 2(2010)
"기장 역사에서 성풍회의 선교신학적 의미." 「신학연구」 52(2008)
"교회개혁을 위한 신학교육." 「신학연구」 50(2007)
"세속화 시대의 종교교육과 신학교육." 「선교신학」 14(2007)
"일제 박해 시대의 선교 유형에 관한 연구." 「신학사상」 129(2005)
"서고도가 한국 교회에 끼친 영향에 관한 연구." 「말씀과 교회」 35 (2003)
"선교의 종말론적 특성에 관한 이해." 「신학사상」 123(2003)
"한국기독교장로회의 선교 유형과 미래 과제." 「신학연구」 44(2003)
"서고도가 본 장공 김재준." 「신학연구」 43(2002)
"한국 개신교 선교 유형과 미래 선교 방향." 「신학연구」, 41(2000)
"그리스도교 선교 파라다임에 관한 연구." 「한신논문집」 16(1999)
"초기 한국 개신교 신명존쟁과 하나님." 「박근원 교수 정년퇴임 기념 문집」(1998)
"한국 개신교 성장의 역사와 전망." 「신학연구」 39(1998)
"효과적인 선교방법으로서 자립선교." 「주재용 교수 정년퇴임 기념 논문집」(1998)
"화육의 역사로 조명하는 선교 역사. "「신학연구」 38(1997)
"롤란드 알렌의 바울 선교방법론과 성령의 선교에 대한 이해." 「신학연구」 37(1996)
"베드로의 회심과 존 로스의 문화 이해." 「신학연구」 36(1995)
"한국 개신교와 삼자원칙." 「한신논문집」 12(1995)
"선교 공동체로서의 교회와 코이노니아." 「한국신학논총」, 1993)
"존 로스와 한국개신교 1, 2." 「기독교사상」 397, 398(1992)

전공 분야

선교 역사, 에큐메니컬 선교신학, 선교현장 연구

박사학위논문

"John Ross(1842-1915) and The Korean Protestant Church: The First Korean Bible and its Relation to the Protestant Origins in Korea."(지도교수: Andrew F. Walls)

존 로스와 한국어 성서번역에 관한 연구를 통하여 하나님의 말씀과 다른 선교방법 사이의 관계성에 대한 문헌 조사연구이다. 1장에서는 한국에 하나님의 말씀이 소개된 역사적, 사회문화적, 종교적 상황을 살펴보고, 2장에서는 존 로스가 한국어 신약

성서 번역을 착수하게 된 배경을 다루었다. 3장에서는 성서 번역의 원칙과 과정을 살펴보고 4장에서는 로스 번역본에 대한 분석을 통해 로스역의 장단점을 분석하였으며, 5장에서는 로스역이 한국인 신앙 공동체 형성에 미친 영향과 결과들을 추적하고, 6장에서는 초기 한국 교회가 네비우스 선교방법론에 의해 형성되었다기보다는 로스역이 결정적인 역할을 했다는 것을 규명하려고 하였다.

선교 역사는 근본적으로 번역(translation)의 역사, 회심(conversion)의 역사, 화육(incarnation)의 역사 과정을 통해 이루어져 왔음을 로스 역본에 대한 연구를 통해 규명하려고 했으며, 역사적으로 1884년을 한국 선교의 기점으로 기술하는 한국 교회사의 서구 선교사적 시각의 교정을 촉구하고, 네비우스 선교방법에 의한 한국 교회 형성과 성장이라는 일반적인 해석에 대한 문제 제기를 한 논문이다.

최원진

崔源辰, Weonjin Choi, 1969년 8월 25일 -

학력

1992. 충남대학교(사학, B.A.)
1999. 한국침례신학대학교(M.Div.)
2003. 미국 Southwestern Baptist Theological Seminary(Missions, Th.M.)
2008. 미국 The Southern Baptist Theological Seminay(Missions, Ph.D.)

경력

2012. 01. - 2017. 12. 세계선교훈련원 원장
2017. 08. - 2018. 12. 한국복음주의선교신학회 회장
2011. 09. - 2024. 현재. 한국침례신학대학교 선교학 교수

저서

『인투미션』(하기서원, 2019)

번역서

『꾸란과 성경: 무엇이 어떻게 다른가?』(CLC, 2023)
『대위임령』(디사이플, 2020)
『선교학사전』(CLC, 2014, 공역)

논문

"이슬람의 원천 꾸란의 신적 기원에 대한 선교신학적 연구." 「복음과 선교」 58(2022)
"이슬람의 한국 포교 활동과 이들을 향한 접근 전략." 「복음과 선교」 55(2021)
"COVID-19 상황에서 한국 교회의 선교." 「복음과 선교」 52(2020)
"한국 교회의 난민선교를 위한 성경적 제안 - 눅 10:25-37 '사마리아인의 비유'를 중심으로." 「복음과 선교」 49(2020)
"4차 산업혁명 시대 선교의 방향성과 선교사의 역할." 「복음과 실천」 63(2019)
"이슬람에서 아브라함 신앙에 대한 성경신학적 평가." 「복음과 선교」 47(2019)
"이슬람 부흥 운동의 이론적 근거." *Muslim-Christian Encounter* 11/2(2018)
"한국 침례교 선교 동원과 훈련을 위한 전략적 제안." 「복음과 실천」 61(2018)
"한국 침례교 선교사 연장 훈련의 필요와 발전적 제안." 「복음과 선교」 59(2017)

"이슬람국가(IS)가 선교에 미치는 영향과 한국 교회의 선교적 대응." 「복음과 선교」 57(2016)

"경건주의 운동이 선교에 미친 영향을 통해 본 한국 교회의 선교적 교훈." 「복음과 실천」 56(2015)

"세계 선교 현황과 한국 교회의 선교를 위한 전략적 제안." 「복음과 선교」 30(2015)

"이슬람 자본과 음식에 대한 한국 교회의 선교적 대응." 「복음과 선교」 31(2015)

"터키 이슬람 운동에 대한 선교적 접근." 「복음과 실천」 53(2014)

"통일 한국을 향한 한국 교회의 선교적 사명." 「복음과 선교」 26(2014)

"Reaching Out to the Urban Poor through Power Evangelism."(Th.M. Thesis, 2003)

"인도 힌두교 선교전략." 「복음과 실천」 51(2013)

"21세기 선교현장에 맞는 한국 선교사를 위한 선교훈련." 「복음과 선교」 24(2013)

"WCC의 종교 간 대화에 대한 복음주의의 선교적 답변." 「복음과 선교」 19(2012)

"변화하는 지구촌의 상황 속에서 기독교의 선교적 접근: 중동, 북아프리카의 민주화 운동을 중심으로." 「복음과 선교」 17(2012)

"한국형 선교 논의를 통해 본 한국 선교의 방향성 연구." 「복음과 실천」 47(2012)

"개신교 선교와 역사: 찰스 스펄전의 선교이해를 통해 본 지역교회의 선교방향 연구." 「복음과 선교」 14(2011)

"도슨 트롯만: 그의 복음전도방법론과 영향." 「복음과 선교」 13(2010)

"An Appraisal of Korean Baptist Missions in Kazakhstan, Central Asia."(Ph.D. 논문 출판, VDM, 2008)

전공 분야

선교전략, 타종교, 이슬람, 한국 교회의 타문화권 선교, 이주민/다문화 선교

박사학위 논문

"An Appraisal of Korean Baptist Missions in Kazakhstan, Central Asia."(지도교수: James D. Chancellor)

중앙아시아 카자흐스탄에서 행해진 한국침례교 선교사들의 사역을 평가해봄으로써 21세기 선교를 준비하는 한국 교회와 선교사들에게 효과적인 전략을 제시하려는 연구이다. 서론에서 전 세계 복음화를 위한 중요한 이슈들과 본 연구의 필요에 대해 간략하게 언급하고, 동시에 본 연구의 목적, 연구방법, 연구의 한계, 및 연구배경에 대해 진술하였다.

2장에서는 중앙아시아 카자흐스탄에 대한 일반적이고 역사적인 개관을 시도하였다. 즉 카자흐스탄의 문화적 종교적 상황을 개략적으로 살펴봄으로써 카자흐스탄의

상황에 대한 사전 이해를 돕고자 하였다. 3장에서는 한국 교회의 성장과 선교운동에 대한 역사적 개관, 한국침례교의 초기 선교 역사와 기독교 한국침례교 해외선교부(FMB)의 역사에 대해서 간략하게 설명함으로써 한국침례교 선교사들이 중앙아시아에 사역을 집중하게 된 배경에 대해서 언급했다.

4장에서는 17년 동안 카자흐스탄에서 있었던 한국침례교 선교사들의 사역을 성경적, 문화적, 전략적 관점으로 조명하고 평가하려고 시도하였다. 한국 선교사들의 장점과 단점, 그리고 그들이 해온 선교사역이 성경적, 문화적, 전략적으로 문제가 없었는지, 특별히 한국침례교 선교사들이 집중했던 교회 개척 사역에 대해서 여러 관점에서 평가해보았다. 마지막으로 5장에서는 4장에서 이루어진 분석과 평가를 통해 얻은 교훈을 바탕으로 21세기 한국 교회와 선교사, 선교훈련 기관, 그리고 선교본부가 무엇을 어떻게 준비해야 하는지, 그리고 한국 선교사들이 어떻게 효과적으로 선교사역을 수행해 나갈 수 있는지에 대한 제언을 시도하였다.

사역 및 연구활동

영국 유학 중 선교에 대한 소명을 깨닫고 13년여 동안 이슬람 도시 빈민 선교사역을 위해 준비하다가 한국침례신학대학교 선교대학원이 개원하면서 선교학 교수로 임용되었다. 신학교에서는 주로 선교전략, 이슬람, 타종교, 선교적 해석학 관련 과목들을 개설하여 강의하고 있다.

교수로 임용된 지 얼마 되지 않아 교단 선교훈련원장으로 임명되어 6년 동안 교단 선교사를 훈련하는 사역을 했으며, 현재는 훈련원장 직을 그만두고 선교사 멤버 케어 관련 사역을 하고 있다. 그 외에도 교단 내 선교 동원 및 활성화를 위해 신학교와 지역교회를 위한 선교학교(in2Mission), 이슬람 선교전략 연구(in2Network), 월드케어홈(World Care Home) 및 선교 네트워크(Mission Hub) 사역을 진행 중이다. 현재는 한국침례신학대학교 선교학 교수로 봉직하면서 월드케어 대표를 맡고 있다.

최재권

崔載權, CHOI JAE KWON, 1961년 12월 2일 -

학력

2001. McCormick Theological Seminary (Practical Theology, D.Min.)

2017. 아세아연합신학대학원(MAICS, M.A.)

2021. 주안대학원대학교(Missiology, Ph.D.)

경력

2003. 01. - 2006. 07. 총회 파송 우크라이나 선교사

2006. 07. - 2024. 현재. 원당반석교회 위임 목사

저서

Leading Church Judging to Serving Neighbours: in the Case of Woongdam Presbyterian Church(McCormick Theological Seminary, 2001)

『선교하는 교회에서 선교적 교회로: 선교적 교회의 9가지 주제』(주원대학원대학교, 2021, 공저)

『초대 한국 기독교와 페체르스크 수도원을 통한 선교적 영성 연구』(주안대학원대학교, 2021)

논문

"페체르스크 라브라 수도원의 선교적 영성 연구." 「선교신학」 64(2021)

전공 분야

복음주의 선교신학, 선교훈련, 선교전략, 상황화/토착화, 선교현장 연구, 타문화권 교회 개척

박사학위 논문

"초대 한국 기독교와 페체르스크 수도원을 통한 선교적 영성 연구."(지도교수: 정승현)

기독교 영성이 예수 그리스도를 닮은 영성이라면 근본적으로 선교적이어야 한다. 예수 그리스도가 선교적 삶을 사셨기 때문이다. 선교적 영성은 삼위일체 영성이며, 성육신적 영성이며, 만인 제사장 영성이다. 선교적 영성의 특징은 구도적이며, 이웃 사랑의 실천이며, 선교적 대안 공동체 영성이다. 이 논문은 질적 연구방법 가운데 생애사 연구방법과 문헌 연구방법을 통해 한국 기독교가 매력을 상실하고 현재 직면하고 있는 위기를 극복하기 위해서는 선교적 영성(missional spirituality)이 필요하다는 것을 밝히고 있다.

초기 한국 기독교의 1903년 원산부흥과 1907년 평양대부흥, 그리고 영적 지도자인 길선주, 이용도, 이현필의 영성은 한국 기독교에 미친 영향력이 크다. 한국 장로교를 대표하는 길선주 목사는 영적 지도자이며, 구도적 영성이 탁월하다. 한국 감리교회를 대표하는 영적 지도자 이용도 목사는 이웃 사랑의 영성이 특별하고 신비적이다. 이현필 선생은 어떤 교파에 소속되지 않은 영적 지도자이다. 그는 공동체 영성의 선구자이며, 그의 영성은 특별하고 매력이 있다.

우크라이나 키예프 페체르스크 라브라 수도원(이하 PLM)의 수도사들은 모든 생애의 절반 이상을 지하 동굴에서 수도 생활을 하였다. 수도사들은 동굴 속에서 영적 수련의 길을 걷다가 성령의 권능을 받아 밖으로 나왔고, 찾아온 무리에게 복음을 전하고 병을 고쳐주었다. PLM에서 복음을 받아들인 사람들은 우크라이나와 러시아 전역에 흩어져 선교하였다. PLM은 선교적 영성의 특징을 담고 있다. 이러한 특징은 서구교회 크리스텐덤의 영향으로 끌어모으기에 힘을 쏟고 이원론적이며 계층적인 문제로 어려움을 겪고 있는 한국 교회의 문제점과 해답이 무엇인지 알려준다. 한국 기독교의 회복의 길은 선교적 영성에 있다.

사역 및 연구활동

우크라이나에서 타문화권 선교를 수행하였으며, 상황화/토착화에 관해 연구하였다. 현재 국내에서 목회활동을 하고 있으며, 선교적 교회와 선교적 영성에 관심을 갖고 있다.

최종임

崔鍾任, Choi jongnim

학력

1991. 한국방송통신대학교(영어과, B.A.)
2006. 아세아연합신학대학교 대학원(치유선교학, 석사)
2015. 백석대학교 기독교전문대학원(기독교선교학, Ph.D.)

경력

1999. 03. – 2006. 09. 소망교회(현 비전교회) 전도사
2006. 10. 한국독립교회 & 선교단체 연합회 목사안수
2008. 03. – 2008. 03. 국제제자훈련원 제자훈련
2008. 10. – 2008. 11. 중국어문선교회 중국 선교훈련
2014. 09. – 2014. 12. 인터콥선교회 목회자 비전스쿨
2021. 07. – 2022. 02. 생터사역원어성경 전문 강사 과정
2006. 09. – 2023. 현재. 비전교회 협동목사

전공 분야

복음주의 선교신학, 선교훈련, 선교전략, 타종교

박사학위 논문

"구속사적 관점에서 본 영적 전투와 선교."(지도교수: 장훈태)

21세기 현재 한국 교회를 비롯한 전 세계 모든 교회는 복음 전파에 다양한 어려움을 겪고 있다. 동성애와 동성결혼을 인권으로 규정하는 혼인과 종교적 다원주의, 문화적 충돌과 진리 선포의 위태로움 등의 문제로 진리가 위협을 받고 있기 때문이다. 이 연구의 목적은 모든 나라에 복음을 전하도록 부르심을 받은 교회가 영적 전쟁의 필요성을 인식하도록 돕는 것이며, 선교지에서 효과적으로 복음을 전파하기 위해 성경적, 영적 전쟁의 기초를 적용하도록 격려하는 것이다.

성경 66권은 예수님의 십자가와 부활을 통한 하나님의 구속의 역사를 가르쳐주고 있다. 예수께서도 공생애 기간 중 복음을 전하며 끊임없는 영적 전쟁을 하셨다. 그러므로 교회와 성도들은 하나님의 나라를 확장하고 예수 그리스도에 대한 복음을 효과적으로 전하기 위해 마귀의 궤계를 분별하는 한편 하나님의 전신갑주를 입고 성령의 능력을 힘입어 영적 전쟁에서 승리해야 한다. 또한 신학교나 교회는 선교현장으로 나갈 사역자들에게 먼저 영적 전쟁을 가르치고 훈련해야 한다. 이 일을 위해 교회와 신학교, 선교사들 사이의 친밀한 연합과 협력이 필요하다.

이 논문은 영적 전투에 대한 무지로 인해 사역지에서 어려움과 실패를 겪고 있는 현 시대의 선교 사역자들에게 많은 도움이 될 것이다. 또한 교회적으로도 영적 전투에 대한 가르침을 회복하여 성도 개인으로 하여금 각자의 신앙생활에서 승리할 수 있도록 도울 수 있을 것이라고 사료된다. 실제로 그간 교회와 선교단체, 신학교 등에서 영적 전투와 현장에서의 실제 사례를 강의할 때, 개개인의 영적 생활에서 많은 변화를 경험하는 것을 목도할 수 있었다. 이는 영적 전투에 대한 적절한 가르침이 사역에 대한 이해도를 높일 뿐 아니라 선교현장에서 영적 전투의 실재를 경험하도록 돕는다는 사실을 확증하는 것이다.

사역 및 연구활동

현재 섬기고 있는 비전교회는 매년 1-5회 국내외 선교사역을 하고 있는 선교적 교회이다. 교회 규모는 작지만 모든 성도가 선교적 마인드를 가지고 사역현장에 적극적으로 동참하고 있다. 비전교회에서는 기도 선교를 하고 있다. 사역이 결정되면 최소 8-10주, 매회 2-3시간의 사역훈련을 한다. 사역훈련 내용은 사역지의 역사로부터 영적 상황, 선교현황, 사건사고나 전쟁의 역사 등을 가르치고 구체적인 사역 방향에 맞는 선교전략을 세운다. 국내 사역의 경우는 복음 전도법에서부터 워십과 드라마(천국과 지옥) 등을 준비하는데, 외부 교회와 선교단체들이 사역훈련을 배우기 위해 동참하기도 한다.

선교현장에서의 사역은 아침부터 저녁까지 기도로 시작해 기도로 마친다. 강도 높은 기도 사역임에도 매번 20-45명 정도의 사역자가 동참하며, 사역자 대부분(비전교회 성도 외에 외부 교회 목회자 및 선교사, 평신도)은 기도의 능력과 영적 전쟁의 실재를 경험함으로써 자신이 먼저 영적으로 회복되는 은혜를 경험하고 있다. 또한 이렇게 영적 전투의 실재를 맛본 이들은 이후 선교 일정에도 반복해서 동참하는 경우가 많다. 무엇보다 선교지의 경우, 영적으로 지역이 기경되고 변화되는 기적을 생생히 경험하고 있으며, 매년 기도 사역을 통해 영적 전투에 눈이 열린 선교사로부터 사역의 현장에 일어난 강력한 구원과 치유의 역사가 보고되고 있다.

최하영

催河永, CHOI HA YOUNG, 1961년 8월 16일 -

학력

1985. 한양대학교(자원공학, B.E.)

1990. 총신대학교 신학대학원(구약신학, M.Div.)

2002. 웨스트민스터신학대학원대학교(역사신학, Th.M.)

2005. 웨스트민스터신학대학원대학교(역사신학, Ph.D.)

경력

2020. 02. - 2023. AETA 인준위원장

2020. 04. - 2022. 10. CIS선교사협의회 회장

2005. 02. - 2024. 현재. 유라시아전략연구소 소장

2005. 02. - 2024. 현재. 복음주의역사신학회 회원

2011. 01. - 2024. 현재. GMS 우크라이나 선교사(체르니깁교회 담임, 한국문화센터 소장)

2021. 09. - 2024. 현재. 중앙아시아연합신학교 총장

2022. 03. - 2024. 현재. KWMF 부회장

저서

『실크로드를 따라 유목민에게 나타난 천년의 교회 역사』(한국학술정보, 2007)

논문

"중앙아시아에 있어서 네스토리안 교회의 선교활동에 관한 연구: AD 431-1600" 웨스트민스터신학대학원대학교(Ph.D.)(2005)

"셀그룹 운동의 역사와 선교적 적용." 웨스트민스터신학대학원대학교(Th.M.), 2002)

"중앙성소법." 총신대학 신학대학원(M.Div.)(1991)

박사학위 논문

"중앙아시아에 있어서 네스토리안 교회의 선교활동에 관한 연구: AD 431-1600."(지도교수: 최은수)

옛 실크로드를 따라 천년(5-15세기) 동안 펼쳐진 네스토리안 교회의 선교활동에 관한 연구이다. 네스토리안 교회는 동·서 인류문명을 주도적으로 이끌었으며, 한 번도 제국의 국교가 된 적은 없지만 여러 제국의 왕실과 정부 고위직에 등용되어 상당한 영향을 미쳤다. 특히 중앙아시아 소그디아나 지역의 국제 상인 소그트인들이 네스토리안 기독교로 개종하면서 네스토리안 교회와 선교사를 적극적으로 후원하였고, 그 결과 옛 실크로드를 따라 몽골 초원의 유목민족, 중국 북방과 남방, 티베트, 동인도 지역에까지 복음이 전파되었다. 네스토리안 교회는 옛 실크로드를 따라 오아시스와 대상 무역지, 실크로드 교차로 등의 도시에 기독교 공동체인 수도원을 설립하여 교육과 신앙을 함양시켰고, 아시아 통치 제국과 그 주변 제국의 정치·경제·문화를 이끌었다.

네스토리안 교회가 비록 정치적 판단으로 인해 이단으로 정죄되고 네스토리우스의 개혁정신을 이어받은 추종자들이 다시 칼케돈 공의회 이후 추방되었지만 이들은 초대 시리아 동방교회와 연합하였다. 네스토리안 교회는 5세기 헤프탈(백훈족)에게 첫 선교사를 파송하여 여러 곳에 주교구를 확장해 나아갔다. 이후 6-7세기에는 투르키스탄 제국(돌궐)이, 8-12세기에는 위구르 제국이, 13-14세기에는 몽골 제국이 통치하는 동안 네스토리안 교회는 전 아시아의 기독교를 관할할 정도로 영향을 미쳤다. 또한 제국들 주변에도 영향을 미쳐서 3-7세기 페르시아 사산왕조와 7-9세기 중국의 당조, 7-12세기 이슬람 칼리프의 제도적·사회적 차별과 속박을 받았지만 네스토리안 기독교인들의 전문적인 지식과 직업으로 인하여 복음을 지켰을 뿐만 아니라 적지 않은 영향력을 미쳤다.

'네스토리안' 혹은 '네스토리우스'란 단어를 접할 때 가장 먼저 인식되는 것은 칼케돈 공의회에서 이단으로 정죄되었다는 점이다. 그럼에도 네스토리안 교회에 대한 연구는 교회사적으로 분명한 의의를 갖고 있다. 초대교회 역사는 순전히 서구 중심의 교회사인 동시에 가톨릭 중심의 교회사라고 하여도 과언은 아니다. 그러므로 네스토리안에 대한 서구적 해석이 아닌 다른 관점에서 연구하는 것은 분명 의의가 있다고 할 수 있다.

네스토리안파에 대하여 새로운 고찰을 시작하면서 그들의 사상은 기독교의 또 다른 역사임을 확인할 수 있었다. 특히 예수께서는 마태복음 28:19, 20에서 '모든 족

속'에게로 가라고 말씀하셨고, 이를 실천한 교회가 네스토리안 교회이다. 그리고 아시아(동방)에도 서방과 동일하게 복음이 편만하게 왕성하게 부흥했다는 것이다. 이에 대하여 선교 및 교회사적으로 아시아 교회를 잘 아는 계기가 되면 좋겠다. 특별히 유목민족이 세계 역사를 주도해왔으면서도 가장 미개하고 야만적인 모습으로 매도하고 있는 19, 20세기 서구 세계관에 의해서 무시되고 저평가되었다. 동시에 그 유목민족에게 가장 활발하게 선교사역을 펼쳤던 네스토리안 교회 역시 과소평가되고 있다.

최희원

崔喜源, CHOI HEEWON, 1985년 3월 21일 -

학력

2010. 이화여자대학교 신학대학원(Th.M.)
2021. 주안대학원대학교(선교신학, Ph.D.)

논문

"그랜빌 오랄 로버츠(Granville Oral Roberts)의 전인치유선교 연구." 「선교신학」 62(2021)

경력

2005. 10. - 2021. 07. 행복으로가는교회 전도사

전공 분야

선교 역사, 에큐메니컬 선교신학, 복음주의 선교신학, 선교전략

박사학위 논문

"그랜빌 오랄 로버트(Granville Oral Roberts)의 전인치유선교 연구."(지도교수: 유근재)

선교사역에 저해 요인이 되는 비효과적인 복음전도의 현실 가운데, 목회와 선교현장에 효율적인 선교전략으로 전인치유를 제시하고 있다. 이에 20세기 집회, 방송, 의학과 교육을 통해 복음화를 일으켰던 그랜빌 오랄 로버트(Granville Oral Roberts, 1918-2009)의 전인치유선교는 오늘날 새로운 선교신학의 돌파구가 된다. 특히 그의 전인치유선교 가운데 통전적 선교사상, 믿음선교사상, 종족화합을 통한 협력선교사상은 목회, 선교현장의 중요한 사상적 토대이다.

이 연구는 교회의 위기와 밀접한 관련이 있는 선교현장의 어려운 현실 가운데 초대교회가 가지고 있던 원론적인 복음, 그중에서 치유의 능력을 기억하고 회복하는 데 주안점을 둔다. 20세기 부흥사이자 복음치유사역의 권위자인 오랄 로버츠의 전인치유선교를 연구하는 것은 역사를 돌아보며 현 시대와 앞으로 다가올 선교에 중요한 대안이다. 이 연구는 오랄 로버츠의 전인치유선교 방향성을 역사적 관점에서 살핀다. 즉 전 인류와 사회를 구원하시려는 하나님의 계획을 구속의 역사로 보고, 오랄 로버츠의 광대한 사역 중에 전인치유에 중점을 둔다. 그의 전인치유선교를 의료 방송/전도, 문헌/교육선교로 세분화하고, 전인치유선교의 신학적 배경을 성령론적 치유신학, 종말론적 구원신학, 인간론적 희망신학으로 구분한다. 이를 기반으로 그의 전인치유선교 연구가 선교로서 갖는 정당성과 그의 전인치유선교의 신학적 특성과 의미를 도출한다.

결과적으로 오랄 로버츠의 전인치유선교는 통전적 선교사상, 믿음선교사상, 종족화합을 위한 협력 선교사상, 이 세 가지가 중심임을 확인하였다. 대형 천막 집회를 시작으로 수많은 사람의 현실적인 필요를 해결함으로써 예수 그리스도께 돌아오게 하였고, 나아가 자발적 선교의 실천을 위한 발판을 마련하였다. 요컨대 선교의 재생산을 이룬 효율적인 선교였다.

이 논문은 과거 '위대한 선교의 세기' 이후로 선교에 지대한 영향력을 미친 전인치유선교사를 재발견함으로써 '잊혀진 선교 차원으로서의 치유'를 다시 상기시킬 뿐만 아니라 성서와 초기 기독교가 보여준 통전적 선교를 회복하는 단초가 되었다. 이 연구를 시작으로 시대적, 사회적, 상황적, 개인적 필요에 따른 전인치유를 통하여 전인구원을 이루고, 성령의 역사로 개신교의 재부흥이 일어나는 선교의 새 시대가 열릴 것을 기대한다.

사역 및 연구활동

2004년부터 17년간 인천 행복으로가는교회의 교회학교 전임으로 사역하고 있다. 성장 과정에 있는 교회학교 유아부, 유치부, 아동부, 중등부, 고등부에 이르기까지 구원의 역사를 위한 성장 발전과 영적 성숙에 관심을 갖고 있다. 단계별로 유아부가 유치부로 성장해오며 부작용 없는 예배를 진행하게 되었고, 사춘기로 접어드는 초등부 고학년에 오르며 예민한 감수성 훈련과 실제적 천로역정을 접하게 하였다. 특히 사역교회의 주특징인 심리치유상담을 통하여 청소년부부터는 월 1-2회 개별상담으로 위로뿐 아니라 치유 차원의 심리적 심층분석상담을 시작하였다. 그 결과 교회에 오면 담당 교역자에게는 마음을 열고 모든 것을 의논하여 문제를 해결하는 기쁨을 찾게 하였다.

건강한 청소년 시절을 지내며 건강한 청년기를 준비하는 일련의 과정을 세밀하게 코칭하는 사역을 진행하고 있다. 이 일을 진행하려면 절대 소외될 수 없는 교사들의 인성과 자질 문제를 간파하고 매주 교사 디스커션을 통하여 학년별 분반한 전반 과정의 문제점을 미리 예측하고 대처하는 순발력 있는 교육과 예수님이 제자를 교육했던 과정을 분석하여 예수 그리스도 제자화하는 데 전력을 다하였다. 더불어 교회 내에 효율성 있는 믿음 성장을 위해 필요한 가정교육의 일환으로 '자녀를 위한 부모코칭교육'에 중점을 두고 분기별 세미나를 진행함으로 가정 내에서 부모와 자녀가 하나의 신앙 모멘텀을 갖고 대화할 수 있는 교량 역할에 힘쓰고 있다.

실제로는 유아부 교회학교 친밀감 갖기, 초등부 미술놀이 및 독서교실 운영, 중등부 심층분석 상담을 통한 탈선방지 교육, 고등부 특기별 분반 교육(성극부, 핸드벨부, 악기부, 교회 내 사역에 동참하기), 미래지향적인 진로상담 및 코칭, 건강한 자녀교육을 위한 부모교육 세미나 분기별 진행 등을 진행하였으며, 그 결과 아동이 먼저 교회를 출석한 후 부모를 전도하는 가족선교가 시작되었고, 성장 과정 중 신앙의 굴곡과 탈선을 막고 자존감을 높이며 정체성을 찾는 콘텐츠를 다수 개발하게 되었다. 청소년부 후 청년부가 된 이들의 지속적 교회 출석 및 신앙 성숙은 지금도 연구 중이다.

하광민

河光民, Kwang Min Ha, 1970년 9월 20일 -

학력

1990. 성균관대학교(철학, B.A.)
1993. 총신대학교 신학대학원(M.Div.)
1996. 미국 Gordon-Conwell Theological Seminary(Th.M. in Biblical Theology)
2001. 미국 The Southern Baptist Theological Seminary(Ph.D. in Christian Missions)

교육 경력

2014. 03. - 2015. 02. 총신대학교 신학대학원 시간강사
2015. 03. - 2015. 12. 서울기독대학교 시간강사
2015. 03. - 2020. 02. 숭실대학교 평화통일연구원 초빙교수
2015. 08. - 2018. 06. 합동신학대학원 시간강사
2017. 03. - 2019. 02. 총신대학교 일반대학원 시간강사
2020. 09. - 2023. 현재. 총신대학교 통일개발대학원 전임교수

목회 경력

1996. 01. - 1997. 12. 서울남현교회 유초등부 전도사
1997. 11. - 1999. 11. 서울장충교회 중등부 전도사
2000. 01. - 2000. 12. 양산삼양교회 교육부 전임
2001. 01. - 2002. 01. 서울평강교회 중등부 교육목사
2002. 09. - 2003. 12. 보스턴산성교회(KAPC, 보스턴은혜장로교회로 개명) Youth Group 지도목사
2005. 01. - 2008. 05. 인디애나제일장로교회(KAPC) Youth Group 지도목사
2008. 08. - 2014. 02. 사랑의교회 북한 선교 담당 및 목양
2014. 03. - 2023. 현재. 생명나래교회 담임목사

선교 경력

2007. 07. - 2008. 05. 북미 NIM(North Korea Inland Mission) 창립
2009. 03. - 2012. 12. SEED International 선교사 후보생
2011. 01. - 2014. 02. 북한사역목회자협의회 초대회장
2011. 03. - 2013. 12. 탈북청소년 대안학교 반

석학교 교장
2014. 09. – 2015. 02. 쥬빌리 통일구국기도회 창립 사무총장
2015. 09. – 2015. 12. SEED International 선교회 북한 선교 전문위원
2020. 10. – 2021. 12. 한국복음주의선교신학회 「복음과 선교」 편집장
2022. 01. – 2023. 현재. 한국복음주의선교신학회 총무/부회장

저서

『남북통합목회의 물결: 한반도 복음화를 고대하는 목회적 비전의 결정판』(선한청지기, 2021, 공저)
『2019년 통일선교 내비게이션』(기독교통일포럼, 2019, 공저)
『기독교통일포럼 2015 Annual Report』(기독교통일포럼, 2016, 공저)

논문

"A Study on the Correlation Between Ecumenical Mission Theology and Mission Decrease in Presbyterian Church Mission History in the United States." 「복음과 선교」 53/1(2021)
"남북통합목회의 현황과 미래 과제에 대한 연구." 「복음과 선교」 55/3(2021)
"러시아 연해주 한인의 역사를 통해 본 한반도 통일 준비." 「통일전략」 21/4(2021)
"교육혁신의 대안으로서 커뮤니티 홈스쿨링에 관한 시론적 연구." 「한국공공관리학보」 34/4(2020)
"북한사회에서 형성된 수령의 형상과 속성 연구." 「통일전략」 20/2(2020)
"중국 소수민족정책의 관점에서 바라본 한반도 통일." 「통일전략」 20/4(2020)
"북한이탈주민을 매개로 하는 북한 선교 구도의 변화." 「복음과 선교」 48(2019)

전공 분야

복음주의 선교신학, 선교전략, 선교인류학, 이주민/다문화 선교, 타문화권 교회 개척

박사학위 논문

"The Idolization of Kim Il-Sung and Its Missiological Implications."(지도교수: David Sills)

북한에서 신으로 추앙받는 수령의 이미지와 그에 관한 속성들을 기독교 관점에서 연구하여 기독교의 신관념과 비교 분석하였다. 북한에서 수령의 이미지와 속성들이 어떻게 발생했는지를 일제 항쟁기와 한국전쟁기로 나누어 살펴보았다. 여기에서 발생

한 수령의 이미지들이 각 시대별로 어떤 속성을 가진 이미지로 발전하였는지를 연구하고 이것이 수령신(神)으로 발전하였음을 논증하였다. 이러한 신관념을 기독교의 신관념과 비교하기 위해 탈북민들을 대상으로 질적 연구하여 기독교 신관념과 수령 신관념의 유사점과 차이점을 밝히고 이를 통해 북한인 전도방법론을 제시하였다.

사역 및 연구활동

북한 선교를 중심으로 사역하고 있다. 국내외 북한 선교, 탈북민 선교, 국내 남북통합목회의 이론 개발 및 적용, 북한 선교를 위해 월남민교회 연구 및 북한에 세워질 교회 유형론 연구, 다문화와 이주민 선교 연구, 디아스포라 선교에 관심을 갖고 연구하고 있다.

한강희

韓康熙, Kanghee Han, 1980년 11월 29일 -

학력

2006. 한신대학교(신학, B.Th.)
2008. 영국 University of Edinburgh(선교학, M.Th.)
2009. 한신대학교 신학전문대학원(신학, M.Div.)
2014. 영국 University of Edinburgh(Ph.D. in World Christianity)

경력

2014. 05. – 2015. 02. 한국기독교교회협의회(NCCK) 교육훈련원 간사
2015. 03. – 2015. 08. 연세대학교 연합신학대학원(Global Institute of Theology) 강사
2015. 03. – 2017. 03. 한국기독교장로회총회본부 국제협력선교부 간사
2016. 12. – 2020. 11. 한국기독교교회협의회 교회일치위원회 위원
2020. 03. – 2020. 12. 기독연구원 느헤미야 강사
2014. 03. – 2024. 현재. 한신대학교 선교학 겸임교수
2016. 12. – 2024. 현재. 한국기독교교회협의회 국제위원회 전문위원
2016. 12. – 2024. 현재. 한국그리스도교 신앙과직제협의회 실무위원
2017. 04. – 2024. 현재. 서울 동숭동 낙산교회 목사
2018. 02. – 2024. 현재. 한국기독교장로회총회 역사위원회 전문위원
2018. 09. – 2024. 현재. 한국에큐메니컬학회 회원
2020. 04. – 2024. 현재. 한국기독교교회협의회 100주년 기념 『한국기독교사회운동사』 집필위원
2021. 04. – 2023. 현재. 한국기독교역사학회 회원

논문

"해방 정국 강원용의 기독 청년 조직과 정치운동: 선린형제단(善隣兄弟團)과 국가 만들기." 「장신논단」 56/1(2024)
"ESG 시대 교회의 지속가능성과 선교적 구조로의 전환." 「선교와 신학」 61(2023)
"세계교회협의회의 JPIC 선교와 기후위기 대응." 「신학연구」 81(2022)
"일제강점기 북간도 진보 개신교의 국가건설론

과 공산주의." 「신학연구」 80(2022)

"해방 이전 북간도 개신교 진보 세력의 반공주의 형성과 기구주의적 기원." 「신학연구」 79(2021)

"동북아시아 오이코스 구축을 위한 한·일 기독교 에큐메니칼 협력의 역사, 쟁점, 전망." 「선교와 신학」 51(2020)

"일제하 기독교계 학교의 항일민족주의 기원과 형성: 선교사 오리엔탈리즘의 근대주의적 전유와 변용." 「신학연구」 77(2020)

"지속가능개발목표(SDGs) 체제하 에큐메니칼 선교 프레임워크 전환과 기대효과: 한국기독교장로회 국제협력선교 사례 연구." 「신학연구」 76(2020)

"코로나19 이후 시대 증언의 탈육화와 성육화: 공공성 회복을 위한 '연민-연대'의 선교적 교회." 「신학사상」 191(2020)

"일제하 북간도 명동학교의 교과서에 나타난 민족주의와 근대국가 개념." 「신학사상」 184(2019)

"STILL WE NEED FRIENDS!: Partnership in Mission in the History of the World Council of Churches, 1948-2018." *The Ecumenical Review* 70/3(October 2018)

"내한 선교사들은 정말로 오리엔탈리스트였나?: 엘리자베스 쉐핑의 성육신적 인식론과 포스트오리엔탈리즘." 「선교와 신학」 46(2018)

"무닙 유난(Munib A. Younan): 중동평화의 증언자." 「기독교 사상」 707(2017)

"세계교회협의회의 '책임사회' 개념화에 있어서 평신도의 재발견: 제2차 세계교회협의회 에반스턴 총회(1954년)에서 논의된 평신도 담론의 에큐메니칼 선교신학적 이해." 「신학사상」 177(2017)

"평화운동으로서의 에큐메니즘: 신계(新界) 안재웅의 아시아 에큐메니즘과 평화공동체 구상." 「선교와 신학」 41(2017)

"한국기독교장로회의 국제협력관계에 있어서 '파트너십 선교' 개념 설정과 실천적 전망." 「신학연구」 71(2017)

"토모혼에서 자카르타까지: 21세기 아시아기독교협의회 선교신학의 주제와 이슈." 「선교와 신학」 38(2016)

"Embodying the New WCC Mission Statement in the Korean Context: The National Council of Churches in Korea and Its Educational Activism for Social Responsibility." *Reformed World*(December 2014)

"에큐메니칼 운동의 요람: 영국 에딘버러 대학 신학부 뉴칼리지." 「세계와 선교」 219(2014)

"야만에서 존중으로: 에딘버러 백주년 선교대회와 문명론적 인식 틀의 전환." 「신학사상」 152(2011)

"선교학에서 세계기독교학으로: 영국 대학교 선교학 연구의 최신 동향." 「세계와 선교」 198(2009)

저서

『서스테이너블 처치: 선교적 교회 이론과 실천 맥 잡기』(부크크, 2022)

번역서

『프라팟에서 콜롬보까지: 아시아기독교협의회의 역사, 1957-1995』(대한기독교서회, 2023)

『신앙의 순례: 세계교회협의회의 역사와 주제』(서울: 대한기독교서회, 2021)

『에큐메니컬 선교학: 변화하는 지형과 새로운 선교 개념』(대한기독교서회, 2018, 공역)

전공 분야

세계기독교 역사, 선교적 교회, 선교 역사, 에큐메니컬 선교신학, 선교현장 연구

박사학위 논문

"Empires, Missions, and Education: Mission Schools and Resistance Movements in Modern Korea, 1885-1919."(지도교수: Elizabeth Koepping, Brian Stanley)

이 논문은 한국의 근대 전환기 내한선교사, 특히 미국 북장로교 선교사들에 의해 설립된 기독교계 학교에서 항일 저항운동의 등장과 이행 과정을 다룬다. 기독교계 학교로서 근대교육과 반식민 운동이 전개된 서울지역의 경신학교, 정신여학교, 그리고 평양지역의 숭실학교, 숭의여학교를 집중적으로 연구한다. 본 연구는 기독교계 학교 출신의 한국인 엘리트들이 어떻게 근대 기독교의 해방과 자유라는 주체적 가치관을 수용하여 국내외 다양한 저항조직을 수립하고, 어떻게 민족 독립활동에 가담하게 되는지를 분석한다. 이와 아울러 일본 식민정부의 감시를 받고 있던 교육선교사들이 어떻게 한국인들의 민족주의 의식과 반식민 활동을 형성시키고 발전시키는지를 밝힘으로써 한국 독립과 일본 식민체제에 대한 선교사들의 양면적인 태도를 밝히고 있다.

이 연구는 다음과 같은 세 가지 연구 주제에 초점을 맞춘다. 첫째, 동아시아의 제국주의적 상황에서 선교교육과 한국의 정치 사회적 차원 사이의 미묘한 상호관계를 주목한다. 교육선교사들이 시행한 선교 교육정책, 선교 교과과정과 내용, 그리고 선교 교육의 정체성을 파악함으로써 이를 한국의 민족주의와 정치적 탈식민주의와 연결하고자 한다. 둘째, 한국에 대한 서구 제국주의의 위협 속에서 한국인들의 선교 교육에 대한 기대와 근대 주권국가를 수립하려는 한국인들의 집단적인 열망 사이의 관계를 조명한다. 셋째, 일본 식민지 초기 기독교계 학교 출신의 반식민 담론과 실천을 고찰한다.

이 논문은 1910년대 선교 교육을 받은 한국 학생 및 졸업생의 민족주의 활동을 조명함으로써 어떻게 그들이 민족 독립이라는 공통된 관심을 수용하게 되었고, 선교사들과의 해외 네트워크를 구축함으로써 국내를 넘어서는 해외 민족독립운동과 결합하게 되었는지를 살펴본다.

사역 및 연구활동

근현대 선교 역사에 관심이 있으며, 제국주의와 선교사의 관계, 선교사들의 오리엔탈리즘이 선교지 문명관에 어떻게 영향을 미치는지 연구 중이다. 선교 행위가 현지 정치사회적 영역에 미치는 영향을 분석하고, 이러한 상황에서 기독교적 회심이 갖는 본질적 의미에 대해서 살펴보고 있다.

세계교회협의회, 아시아기독교협의회, 한국기독교교회협의회 등 다양한 에큐메니컬 기구의 성격과 활동에 관심이 많다. 특별히 파트너십 선교, 평신도 신학, 에큐메니컬 선교정책을 분석해왔으며, 에큐메니컬 진영의 JPIC 정책이 비종교계 기구와 어떻게 정책적 협력이 구축될 수 있는지를 연구하고 있다.

선교적 교회론의 한국적 적용과 실천에 관심한다. 현대 선교현장에서 중요한 한 가지는 교회의 지속가능성에 대한 논의이다. 교회는 어떻게 대안 공동체로서의 역할을 감당할 수 있고, 또 오늘의 급변하는 새로운 현장에서 복음을 표현할 수 있을까? 선교적 교회 운동을 통해 신앙 공동체의 공적 복음에 대한 회복, 신뢰성 강화, 교회의 본질에 대한 탐구를 살펴보고 있다.

한경성

韓京成, Han Kyung Seong, 1966년 9월 9일 -

학력

2017. 총신대학교 선교대학원(국제리더십, M.A.)

2020. 백석대학교 기독교전문대학원(기독교선교학, Ph.D.)

2023. 숭실사이버대학교(기독교상담복지학, Ph.D.)

2023. 백석대학교 신학대학원(M.Div.)

경력

2016. 11. - 2023. 현재. GP한국선교회 행정선교사

2023. 04. - 2023. 현재. 백석교단 서초노회 전도사

논문

"선교지원전문가 양성 체계 구축 방안." 백석대학교 대학원 박사학위 논문(2020)

전공 분야

선교 행정, 선교지원전문가, 행정선교사, 선교행정간사

박사학위 논문

"선교지원전문가 양성 체계 구축 방안."(지도교수: 손동신)

선교행정간사의 역할과 필요성, 자세, 정체성 및 선교지원전문가의 이해에 대한 이론적 배경과 결과 논의를 위해 문헌조사 방법을 채택하였고, 자료는 단행본, 학위논문, 소논문, 온라인 및 오프라인 강의, 학술대회, 선교대회, 세미나, 포럼 등에 직접 참여하여 수집하고 포괄하였다. 선교단체와 선교기관 및 교단 선교부에 근무하는 행정간사들의 담당업무 파악, 업무 만족도, 이직률, 자기개발 필요성 인식도, 선교 관련 정보 습득 경로 등의 문항을 설문조사하여 양적조사 방법을 병행하였다.

선교행정간사들은 선교지원전문가에 대한 인지도가 낮고, 근무 연한이 짧은 경우와 저연령인 경우 조기 퇴사 내지는 이직하는 빈도가 높았다. 선교행정간사들은 선교계의 변화와 이슈 등을 선교사들의 방문 선교 보고와 개인적인 교제, 사무실 회의 및 선교사 기도편지 등의 간접경로를 통해 접하고 있어 선교단체 리더들의 생생한 의견을 들을 수 있는 기회가 매우 적음을 확인하였다. 선교행정간사들은 자기개발의 필요성을 절실히 느끼고 행정실무에 적용하기 원한다는 것을 확인하였다. 이 과정을 통해 선교행정간사들의 전문성 제고 문제 해결이 시급하며, 이를 위해 선교단체 본부의 직무 분석을 통해 체계적인 조직관리 및 업무 역량 강화가 필요하고 선교행정간사의 선교행정선교사로서의 지위 보장과 호칭 변경, 그리고 선교단체와 교회의 적극적인 관심과 참여가 필요하다는 것을 확인하였다.

이를 기반으로 연구자는 선교행정간사의 전문성 증대를 위한 선교지원전문가 양성 체계를 구축하기 위한 네 가지 방안을 제안하였다. 이는 선교행정간사의 성경에 대한 지식과 적용 및 선교훈련, 선교의 기본 소양과 직무 활용 능력, 선교단체 시스템 단일화 및 공유, 선교단체와 한국 교회의 연합교육 및 행정선교사로서의 지위 보장이다.

이 연구는 선교행정간사를 선교지원전문가로 양성할 뿐만 아니라 선교행정선교사로서의 지위 보장을 실현하기 위한 지원체계 마련의 시급성을 피력하였다.

사역 및 연구활동

선교단체 본부에서 사역하고 있으며, 본부 행정을 총괄하여 맡고 있다.

한동훈

韓同勳, HAN DONG HOON, 1964년 10월 18일 -

학력

1993. 총신대학교(신학, B.A.)
1996. 총신대학교 신학대학원(M.Div. Eq.)
2017. 총신대학교 선교대학원(선교신학, Th.M.)
2020. 총신대학교 일반대학원(선교신학, Ph.D.)

경력

1997. 03. - 2022. 03. 총회세계선교회(GMS) 선교사(중국 연길, 북경, 서울)
2004. 12. - 2012. 09. 북경새소망교회 담임목사
2012. 12. - 2024. 현재. 새소망선교교회 담임목사
2021. 07. - 2024. 현재. 세계선교신학원 선교학 교수

저서

『중국 선교전략』(CLC, 2021)

논문

"중국 종교정책의 변화와 중국 선교전략 연구." 「한국개혁신학」 71(2021)
"로버트 모리슨의 선교사역에 대한 평가와 중국 선교의 과제." 「개혁논총」 52(2020)

전공 분야

선교 역사, 선교전략, 한국 교회의 타문화권 선교, 교회 개척과 성장, 도시선교

박사학위 논문

"중국 위기 상황 속에서 예장 합동 총회세계선교회(GMS)의 선교전략 연구."(지도교수: 김성태)

중국 개신교 역사에 관한 연구를 바탕으로 중국 종교사무조례 실행 이후의 선교 위기를 극복하려는 새로운 정책과 전략에 관한 연구이다.

중국 개신교 역사는 1807년 서양 선교사 로버트 모리슨의 중국 입국으로부터 시작되었다. 그는 중국어 성경과 전도 책자들을 번역, 출판하여 중국 기독교의 기초를 세우는 데 공헌하였다. 그가 세운 영화서원(英华书院)은 동서양 문화의 교류와 중국 교회의 인재 양성에 중요한 역할을 하였다. 모리슨은 당시 청조(清朝)의 폐쇄적인 정책 때문에 중국에서의 정착과 신분보장을 위해 제국주의적인 영국 동인도회사의 통역 직원으로 근무하였다. 이로 인하여 모리슨은 아편전쟁의 주역이라는 비난을 받기도 했으나 그의 선교사역은 중국 교회에 지대한 영향을 주었다고 할 수 있다.

이 연구에 의하면, 중국 교회의 성장과 발전에 공헌한 또 한 사람은 허드슨 테일러이다. 그는 1854년에 중국에 입국하여 사역한 이후 1865년 중국내지선교회를 설립했다. 이 선교회를 통해 중국 해안선교 중심 사역이 중국의 내륙 중심으로 전환되었다. 중국내지선교회의 지역 방언으로 된 성경 번역과 중국인들의 문화와 풍습을 존중한 토착화 선교는 중국인들로부터 칭송을 얻었다. 그러나 중국내지선교회는 1900년의 의화단사건과 1920년 이후에 발생한 반(反) 기독교 운동으로 많은 선교사가 희생을 당하는 치명적인 상처를 입기도 하였다. 그리고 1949년 중국이 공산화되면서 중국으로부터 추방을 당하는 선교적 위기에 직면하기도 하였다. 그러나 새로운 활로를 모색하던 중국내지선교회는 OMF로 개명하면서 동아시아 국가를 대상으로 하는 새로운 선교정책을 시행하였다. 중국내지선교회의 토착화 선교와 위기 극복의 사례는 현재의 한국 교회와 중국 선교사들에게 귀한 모범이 될 것이다.

최근에 중국으로부터 추방이나 입국 거절 등의 방식으로 비(非) 자발적 철수를 하게 된 중국 선교사가 많다. 특히 GMS(Global Missionary Society)의 중국 선교사들은 중국으로부터 비자발적 철수를 하게 되면서 중국 선교에 관하여 비관적이었다. 이로 인하여 GMS 중국 선교사들은 과거 중국 선교의 역사적 위기 경험을 바탕으로 한 새로운 정책과 전략이 필요한 상황이었다.

이러한 필요에 따라 중국 교회 지도자들과 GMS 중국 선교사들을 대상으로 한 설문조사를 하고 그 내용을 분석하였다. 그 결과 전 세계에 거주하고 있는 화인(华人) 기독교 단체들과의 협력을 통해 화인들을 대상으로 한 목회와 신학교 사역, 기독교 토착화의 중요성을 발견하였다. 그리고 선교의 위기 가운데서도 믿음 선교(Faith Mission)를 통한 사역의 확장, 그리고 특별히 국내의 총신대학교 신학대학원의 목회학 중국어 과정(M.Div.) 활성화의 필요성을 확인하였다. 이러한 중국 선교의 정책과 전략들이 선교의 현장에서 구체적으로 연구되고 실행될 필요가 있다.

사역 및 연구활동

1997년 중국 선교사로 파송받은 이후 16년 동안 중국 연길과 북경에서 언어훈련, 중국 교회 지도자 양육, 신학교 설립과 운영, 한인목회 사역을 하였다.

2012년 귀국 후 서울에서 중국 유학생 선교를 위해 여러 대학에서 캠퍼스 사역을 하였고, 효과적인 중국 유학생 선교를 위해 교회를 설립하여 선교목회를 하고 있다.

국내에서의 중국 교회 지도자 양성을 위해 중국인을 대상으로 하는 신학교인 세계선교신학원(WMTS)에서 선교학 교수로 재직 중이다.

함태경

咸台炅, HAM TAE KYUNG, 1962년 1월 29일 -

학력

2006. 서울신학대학교 신학전문대학원(선교신학, M.A.)

2001. 중국 베이징대학교(중국 정부와 정치, Ph.D.)

경력

1988. 07. - 1995. 02. 국민일보 기자

2001. 04. - 2012. 09. 국민일보 기자(차장)

2001. 09. - 2014. 06. 서강대학교, 한세대학교, 백석대학교 등 시간강사

2015. 03. - 2018. 03. 송도 한국뉴욕주립대 객원교수

1997. 07. - 2024. 현재. 중화선교회 선교사(이사)

2005. 12. - 2024. 현재. 차이나네트워크연구소 소장

2006. 03. - 2024. 현재. 한반도국제대학원대 객원교수

2013. 02. - 2024. 현재. CGN 경영본부장

2015. 03. - 2024. 현재. 사단법인 두란노아버지학교 이사

2015. 05. - 2024. 현재. 둘로스네트워크 이사

저서

Megachurch ACCOUNTABILITY in Missions, 2016 English Edition(William Carey Library Publishers, 2017, 공저)

『대형교회의 선교 책무』(두란노, 2016, 공저)

『알았던 선교, 몰랐던 중국』(두란노, 2015)

『네버엔딩스토리, 중국의 유대인 7막 7장』(도서출판 모리슨, 2013)

『종교와 일생의례』(민속원, 2006, 공저)

『中国政党政府与市场』(经济日报出版社, 2002)

논문

"Media Missions in the New Normal of the COVID-19 Pandemics." *Korea Missions Quarterly*(2022)

"시진핑(习近平) 시대의 중국 교회의 길." 한국복음주의협의회 2022년 2월 월례회 발표

"뉴 노멀 시대의 미디어 선교." 「한국선교KMQ」 79(2021)

"코로나19 팬데믹은 제4차 선교 물결을 앞당겼는가: '디지털 미디어선교'와 그 사례, CGN-TV." *ISHMAEL OUR BROTHER*(2020. 겨울호)

"Xi Jinping's Long-Term Ruling System and China Churches, 'China Mission' & 'Mission China'." *Korea Missions Quarterly* (2020)
"시진핑의 장기집권 체제와 중국 교회, '중국 선교' 그리고 '선교중국'." 「한국선교KMQ」 69 (2019)
"동북아 사역자 추방 배경과 향후 전망 그리고 한국 교회의 출구 전략." 「한국선교KMQ」 65 (2018)
"The Late Rev. Chiyil PangL An Everlasting Youth." *Korea Missions Quarterly*(2016)
"MK의 고백: CGNTV의 다큐 이야기." 「한국선교KMQ」 57(2016)
"'영원한 청년' 故 방지일 목사." 「한국선교KMQ」 56(2015)
WITH CHINA 1호(2015)부터 *WITH CHINA 3.0 ASIA* 16호(2021)까지 매호 기고
"The Significance of 45years of the Shandong Mission of the Korean Church." *Korea Missions Quarterly*(2014)
웹진 「중국을 주께로」(2014. 12. - 2022. 3.)에 매월 1-2회 기고
"한국 교회의 산동 선교 45년과 그 의미." 「한국선교KMQ」 42(2012)
"한국 기독청년 학생운동이 형성한 기독교의 공적 이미지와 선교 열기." 1910년 에딘버러 세계선교사대회 100주년 기념 2010 한국대회 논문집 「한국 교회와 세계 평화」(미션아카데미, 2011)
"중국의 풀뿌리 민주 실험장인 촌민자치 현황 분석." 「동아연구」 40(2001)

전공 분야

중국정부와 정치(중국공산당, 중국정치와 외교, 중국경제, 중국사회와 문화, 화교), 선교학(선교 역사, 선교전략, Cross-cultural Communication, 한국 교회의 타문화권 선교, 선교현장 연구)

박사학위 논문

"中国执政党, 政府, 市场的互动关系研究."(지도교수: 谢庆奎)

1978년 12월 중국공산당 11기 중앙위원회 3차 전체회의를 통해 개혁개방에 나선 중국은 거대한 제도 변천 및 사회 전환 과정을 겪으면서 중국 특색의 개혁과 발전 모델을 만들었다. 통상적으로 이를 중국공산당과 정부가 주도한 중국형 발전 모델이라고 표현할 수 있다. 중국의 제도 변화는 계획경제체제로부터 시장경제체제로의 완벽한 변혁이며 부분적인 개혁이 아니라 전면적인 개혁을 담고 있다. 이는 시장화 과정이라는 틀을 통해 중국공산당, 정부, 시장 간 상호관계에 있어 근본적인 변화를 요구

하게 됐다. 중국공산당은 현대화를 추동하는 핵심이다. 중국공산당이 없는 중국은 생각할 수 없고, 중국의 현대화도 기대할 수 없다. 즉 중국공산당은 현대화를 이끄는 강력한 조직이자 자원 동원의 주체, 영도의 핵심이다. 중국공산당은 노선, 사상, 방침, 정책이라는 틀을 갖고 정부와 시장의 자원을 분배하고 최종적인 결과물을 내놓도록 전면적인 통치 역량을 발휘한다.

시장화 과정을 통해 중국공산당과 정부는 각자 이익을 추구하게 되고, 이는 서로의 이익 충돌로 이어질 수 있다. 즉 중국공산당과 정부는 국가이익과 공공이익을 추구하지만 조직의 이익 최대화에 대한 유혹에서 벗어나기 어렵다. 이는 중국공산당 간부와 정부 관료들이 자신의 이익을 추구하고 부정부패의 온상이 되게 한다. 따라서 중국공산당은 제도 변혁과 제도 균형을 주도하는 정책 결정자로서의 임무를 수행하는 데 최선을 다해야 하고, 정부는 새로운 제도를 창의적으로 공급하고 공공이 만족할 만한 결과를 도출하도록 주도해야 하고, 시장은 건강한 경쟁관계를 만들어 인간 특유의 이익 절대화 유혹에서 벗어나 사회의 공공이익과 복지 최대화라는 목표를 달성하도록 유도해야 한다. 따라서 사회주의 시장경제체제하에서 중국공산당과 정부의 관계는 상호 보완 협력관계를, 중국공산당과 시장 관계는 단속과 자극, 균형의 관계를, 정부와 시장 관계는 규범화된 시장을 주체로 하되 이익, 사익 추구 위주에서 사회복지, 공공이익 극대화라는 관계를 만들어야 한다.

이 연구는 2000년 당시 중국 학생이라면 절대 다룰 수 없는 논문을 썼다는 데 일차적인 공헌이 있다. 좀 더 결정적인 공헌은 중국공산당이 곧 국가라는 중국 특유의 당·국가체제 속에서 중국공산당이 모든 변화의 진정한 주체가 되기 위해선 그동안 움켜쥐었던 권력을 정부와 시장에 일정 위임해야만 하고 정부, 시장과의 새로운 관계를 설정해야 사회주의 현대화 강국의 길을 온전히 걸어갈 수 있다는 것을 제시했다는 점이다.

사역 및 연구활동

"한 손에는 성경을, 한 손에는 전문 영역(중국과 중국인)을"이라는 모토를 갖고 학문과 신앙, 실천의 3대 영역에서 시대정신과 역사의식을 반영한 삶을 살아가려고 애쓰고 있다. 베이징대학교에서 박사학위를 취득하고 2001년 1월 귀국한 뒤 국민일보 기자로 재직하면서 서강대학교 공공정책대학원, 한반도국제대학원대학교, 한세대학교, 그리스도대학(현재 KC대학교), 백석대학교, 감리교신학대학교, 중국복음선교회, 중국대학생선교회 등에서 '중국경제론', '중국산업정책론', '중국무역 정책론', '중국정치',

‘화교경제론’, ‘지역선교론’, ‘세계종교와 선교’, ‘중국 선교학’, ‘미디어와 영상 선교’, ‘초급 중국어’, ‘중국어성경 강독’, ‘중국 선교와 선교 중국’ 등 다양한 분야에 대해 강의하였다.

2006년 서울신학대학교 신학전문대학원에서 “중국의 종교정책 결정 과정 변천 연구: 중국 지도부의 정교(政教) 인식 변화와 신(新) 종교사무조례를 중심으로”라는 논문으로 선교신학 석사학위를 따로 취득할 정도로 이론과 실제의 융합에 대한 관심이 지대하다. 특히 중국공산당, 중국 정치와 경제, 대외관계, 화교 네트워크 등 주전공을 선교 역사, 선교전략, Cross-cultural Communication, 한국 교회의 타문화권 선교, 선교현장 연구 및 미디어의 융합으로 설명하는 데 사명감을 갖고 있다. 특히 중국 교육부와 베이징대학교 공동 연구항목인 ‘당대 중국 정부와 정치 연구 시리즈’ 가운데 외국인으로는 유일하게 『중국 정당, 정부 및 시장』이라는 중국어판 정치·경제 서적을 낼 정도로 학문적 성과 또한 널리 검증된 바 있다. 중국 선교를 비롯해 다양한 선교 분야 취재 및 집필, 강의 등을 통해 한국 선교계에서 폭넓게 인정받은 선교·지역학(중국학) 전문 언론인이기도 하다. 중국 및 선교 관련 다수의 글을 발표하였고, 언젠가 선교신학박사 학위를 취득하고 지역학과 커뮤니케이션학과를 만들어 통섭학자로서의 인생 후반전을 살아가고자 계획하고 있다.

2007년 로버트 모리슨 선교사의 중국 선교 200주년을 맞이하여 한국중국선교협의회(중선협) 설립에 앞장섰으며, 중선협 상임총무로서 ‘선교중국’(선교하는 중국 교회) 운동에 힘썼다. 한국의 대표적인 목회자들과 중국을 비롯한 중화권에서 20년 이상 사역하는 선교사들, 중국 대륙과 중화권 지도자들 모임인 ‘선교중국 라운드테이블’ 코디네이터로 섬겼다. 청년대학생 선교운동과 젊은이들의 사명과 직업, 소명과 실천 현장에도 관심이 커서 관련 분야 전문가들과 목회자들이 중심이 되어 출범한 ‘진로와 소명 미니스트리스’ 공동기획실행위원장 및 멘토로 참여하였다. 현재 CGN 경영본부장, 한국로잔위원회 중앙위원, 사단법인 두란노아버지학교 이사, 둘로스네트워크 이사, 「한국선교KMQ」 편집위원 등으로 활동하고 있다.

허성식

許聖湜, Seong Sik Heo, 1965년 12월 24일 -

학력

1988. 한국외국어대학교(중국어, B.A.)
1991. 연세대학교 국제학대학원(동아시아학, M.A.)
2001. 장로회신학대학교(신학, M.Div.)
2004. 미국 Princeton Theological Seminary (선교학, Th.M.)
2014. 미국 Princeton Theological Seminary (선교학, Ph.D.)

경력

2004. 03. - 2008. 02. 미국 참빛교회 영어예배 담당
2008. 03. - 2013. 12. 미국 참빛교회 담임목사
2015. 03. - 2017. 06. 장로회신학대학교 선교학과 강사
2015. 08. - 2015. 12. 횃불트리니티대학원대학교 외래교수
2016. 03. - 2016. 12. 무학교회 영어예배 담당 부목사
2017. 01. - 2017. 12. 숭의여자대학교 초빙교수
2017. 09. - 2018. 08. 주안대학원대학교 겸임교수
2019. 08. - 2021. 07. 홍콩 하늘의교회 담임목사
2021. 08. - 2024. 현재. 홍콩 동신교회 MAC Community 목사
2023. 08. - 2024. 현재. Glocal Vision University 총장 및 교수

저서

『기독교 승리의 발자취』(새물결플러스, 2020)
『십자가의 길: 한국 교회가 선교적 교회가 되기 위해 가야 할 길』(남대문교회, 2018)
『우리 민족과 한국 교회: 3·1운동 100주년 기념』(대한예수교장로회총회, 2018, 공저)
『증인으로의 부르심』(새물결플러스, 2016)
Missional Debate: An Interpretive Study of Lesslie Newbigin's Theological Debates with Diverse Partners(Princeton: Princeton Theological Seminary, 2014)(PhD. Dissertation)
『다원주의사회에서의 복음』(IVP, 1998)

논문

"사도행던 1-15장을 통해 살펴보는 선교적 교회의 특징들." 「현대선교」 24(2020)

"Revisiting Newbigin's Ambivalence toward Interreligious Dialogues: How Can We Re-engage in Interreligious Dialogues in Asia?" in *Converting Witness: The Future of Christian Mission in the New Millennium*(Fortress Academic, 2019)

"Ernst Troeltsch's Historical Understanding of the Christian Faith and Its Implication for the Missional Church as Public." *Mission Network* 6(2018)

"The Missiological Implications of Lesslie Newbigin's Missional Debates." *Korean Presbyterian Journal of Theology* 50/2 (2018)

"Lesslie Newbigin's Debate with Post-Christendom: Public versus Privatized." 「선교와 신학」(Spring 2015)

"The Missional Implications of Lesslie Newbigin's Shift of Emphasis from Interreligious Dialogues to Religious Pluralism Debates." in *Korean Presbyterian Journal of Theology* 47/3(2015)

"The Great Revival Movement (1903-1907) as Continuous Conversion in the Christianization of the Korean people." in *KIATS Theological Journal* III-1(Spring, 2007)

전공 분야

선교 역사, 에큐메니컬 선교신학, 타문화권 교회 개척

박사학위 논문

"Missional Debate: An Interpretive Study of Lesslie Newbigin's Theological Debates with Diverse Partners."(지도교수: Darrell Guder)

평생 선교사였던 레슬리 뉴비긴은 다양한 사람들과 많은 논쟁이나 대화를 했다. 뉴비긴에게는 이런 공적인 논쟁이나 대화가 그의 선교적 신학이 형성되어 가는 통로로 작용했다. 이 논문은 그가 논쟁을 벌인 두 그룹에 대한 연구에 집중하면서 그가 수행하는 선교적 논쟁의 내용과 논쟁을 전개하는 방식에 대해 살펴보았다.

먼저 2장에서는 뉴비긴이 영국성공회 교회와 벌이는 논쟁을 통해, 선교란 교회의 일치가 없이는 이루어질 수 없다는 그의 주장을 살펴보고, 3장에서는 그가 세계교회협의회와 벌이는 논쟁을 통해, 그가 일관되게 역설하는 '교회의 일치'라는 '선교'(mission)와 '선교사역'(missions)을 위한 것이라는 주장을 살펴보았다. 논문에서는 이 두 가지 주제 영역을 집중적으로 연구하였는데, 이를 통해 뉴비긴이 어떻게 당대의 중요한 신학적 이슈들을 가지고 씨름했으며, 또한 그의 신학적 관점이 이런 '대화적 논쟁들'(dialogical debates)을 통해 어떻게 명료해지는지를 의미 있게 밝히고 있다. 논의를 전개하면서 그가 논쟁한 내용뿐 아니라 이런 논쟁을 수행하는 방식을 검토해보는 것 또한 유용함을 살펴보았다.

이 연구는 위의 두 그룹과 뉴비긴이 벌인 논쟁은 교회를 그 본질과 사역에 있어서 하나가 되게 하고 선교적인 교회가 되도록 도우려는 노력임을 발견하게 되었다. 모든 교회는 본질상 그리고 그 사역의 현장에서 하나가 되도록 힘써야 하며 선교적인 교회가 되어야 한다는 것이 이 논문이 살피는 선교적 논쟁의 두 가지 초점이며, 뉴비긴의 선교적 논쟁에서는 이 두 가지가 교회에 대한 핵심 도그마로 작용하고 있다. 그러므로 뉴비긴이 수행한 선교적 논쟁들은 '하나님의 집', 곧 교회란 예수 그리스도를 "주님이요, 살아 계신 하나님의 아들이십니다."라고 고백하는 신앙고백의 도그마 위에 확고히 근거를 두고, 교회일치운동과 선교운동에 대한 교회의 오래된(classical) 비전을 보존해야 함을 주장하고 있다고 밝힌다.

사역 및 연구활동

현재 홍콩에서 목회자와 신학자로서 사역하고 있다. 목회자로서는 한인교회에 속한 영어예배 회중을 인도하고 있고, 신학자로서는 현지에 있는 신학교에서 선교학 관련 과목을 강의하고 있다. 영어예배를 드리는 교회 이름은 MAC(Missional and Caring) 커뮤니티로, 홍콩에 거주하고 있으면서 영어권에 속하는 다양한 국가에 속한 사람들을 위한 작은 공동체이다. 신학교에서는 영어로 강의하고 있는데, 대부분 홍콩 현지에서 평신도 지도자로 섬기던 분 중 영어 수업을 들을 수 있는 분들을 대상으로 하고 있다. 2023년부터 Glocal Vision University를 통해서 주로 비서구권에서 사역하는 현지 목회자와 선교사를 대상으로 선교적 교회에 대한 강의 및 공동연구를 진행하고 있다.

목회자로서 영어를 공용어로 사용하지만 모국어가 다양한 영어예배 공동체 안에서 섬기면서 홍콩이라는 특수한 지역적 특성과 또한 다문화적 배경을 가진 국제 교회로서 어떻게 하면 하나님이 기뻐하시는 '선교적인 교회'로 세워져 갈 수 있을지 고민하고 기도하면서 사역하고 있다. 선교학자로서의 연구 주제는 홍콩 이민교회, 그리고 국제 교회에서 어떻게 선교적 교회의 모습을 구현할 수 있을 것인가이다.

허준

許峻, Joon Huh, 1972년 1월 14일 -

학력

1996. 한국침례신학대학교(신학, B.A.)
2001. 미국 New Orleans Baptist Theological Seminary(Evangelistic Church Growth, M.Div.)
2008. 미국 Southern Baptist Theological Seminary(Evangelism and Church Growth, Ph.D.)

경력

2008. 12. - 2015. 02. 강남중앙침례교회 부목사
2015. 03. - 2024. 현재. 한국침례신학대학교 실천신학과 교수

저서

『COVID-19 이후 목회 패러다임 시프트: 팬데믹시대 새로운 목회를 만들다』(한국침례신학대학교출판부, 2020, 공저)

번역서

『복음 전도』(요단, 2020)

전공 분야

선교 역사, 복음주의 선교신학, 선교전략, 이주민/다문화 선교, 교회 개척, 전도

박사학위 논문

"An Analysis of the Ga-Jung Church's Evangelistic Strategies and Their Impact on Church Growth."(지도교수: Timothy Beougher)

21세기를 맞이한 한국 교회는 중요한 변화와 성장의 변곡점에 직면해 있다. 한국 교회는 지난 30년간의 수적 성장에도 불구하고 현재는 멤버십 정체와 수적 감소를 경험하고 있다. 1990년 교회 성장이 멈춘 이래 전도와 교회 개척은 쉽지 않은 사역으로 전락해버렸다. 소수의 기독교인은 교인 수 감소를 고민하기 시작했으나 대부분의 교회는 교회 성장과 감소의 원인에 대해 직면하기보다는 과거의 성과와 영광에 대한 기억에 만족하며 앞으로도 그 영광이 계속될 것으로 막연히 기대하고 있다.

이러한 상황에서 가정교회는 북미 한인교회와 국내 한인교회 사이에서 주목할 만한 성장을 경험하며 두드러진 성장세를 보였다. 이 교회들은 관계 중심의 전도방법을 사용하여 불신자에게 복음을 전한다. 먼저 사랑과 섬김으로 관계를 형성한 후에 소그룹(가정교회)으로 인도하고 교회로 이끌어 제자를 삼는 일에 열심을 내고 있다. 이러한 전도 방식은 교회와 지역사회 안에서 영향력을 행사하며 새로운 전도의 패러다임의 형성하고 있다. 가정교회는 모든 성도가 전도에 참여할 것을 격려하며 영혼을 구원하여 제자삼는 일을 사역의 목표로 삼고 있다.

이 논문은 효과적인 복음전도를 통한 교회 성장의 정의에 입각하여 전인적 관계 중심의 복음전도라는 원리를 따르는 가정교회의 복음전략을 분석하고, 영혼을 구원하여 제자 삼는 일을 통해 가정교회가 추구하는 성장의 모델을 긍정적으로 제시하고자 하였다.

1장은 성경적 원리에 입각해 가정교회의 특징과 원리를 조명해보고 교회 성장이 지향하는 갱신 모델로 가정교회를 다룬다. 개성 있고 인지도가 높은 가정의 특징을 제시하고 다양한 가정의 교회 구성요소와 전도방식에 대한 특징을 설명한다. 2장에서는 교회 성장의 정의와 교회 성장 개념을 탐구한다. 다양한 학자들이 주장하는 교회 성장 정의를 설명하고 각 정의의 연구를 바탕으로 교회 성장의 의미를 조사하며 향후 연구를 위한 근거로 제시한다. 3장은 가정교회의 기원과 발전, 목회철학 등 가정교회의 성경적 배경을 설명한다. 이어 가정교회의 복음적 방법과 전도원리를 통한 교회 성장의 효과와 그 의의를 교회 성장의 사례를 토대로 분석한다. 4장은 가정교회의 복음화 전략이 교회 성장에 미치는 효과를 제시한다. 5장에서는 마지막으로 가정교회의 복음전도 방식이 갖는 장점과 단점은 논의한다.

사역 및 연구활동

한국침례신학대학교에서 전도학과 교회성장학을 가르치고 있다. 교회의 감소 원인에 대해 고민하던 중 교회 성장의 개념과 의미에 대한 여러 학자의 정의를 종합하고 교회 성장 운동의 역사적 발전 단계를 이해하면서 교회 성장의 운동의 생성과 발전 그리고 역기능적 문제점을 통해 교회 성장을 바라보는 전반적인 시각을 가져보려 노력했다. 그래서 다다른 결론은 교회 성장의 창시자인 도날드 맥가브란으로부터 전파자인 피터 와그너, 그리고 제3세대 주자로 주목받는 교회 성장 운동의 대표자인 당시 미국 남침례신학교 교수 톰 레이너의 정의를 종합해보며 교회 성장의 진정한 의미가 무엇인지에 대한 기본적인 인식을 얻을 수 있었다.

교회 성장은 전도를 통한 영혼구원의 일이 반드시 선행되어야 하고 영혼구원을 통한 제자화의 과정이 뒤따라야 한다는 것이 맥가브란의 주장이며, 그의 마지막 책인 『효과적인 전도』(*Effective Evangelism*)에서 재차 강조되었다. 그래서 교회 성장 운동이 오리지널 포커스인 전도로 되돌아가야 할 것을 알게 되었고, 현대 교회 성장의 많은 원리와 강조점이 진정한 전도 사명의 관점에서 많이 벗어나 있음을 인식하게 되었다. 결국 교회 성장은 효과적인 전도를 통해 영혼구원의 사명을 감당하는 것이며, 제자화 과정을 통해 영혼구원의 재생산이 이루어져야 한다. 현대 교회는 교회 성장을 더 이상 효과적인 전도에 맞추지 있지 않고 수적 성장 자체로 이해하고 있다. 교회의 성장이 전도를 통한 회심에 의한 성장인지 아니면 단지 교인의 수평적 이동을 통해 성장했는지에 대해 사려 깊은 고찰이 이루어져야 한다는 인식으로 이에 대한 연구를 진행하고 있다.

교회 개척에 관한 연구소(Center for Dream Church)를 운영하고 있으며 교회 개척과 전도 그리고 교회 성장에 관한 주제로 연구와 논문 활동을 계속하고 있다. 교회 개척과 교회 성장학의 기본적인 개념과 신학적, 역사적 이해와 주요 이론을 강의를 통해 소개하고 있다. 특별히 본인이 훈련한 교회성장학 컨설턴트 과정을 기반으로 교회에 여섯 가지 사역(예배, 전도, 교제, 훈련, 목회, 기도)에 대한 컨설팅 훈련과 연구를 지속적으로 실천해 나가 한국 교회의 건강과 성장에 도움을 주고자 계획하고 있다. 그래서 교회의 현재 모습을 인식하게 도와주고 실질적으로 어떠한 훈련을, 어떻게 강화해 나가야 하는지에 대한 이론적 방법을 제시하고자 한다. 마지막으로 다른 실천신학과 연계된 전반적인 목회 사역에 대한 분야에 대해서도 지속적으로 연구하여 선교학과 교회 성장과의 유기적인 발전과 성장을 도모하고 있다.

현한나

玄韓娜, Hanna Hyun, 1982년 6월 23일 -

학력

2005. 서울대학교(교육학, B.A.)
2009. 장로회신학대학원(신학, M.Div.)
2012. 미국 Reformed Theological Seminary(Ph.D. in Inter-Cultural Studies)
2017. 호주 Macquarie University(M.P. in Professional Accounting)

경력

2005. 12. – 2007. 09. 서울 효성교회 영어예배 및 학생부
2008. 07. – 2009. 02. 서울 한남제일교회 교육부
2013. 03. – 2015. 06. 대구사랑의교회 청년부
2013. 03. – 2015. 08. 고신대학교 선교학과 조교수
2016. 06. – 2020. 02. 호주 Sydney College of Divinity 선교학과 겸임교수
2017. 07. – 2019. 07. 시드니 주안교회 다문화선교부(아랍교회 파송 선교사)
2018. 01. – 2022. 02. 이슬람연구소(Centre for Islamic Studies) 소장
2019. 12. – 2020. 11. 대구 대서교회 교육부
2020. 08. – 2022. 08. 주안대학원대학교 선교학과 겸임교수
2022. 03. – 2024. 02. 장로회신학대학교 조교수
2020. 12. – 2023. 현재. 안산 꿈의교회 영어예배 다문화선교부
2022. 02. – 2024. 현재. 청주 서원경교회 외국인예배 담당목사
2024. 01. – 2024. 현재. Fuller Theological Seminary 방문교수

번역서

『디스그레이스를 벗다』(홍성사, 2014)

논문

"'Forgiveness' in Building Bridges with Muslims: An Intertextual Analysis of the Joseph's Narrative." *Transformation* 40/2 (2023)
"Mission as Hospitality with Refugees and Other Migrants: Exploring Ross Langmead's 'Guests and Hosts' in Australian Churches." *Mission Studies* 40/1(2023, 공저)

"Review of the book Visions of Salvation: Chinese Christian Posters in an Age of Revolution by Daryl R. Ireland." *Mission Studies* 40/3(2023)

"Review of Toward a Truly Catholic and a Truly Asian Church. by Jukka Helle.Leiden, Brill." *Mission Studies* 40/1(2023)

"슈우비야(Shu'ūbiyya) 기원과 발전 연구: 이그나즈 골드지허 이후 학자들의 의견을 중심으로." 「지중해지역연구」 25/2(2023)

"이슬람의 갱생(Tajdīd) 운동과 아흐마디야 종파." *Muslim-Christian Encounter* 15/1(2022)

"신학교육에서 '거꾸로 수업' 설계하기." 「신학과 사회」 35/4(2021)

"A Study on The meaning of Kaparah(Sacrifice) in the Context of the Abrahamic Religions(Islam, Judaism, and Christianity)." *Muslim-Christian Encounter* 13/2(2020)

"누가 디아스포라인가?: 디아스포라의 정체성과 일등석의 노마드." 「복음과 선교」 49/1(2020)

"디아스포라를 넘어(Beyond), 디아스포라와 함께(With)." 「선교신학」 57(2020)

"이주와 난민 신학 기반 세우기: Daniel G. Groody 신학과 메타포로서 '환대적' 선교." 「선교신학」 55(2019)

"IS(이슬람국가)에 의한 현대판 딤미 제도에 대한 고찰과 테러 극복을 위한 화해: 이슬람주의와 이슬람에 대한 시각을 바탕으로." 「선교와 신학」 38(2016)

"스포츠 선교의 나아갈 방향성과 환대 선교." 「신앙과학문」 21/4(2016)

"이슬람국가(IS)와 성전(지하드) 가운데 들려올 소식 평화." 「신앙과 학문」 20/1(2015)

"시리아 난민과 디아스포라 선교." 「선교신학」 37(2014)

전공 분야

타종교(이슬람), 이주민/다문화 선교, Intercultural Communication

박사학위 논문

"Ahmadiyyat Muslims' Understanding and Acceptance of the Justice of God."(지도교수: Samuel H. Larsen)

기독교의 하나님과 무슬림들이 믿는 신 알라(Allah)를 비교하여 기독교 공동체와 움마 공동체의 신앙을 비교하고 선교적으로 접근하려는 연구이다. 알라의 99가지 성품 가운데 정의(al-adle)와 거룩(al-qudus)이란 성품에 관련하여 디아스포라 아흐마디얀파(Ahmadiyyat)들이 인지하고 믿는 바를 기독교인들이 성경을 통해 하나님을 이해하는 바와 비교하였다. 아흐마디얀 이민자들이 미국 텍사스주에 살아가면서 그들이 가진 공존과 평화적 방침에 따라 다양한 타종교와의 접촉과 대화를 활발하게 시행하고 있는 것에 대해 기독교 관점에서 평가하고, 무엇보다 그들이 왜 속죄(atonement)를 필요로 하지 않는지 연구하였다. 아흐마디얀들이 '지하드'라 부르는 개념은 일반 순니들과 다른데, 그것은 그들이 가진 펜 지하드(Pen Jihad), '연구와 교육, 학술 활동'을 통해서 자신들의 믿음을 알리고, 이슬람의 포교 활동들을 권장하고 있어서 타종교와의 다양한 교류를 통해 자신들의 믿음을 실천하고 영역을 확장하고 있다.

데이터 수집을 위해 설문지를 돌리고 모스크의 남녀 대표들과 개인 인터뷰를 진행하여 정량적 및 질적 민족지학적 방법론을 사용하여서 데이터를 분석했으며, 연구에서 제기된 문제들은 아흐마디얀 무슬림들이 인식하는 '정의롭다'라고 하는 것은 상벌의 개념은 있지만 '의롭다함'을 얻는 절대적 기준이 없음을 밝혔고, 심판과 보상체계에 대속이란 연관될 수 없으므로 '어린 양'을 통한 제사와 아브라함의 전통은 성지순례 이후 희생제(Eid-Al-Adha)에서 신에게 '순종'하는 미덕으로만 결론이 나는 것을 규명하였다. 따라서 기독교에서 말하는 예수의 제사를 통한 의롭다 함을 얻는 개념이나 유대교적 대리적 속죄나 희생에 대해서 무슬림들에게 전하는 데 도전이 되는 점들을 연구하였다.

무슬림들이 가진 낮은 단계의 중재자 개념, 대속의 개념이 어떻게 기독교의 예수 곧 꾸란의 이사(Isa-Al-Masih)와 연결될 수 있는지 살펴서 구속적 유비를 찾아낼 뿐 아니라 이것이 선교적 대화, 곧 케리그마적 변증(엘렝틱스)으로 결론이 날 수 있도록 하였다. 알라의 본질과 그의 속성에 대한 이슬람 개념과 예수를 메시아로 받아들이지 않고, 자신들의 지도자이며 이맘인 미르자 굴람 아흐마드를 마흐디와 마시흐로 받아들이는 아흐마디얀 무슬림들의 주장을 다루어 두 종교 간의 그리스도를 통한 화해를 돕고 선교적 접근을 하였다.

사역 및 연구활동

2020년부터 인천 주안대학원대학교 겸임교수로 재직하면서 '선교와 커뮤니케이션', '디아스포라 선교와 난민 사역', '비교종교 이해', '이슬람학', '여성과 선교' 과목을 석·박사 과정에서 가르쳤다. 감리교 꿈의교회 부목사로서 다문화사역부에서 영어예배 설교 및 중국인 셀그룹 사역을 동시에 하였으며, 2022년 이후 현재는 청주 서원경교회에서 다문화예배부 디아스포라들과 교회 개척 및 양육하는 것이 주요 사역이다.

2023년부터 한국복음주의협의회 국제위원회 부위원장을 맡고 있으며, 2021년부터 현재 Lausanne Global Diaspora Network 이사회 임원, WEA 산하 Asia Evangelical Alliance 선교분과 임원, American Society of Missiology 멤버로 활동하고 있다. 2017년부터 Australian & New Zealand(ANZATS) 신학교회협회에 소속되어 있다.

중국과 필리핀, 페루, 미국, 이집트, 알제리, 인도, 파키스탄, 브룬디, 카메룬 등 다양한 지역에서 온 G1 비자 난민 신청자와 미등록자(불법체류자), 유학생들을 대상으로 디아스포라 선교훈련을 하고 있다. 2018년 호주에 이슬람연구소를 설립하여 소장으로 운영해왔으며, 2021년 한국지부로 디아스포라 이슬람연구소를 열어서 무슬림 회심자들 양육 과정과 전도 전략을 가르치고, 난민 자원봉사자들 훈련 매뉴얼 제작 및 다문화 교회 개척 전략을 온라인을 통해 교육하고 있다.

연구 영역은 비교종교학 및 선교변증학과 초국가(transnationalism), 이주와 디아스포라 분야이다. 미디어 시대 선교와 '코로나 시대 뉴노멀 세우기', '거꾸로 학습-선교적 수업 설계하기'(Designing Flipped-Learning Missional Class) 등에 대한 연구를 수행하였으며, 현재는 "Transmigrant Theologians' Narratives with the Poly-Centric Mission Perspective and Global Diaspora Communities" 연구 프로젝트를 풀러신학교와 진행 중이다.

홍강

洪江, Hong Gang, 1980년 9월 24일 -

학력

2016. 서울신학대학교 신학전문대학원(실천신학, Th.D.)

경력

2008. 09 – 2024. 현재. 중국 유학생 교회 담임목사
2010. 03 – 2024. 현재. 김천대학교 실천신학 교수
2018. 03 – 2024. 현재. 한국실천신학회 회원
2021. 03 – 2024. 현재. 세계선교연구원 회원

논문

"중국 교회의 현주소와 중국 선교: 중국 신학자들의 산학사상에 대한 고찰을 중심으로." 「선교와 신학」 53(2021)

"항저우(杭州) 삼자교회 목회현장 관찰을 통한 중국 남부 대도시 선교전략 방안 연구." 「신학과 실천」 69(2020)

"G-X 소그룹 모델에 대한 한 연구: 중국인 교회를 중심으로." 「신학과 실천」 62(2018)

"외국인 유학생 유치 정책과 관리에 대한 연구 및 제언." 「김천대학교 교내 논문집」(2018)

전공 분야

선교전략, 한국 교회의 타문화권 선교, 선교현장 연구(중국), 상황화/토착화(중국), 이주민/다문화 선교

박사학위 논문

"유학생 목회의 한 유형으로서 G-X 소그룹 모델과 적용에 관한 한 연구: 중국인 유학생 교회를 중심으로."(지도교수: 김한옥)

국내 중국인 유학생 8만 명을 바라보고 있는 현재, 중국인 유학생 목회는 선택이 아니라 한국 기독교회가 짊어져야 하는 사명이다. 이 과제 앞에서 '어떻게 효과적으로 유학생 사역을 할 것인가?'의 실천신학적 해답을 제시하고자 하였다. 선행논문, 설문조사, 미디어 매체, 전문가의 견해 등을 통하여 유학생들의 실태를 조사하였고, 그 결과는 어려운 유학생활, 낮은 자아존중감 등을 확인할 수 있었다. 유학생 사역은 1980년대 초반에 시작되었지만 많은 한계를 보이고 있다. 이에 유학생 목회의 경험을 바탕으로 강력한 복음전도, 따뜻한 가족 공동체, 확실한 제자양육을 시스템화한 G-X 소그룹 목회 모델을 제시하였다.

G-X 소그룹 목회 모델은 완전한 교회 역할을 할 두 명 이상의 리더로 구성된 '뿌리' 소그룹으로 시작한다. '뿌리' 소그룹은 함께 기도하고 찬양하고 말씀을 나누고 삶을 나누면서 성장한다. '뿌리' 소그룹은 복음 전도를 통하여 '줄기' 소그룹을 개척한다. '줄기' 소그룹의 구성 원칙은 미지수 X가 최소 1 이상이면 된다. '줄기' 소그룹은 온전한 교회로서 삶의 나눔이 있고, 예배가 있고, 파송이 있다. 모든 신자들은 '줄기' 소그룹 안에서 성장한다. G-X 소그룹 목회 모델의 또 다른 특징은 서버 시스템이다. 서버 시스템인 새 생명을 얻기 위한 전도 행사, 전인 치유와 영적 성장을 위한 수양회, 리더 양육을 위한 제자훈련학교를 통하여 제자를 양육한다.

이 연구는 중국인 유학생 목회의 길잡이가 될 것이며, 효과적인 유학생 사역과 성경적인 교회를 세우는 데 공헌할 것이다. 또한 하나님께서 우리에게 보여주신 사랑과 섬김의 기독교 공동체, 치유와 능력의 기독교 공동체, 양육과 돌봄, 복음전도가 역동적으로 이루어지는 유학생 교회를 세우는 매뉴얼이 될 것이다.

사역 및 연구활동

경북 김천시에 있는 김천대학교 신학대학원에서 실신신학을 가르치고 있다. 이 학교의 외국인 학생 300여 명 가운데 중국인은 100여 명이다. 중국에서 태어나 20년 정도 살다가 중국 선교에 대한 비전을 발견하여 신학공부를 하게 되었다. 신학을 마치고 비전대로 2008년 중국 교포 사역을 시작하였고, 2010년 중국 유학생 사역을 시작하였다. 사역의 비전은 소그룹 목회를 기반으로 전도, 양육, 파송을 통하여 유학생들에게 복음을 전하고 양육하여 현지 선교사로 파송하는 것이다.

목회와 함께 학문적 연구도 꾸준히 시도하고 있다. 중국 선교의 현장인 중국 교회 신학사상, 중국 교회 목회 유형, 중국 사회 구조의 현황 등에 대해 연구하고 있다. 이러한 연구를 통하여 중국 선교에 대한 학문적 기초와 실천적 방향에 도움을 주고자 한다.

홍기영

洪基英, Hong, Ki Young, 1953년 1월 9일 -

학력

1979. 고려대학교(독어독문학, B.A.)
1987. 필리핀 Asia-Pacific Nazarene Theological Seminary(신학, M.Div.)
1992. 미국 Asbury Theological Seminary(신학, Th.M.)
1995. 미국 Asbury Theological Seminary(선교학, D.Miss.)

경력

1992. 09. - 2018. 02. 나사렛대학교 신학부 선교학과 및 대학원 교수
2000. 10. - 2002. 10. 한국선교신학회장
2002. 10. - 2004. 10. 한국선교신학회 편집위원장
2013. 11. - 2014. 11. 한국로잔연구교수회 의장
2018. 02. - 2023. 02. 나사렛대학교 신학대학원 명예교수

저서

『선교학개론』(시나고그, 2017)
『신약성서의 선교신학』(물가에 심은 나무, 2016)
『복음, 교회, 그리고 문화』(물가에 심은 나무, 2012)
『통전적 선교: 그리스도의 지상명령』(물가에 심은 나무, 2008)
『현대선교: 방향과 모델』(다산글방, 2004)
『선교학개론』(대한기독교서회, 2001, 공저)
『인간의 문화와 하나님의 선교』(대한기독교서회, 2000)

번역서

『선교적 교회를 위한 복음전도의 원리』(빛의 숲, 2016, 공역)
『하나님께로 돌아오라』(서로사랑, 1998)
『사도의 은사』(서로사랑, 1997)

논문

"포스트모던 문화 속에서의 효과적인 복음전도." 「복음과 선교」 37/1(2017)
"한국 교회를 위한 효과적인 전도 모델의 연구." 「ACTS 신학저널」 30/2(2016)

“Planting an Indigenous Church in Korea as a Basis for Church Growth.” *Korea Association of Christian Studies* 93(2014)

“선교적 교회의 관점에서 본 선교.” 「선교신학」 36(2014)

“A Missiological Re-evaluation of Minjung Theology in the Korean Context.” *Korea Association of Christian Studies* 84(2012)

“1907년 평양대부흥운동의 선교학적 고찰.” 「한국기독교신학논총」 46(2006)

“토착화의 관점에서 바라본 1907년 평양대부흥운동.” 「선교와 신학」 18(2006)

“종교다원주의 사회 속에서 비판적 상황화를 통한 효과적인 교차문화적 선교.” 「한국기독교신학논총」 41(2005)

“성육신적 선교사와 효과적인 통문화선교.” 「기독교사상」 474-475(1998)

“비판적 상황화를 통한 효과적인 선교: 상황화의 세 단계.” 「신학사상」 99(1997)

“Church Planting in the Korean Nazarene Church: An Evaluation of the ‘1991 Thrust to the City of Seoul’ Program.” *Church Growth Journal of the North American Society for Church Growth* 2(1991) 외 다수

전공 분야

Cross-cultural Communication, 상황화/토착화, 타문화권 교회 개척

박사학위 논문

“Church Growth through Indigenous Urban Church Planting in the Korean Nazarene Church.”(지도교수: George G. Hunter III)

한국나사렛교회(Korean Nazarene Church)의 토착적인 도시교회 개척을 통한 교회 성장에 관하여 논의하였다. 한국나사렛교회가 지니고 있는 세 가지 주요 문제점을 지적하고 이를 해결하는 전략을 제시함으로써 궁극적으로 한국나사렛교회가 성장할 것을 추구하도록 하였다. 한국나사렛교회는 첫째, 충분히 토착적인 교회를 개척하는 데 미흡하였다. 둘째, 도시교회 개척을 강조하지 못하였다. 셋째, 잘 훈련받은 교회 개척자들을 양성하는 데 효과적이지 못하였다.

이러한 연구과제를 집중적으로 논의하기 위해서 인터뷰, 문헌연구 그리고 참여관찰적 방법을 주로 활용하였다. 특히 이 연구는 첫째, 문제를 파악하기 위해 알란 티펫이 제시한 ‘토착적 교회의 6가지 특징’을 통하여 한국나사렛교회의 토착화를 평가하였고, 둘째, 문제를 파악하기 위해 도널드 맥가브란이 제시한 ‘도시교회 개척을 위한 7가지 열쇠’를 통하여 한국나사렛교회의 도시교회 개척의 상황을 평가하였고, 셋

째, 문제를 파악하기 위하여 인터뷰를 실시하였는바 한국나사렛교회는 한국나사렛신학대학 및 연장교육의 커리큘럼이 충분히 훈련된 교회 개척자들을 양성하지 못함을 발견하였다.

이러한 근본적인 문제들을 해결하고 한국나사렛교회의 성장을 위하여 가정교회 개척 모델을 성장의 총체적 전략으로 제시하였다. 그 모델은 크게 세 단계로 요약될 수 있다. 첫째, 가정 셀 그룹을 증가시켜라. 둘째, 가정교회를 증가시켜라. 셋째, 정규 교회를 증가시켜라. 이러한 전략을 통하여 한국나사렛교회가 건강한 성장을 경험할 것을 촉구하고 기대하였다.

사역 및 연구활동

전도와 교회 성장에 관하여 학위논문을 작성하였으며 복음주의선교신학적 입장에서 도시 선교, 교회 개척, 토착화/상황화, 교차문화적 선교에 많은 관심을 갖고 연구하였다. 더 나아가 교수로 재직 당시 학부 및 대학원생들과 함께 거의 매년 타문화권에서 단기선교를 통한 선교 실습을 실시하면서 교차문화적 경험을 강조하였다. 교육하면서, 협동목사로서 목회를 도우면서, 몸담고 있는 학교의 보직을 수행하면서, 그리고 선교학회의 임원을 역임하면서 다양한 선교 관련 학술지에 논문을 게재하였으며 여러 학회에서 학술논문을 발표하였다.

한국선교신학회 총무로 섬기던 1997년 7월에 학회지 「선교신학」을 처음으로 간행하였다. 이 학술지 창간호에 "총체적 선교의 관점에서 본 성령의 역사와 교회 성장"이라는 논문을 처음으로 게재하였으며, 찰스 크래프트가 저술한 『문화 속의 기독교』에 대하여 서평하였다. 한편 후학을 양성하면서 「크리스찬신문」에 선교 칼럼을 연재하기도 하였으며, 기독교 계통의 신문에 현대선교의 동향을 설명하고 한국 교회가 지향해야 할 선교적 방향을 제시하였다. 현재는 나사렛대학교의 명예교수로서 대학원 및 신학대학원에서 선교 관련 과목들을 교수하고, 한국로잔위원회 산하의 로잔동아리를 지도하고 있으며, 학위논문 및 학회의 논문들을 심사하고 있다.

홍석희

洪錫姬, Hong, Suk Hee, 1960년 11월 10일 -

학력

2008. 서울신학대학교(신학, B.A.)
2011. 서울신학대학교 신학전문대학원(신학, M.A.)
2013. 서울신학대학교 신학대학원(M.Div. II)
2018. 서울신학대학교 전문대학원(Th.D. in Psychological Counsrling)

경력

2011. 02.. - 2017. 10. 기독교대한성결교회 전도사/부목사/협동목사
2014. 02. - 2024. 현재. 서울신학대학교 부설 한국기독교통일연구소 연구위원
2010. 01. - 2024. 현재. 한국TA학회(KTAA)/한국교류분석협회 부회장/수련감독
2015. 09. - 2024. 현재. 서울기독대학교 상담심리학 겸임교수
2018. 02. - 2024. 현재. 기독교대한하나님의성회 기관목사
2018. 02. - 2024. 현재. 사람과 사람들(People and People R&D) 심리성장연구소 소장
2019. 01. - 2024. 현재. 한국기독교상담심리학회 수련감독
2020. 01. - 2024. 현재. 기독교윤리실천운동 사회복지위원회 기관사역자

저서

『동유럽의 체제전환과 한반도 통일』(올리브나무, 2020, 공저)
『선교사의 탈진 현상과 재충전의 길』(올리브나무, 2019)

논문

"타문화권 선교사들의 정서적 탈진과 대응과정에 관한 현상학적 연구: Herbert J. Freudenberger와 Christna Maslac의 이론을 중심으로." 「선교신학」 61(2021)

전공 분야

선교훈련, 선교전략, 한국 교회의 타문화권 선교, 상황화/토착화, 선교현장 연구

박사학위 논문

"타 문화권 선교사들의 정서적 탈진과 대응과정에 관한 현상학적 연구."(지도교수: 황헌영)

선교사 파송 세계 2위의 우리나라 선교 현황은 2016년을 변곡점으로 지속적인 파송 증가율과 달리 주재선교사의 숫자는 중도탈락으로 오히려 증가율 0% 상태를 기록하고 있다. 2012년부터 2년간 한국 선교사의 중도탈락률은 40%를 넘었다. 세계적으로 선교사 중도탈락의 위기관리 연구가 1996년과 2015년에 심도 있게 진행되었다. 200여 곳에 선교사 케어 센터가 생겨났으나 구체적인 방향 제시는 없었다.

선교사들의 중도탈락의 핵심 요인인 정서적 탈진(burn-out)에 영향을 미치는 선교사의 주관적 경험이 무엇인지 살펴보고 대응 과정을 탐구했다. 중도탈락의 배경과 탈진 경험에 관해 본인과 가족의 심리적 변화, 정서적 특성 탐색, 탈진의 위기 앞에서 취한 대응 방안 및 그 이후의 변화 과정 연구이다. 사역 포기의 핵심 요인에 관한 올바른 이해를 제공하는 것과 선교사의 탈진 상황 분석 외에도 공통적 속성에 관한 의미 탐색은 건강한 선교사역으로 전환하는 기회를 제공할 수 있다.

심층 면접 인터뷰 자료를 통하여 도출된 결과는 선교현장에서 선교사의 헌신적 태도가 대인관계에서의 조절능력 부족을 야기하였고, 현실적 상황에 대한 책임감과 압박감으로 인한 부정적 자아개념이 성취감 감소로 이어지며 탈진을 초래되었다. 심리적 측면에서는 선교사역을 포기할 수밖에 없었던 선교사들의 본질적 어려움을 탐색하여 사회심리적 배경에 대한 인식을 가져옴으로 선교사의 질적 성장을 위한 돌봄 기회가 향상될 수 있다. 이에 탈진 진단 및 대처 방안을 프로이덴버거의 '과잉성취동기' 이론과 마슬락의 '정서적 고갈'에 관한 측정 방법론을 통해 제시하며, 보완책으로 호킨스와 오스왈드의 이론을 다루었다. 탈진 학자들의 대처 방안을 재정립하는 것은 선교현장의 질적 성장을 위한 실제적 방편으로서 목회상담적 선교전략의 기초자료 마련에 도움이 될 것이다.

사역 및 연구활동

선교사역을 하다가 탈진하는 것은 대인관계에서 오는 인격적인 부분과 연결된 심리적 문제로 경직된 정서적 반응체계가 그 원인이다. 인간이 직업과 만남을 이루어가는 과정에는 행복을 추구하는 목적이 존재한다. 하지만 개인의 성격 특성이 달라 상호관계적 어려움을 초래하기에 개인 간 소통의 심리학적 배경을 분석하여 자신이 속한 공동체에서 자기와 타인 이해의 관점을 확장하고, 나아가 통합적 사고의 준거틀을 마련하여 긍정적이고 능동적인 의식변혁이 이루어지도록 통찰의 장을 마련하는 데 교육 목적을 두고 있다. 사람을 돕는 일을 삶의 가치로 결정하고 전문적으로 종사하는 선교사들이, 존재 가치의 보람과 감격을 지속하지 못한 채 감정이 고갈되어 지치게 만드는 '탈진'(burn-out)의 심리적 양상을 살펴보고 개별적 대안을 탐구하여 상처받은 사람들을 상담을 통해 치유하고 돌보는 것이 사역의 목적이다. 따라서 인간 발달에 관한 과학적 이해를 확장하고 자신의 삶을 반추하는 기반을 제공하여 인식 확장을 통한 상처 치유와 회복으로서의 대안 마련에 목적을 두고 교육 및 상담치료 사역을 진행하고 있다.

선교사뿐만 아니라 현대인의 대다수가 정신적, 감정적, 심적 원인에서 야기된 신체 증상 심신증(psychosomatic)으로 고통받고 있다. 사람을 돕고자 하는 것에 삶의 가치를 두고 전문적 종사를 선택한 선교사들이 탈진하여 존재적 가치가 무너지는 상실의 경험이 큰 비중을 차지하고 있다. 개인의 주관적 신념을 정당화하며 기인한 사고방식과 방어적 태도는 이기적인 사회 관계적 틀 속에서 자신의 존재적 삶을 긍정할 수 없도록 상실감에 젖게 만든다. 개인의 왜곡된 신념은 이웃에 대한 비정한 태도를 드러내고 상호 인격적 관계를 붕괴시키며 이기적인 사회 관계적 틀을 만들어낸다. 인간에게는 서로 사랑하는 존재로 살아야 하는 책무가 주어졌다. 삶에서 타인을 사랑하고 보살피는 길은 고난의 과정이지만 존재로서의 기쁨과 보람을 성취할 수 있는 감격스러운 여정이기도 하다.

관계의 발목을 잡는 역기능적 사랑의 여정에서 탈진을 경험한 선교사들이 자신의 한계를 넘어선 실존적 모순의 문제에 봉착하며 소명을 내려놓고 돌아온 배경에는 자아붕괴라는 존재적 위협 가운데 스며든 탈진 과정의 공통적 경험이 있었다. 정신세계의 이상이 높고 자신의 일에 열정을 쏟아붓는 이들에게서 흔히 나타나는 탈진은 사랑을 삶의 목표로 가진 이들이 언젠가는 맞닥뜨리는 함정이기도 하다. 심리학적 접근을 통해 좀 더 조직적이고 통계적이며 전문적으로 탈진에 관한 연구가 진행되어 자아가 붕괴되어 가는 이들의 성장을 돕는 교육사업에 주력하고자 한다. 따라서 사랑과 삶을 나누는 데 전력을 다하는 '남을 돕는 일'(helping professions)이 '지쳐버림'으로 인해 사회적 책무의 대열에서 이탈하는 일을 막고, 열정을 잃지 않고 자신이 속한 삶을 이끌어가기를 지지하며 탈진에 관한 새로운 인식을 가져오는 계기와 연구 주제를 제공하고자 한다.

홍성욱

洪性旭, HONG, SUNG-WOOK, 1960년 11월 15일 -

학력

1985. 장로회신학대학(신학, Th.B.)
1988. 장로회신학대학 신학대학원(M.Div.)
1997. 영국 Oxford Centre for Mission Studies(Ph.D. University of Wales)
2006. 미국 Princeton Theological Seminary (Visiting Scholar)

경력

1988. 07. - 1991. 07. 육군 군목
1997. 01. - 2002. 12. 서울 은진교회 담임목사
1998. 03. - 2000. 12. 서울여자대학교 선교대학원 출강
2001. 03. - 2002. 12. 한세대학교 신학대학원 출강
2003. 07. - 2015. 12. 안양제일교회 담임목사
2005. 03. - 2010. 12. 안양대학교 신학과 겸임교수
2007. 03. - 2011. 02. 장로회신학대학교 이사
2016. 03. - 2024. 현재. 우분트세계선교회 회장
WEC Korea 이사장, 국민문화재단(국민일보) 감사

저서

Korean Church God' Mission Global Christianity Collaboration(Regum, U.K, 2015)
『내 삶에 찾아온 열 번째 기적』(두란노, 2015)
『내 영혼의 멘토들』(교회성장연구소, 2012, 공저)
『지혜여행』(넥서스, 2012)
『우리가 꿈꾸는 교회』(두란노, 2010)
Naming God in Korea: The Case of Protestant Christianity(Regnum, U.K, 2008)
『교회만이 희망이다』(두란노, 2007)
『선교와 교회 성장』(한들출판사, 2003, 공저)
『선교와 디아코니아』(한들출판사, 2002, 공저)
『선교학개론』(대한기독교서회, 2001, 공저)

전공 분야

선교적 교회, 복음주의적으로 상황화된 형태의 교회

박사학위 논문

"Theological Contextualisation of the Concept of 'GOD' in Korea."(지도교수: Chris Sugden)

선교현장에서 항상 발생하는 신학적 상황화에 대한 연구로, 한국에 기독교가 전래되고 정착하는 과정에서의 기독교 최고신 개념의 상황화 과정과 결론에 대한 연구이다. 선교 초기 한국 교회 내에서, 특별히 성서 번역 과정에서 상제, 옥황상제, 천제, 하늘님, 하느님, 하나님 등 여러 상황화된 호칭이 사용되었는데, 그중 가장 널리 사용된 호칭이 '하느님'과 '하나님'이다. 지금도 신학적 진보 진영에서는 '하느님'을, 복음주의 진영에서는 '하나님'을 대부분 사용한다. 특별히 '하느님' 호칭은 1977년 천주교회와 개신교회가 공동으로 번역한 공동번역 성서의 최고신 호칭으로 사용되었다. 이 선택은 잘못된 신학적 상황화의 한 예이다.

신학적 상황화를 할 때에 역사적, 문법적, 전통적 방면의 여러 측면을 고려해야 하지만, 가장 중요한 것은 그것을 수용하고 사용할 사람들(Grass Roots Level)의 바른 수용성이다. 이런 관점에서 호칭 '하느님'은 일반 기독교인들에게 외면받았고, 호칭 '하나님'은 수용(Contextualised)되었다. 이것이 큰 신학적 의미를 가진 공동번역 성서가 널리 사용되지 못한 주 원인이다.

이 논문은 먼저 신학적 상황화의 정의를 복음주의적 관점에서 살펴보고, 또한 여러 상황화 신학 모델 중 통전적 모델(Wholistic Model)을 가장 적합한 모델로 보았다. 그리고 한국인의 역사 가운데 존재하였던 신 개념, 특히 최고신의 개념을 고찰하였다. 이런 연구의 토대 위에서 초기 한국 선교현장에서 벌어진 '하느님' vs. '하나님'의 선정 과정을 고찰하여 수용자들의 선택에 의해 최종 '하나님'이 승리하였다고 보고 한국 기독교인의 최고신 호칭인 '하나님'이 가진 신학적 의미를 해석해보았다.

사역 및 연구활동

우분트선교회 대표로서, 각 선교 필드의 목회자들에게 가장 상황화된 선교적 교회와 리더십을 교육하는 것을 목적으로 하고 있다. 그들 스스로 자신의 국가와 지역에 맞는 상황화된 목회 모델을 개발하고 발전시키도록 돕는 것이다. 상황화 신학에서 가장 중요한 것은 균형이다. 굳건한 복음주의 신학의 토대 위에서 모자라거나 지나치지 않는 상황화된 신학과 교회를 연구하고 세우는 것이 주된 관심과 연구의 대상이다.

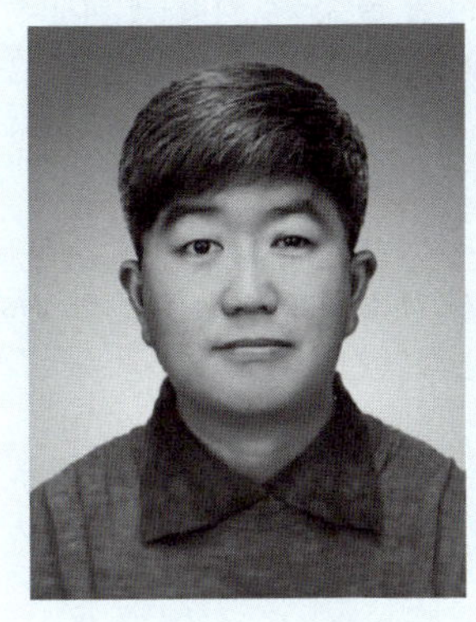

홍승만

洪承萬, HONG SEUNG MAN, 1975년 11월 25일 -

학력

2000. 연세대학교(국제관계학, B.A.)
2003. 연세대학교 대학원(국제관계학, M.A.)
2008. 장로회신학대학교 신학대학원(신학, M.Div.)
2013. 장로회신학대학교 대학원(신학, Th.M.)
2022. 장로회신학대학교 대학원(신학, Ph.D.)

경력

2005. 01. - 2006. 01. 총회 세계선교부 제23기 견습 선교사(베트남 호치민)
2006. 10. - 2013. 06. 새벽교회 교육전도사/교육목사/부목사
2008. 09. - 2011. 08. 장로회신학대학교 세계선교연구원 행정간사
2013. 07. - 2017. 12. 하늘담은교회 부목사
2018. 01. - 2020. 08. 대전제일교회 부목사
2022. 01. - 2022. 12. 영광교회 교육목사
2023. 03. - 2024. 02. 대전신학대학교 겸임교수
2021. 12. - 2024. 현재. 한국선교신학회 학회원
2022. 12. - 2024. 현재. 한국복음주의선교신학회 학회원
2023. 01. - 2024. 현재. 대전신성교회 교육목사/협동목사
2023. 11. - 2024. 현재. 한국실천신학회 학회원

저서

『지구정원사 가치 사전: 생태 살림 에세이』(동연, 2021, 공저)

논문

"방지일의 산동선교 사역에 나타난 변혁적 제자도." 「선교신학」 60(2023)
"음악을 통한 '이음세대' 청소년 선교사역 연구: 힙합가수 비와이(BewhY) 사례를 중심으로." 「선교신학」 71(2023)
"변혁적 제자도 관점에서 본 방지일 선교사의 중국 산동 선교 사역 연구." 「제6회 방지일 목사 선교신학 연구 세미나 자료집」(2022)
"변혁적 제자도에 대한 선교신학적 연구: TTL 문서와 아루샤 세계선교대회를 중심으로." 미간행 박사학위 논문, 장로회신학대학교(2022)
"변혁적 제자도의 선교신학적 연구: TTL 문서

와 아루샤 세계선교대회를 중심으로." 「선교신학」 65(2022)

"재난에 대한 선교신학적 이해와 구호사역 연구: 한국 교회의 아이티 대지진 구호사역을 중심으로." 미간행 석사학위 논문, 장로회신학대학교(2013)

"미국의 인도적 개입과 국가 이익: 코소보와 동티모르 사례를 중심으로." 미간행 석사학위 논문, 연세대학교(2003)

전공 분야

에큐메니컬 선교신학, 복음주의 선교신학, 한국교회의 타문화권 선교, 선교전략

박사학위 논문

"변혁적 제자도의 선교신학적 연구: TTL 문서와 아루샤 세계선교대회를 중심으로."(지도교수: 박보경)

제자도의 신학적, 선교신학적 접근을 통해 개인만이 아니라 공동체적인 제자도를 확립하며, 온전한 복음을 회복하고 공공신학을 가진 시민직을 실천함으로 사회적 책임을 감당하는 제자도를 갖추고 있음을 고찰한다. 이를 토대로 변혁적 제자도의 등장과 전개 과정을 살펴보고, 변혁적 제자도의 정의를 새롭게 내리며, 이에 근거하여 다면적인 측면을 가진 변혁적 제자도의 특징 다섯 가지를 제시한다.

이 논문은 변혁적 제자도 개념을 다룬 초기 연구로서 변혁적 제자도의 다면적인 측면 다루고, 재개념화하였다. 개인뿐 아니라 교회 공동체가 세상의 대안 공동체로서 어떻게 제자도를 세워 나가고 세상에서 공공신학의 토대 위에서 공공 영역을 섬기는 시민으로 살아갈 것인지를 고찰함으로써 적극적이고 역동적인 변혁적 제자도 개념을 정립하였다.

사역 및 연구활동

대전 지역을 중심으로 중고등부 사역을 감당하였으며, 한국교회생태계연구네트워크(교생연N) 운영위원 겸 신박한청년학당 소장으로서 이음세대 청소년과 청년 선교 연구에 매진하고 있다.

연구활동은 "변혁적 제자도의 선교신학적 연구", "음악을 통한 이음세대 청소년 선교사역 연구: 가수 비와이(BewhY) 사례를 중심으로", "변혁적 제자도 관점에서 본 방지일 선교사의 중국 산동 사역 연구" 등의 논문을 발표하였다.

홍용표

洪龍杓, Paul Yongpyo Hong, 1957년 1월 15일 -

학력

1979. 장로회신학교(신학, B.D.)
1984. 서울신학대학교 신학대학원(B.A. in Th., M.A. in Th., M.Div.)
1992. 미국 Seattle Pacific University 대학원, 미국 Asbury Theological Seminary 선교대학원(D.Miss. Candidate)
1996., 2004-2005. 미국 Fuller Theological Seminary 및 교회성장대학원(선교학, D. Miss.) 교차문화대학원(철학, Ph.D. in ICS/post doctor 교환교수)

경력

1996. 03. - 2002. 02. 서울한영대학교 교수
1996. 03. - 2016. 12. 서울신학대학교 선교학과 강사, 교수 및 연구교수, 한국과 미국 10여 개 대학교 강사
1999. 01. - 2003. 12. 한국복음주의선교신학회 총무/회장, 한국세계선교협의회 설립 총무
2003. 01. - 2024. 현재. 미국 온누리복음문서선교회(Worldwide Gospel Tracts Inc.) 총재
2017. 01. - 2024. 현재. Knapp Seymour University 이사장
2021. 01. - 2024. 현재. American West College 총장

저서

『선교는 주님의 지상 최대명령』, 『한국성결교회 110년사』, 『오순절 성결신학』 외 10권

번역서

『세계 선교학개론』(비앤비출판사, 2012, 공역)
『교회 성장 교과서』(예찬사, 2007)
『선교학대전』(CLC, 2002)
『선교신학』(서로사랑, 2000, 공역)
『선교학개론』(서로사랑, 2000, 공역) 외 100여 권

논문

"마틴 웰스 냅의 생애와 사상." 「서울신학대학교 사중복음논총」(2014)
"한국성결교회는 만국성결교회 직계자손이다." 서울신대 및 '기성' 역사편찬위원회 공동주최 발표(2012) 외 200여 편

전공 분야

선교 역사, 교회 성장

박사학위 논문

"Spreading the Holiness Fire: A History of the OMS Korea Holiness Church."(동양선교회 한국 성결교회 열정적 선교 역사 1900-1950)(지도교수: 폴 피어슨)

20세기 초 동양선교회와 성결교회의 초교파 선교단체와 교단 사이의 선교 역사를 종합 선교사관, 교회 성장학적 원인 분석과 통계 연구 방식으로 살펴보았다. 미국 신생 만국성결교회(International Apostolic Holiness Church)의 선교부 동양선교회가 한국 성결교회(KHC)를 개척하고 성장, 동역, 배교, 회복, 분열하는 과정까지 개관적 선교 역사와 선교신학 및 지도력, 교훈을 다루고 있는데, 객관적 선교 역사와 선교현장의 문화와 신학 및 지도력 적용 이해에 공헌한 연구이다.

사역 및 연구활동

서울한영대학교 교수, 서울신학대학교 연구교수, 미국 풀러신학교 교환교수, 미국 라이프대학교 및 커널대학교 교수를 역임하였다. 선교 및 교회 성장 관련 도서 100여 권을 저술했으며, 아시아 및 남미 선교 현지 연구와 필드 트립을 주도하여 왔다.

현재 미국 냅시모어대학교 총장 및 교수, 미국 아메리칸웨스트대학교 총장, 미국 온누리복음문서선교회 총재로 활동하고 있다. 미국 성결오순절운동과 한국 성결오순절운동 간 중재 역할로 성결오순절 역사의 재발견 작업에 주력하는 한편, 도널드 데이튼, 데이비드 번디 박사 및 서울신학대학교 교수들과 동역하며 연구 논문 발표 및 저술 활동을 전개하고 있다.

홍진

洪眞, HONG JIN

학력

2011. 로마 Pontificia Università della Santa Croce(교회커뮤니케이션, Ph.D.)

경력

2012. 03. – 2012. 12. 한신대학교 신학대학원 외래교수

2012. 09. – 2012. 12. 순천향대학교 사회복지학과 외래교수

2013. 03. – 2014. 12. 백석문화대학교 사회복지학과 외래교수

논문

"비영리조직 리더십을 통한 디아코니아." 「선교신학」 2(2013)

전공 분야

선교 역사, 선교전략, Cross-cultural Communication, 선교현장 연구

박사학위 논문

"로마교회 사회복지회의 기관 소통에서 보여진 그리스도교적 정체성."(지도교수: Jose Maria La Porte)

대표적인 그리스도교의 중심인 로마그리스도교 사회복지회를 대상으로 교회의 본질 가운데 자선활동이 현대사회 안에서 어떻게 자신의 정체성을 전달하고 있는지 조직 커뮤니케이션 관점으로 분석함으로써 그 운영에서 중요하게 고려해야 할 방향성을

제시하고 있다. 교회 기관과 비영리 단체의 영역에서 소통과 운영의 혁신을 연결하고자 로마그리스도교 사회복지회의 정체성과 기본 개념, 그리고 비영리 조직들에 대한 문헌연구를 하였다. 그리고 로마그리스도교 사회복지의 현재 상황을 파악하기 위해서 다양한 출판물, 학술논문, 연구지, 각종 서류, 잡지, 그리고 공식 사이트의 데이터를 수집했으며, 마지막으로 로마그리스도교 사회복지회의 여러 부서 책임자들에게 질문지를 전달하여 연구를 발전시켜 나갔다. 그 결과 교회와 비영리 단체 사이에 공통적인 측면을 발견할 수 있었으며, 이는 교회에서 운영하는 사회복지기관이나 시설에 적용할 수 있는 요소들이었다.

다른 한 가지는 로마그리스도교 사회복지회가 그리스도인들의 정체성과 역사에서 완벽한 조화와 함께 인력 관리에서 사목적인 면과 전문성의 개발로 연대 프로젝트를 구축하고 있다는 점이다. 이 논문은 한국의 교회에서 운영하는 사회복지기관이나 시설을 비롯하여 여러 사회복지 기관에게 자선조직 관행에서 조직 구조를 구축하고 관리하는 데 변화의 방향성을 제시할 수 있을 것이다.

사역 및 연구활동

한국 사회의 종교별 신뢰도는 기독교 사역에서 기독교에 대한 자숙뿐만 아니라 기독교가 나아가야 할 방향에 대해서도 숙고하게 한다. 이러한 교회의 신뢰성 회복을 위해 기독교는 사회복지시설을 통하여 올바른 디아코니아관을 형성해줌으로써 그 변화를 가져올 것으로 기대된다. 또한 기독교인들에게도 제대로 된 신앙관을 부여해줌으로 교회의 사명으로 연결되는 올바른 선교로의 대안책이라고 할 수 있을 것이다. 교회는 디아코니아 시설을 통해서 공동체 삶을 총체적으로 실현하는 가운데 비로소 디아코니아적 측면을 가지게 되는 것이다. 그러므로 교회는 자신들의 디아코니아를 실천하고 새로운 상황에 대처함으로써 다양한 형태로 재정립되어야 한다.

선교는 하나님의 뜻에 따라서 인간과 그 상황을 변화시키는 것이고, 교회가 그리스도의 증인으로서 타인들을 만나고 그들의 이웃이 됨으로써 그들에게 하나님의 구원을 증거하고 그들이 자신의 상황을 변화할 수 있도록 도움을 주는 것이다. 이것은 선교의 정체성인 복음선포와 증언과 함께 섬김을 통한 삶의 증언으로서의 선교, 즉 현시대에 필요한 통전적 선교의 한 부분으로의 디아코니아라고 할 수 있다. 이 역할을 리더십의 역량 강화로 전제하고 기독교 사회복지시설의 정체성인 디아코니아를 기본 축으로 하되 비영리 조직의 일부 운영방식을 도입하여 기독교 사회복지시설의 성장을 도모하자는 의도이다. 비영리 조직에 대한 많은 긍정적인 경험과 연구는 기독교 사회복지시설이 종교적 정체성을 가지고 지역 주민들에게 디아코니아를 실행하는 데 도움이 될 것이다.

황병배

黃炳培, Byung-Bae Hwang, 1969년 5월 20일 -

학력

1992. 감리교신학대학교(신학, B.Th.)
1996. 연세대학교 연합신학대학원(기독교교육, Th.M.)
2003. 미국 Asbury Theological Seminary(목회학, M.Div.)
2008. 미국 Asbury Theological Seminary(선교학, Ph.D.)

경력

1997. 07. - 2000. 06. 해군, 해병 군목
2019. 11. - 2000. 10. 한국선교신학회 회장
2020. 11. - 2021. 10. 한국로잔교수회 회장
2022. 09. - 2023. 08. 협성대학교 기획처장
2009. 09. - 2024. 현재. 협성대학교 신학대학 선교학 교수
2009. 09. - 2024. 현재. 한국교회선교연구소 소장
2020. 04. - 2024. 현재. 감리교세계선교협의회 전문위원
2022. 04. - 2024. 현재. 기독교대한감리회 선교국 전문위원
2023. 09. - 2024. 현재. 협성대학교 신학대학 학장
2024. 08. - 2024. 현재. 전국신학대학협의회(KAATS) 감사

번역서

『언약의 제자도』(한국교회선교연구소, 2019, 공역)
『선교적 교회 탐구』(올리브나무, 2017, 공역)
『변화에 무너지는 교회 변화에 성공하는 교회』(올리브나무, 2016, 공역)
『보냄 받음』(한국교회선교연구소, 2015, 공역)
『선교적 교회 입문』(한국교회선교연구소, 2014, 공역)
『선교적 교회 만들기』(올리브나무, 2013, 공역)
『켈트 전도법』(한국교회선교연구소, 2012, 공역)
『선교 암호 해독하기』(한국교회선교연구소, 2010, 공역)

논문

"지역사회에 공헌하는 기독교 신앙공동체 연구: 사례연구를 통한 선교적 통찰." 「선교신학」(2024)
"한국선교신학회와 선교적 교회론." 「선교신학」 68(2022)

“국내 이주민 선교사 제도의 필요성과 가능성.” 「선교신학」 64(2021)

“포스트 코로나 시대의 도래와 한국 교회의 갱신.” 「선교신학」 60(2020)

“한국 교회의 상생협력 사례 연구를 통한 선교적 통찰 및 제언.” 「선교신학」 55(2019)

“‘Fresh Expressions of Church’의 선교적 통찰.” 「선교신학」 52(2018)

“한국의 선교적 교회들로부터 얻는 선교적 통찰: 선교적 교회의 일곱 기둥들.” 「선교신학」 47(2017)

“A Study on Equipping the People of God for the Laos(λαο)-driven Church.” 「선교신학」 38(2015)

“St. Patrick의 켈트 전도법과 청소년 이해에 기초한 효과적인 전도전략 연구: 한국 10대 청소년 전도를 중심으로.” 「신학과 실천」 46(2015)

“선교 공동체로서의 농촌교회와 통전적 선교 가능성 연구.” 「선교신학」 36(2014)

“A Biographical Study of Missionary Henry G. Appenzeller Based on Daniel M. Davies' Six Stages of Founding Methodism in Korea-His Missiological Contribution and Weakness.” 「선교신학」 32(2013)

“The Rainer Scale을 통해 본 한국 불신자 유형 조사와 효과적인 전도를 위한 선교적 통찰.” 「신학과 실천」 35(2013)

“성공적인 평신도 전문인 선교를 위한 선교학적 통찰 및 제언.” 「복음과 선교」 22/2(2013)

“An Exemplary Exegesis for Preaching the Essence of the Gospel based on 1 Corinthians 15 : 1-4.” 「신학과 실천」 33(2012)

“한국 기독교 사회적 기업 연구.” 「신학과 실천」 32(2012)

“미디어 선교를 통한 기독교 커뮤니케이션.” 「선교신학」 26(2011)

“The Involvement of Korean Protestant Missionaries in World Mission.” 「한국기독교신학논총」 69(2010)

“평신도 훈련과정을 통한 파트너십의 변화.” 「신학과 실천」 19/2(2009)

“효과적인 평신도 훈련과 사역을 위한 제언.” 「선교신학」 19(2008)

박사학위 논문

“Developing the Laity for Ministry and Leadership in Korea.”(한국의 평신도 사역과 리더십 개발) (지도교수: George Hunter)

한국 교회의 평신도 리더십을 개발하기 위한 원리와 방법을 연구한 것으로 리더십 이론 가운데 LMX(Leader-Member Exchange) 이론을 한국 교회 평신도 교육과정에 적용하여 Equipping church의 한 모델을 제시한 것이다.

LMX 이론에 따르면, 좋은 공동체(조직)는 Leader와 Follower 간 일방적이고 지시적인 관계가 아니라 상호 존중과 협력의 관계를 맺게 되는데, 이때 극대화되는 것이

Partnership과 Commitment이다. 따라서 Equipping church의 사역자는 Equipping process를 통해 군중으로 남아 있는 평신도를 사역자로 성장하도록 돕고, 평신도 사역자로 하여금 자신이 속한 신앙공동체의 리더와 더 깊은 파트너십을 가지고 맡은 사역에 더욱 헌신하도록 한다. 이로써 목회자와 평신도 간 온전한 상호존중의 관계와 협력사역이 이루어진다. 이것을 추구하는 기독교 신앙공동체를 Equipping church라고 하는데, 다음의 다섯 가지 핵심 요소를 갖는다. (1) Equipping pastor, (2) Equipping process, (3) Equipped lay leaders, (4) Shared ministry, and (5) Laos-Driven structure.

사역 및 연구활동

2009년부터 협성대학교 신학대학에서 선교학을 가르치고 있다. 특히 2009년 한국교회선교연구소(KOMIS)를 설립해서 지금까지 선교적 교회(Missional church)를 집중적으로 연구해왔다. 2019년 제19대 한국선교신학회 회장과 2020년 로잔교수회 회장, 2023년 협성대학교 기획처장을 역임했으며, 현재 협성대학교 신학대학 학장, 감리교세계선교협의회 전문위원, 기독교대한감리회 선교국 전문위원, 전국신학대학협의회 감사로 섬기고 있다.

침체되어 가는 한국 교회를 어떻게 다시 일으켜 세워 하나님의 선교에 참여하는 선교적 교회로 변화시킬 것인가? 선교지에 세워져야 할 교회의 모델은 어떤 것인가? 등의 질문을 가지고 앞으로도 계속해서 선교적 교회에 대한 다양한 연구를 진행할 계획이다.

황종하

黃鍾夏, Hwang, Jong Ha, 1970년 10월 11일 -

학력

2015. 개신대학원대학교(실천신학, Th.M.)
2020. 개신대학원대학교(선교학, Ph.D.)

경력

1997. 01. - 1999. 08. 동아그룹교육원 직무교육
2014. 01. - 2018. 12. 예원교회 선교위원회 지도목사
1999. 09. - 2024. 현재. 예원교회 목회지원국장

저서

『다문화 사회의 선교』(대한기독교서회, 2023, 공저)

논문

"다문화 목회에 대한 선교신학적 이해." 「활천」 835(2023)
"한국 교회의 효과적인 다문화 목회 전략." 「선교신학」 58(2020)

전공 분야

한국 교회의 타문화권 선교, 이주민/다문화 선교, 타문화권 교회 개척

박사학위 논문

"한국 교회의 다문화 목회 유형 연구."(지도교수: 구병옥)

이 연구는 다문화 사회에 접어든 한국의 시대적 상황 속에서 한국 교회가 이주민을 대상으로 하는 다문화 목회를 어떻게 해나가야 할지에 대해 유형별로 분석하여 이정표를 제시하고 있다. 우선 다문화 목회에 대한 성경적 근거를 찾고, 신학적 배경을 연구하였다. 그 결과 구약과 신약에 나타난 다문화 사회의 모습과 이주민에 대한 성경적 관점은 배타와 차별이 아닌 수용과 공존이라는 것을 확인하였다. 다문화 목회에 관한 신학적 접근은 '환대 신학, 선교적 교회론, 포용 신학'의 세 가지 측면에서 이루어졌다.

연구자는 성경적, 신학적 배경을 바탕으로 현재 한국 교회가 진행해 나가고 있는 다문화 목회의 실태를 진단하였다. 10개 교회와 1개 단체를 탐방하여 담임(담당) 목회자 인터뷰를 진행했고, 그 결과와 문서 자료, 검증된 인터넷 자료를 바탕으로 지금까지 진행되어온 한국 교회의 다문화 목회 유형을 '개척, 병행, 전환, 전문'의 네 가지 유형으로 구분, 분석하여 효과적인 다문화 목회전략을 제시하였다.

다문화 목회를 올바로 준비하기 위해서는 먼저 한국 교회의 목회자부터 이주민의 삶과 문화를 이해하고 포용할 수 있는 '문화적 역량'(cultural competence)을 향상해 나가야 한다. 다문화 목회는 사역 대상별 목회전략을 구체화해 나가는 것이 중요하다. 결혼이민자와 자녀, 북한이탈주민을 포함하는 정주자에 대해서는 '사회통합 방향'으로 사역을 진행해 나가야 하며, 이주노동자와 유학생이 포함된 비정주자에 대해서는 '역파송 전략'으로 접근하는 것이 효과적이다.

이 논문은 한국 교회 다문화 목회의 유형을 기존의 단순 나열식에서 사역 특성별로 구분하여 체계화했다는 것에 학술적 의의가 있다. 또한 한국 교회가 지금까지 진행해온 다문화 목회 유형별 특징 및 장단점 분석을 바탕으로 이주민 사역의 구체적 로드맵을 제공한 것, 시대 상황에 맞는 선교 패러다임 구축의 필요성 강조와 '이주민 역파송, 시니어 선교 자원 활용'과 같은 구체적 방향을 제시하였다는 것에 학문적 기여점이 있다.

사역 및 연구활동

개신대학원대학교에서 선교학 전공을 하면서 대한예수교장로회(개혁) 예원교회 선교위원회 및 국내 다민족교회 지도목사로 사역하였으며, 현재 예원교회에서 목회 지원

사역을 하고 있다. 연구 영역은 이주민 선교와 다문화 목회의 측면에서 한국 교회 목회자의 사역에 이어 국내에서 이주민이 직접 목회하는 사역에 대해 관심을 가지고 진행하고 있다.